개정판

# 심리검사의 이론과 기법

개정판

# 심리검사의 이론과 기법

강봉규 저

Theories and Techniques of Psychological Testing

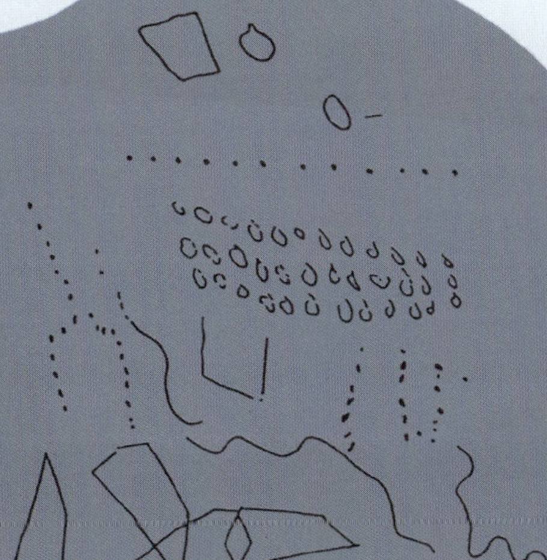

동문사

# 개정판을 내면서

그 동안 본서를 애용해 주신 독자들의 의견을 고려하여 이번에 개정판을 간행하게 된 바, 그 주안점은 다음과 같다.

첫째, 한국에서 간행된 표준화 검사 중 규준점수 산출기간이 8년 이상이 된 검사는 심리검사도구로서 갖추어야 할 기본요건인 신뢰도와 타당도가 의문시되어 기존의 증보판에서 삭제하였다.

둘째, 기존의 내용 중, 「심리적 개인차 특성의 이론적 고찰」 부분은 심리검사와 관련된 부차적인 이론으로 평가되는 바, 이번 기회에 그 내용을 삭제하기로 하였다.

셋째, MMPI와 관련된 내용이 지나치게 전문적이고 난해한 점, 또한 서술된 내용의 일부가 미국 본사의 저작권과 관련될 수 있다는 점을 고려하여 기존의 서술 내용을 삭제하고 대신에 MMPI의 일반적인 특징만을 기술하였다.

넷째, 본서가 대학이나 대학원 등의 강의 교재로 사용함에 있어서 내용분량이 지나치게 많았었던 점을 고려하여 이번 기회에 한 학기의 교재용으로 활용할 수 있도록 내용 구성을 축소 조절하였다.

끝으로 개정판의 간행을 적극적으로 배려해 주신 동문사 이중수 사장님께 깊은 감사를 드리는 바이다.

2017년 3월

저자 씀

# 증보판을 내면서

본서가 출간된 지 벌써 4년 6개월이 지난 이즈음 그동안 이 책을 애용해 주신 독자들의 요청과 의견을 고려하여 본서의 내용을 몇 가지 보완하기로 한 바, 그 중 중요한 내용은 다음과 같다.

첫째, 1부 3장의 규준점수의 해설에 있어서 독자들의 통계학적 이해를 더 높이기 위해 백분위 점수의 산출방식과 C점수, Stanine 점수 등 표준점수의 산출방식에 대한 설명을 더 구체화하였다.

둘째, 3부 10장의 지능검사의 내용에 있어서 MENSA의 천재 · 수재 판별 지능검사를 새로이 소개하기로 하였다. 이는 근간 영재교육이 강조되면서 영재판별척도에 대한 관심이 지대하다는 점을 고려한 것이다.

셋째, 3부 11장의 성격검사의 내용에 있어서 한국판 MBTI에 대한 설명을 새롭게 제공하기로 하였다.

넷째, 4부 16장의 HTP검사법의 설명 중 Baum Test에 관한 설명이 부분적으로 포함되어 있었던 바, 이를 더 구체화하여 Baum Test를 17장으로 독립시켰다.

다섯째, 6부 22장과 7부 23장을 새로이 설정한 바, 6부는 질문지에 의한 심리검사의 척도구성법을, 7부는 집단 내의 인간관계 진단법을 설명하고 있다. 특히 7부 23장 사회성 측정법은 집단 내에서 왕따 당하는 사람이나 고립된 자를 쉽게 진단 발견할 수 있는 집단생태학(group ecology)적 접근이란 점에서 조직체의 인사관리나 특히 학교의 경우 각 학급의 생활지도 효율화에 큰 도움을 줄 것으로 본다.

끝으로 어려운 출판 사정에도 불구하고 증보판을 출판하도록 배려해 주신 동문사 김현태 사장님께 깊은 감사를 드리는 바이다.

2004년 2월

저자 씀

# 머리말

본서는 심리검사에 관한 입문서로서 임상심리학적 소양을 필요로 하는 의대생은 물론 임상심리 전공학생, 상담심리 전공학생 또는 전문 상담교사나 소년비행 감별업무 및 교정직 업종에 종사하는 분들에게 요구되거나 필요한 심리검사의 기초소양을 주로 다루고 있다.

여러 대학원에서 심리측정이나 심리검사에 관한 강의를 해오는 동안 심리검사의 적절한 교재가 없어 연계성이 결여된 강의를 하는 수밖에 없었던 경험에 비추어 심리검사에 관한 집필의 필요성을 절실히 느끼던 차 마침 동문사 김현태 사장의 도움으로 간행하게 되었다.

특히 법무부 산하의 소년분류심사원(전 소년감별소)이나 법무연수원의 소년보호직 심리검사 전문요원에 대한 연수 강의를 맡아 오던 중 준비했던 강의 교재가 그대로 본서 집필에 기초자료로 활용되었음을 밝혀둔다.

본서는 크게 5부로 나누어져 있는 바, 1부는 심리검사의 분류 내지 신뢰도·타당도 이론을 다룬 '심리검사의 기초', 2부는 심리검사의 검사대상인 지능이나 성격 등 '심리적 개인차 특성의 이론적 고찰'을 다루었고, 3부는 객관적 심리검사인 '표준화 검사', 4부는 Rorschach 검사 등 Projective Techniques, 즉 '투사법'을, 그리고 5부는 '작업검사법'을 설명하고 있다.

따라서 독자가 본서를 이용함에 있어서 그 목적에 따라 2부를 생략하고 1, 3, 4부만을, 더 나아가서는 3, 4부 또는 4부만을 이용할 수도 있다. 특히 제4부 투사법은 많은 독자들에게 있어서 학습상의 어려움을 느낄 수도 있다. 때문에 투사법은 많은 시간의 연습이나 경험의 축적이 필요하다고 하겠다.

끝으로 본서는 피검자의 인지적·정의적 특성이나 이상행동을 진단·검사하고 그 결과를 해석하는 기법에 관한 심리측정적 이해를 높이는 데 하나의 안내서 역할을 충분히 할 것으로 기대된다.

1999년 7월

저자 강 봉 규 씀

# 차 례

## PART Ⅱ • 표준화 검사



## PART Ⅲ • 투사법

# PART I 심리검사의 기초

**CHAPTER 1** • 심리검사의 개념과 분류

**CHAPTER 2** • 심리검사의 신뢰도와 타당도

**CHAPTER 3** • 심리검사의 규준점수

**CHAPTER 4** • 심리검사의 표준화

**CHAPTER 5** • 심리검사의 오차와 반응문제

# Chapter 01 심리검사의 개념과 분류

## 1 심리검사의 개념

심리진단적 검사에서는 검사자가 특수한 심리검사를 기초로 해서 개인적·정신적 특성과 행동양상에 대해 판단하게 된다. 이러한 심리진단을 목적으로 하는 심리검사는 "인간적 성취, 체험과 행동영역에서 나타나는 개인차를 측정하여 기술하고, 또 원인을 진단해 내는 심리적 방법과 원칙에 관한 이론과 방법론"이라고 정의할 수 있다. 심리진단학은 다양한 응용 가능성을 지니고 있어 수많은 영역에서 실시되고 있으며, 고도로 특수화된 많은 검사가 이용되고 있다.

A. Anastasi는 한 인간의 행동표본을 객관적이며 표준화된 절차로 측정·진단하는 방법을 심리진단 검사라고 부르고 있는데 비해, L. J. Cronbach는 두 사람 이상의 행동을 비교하는 조직적 절차를 심리검사로 보고 있다.

이들에 비해 E. C. Erickson은 표준화된 조건하에서 특수기술 및 행동 혹은 일련의 성격 특징을 진단하려는 객관적이며 조직적이고 통계학적으로 정련된 도구 또는 방법임을 강조하고 있다.

이상을 요약하면 심리진단 검사란 인간의 성격, 능력 및 그 밖에 그 사람이 갖고 있는 심리적 특성의 내용과 그 정도를 밝힐 목적으로 일정한 조건하에 이미 마련한 문제나 혹은 작업을 제시한 다음 그 사람의 행동 또는 행동의 결과를 어떤 가정의 표준적 판점에 비추어 질적 혹은 양적으로 기술하는 조직적 절차를 말한다.

# 2 심리검사의 역사

## 1) 지능의 개인차에 관한 연구

### 1 Galton의 연구

오늘날의 심리진단 검사와 측정의 시조가 누구인지에 대해서 다른 의견이 있겠으나 F. Galton(1822~1911), J. M. Cattell(1860~1944) 및 A. Binet(1857~1911) 중에 어느 한 사람을 지정할 수 있다. Galton은 1859년에 『종의 기원(The Origin of Species)』을 쓴 C. Darwin의 영향을 받아 인간의 정신적 특성의 유전에 깊은 관심을 갖게 되었고, 1869년에 그의 유명한 저서인 『천재의 유전(Hereditary Genius)』이란 책을 발간하였다. 14년 뒤에는 다시 『인간의 능력과 그 발달에 관한 탐구(Inquiries into Human Faculty and Its Development)』란 책을 저술하였는데, 이것이 인간의 개인차에 관한 과학적인 연구와 심리진단 검사의 시초라고 보는 사람도 있다.

1886년에는 인간의 신체적 특성과 감각적 및 운동적 특성을 측정하기 위하여 그의 유명한 인류학 측정 연구소(anthropometric)를 설립하였고 이때에 그는 오늘날에 사용되는 상관계수에 관한 통계적 기본 개념을 발전시켰다. 그러나 실제 수리적 공식은 K. Pearson에 의해서 완성되었다. 즉 인간의 개인차에 관한 과학적인 연구와 심리측정에 관한 중요한 수단으로서의 수리적·통계적 방법의 사용이 그로부터 비롯된 것이다.

### 2 Cattell의 연구

Galton이 영국에서 과학적인 심리측정 연구에 기반을 닦아 놓은 반면, Cattell은 미국에서 독일의 W. Wundt의 실험적 통제의 강조와 미국의 전통적인 실용주의 영향을 종합한 미국 풍토에 맞는 심리측정과 검사활동에 처음으로 기반을 세웠다. Cattell은 원래 독일 라이프치히에 있는 Wundt 심리학 실험실에 대학원 학생으로 공부하며 Wundt 심리학의 특징인 행동관찰에 있어서 강력한 통제와 객관적 관찰의 중요성을 공감하였으나 정상 성인에 관한 일반심리학 원리들을 찾아내는 것이 심리학의 주요 목적이라는 고전적 견지에는 적극적으로 반대하였다.

원래 심리학의 시조라고 일컫는 Wundt는 물리학의 연구 방법이 심리학 연구가 따라야 할 원형이라고 보고 물리학의 특징인 실험적 조작과 객관적 측정을 심리학 연구에 강조하였다. Cattell은 엄격한 실험적 통제에도 불구하고 개인 간에는 차이가 있다는 것을 인정하고 행동에 있어서 개인 간에 그러한 차이가 있다는 것은 과학적 연구에 중요한 대상이 된다고 주장하였다. Wundt의 반대에도 불구하고 Cattell은 반응시간에 있어서의 개인차에 관한 연구로서 그의 박사학위 논문을 완성하였다. 원래, Wundt는 개인차에 관한 변인을 인정하지 않고 모든 인간에게 공통될 수 있는 일반 원리를 찾는 데 그의 연구의 방향이 집중되어 있었던 것이다.

몇 년 후에 Gattell은 영국의 Galton과의 접촉을 통하여 더욱 개인차에 관한 연구에 관심을 갖고 펜실베이니아 대학과 콜롬비아 대학에 심리학 연구소를 설치하였다. 이 연구실에서 Cattell은 정신검사(mental tests)의 발전에 주력하였다. 이때에 처음으로 정신검사라는 말을 1890년에 사용하게 되었다.

### 3 Binet의 연구

심리검사에 있어서 중요한 수리적 측면의 계발은 영국의 Galton과 그의 제자에 의해서 추구되었고 또한 관찰에 있어서 엄격한 통제의 중요성을 강조하는 독일의 입장과 더불어 심리학에서 다루어야 할 중요한 영역으로서의 개인차에 관한 연구에의 관심 등을 Cattell이 미국으로 수입하였지만, 오늘날의 중요한 측정도구로서 사용되는 지능검사의 시조라고 볼 수 있는 프랑스의 Binet가 심리측정의 내용면에 충실을 기하는 또 하나의 원동력을 제공하였다.

Binet는 Cattell과 감각중심의 지능검사에 비판적이었고 보다 복잡한 내용의 검사법을 시도하던 차 1903년에 자기의 두 딸을 대상으로 기억, 상상, 의지 등의 연구법을 논한 「지능의 실험적 연구, L'Etude expêrimentale de I'Intelligence」를 발표하여 이 가운데 뒷날 지능검사의 일부를 이미 구상하고 있었음을 엿볼 수 있다.

1904년, 프랑스 교육부는 의무교육상 문제가 되는 정신박약아의 교육에 관한 위원회를 설정하여 특히 그 식별방법에 대한 검토가 활발하였는데, Binet는 당시 소르본느 대학의 심리학 실험실의 주임교수로서 아동의 기억, 상상, 지능 등에 대해서 실험적 연구를 하고 있었으며 동시에 교육문제 연구 그룹의 책임자로서 그 위원회에 참여하여 정신박약아 진단의 방법을 제공하는 역할을 맡고 있었다. 이 일은 매우 어려운 과업이었지만 그는 실험실 학자로서의 소양과 그와 비슷한 지능관을 갖고 있었던 친구 의사인 T. Simon의 협력을 얻어 해결하였다.

1905년 Binet와 Simon은 초등학교 입학시에 있어서 정신박약아의 식별을 목적으로 한 30문항의 검사법을 제안하였다. 이들 항목은 특수능력의 검사로 발달되어 오던 것 중에서 실제로 많은 아동들에 대한 실험을 거쳐 선정된 내용들로서 쉬운 것부터 어려운 것으로 배열하여 전반적인 지적능력을 측정하도록 마련되었던 바, 이 검사가 곧 Binet-Simon Test이다.

1908년에 이 검사법을 개정하여 3세에서 13세까지의 일반아동을 검사할 수 있게 하였으며 거듭되는 연구를 통하여 각 연령에 대응되는 난이도의 문제가 있음을 발견하게 되었다. 그들은 지능이 아동기부터 청년기에 이르기까지 발달되어 간다는 가설을 설정하고, 문제의 난이도에 합치되는 정신연령(mental age, MA)의 척도를 고안하였다. 이 경우 연령해당의 문제란 그 연령층에서 65% 내지 75%의 정답 통과율을 나타내는 문제를 뜻하는 바, 이 문제를 해답하면 그 아동의 정신연령은 그 단계에 있다고 판정하였다. 이 검사에서는 각 연령별로 5~7문항이 배정되고, 전부 54문항으로 구성되었다.

1911년 Binet가 별세 직전에 제2차 개정이 이루어졌고, 15세부터 성인까지의 문제를 재정비하였다. 여기서는 각 연령층에 5문항씩을 배정하고 기저연령(basal age)을 뛰어 넘어 합격한 1문항마다 0.2년을 계산하는 조치를 취하였다.

이 검사는 Binet-Simon Scale로 명명되었으며, 이후 본국의 프랑스보다는 영국에서 급속히 발전하였다.

## 2) 지능검사의 발달

### 1 Standford-Binet 개인 지능검사

현재 사용되고 있는 Standford-Binet 개인 지능검사는 L. M. Terman이 Binet-Simon Scale을 수정·발전시킨 검사이다. 1905년에 Binet가 프랑스에 있을 당시 그는 정신적으로 결함이 있는 아동들을 구명하기 위하여 Simon과 같이 고등정신 능력을 측정하는 30개의 문항을 난이도의 순으로 배열하여 지능검사 척도(scale)를 만들었다. 이 척도는 1908년에 개정되었고, 그 문항들은 연령수준(age level)별로 분류되고, 아동들의 검사점수는 정신연령으로 표시되었다.

그 사이 미국에서 이 검사를 개정한 많은 검사가 있었지만 그 중에서 가장 널리 알려지고 유명한 것이 1916년에 나왔던 Standford-Binet 개정판이다. 이 Standford-Binet 개정판은 계속해서 1937년에 다시 개정되었으며, 1960년에 세 번째로 개정되었다. 이 세 가지 검사는 본질적으로는 같은 체제에 따라 만들어진 것들이다. 이들 검사는 각 연령별로 그 수준에 맞추어 내용이 구성되어 있다. 따라서 이 Binet식 지능검사는 연령척도를 사용하고 있다.

Binet가 개념화한 MA는 지능의 절대수준 척도이기 때문에 생활연령(C. A.: Chrono-logical Age) 간의 관계를 고려한 상대적 지능의 산정에 역점을 두기 위해 1912년에 독일의 W. Stern이 정신연령과 생활연령과의 비(지능비, brightness ratio)를 나타내는 지능지수(IQ: Intelligence Quotient)로서 지능의 상대적 위치를 나타낼 것을 제안하였다. 그 후 소수점을 없애기 위해 L. M. Terman이 MA/CA의 비에 100을 곱하는, 즉 IQ = MA / CA × 100의 공식을 적용한 이후, 이 공식은 지능지수를 산출하기 위해 오랫동안 사용되어 왔다.

1916년 미국의 Terman은 Stern이 제안한 IQ의 개념을 도입하여 미국에 있어서 지능검사로의 표준화를 시행하여 Stanford-Binet 지능검사를 만들었으며, 1937년에 개정되고 1960년에 또다시 개정된 이 지능검사는 그 사이 미국에서 다른 지능검사의 규준(norm)으로 공인되다시피 되어 왔다.

1960년에 개정된 이 지능검사는 L형(언어성 검사), M형(동작성 검사)의 129개

문항인 동등형 검사로 구성되어 있으며 2세부터 20세까지의 피험자를 위해 문항이 마련되어 있다. 2세부터 6세까지는 6개월 간격으로 2세, 2세 6개월, 3세 등의 각 수준마다 6개의 검사가 있으며, 6세부터 14세까지는 1년마다의 수준을 두어 역시 6개의 검사가 있다. 2세부터 6세까지를 6개월 단위로 한 것은 이 시기가 아동들의 발달 속도가 빠르기 때문이다. 14세 이후는 성인평균(average adult), 성인상(上) Ⅰ(superior adult Ⅰ), Ⅱ, Ⅲ의 4단계를 두었으며, 성인평균에서는 8개의 검사, 성인상 Ⅰ, Ⅱ, Ⅲ에서는 6개의 검사를 두어 모두 128개의 검사를 두었다.

그런데 검사는 주로 언어와 수리(數理)에 관한 것이며, 단순한 기억은 물론 추리를 필요로 하는 것도 있다. 도구에는 장난감·인쇄된 카드·책 등이 필요한데, 예를 들면 다음과 같다.

- 2세 문제: 대상물질의 지명·확인(교대로)
  - 자료: 개·공·기계·침대·장난감·가위가 그려져 있는 카드
  - 절차: 위의 그림을 보이면서 「어느 것이 개입니까? 개를 손으로 짚어 보아요, 어떤 것이 개입니까」라고 묻는다.

- 6세 문제: 불완전 그림에서의 추리(multilated pictures)
  - 절차: 불완전 그림을 보여 주며, 「이 그림에서 무엇이 없습니까?」 또는 「어떤 것이 빠졌습니까?」 하고 묻는다.

- 14세 문제: 방향확인
  ① 왼쪽 손이 동쪽을 향하고 있으면 얼굴은 어느 쪽을 보고 있는가?
  ② 북쪽으로 가다가 왼쪽으로 돈다면 너는 어느 쪽으로 가고 있는가?

- 성인상 Ⅲ 문제: 추론
  - 자료: 문제가 기록된 카드
  - 문제: 나무를 심었다. 나무의 높이는 8cm였다. 1년 후 12cm가 되었다. 2년 후에는 18cm, 3년 후에도 27cm로 자랐다. 이런 식으로 자라면 4년 후에는 몇 cm인가?

검사는 보통 연령의 한 살 아래 수준에서 시작한다. 이 수준에서 모든 검사에 통과하면 그것이 피험자의 기저연령(基底年令, basal age)이다. 다음에 높은 연령의 검사로 넘어간다. 통과하지 못한 검사가 있어도 차차 앞의 연령으로 올라가며 하나도 풀지 못한 연령에서 그친다. 이 연령이 상한연령(上限年令, ceiling age or maximal age)이다.

정신연령의 계산은 이 기저연령에서 상한연령 사이에 통과한 검사의 수로 계산하며, 실시에는 보통 한 시간이 걸리며 연소자를 위하여는 30~40분, 연장자를 위하여는 1시간 30분의 시간이 소요된다.

검사요강에는 채점의 요령이 설명되어 있다. 예를 들면 앞의 '2세'의 문항에서 적어도 5개의 물건을 확인해야 하며, 4개를 맞추어도 맞지 않는 것으로 한다. 어떤 문항은 두 연령 수준에서 사용된다. 다만 높은 연령에서는 해답에 높은 수준을 요구하고 있을 뿐이다. 예를 들면 다음의 문항에서 4세는 2개, 4세 6개월은 3개의 답을 맞히면 된다. 때문에 한 번 낮은 연령 수준에서 검사를 했다면 되풀이할 것 없이 두 번 채점을 하게 될 뿐이다.

> 예 반대어
>
> ① 동생은 사내아이이고, 누이동생은 ___________이다.
> ② 낮에는 밝고 밤에는 ___________.
> ③ 아버지는 남자이고 어머니는 ___________.
> ④ 달팽이는 느리고 토끼는 ___________.
> ⑤ 햇님은 낮에 비치고 달님은 ___________에 비친다.

정신연령은 기저연령에 그 연령 위로 패스한 검사에서 얻은 월배점(月配點, credit months)을 더하여 결정한다. <표 1-1>에서 기저연령은 6세, 상한연령은 9세이며, 월배점은 7, 8세의 경우 각각 6개의 검사이므로 2점이 된다. 결국 이 피험자의 정신연령은 6세 8개월이다.

〈표 1-1〉 Stanford-Binet 지능검사의 정신연령 계산

| 연 령 | 통과한 검사의 수 | 각 검사의 월배점 | 전 체 점 수 | |
|---|---|---|---|---|
| | | | 연 | 월 |
| 6 | 6(기저연령) | | 6 | 0 |
| 7 | 3 | 2 | 0 | 6 |
| 8 | 1 | 2 | 0 | 2 |
| 9 | 0(상한연령) | 2 | 0 | 0 |
| 정신연령 | | | 6년 | 8개월 |

지능지수의 IQ환산표가 있어 일일이 계산할 필요가 없다. 환산표에는 IQ의 평균이 100, 표준편차가 16으로 되어 있다.

## 2 Wechsler 개인 지능검사

Standford-Binet 지능검사와 쌍벽을 이루는 Wechsler 개인 지능검사는 1939년에 최초로 Wechsler-Bellevue Intelligence Scale이라는 이름으로 출판되었는데, 이는 성인용이었다. 그러다가 1949년에 Wechsler Intelligence Scale for Children (WISC)가 출판되었다. 이 검사는 5세부터 15세까지의 아동용으로 그 체제 형식은 Wechsler-Bellevue 지능검사와 같은 것이다. 1955년에 Wechsler-Bellevue 지능검사는 개정되면서 그 이름이 Wechsler 성인 지능검사(Wechsler Adult Intelligence Scale, WAIS)로 바뀌었다. 1967년에는 취학 전 아동용(Wechsler Preschool and Primary Scale of Intelligence, WPPSI)을 출판하였는데, 이 검사는 4세부터 6세 반까지의 아동용이다.

16세 이상의 성인을 대상으로 한 Wechsler 성인 지능검사는 크게 언어검사(verbal scale)와 동작검사(performance scale)로 되어 있으며, 모두 11개의 하위검사로 구성되었다. 이 중 언어검사에는 지식, 이해, 산술, 유사성, 숫자암기(digit apan) 그리고 어휘 등 6개의 하위검사로 되어 있고, 동작검사는 숫자 부호(digit symbol), 그림완성(picture completion), 나무토막 쌓기(block design), 그림 배열(picture arrangement), 물건 맞추기(object assembly) 등 5개의 하위검사로 구성되

어 있다. 또한 전체검사의 총점은 물론, 언어검사와 동작검사의 각 총점도 편차지능지수(Deviation IQ)로서 평균 100, 표준편차 15로 되어 있다.

### 3 Army $\alpha$ Test - $\beta$ Test

일반적으로 교육기관에서는 개인 지능검사보다는 집단 지능검사가 더 널리 사용되고 있다. 집단검사는 개인검사보다 경제적일 뿐만 아니라 그 결과를 비교하고 해석하는 데 시간적으로도 절약된다. 많은 학교에서 실제적으로 검사는 특별한 훈련을 받은 사람이나 카운슬러에 의하여 실시되어야 하겠지만 대부분의 집단검사는 어느 정도(최소한)의 경험만 있으면 어떤 교사도 실시할 수가 있다.

1912년에 스탠포드 대학의 A. S. Otis는 최초의 집단검사에 성공하였다. 이것은 1918년에 다시 Terman과 협동하여 개정판을 내었으나 그 재료가 여태까지의 특수능력 검사에서 수집된 것으로 문제가 인쇄된 용지를 배부하고 일제히 작업을 시키며, 각 문제마다 '예', '아니오'로 필답시키는 것이었다.

본격적인 집단검사는 1917년에 미국 육군성이 제1차 세계대전을 계기로 징집된 병사들의 적절배치를 위해 대규모의 집단검사의 필요성을 느낀 나머지 그 제작을 국민 연구위원회와 미국 심리학회에 의뢰하였다. 이 위원회에는 수석위원인 R. M. Yerkes와 L. M. Terman, H. H. Goddard 등 여러 사람이 참가하였다.

이 검사에는 두 가지 형식이 있는 바, 육군의 명칭을 따서 Army alpha($\alpha$) test, Army beta($\beta$) test로 불린다. 전자는 A. S. Otis의 검사를 그대로 옮긴 언어적 검사이며, 후자는 문맹자를 위한 비언어적 검사이다.

한편, 미국 교육계에서도 집단 지능검사의 필요성을 느껴 1920년, Army test와 거의 동시에 만들어진 국민지능검사(National Intelligence Test)가 있다. 이것은 Terman, Thorndike, Yerkes가 협동하여 만들었다.

이러한 Alpha 검사와 Beta 검사는 이후부터 언어성 집단검사와 비언어성 집단검사로 나뉘게 되어 오늘날 일반적으로 집단 지능검사의 경우 실제적으로 두 개의 하위검사(언어와 비언어검사)별로 채점하게 되었다.

## 4 적성검사의 발달

지능검사가 실용화되면서 교육계나 산업계로 그 응용이 증대되면서 미국대학 입시위원회(College Entrance Examination Board, CEEB)는 1926년 이래, 대학에 입학하여 대학교육을 충분히 받을 수 있는지 또는 없는지를 예측하기 위한 적성 검사(Scholastic Aptitude Test, SAT)를 만들고 있는 바, 이것은 교육 가능성을 알아보기 위한 지적능력 검사이다.

1947년에는 고등학교 카운슬러의 진로상담용으로써 학생들의 여러 가지 능력이나 적성을 다양하게 측정하기 위한 '차이적성 검사(Differential Aptitude Test, DAT)'가 만들어졌고, 똑같이 산업계에선 미국고용서비스연구소가 요인분석과 작업분석에 관계하는 연구결과를 토대로 한 '일반적성검사배터리(General Aptitude Test Battery, GATB)'를 발표(1946)하였다.

이들은 어느 것이나 인간의 능력이나 적성을 다면적으로 측정하고자 하는 요구로부터 이루어진 것이라 하겠다.

## 5 지능측정이론의 발달

Galton 이후 영국의 C. Spearman(1904)은 교과 성적 간에는 계통적인 계층관계(hierarchy)가 있음을 발견하고 이를 설명하기 위한 원리로서 일반요인과 특수요인으로 구성되고 있다는 지능의 2요인설을 제안하였다.

1916년 영국의 W. R. Thomson은 Spearman에 반대하여 일반요인이 두 개 이상의 검사에 공통인 군(群) 요인임을 가정하더라도 검사 간의 계층관계를 설명할 수 있다고 해서 논의를 불러 일으켰다. 이에 대해 J. C. M. Garnett(1919)는 2요인설이 군요인설의 특별한 경우임을 증명하였다.

1920년대부터 1930년대는 요인분석이 활발히 이루어졌던 시대이다. 영국에서는 Spearman(1927), Thomson(1939), Burt(1941) 등이 지도적 지위에 있었으며 2요인설(Spearman, Garnett), 군요인설(Thomson, Burt), 견본설(Thomson) 등의 논의가 전개되었다.

미국에서는 K. J. Holzinger가 쌍 요인설(1941)을 Kelley(1928)와 H. Hotelling(1933)은 주요인설을 그리고 Thurstone는 공통요인설을 바탕으로 지능검사인 기본정신능력 검사를 만들었으며(1938), 요인분석 이론은 최근에 이르러 컴퓨터의 발전에 힘입어 P. E. Vernon(1965)의 계층구조설이나 Guilford(1967)의 지능구조 이론 등으로 발전하고 있다.

한편 1922년에는 W. A. McCall에 의해 평균 50, 표준편차 10을 기준으로 한 T 점수가 제안되었다. 이것은 상대평가의 논리적 기초를 마련해 주었고 또한 검사 득점의 비교를 가능하게 하는 계기가 되었다. C. Spearman과 W. Brown은 1910년의 같은 해에 각각 독립적으로 유명한 신뢰도의 예측공식을 산출 발표한 바가 있다.

그리고 1904년에는 R. L. Thorndike에 의해서, 1911년에는 Brown에 의해서 체계적인 심리측정의 통계이론서가 출판되었다. 검사의 통계이론은 그 후 더욱 발전하여 1958년에는 H. Guilliksen의 『Theory of Mental Tests』(Wiley), 1968년에는 F. M. Lord와 M. R. Novick의 공저인 『Statistical Theories of Mental Test Scores』(Addison-Wesley) 등의 체계적인 심리측정의 통계이론서를 찾아볼 수 있다.

### 3) 성격의 개인차에 관한 연구

#### 1 자기보고식 검사

##### (1) 질문지법의 발달

오늘날의 성격검사법은 질문지법과 투사법(projective technique)의 두 가지로 대별된다고 볼 수 있다. 질문지법에 있어서 피검자는 대개의 경우 '예', '아니오', '잘 모르겠다(또는 어느 쪽도 아니다)'라고 답하게 되어 있는 바, 이러한 질문지법 형태의 성격검사를 자기보고식 검사라고 부른다.

1880년대에 F. Galton은 정신적인 심상의 연구를 위하여 표준화된 절차의 방법으로서 최초로 질문지를 사용하였으며, 또한 G. S. Hall은 성인발달의 연구를 위하여 질문지를 사용하였다. 즉, Galton과 Hall은 관찰방법에서는 얻기 어려운 성격에 대한 정보를 얻기 위하여 질문지법을 고안하였다.

그러나 본격적인 질문지 방법을 택한 첫 성격검사로는 제1차 세계대전 때 신병의 정신적인 질환을 대량으로 조사 확인하고자 했던 R. S. Woodworth가 1917년에 제작한 'Woodworth 성격검사법(Woodworth Personal Data Sheet, WPDS)'을 들 수 있다. 그가 얻어낸 자료는 설문지 응답자가 나타내 보인 정신병리적인 증상의 수에 해당되는 점수 합계치였다.

1927년에는 E. K. Strong에 의해 400항목 이상의 질문항목을 통해 남성 47종, 여성 27종의 직업별 채점기준을 마련한 '직업흥미질문표(Strong Vocational Interest Blank, SVIB)'가 제작되었으며, 1934년에는 F. Tuder에 의해 '흥미기록(Kuder Preference Record, KPR)'이 발표되었다. 이밖에 J. P. Guilford와 W. S. Zimmerman의 기질검사(GZTS, 1949) 등이 주목을 끌어왔다.

### (2) 자기보고식 검사의 발달

#### ① Hathaway와 McKinley의 MMPI0

자기보고식 검사로서의 성격검사 중 세계적으로 가장 널리 사용되고 있는 대표적인 검사는 '미네소타 다면성 성격검사'이다. MMPI(The Minnesota Multiphasic Personality Inventory)는 1940년에 미네소타 대학교의 S. R. Hathaway와 J. C. McKinley에 의하여 10여 년간의 연구를 거쳐 제작 표준화된 성격검사의 하나로서 이 검사가 나온 후 지난 50년 동안 성격진단 및 상담치료의 상황에서 많이 활용되어 왔고, 또 이에 관한 연구도 극히 활발했었다는 것은 주지의 사실이라 하겠다.

본 검사는 피검사자의 개인적·사회적 적응을 좌우하는 주요 성격특징(personality characteristic)을 객관적으로 측정, 진단하려는 것이다. 그런데 이 검사에서의 진단의 대상인 성격특징은 일단 형성된 후에는 쉽게 변용되기 어려운 비교적 항구적인 성격특성(personality traits)들이 아니라 치료에 따라 변화될 수 있는 정신신경증적 경향(neurotic tendency), 정신병적 징후 또는 증후군(psychotic symptom or syndrome) 및 반사회적 이상성격(psychopathic personality) 또는 행동장애(behavior disorder) 등의 성격특질 등이다.

따라서 본 검사의 목적은 이러한 경향, 징후, 비정상성 또는 이상성을 여실히 진단 포착하여 심리치료에 기여하고자 하는 것이며, 아울러 비정상적이고 불건전한 방향으로 진전될 가능성을 미리 알아내 미연방지의 선도책을 강구하려는 것이다.

#### ② CPI(California Psychological Inventory)

H. G. Gough가 1957년에 제작한 18개 척도와 480문항으로 구성된 유명한 성격검사이다. 이 검사는 MMPI와 같은 방법으로 구성되었다. MMPI는 심한 성격장애의 진단을 위해 만들어진 것이지만 CPI는 정상인의 성격진단을 위해 만들어진 것이다. 그러므로 자기통제성, 우월성, 사교성, 자기 수용성 및 책임감과 같은 특징을 측정하고 있다.

규준집단과 통제집단의 반응을 비교하기 위해서 고교생과 대학생들을 피험자로 하였다. 그들의 친구 가운데, 예를 들면 우월성격 특성을 가진 사람을 지명하게 하여 그들을 규준집단으로 하고, 그런 특성을 가지지 않은 사람을 지명하게 하여 그들을 통제집단으로 하였다. 두 집단의 반응에서 유의미하게 다른 문항만을 골라서 우월성을 측정하는 척도로 구성하였다.

#### ③ Cattell의 16성격요인 검사

R. B. Cattell이 1966년도에 제작한 성격검사(The Sixteen Personality Factor Questionnaire, 16PF)는 16가지의 서로 다른 성격특질을 동시에 측정하여 그것을 프로파일에 쉽게 나타낼 수가 있다. 각 문항에 따라 '예' 혹은 '아니오'로 표시하면 요인별로 점수를 측정한다.

예를 들면 '사교 장면에 가면 뒷자리에만 앉아 있는 편입니까?'하는 문항에 대해 '아니오'에 답하게 되면 E 척도에서 높은 점수를 받게 된다. 각 개인의 검사점수를 가지고 성격 프로파일을 작성하며, 이것을 가지면 개인의 성격특성을 쉽게 평가할 수가 있다.

그리고 이 검사는 정상성인을 대상으로 생활기록 자료(life record data, L 자료)

와 질문지 자료(questionnair data, Q자료)에서 요인분석(factor analysis)에 의해서 원천특성(Q자료에서 23개, L자료에서 15)을 추출하였고 이를 바탕으로 만들어진 것이 특징이다.

### ④ Eysenck의 MPI와 EPQ

MPI(Maudsley Personality Inventory)는 H. J. Eysenck가 '내향성-외향성'의 경향과 '신경증적' 경향의 두 가지 차원에서 성격을 측정하기 위해 두 요인 각 24항목으로 구성된 검사이다. 무엇보다도 단시간 내에 응답을 얻을 수 있는 것이 특징이다. 외향성은 충동성과 사교성을, 내향성은 신중성과 비사교성을 나타내며, 신경증 경향은 정서가 불안정하고 정신적 스트레스에 대해서 신경증적 좌절에 빠지기 쉬운 경향을 나타낸다. Eysenck는 이 EPI를 다시 발전시켜 성인용의 EPI와 아동용의 JEPI를 표준화하여 공표하고 있다.

EPQ(Eysenck Personality Questionnaire)는 특성이론을 보강한 W. Wundt(1832～1920), C. G. Jung(1875～1961), E. Kretschmer(1888～1964)의 차원론적 성격유형의 이론을 계승하여 발전시킨 이론을 모체로 하였다. 이 이론을 뒷받침할 만한 경험적 자료를 수집하여 규준분석(criterion analysis)에 의한 요인분석을 하여 외향성-내향성 차원(extraversion introversion dimension), 신경증적 경향성 차원(neuroticism dimension), 정신병적 경향성 차원(psychoticism dimension), 허위성 차원(lie dimension)을 추출하였다. 이는 외향성 요인(E), 정서성 요인(N), 강인성 요인(P), 사회적 욕망성 요인(L)을 측정한다. 이 검사는 성인용은 90문항, 아동용은 81문항으로 구성되어 있다.

### ⑤ Spielberger의 상황특성 불안검사

STAI(State Trait Anxiety Inventory)는 1980년에 Vogg, Barker 및 Donham 등과 같이 C. D. Spielberger가 만든 검사로서 일시적인 상황불안과 지속적인 특성불안을 측정하기 위한 목적으로 두 척도가 별도로 각각 20개씩의 문항으로 구성되어 있고, 각 문항은 4단계의 평정을 요구하는 내용으로 진술되어 있다.

## 2 투사법

### (1) 투사법의 특징

투사법(projective techniques)이란 말은 프로젝션(projection), 즉 투영 또는 투사라는 개념에서 따온 것이다. 프로젝션의 개념은 S. Freud에 의해서 처음으로 사용되었다. 투사의 과정(process of projection)은 무의식인 것이며, 이것은 무의식적인 욕구들의 방어기제(defence mechanism)가 되어 무의식적 충동, 감정, 생각 및 태도를 외부에 전가함으로써 자기 자신의 긴장을 해소하게 된다. 이러한 원리를 이용한 것이 투사법인 것이다.

투사법의 목적은 개인의 성격에 대한 통찰을 얻는 데 있다. 목적에 있어서는 질문에 대한 대답이 개인의 성격을 이해하는 데 필요한 자료를 제공한다는 가정하에서 발달된 성격목록법(inventory type)과 같다. 그러나 성격을 연구하는 방법에 있어서 투사법은 다른 성격검사들과는 다르다.

투사법이 지닌 방법론상의 특징은 다음과 같다.

첫째로, 피검자에게 막연한, 또는 부분적으로 막연한 자극을 제시하는 데 있다. 즉, 피험자로 하여금 그 자극에 대한 반응을 의식적으로 통제하지 못하고 자기의 개인적 특성을 실제 그대로 나타내는 반응을 유발시키는 데 특징이 있다.

둘째로, 임상에서 실용적일 수 있도록 충분히 간결하게 조직화된 개인적 행동의 표본을 작성하고, 개인적 행동을 일으키는 데 관련된 광범위한 자극들의 표본을 떠보자는 것이다. 투사법은 무엇보다도 개인적 반응의 독자성을 강조한다. 해석에 있어서도 기준을 표준화하고자 하나 그러한 기준에서 얼마나 이탈되었는지, 또는 가까운지로 반응들을 분류할 뿐이지 기준을 중요시하지는 않는다. 그러므로 투사법에 대한 반응을 통계적으로 처리한다는 것은 곤란하며, 이 방법의 타당성이나 신뢰도를 측정하기도 어렵다.

셋째로, 투사법은 행동을 일으킨 성격과 함께 그 행동도 기록하여 조직적·전체적 고찰을 강조한다. 이 점은 곧 통계적·양적인 분석을 쉽게 이루지 못하게 하는 이유가 된다. 전체행동으로서의 기록된 내용 중 어떤 특정 항목은 그것이 전체에 내포되는 방법에 따라 또는 전체로부터 분화되는 방법에 따라서 여러 가지 의미를 가지게 된다. 즉, 공통적인 의미를 가려내기 전에 여러 가지 행동들의 상호관련성이 한 가지 행동에 영향을 주는 가능성을 판정하자는 것이다.

넷째로, 성격은 표면적인 것이 아니고, 표면으로 나타난 것은 그 중의 한 층에 불과한 심층구조를 가지고 있다. 성격의 어떤 특성은 관찰할 수 있는 것이나, 그 외의 것들은 외부에서 뿐만 아니라 개인 자신으로부터도 감추어지고 있다. 즉 성격에는 무의식적인 면이 있다. 투사법의 기능은 이러한 무의식적 영역의 성격을 탐구하는 역할을 하는 것이다.

자기보고식 질문형 성격검사는 엄밀한 통계적 조사에 의해 선택된 여러 가지 질문항목으로 구성되어 있으며, 피검자는 대개의 경우 '예', '아니오', '잘 모르겠다(또는 어느 쪽도 아니다)'라고 답하게 되어 있다. 또한 그 질문의 내용이 자기에게 해당되는지의 여부를 판단하여 보고하게 되어 있는 바, 이러한 판단의 순간에는 질문에 답하기 위하여 피검자는 자기 자신을 성찰하고 이해하고 있어야 함은 물론 자기의 결점을 정시할 수 있는 용기와 솔직성이 기대된다고 하겠다. 만약 자기의 이상성을 발견 못하거나 자기를 잘 알지 못하는 피검자에 있어서는 질문지법, 즉 자기보고식 검사법은 행동상의 특성을 진단하는 데 문제가 없지 않다.

이에 비하여 투사법은 피검자의 내성이란 과정을 필요로 하지 않고, 피검자가 잉크반점(blots)이나 그림 등의 외적 자극에 몰입됨으로써 그렇게 자기 방어적이 아닌 입장에서의 반응이 가능하며, 질문지법에 비하여 허위반응의 가능성이 적고, 자기보고식 판단을 필요로 하지 않는다. 각 피검자는 잉크반점이나 그림 등에서 무엇을 보았느냐는 질문을 받게 되면, 거기에는 '정답'이나 '오답'이 없기 때문에 개인특유의, 학습되지 않은 방식으로 반응하게 되는 것이다. 개인의 지각은 잉크반점이나 그림 자체의 물리적 성질에 의해서 뿐만 아니라 개인의 '투사된' 욕구, 경험 및 습관적 행동 형태에 의하여 선택되고 조직되는 것이다.

### (2) Rorschach의 Ink-blots Test

투사법 가운데서 가장 대표적인 심리진단 도구의 하나로서 Rorschach Test가 손꼽히고 있다. 오늘날 Rorschach Technique로도 불리고 있는 이 성격검사법은 1921년 H. Rorschach가 『심리진단학(psychodiagnostik)』이라는 책을 출판하여 공식적으로 이 세상에 나타나게 되었다. 그리하여 오늘날, 세계에서 사용되고 있는 모든 투사적 검사 중 가장 많이 이용되고 있는 검사법임을 알아볼 수 있다.

이러한 Rorschach Test는 개인의 지각과 성격이 관계가 있다는 기본 가정 위에서 있다. 개인이 자기의 지각을 형성함에 있어 잉크반점을 조직화 또는 구조화하는 방법은 자기의 심리적 기능의 기본적 측면을 반영하는 것이다. 잉크반점은 비교적 추상적이고 '비구성적'이기 때문에 자극사료로서 적합하며, 今 학습된 특정 반응을 일으키는 것이 아니라 가능한 여러 가지 반응을 용이하게 한다.

이와 같이 '성격 진단검사는 문화적 수준에 의해 영향을 적게 받는 비교적 단순한 검사방법이어야 한다'는 입장에서 본다면, Rorschach Test는 성격검사도구로서의 유용성을 높이 평가할 수 있을 것이다. 바로 이 점 때문에 Rorschach Test는 비구조적인 성격검사의 대표로 취급되고 있다.

#### ① H. Rorschach 이전의 잉크반점 연구

어떤 추상적인 도형을 통한 시각적 자극을, 시상을 자극하는 데 사용하기 시작한 것은 15세기의 Leonaldo da Vinci로 손꼽히고 있으며, 독일의 J. Korner는 1857년에 『잉크반점카드(Kleksographien)』란 책을 출판한 바 있으며, 1895년에 지능검사의 창시자로 유명한 A. Binet는 성격특성의 연구를 위한 시각심상의 연구에 잉크반점을 이용할 수 있다는 점을 지적하고 있다.

1898년에 G. V. Dearborn은 16명의 피검자군에 잉크반점법을 사용한 결과를 발표한 보고서를 통해 흑백 혹은 유색의 잉크반점을 만드는 방법과 실험심리학에서의 잉크반점 사용법을 시도했고, 20세기에 접어들어서는 1910년 G. M. Whipple이 또한 이 분야의 발전에 공헌하였다. 그의 공헌은 최초로 표준화된 잉크반점의 출현을 보게 되었다는 점이다. 이와 더불어 그의 실시 요강은 그 당시

까지 그가 수집한 잉크반점 실시 결과를 최초로 종합적으로 집대성한 것이었다. 사고과정이나 상상력의 깊이 또는 개인차를 밝히기 위한 실험의 목적으로 잉크반점을 사용한 연구로서는, F. C. Bartlett의 실험 외에 1910년 러시아 심리학자인 T. Rybakow의 연구, 1917년의 영국인 C. Parsons의 연구 등이 시사하는 바가 큰 연구들로 지적되고 있다.

이상의 연구들은 모두가 H. Rorschach가 자신의 이론을 전개하는 데 의거점이 되었던 것이며, Rorschach는 자신의 정신의학적·과학적 소양을 토대로 해석의 근거를 더욱 넓혔던 것이다.

#### ② H. Rorschach의 잉크반점 연구

1912년에 Rorschach는 「반응성 환각 및 동종현상에 대해서」라는 논문으로 박사학위를 얻었다. H. Rorschach는 1913년 전후해서는 잉크반점의 연구를 중단하고 정신분석학에 관심을 갖고 이 분야의 연구에 몰두하다가 1917년 S. Hens가 「학동, 정상 성인, 정신병자에 적용되는 무형 반점에 의한 상상력 검사」라는 논문을 발표한 바 있었는데, 이것이 H. Rorschach로 하여금 잉크반점에 관한 연구를 본격적으로 시작하게 한 직접적인 동기가 되었다고 한다.

Hens의 논문이 1917년에 발표된 후 3년 뒤 H. Rorschach는 그의 주요 저서 『심리진단학』을 1921년에 탈고하였으나 출판을 못한 채 1922년 4월 2일 작고하였다. 그는 잉크반점 검사의 심화와 발전을 위해 노력하였으며, 이러한 결과가 H. Rorschach의 동료였던 E. Oberholzer에 의해서 사후에 출판되었으며 또한 Rorschach Test로 명명되었다.

#### ③ Rorschach Test의 발전

Rorschach의 사후, Oberholzer는 Rorschach의 방법을 널리 이용하게 한 주류파의 일인자가 되었고, 그는 D. M. Levy를 교육시켰던 바, Levy는 또한 미국에 Rorschach Test를 처음으로 소개한 사람이 된 것이다. Levy는 1925년 시카고에서 미국에 있어서의 최초의 세미나를 개최하였고, 1년 후, 그는 American Journal에

Rorschach Test에 관한 최초 발표를 행하였다. 그것은 이전에 발표된 논문들의 번역이었다.

그 후, Oberholzer의 밑에서 연구하였고 또한 Levy의 영향을 받은 S. J. Beck가 이 방법에 관한 자료를 출판한 최초의 미국 심리학자가 되었고, 1932년에 취한 그의 학위논문은 미국에서의 Rorschach 연구에 관한 최초의 논문이 되었다. 얼마 후, M. R. Hertz가 바로 그 뒤를 이었으며, Rorschach의 방법론적 측면을 연구하였다. 특히 Hertz는 검사의 표준화를 강조하기도 했다. 그리고 B. Klopfer는 1936년에 "Rorschach Research Exchange(1949년 이후부터는 Journal of Projective Techniques라고 개명)"의 편집에 착수하였으며, 1939년에는 뉴욕에 Rorschach 연구소를 설립하였다. 또한 같은 해에 Rorschach 학회가 조직되어 연구 및 훈련 센터로 발족하게 되었다.

잉크반점을 사용한 Rorschach Test의 성공은 전체적인 투사법의 발전을 자극하였으며, 모든 투사법적 검사에 관련된 분야에 대한 관심의 성장과 연구범위의 확대 및 그 필요성이 인식됨에 따라서 Rorschach학회는 1948년 Society for Projective Techniques로 발전되었으며, 1949년에는 스위스에서 국제 Rorschach 회의가 열려 기관지 'Rorschachiana'가 간행되기에 이르렀다.

### (3) Murray의 TAT

TAT(주제통각검사: Thematic Apperception Test)는 미국 하버드 대학의 H. A. Murray와 C. D. Morgan의 공동연구로서 1935년 완성, 발표된 이래 주로 개인이 갖고 있는 욕구·압력 단계를 비롯한 여러 가지 심리적 역동관계를 분석, 진단, 해석하려는 것으로 다른 여러 가지 투사법과 더불어 임상장면에서의 임상진단과 치료뿐만 아니라 교육, 사회, 산업장면에까지 아주 폭넓게 활용되고 있는 검사이다.

#### ① Murray 이전의 공상연구

1907년에 L. H. Brittain은 「A Study in Imagination」에서 그림에 의한 상상력 연구의 중요성을 강조함으로써 오늘날 TAT에서 강조되고 있는 상상(imagination)

과 공상(fantasy)에 대한 연구의 관심과 주의를 환기시키게 되었다. Brittain의 연구에 이어서 1908년에 W. Libby는 10세에서 14세까지의 아동과 고등학생을 대상으로 이들의 상상력을 분석하여 'American Journal of Psychology'에 연구결과를 발표하였다. 그는 어린 아이일수록 객관적인 이야기가 많고 연상의 아동들은 주관적인 것이 많아 13세와 14세 간에는 유의미한 연령차가 있었다고 한다. 그는 특히 발달적인 문제에 관심을 갖고 상상력을 분석·비교하고자 하였다.

그 후 1932년 정신의학작인 L. A. Schwartz에 의해서 비로소 오늘날 우리가 말하는 주제분석법(thermatic method)에 의한 personality 연구가 시도되었다. 그는 정신의학적 면접과정에서 면접에 필요한 의사와 환자 간의 대화의 소통과 감정의 교류를 원활히 할 수 있는 방법의 필요성을 절감하고 있었다. 이리하여 그는 소년원에 수용되어 있는 10세~20세까지의 청소년 40명을 대상으로 도덕적 성격을 띤 8장의 그림(Social Situation Picture Test)을 3분간씩 제시하여 각자가 본 그림의 이야기를 서술토록 함으로써 그 이야기 속에 투사된 개인의 personality의 일면을 분석하려 하였다. 이러한 이야기 내용을 그는 일반적·공통적인 것과 개별적·특수적인 것으로 분석하였으며, 이러한 방법은 또한 정신의학적 면접을 시작하기 위해서도 효과적임을 강조하였다.

이러한 흐름 속에서 점차로 심리검사 같은 심리학적 방법이 정신병리학에 도입됨에 따라서 1935년 TAT가 C. D. Morgan과 H. A. Murray에 의해 '공상연구의 한 방법'으로서의 최초로 소개되었으며, 이는 1938년에 Murray의 personality 이론과 통합을 보게 되었다.

### ② Murray의 연구

1936년의 원 도판에 3회의 개정을 거듭하여 1943년 Murray에 의해 최초의 TAT 해설이 발표되었으며, 남녀공용, 남성용, 여성용, 3세의 아동전용 도판을 포함 한 31개의 도판이 정식으로 출판되었다. 이것은 오늘날까지 한 번도 변경되지 않고 그대로 전 세계적으로 사용되고 있는 TAT-Harvard 도판이다.

이어서 TAT에 대한 연구는 급속한 발전을 보였으며, 1938년경 이미 R. R. Holt

가 「Journal of Projective Techniques」에 신간소식으로 소개한 바에 의하면 이에 관계된 논문의 총수가 377편에 달하였으며, 1951년에는 489편에 달한 것으로 나타났다. 이후 TAT에 관한 많은 논문이 각종 심리학 잡지에 매년 수록되고 있다.

### ③ TAT의 발전

오늘날 TAT는 심리검사 이론과 실제라는 입장에서 볼 때 Rorschach technique와 더불어 전 세계적으로 가장 널리 적용되고 있는 투사법의 하나이다. Rorschach법이 주로 개인의 personality 구성이나 구조를 밝히려는 것인데 비해서 TAT는 개인의 personality 내용을 구명하는 데 유용한 방법임이 인정되고 있다.

오늘날 TAT를 연구하는 입장은 주로 각 피검자의 반응에 나타난 특징을 특정 임상군의 특질과 비교하여 일정한 법칙성을 찾으려는 법칙 발견적 입장, 즉 증후연구(sign approach)와 TAT에 의해 personality 연구의 이론적 가설과 검정을 모색코자 하는 이론적 접근(theoretic approach)으로 대별할 수가 있으며, TAT 반응 내지 결과에 대한 분석과 해석의 방법 또한 여러 가지로 제시되고 활용되고 있다.

TAT는 주로 개인의 personality의 연구나 부적응자와 이상성격자의 임상적 연구에 적용되고 있으나, TAT의 새로운 적용 가능성도 끊임없이 대두되고 있다. 임상장면에 있어서 TAT는 개인의 적응과 personality 진단뿐만 아니라 치료 장면에 대한 환자의 태도나 심리치료의 효과를 측정하는 등 심리치료에도 응용되고 있으며, 그 밖에 TAT는 성취동기의 측정, 인간관계의 진단을 비롯해서 상담활동에서도 중요한 위치를 차지하게 되었다. 뿐만 아니라 TAT는 사회, 문화와 personality의 상호작용 관계의 연구에 대한 새로운 접근을 자극하였고, 최근에는 개인의 사회적 태도와 편견의 조사, 종업원의 사기조사, 소비자의 동기조사, 문화집단의 차이를 밝히는 등 군대, 산업분야에 있어서도 광범하게 적용되고 있다.

## (4) Bender의 BGT

오늘날 임상심리학자나 상담심리학자 및 카운슬러들에게 가장 널리 알려져 있고, 또 많이 활용되고 있는 투사법적 심리검사로써는 Rorschach, TAT, DAP(인물화검사), BGT를 들 수 있다. BGT는 Bender Gestalt Test의 약자로서 그 원명칭은 Bender Visual Motor Gestalt Test이다. 이 검사는 L. Bender 여사가 1938년 미국 예방정신의학협회(America Orthopsychiatric Association)의 연구지 제3호에서 「시각-운동형태검사 및 그 임상적 활용(A visual motor gestalt test and its clinical use)」이란 논문의 발표에서 비롯되고 발전된 것이다.

그 이름이 시사하고 있듯이 이 검사의 이론적 근거는 형태심리학(Gestalt Psychology)의 개념에 의거하고 있다. 따라서 이 검사의 자료도 형태 심리학자인 M. Wertheimer(1932)가 지각의 형태 심리학적 법칙을 설명하기 위하여 고안한 도형에서 가져온 것이다. 그러나 이 검사는 시각적 기억이나 상상력을 측정하려는 것이 아니라 지각과 운동기능의 검사이다.

BGT는 9매의 간단한 기하학적 도형으로 구성되어 있으며 이들을 피검자에게 한 장씩 차례로 보여주고(시각적 visual), 그것을 종이 위에 그리도록 한 다음(운동기능 drawing: motor function), 그 결과(production)에 대하여 형태심리학적 이론을 기초로 개인의 심리적 과정을 분석하고 해석하고자 하는 데 그 목적이 있다.

그러나 이 검사는 '전체장면에 대한 전체적 반응(total reaction to the total situation)'이란 형태심리학의 원리에 역동심리학(dynamic psychology)의 개념도 아울러 부가시키고 있다. 따라서 BGT는 피검자가 무엇을 어떻게 지각하고 있는가 하는 점을 고려할 뿐만 아니라 지각이 어떻게 이용되는지의 방법도 아울러 평가한다. 그러므로 이 검사는 모든 투사법의 기본 개념과 일치하고 있어서 개인의 성격기술과 임상진단적 도구로서의 효능도 함께 갖추고 있다.

이 검사의 임상적 적용범위로서는 기질적 뇌장애, 정신분열증, 정서장애, 신경증, 조울증 및 정신박약증 등을 들 수 있다.

### (5) Rosenzweig의 회화욕구 좌절 진단검사

P-F Study(Picture Frustration Study)란 S. Rosenzweig가 1944년에 고안한 것으로서 회화욕구 불만검사라고도 부른다. 이것은 그림과 같은 선화에 의해 욕구불만의 장면을 표시하여 이에 대한 반응을 기입시켜 그 반응을 분석함으로써 그 개

인의 성격을 판단하고자 함이다.

분석에 있어서는 장면의 전체에 걸쳐 공격의 방향(타인에 의한 벌, 자책, 무벌) 및 반응형태(장애 우위형, 자아 방위형, 요구 고집형)의 두 가지 차원의 분석을 통해, 욕구불만 장면의 인물에 투사된 그 개인의 성격이 역동적으로 해석된다. 검사시간도 비교적 짧고(약 20분), 결과의 정리도 비교적 쉬우면서 또한 객관화시킨 부분도 있어서 임상장면 등에 이용되는 수가 많다.

[그림 1-1] P-F Study 예

### (6) 문장완성법(SCT: Sentence Completion Test)

이것은 연상검사(association test)의 응용으로서 발전한 것이다. 처음에는 Galton에 의해 자유연상법(free association test)이 연구되고, W. Wundt와 J. M. Cattell에 의해 다시 단어연상법(word association test)으로 발전하였고 E. Kräepelin과 C. G. Jung의 임상적 연구에 이어 D. Rapaport와 그의 동료들의 연구에 의해 단어연상법이 투사법으로서의 성격진단의 유효한 방법으로 확립되었다. 그 후 단어연상법은 다시 문장완성법으로 더욱 발전하게 되었고 그 대표적인 검사는 WUSCT(Washington University Sentence Completion Test)이다.

이 검사는 미완성의 비교적 짧은 문장(예컨대, "나는 자주 사람들로부터……"

등)을 제시 하에 공백부분을 연상하되, 자기 자신의 이야기로 자유롭게 써 넣게 함으로써 하나의 문장으로 완성시키는 검사법이다. 해석은 성격적 요인으로써 ① 지적능력측면, ② 정의적 측면, ③ 가치 지향적 측면, ④ 정신역동적 측면에 대해서, 또한 결정적 요인으로서는 ① 신체적 요인, ② 가정적·성장적 요인, ③ 대인적·사회적 요인에 대해서 분석되며, 그 분석을 통해 그 개인의 성격이나 적응상태 등을 이해하게 된다.

반응시간은 제한이 없다. 심리진단은 개인들의 프로토콜(protocol)에서 강한 정동적 반응, 반복적 반응, 비평범반응, 정보제공적 반응 등에 유의하고, 부정이 작용한 생략문항 또는 유머적 반응에서도 의미를 찾고자 한다. SCT는 다른 투사법보다 신뢰도는 낮지만, 초보자가 추리하는 훈련에는 더 적합하다.

### (7) 단어연상 검사

단어연상 검사(word association test)는 피검자에게 일련의 자극어를 제시하고, 첫 번째의 연상어를 반응시키는 검사다. C. G. Jung은 최초로 정신과 환자의 콤플렉스의 진단 가능성을 연구하고자 100개 자극어의 검사를 만들었다. 임상적으로는 Jung이나 Kent와 Rosanoff가 제시한 단어 목록들을 많이 이용한다. 특정피검자의 정동적 관념을 연상시킬 때는 다른 자극어들이 선택될 수 있다. 의미 있는 반응은 반응시간이 매우 긴 것이나 짧은 것, 무반응, 곤란을 보이는 자극어, 반복되는 반응, 음향연상, 재검사에서의 다른 반응, 자극어의 오해 등이다. 근래에 단어연상 검사의 이용은 감소 경향이 있으나, 연구용으로는 가치가 있다.

### (8) 인물화성격검사

인물화검사(draw a person test)는 흔히 ‘DAP’라고 부른다. DAP는 K. Machovre의 저서『인물화에 나타난 성격 투사(1949)』에 의해 처음으로 소개된 후 전 세계적으로 보급되었다. 검사재료는 지우개가 있는 연필과 백지를 피검자에게 주고 사람을 그려보라는 지시를 하며, 검사자는 그리는 순서와 평가를 기록하고, 다 그린 후에는 먼저와 다른 이성을 그리도록 한다. DAP에서 신체상은 곧 자아상을 반영한다는 입장, 그림에서 강조된 기관은 의사소통수단, 관념화, 욕구체계, 성적 능력, 갈등, 좌절경험, 성장력 등을 반영한다고 한다. 이것은 아동과 성인에게 개별적 또는 집단적으로 실시할 수 있고 간편하면서도 유익한 것이다. 임상적으로는 기질적 장애를 보기 위한 목적으로도 많이 이용된다.

## 3 태도 측정이론의 발달

심리검사가 태도나 가치의 측정에도 적용되면서 P. E. Vernon은 E. Sprauger (1928)의 이론에 입각하여 이론적·경제적·심리적·사회적·정치적·종교적 등 6개의 카테고리로 분류하는 가치척도를 만들었다(1931년). L. L. Thurstone과 E. J. Chave(1929)는 인간의 태도는 본래 복합적인 것이어서 일반적인 태도형으로서는 측정될 수 없으나 특정의 차원에 입학할 때는 그 차원에 관한 한 극단적인 의견으로부터 반대되는 극단의 의견에 이르기까지 어디엔가 각자의 태도를 태도연속체의 어디엔가에 못 박아 그 위치를 파악하게 되면 사람들의 태도를 순위나 거리(또는 간격)로서 비교할 수 있게 된다고 보았다. 문제는 태도의 단위인 것이다. 즉, 다수의 의견을 모으고 이것을 전문가에게 판정시켜 보면 그 평정치는 결코 무질서하게 분포되어 있지 않고 어떤 값의 근처에 높은 확률적 밀도로 분포되기 마련이다. 그 대표치를 척도치로 정하게 되면 타당성 있는 척도치가 될 것이다. 그러나 L. L. Thurstone 등은 등간격(等間隔)으로 펼친 의견을 모아서 척도를 만들면 일정한 단위를 가진 동간척도가 된다고 생각하여 등현간격법(等現間隔法, method of equal appearing intervals)을 개발하였고 이를 토대로 「교회에 대한 태도척도」 등 태도검사를 제작 발표하였다.

Thurstone법의 출현은 세상에 나온 이래로 태도 측정의 역사에 있어서 획기적인 이정표 구실을 했다. 이 법이 나오기까지는, 태도는 각 연구자의 주관에 의해서 작성된 질문지에 의해서 측정하는 것에 불과하였다.

1932년에는 R. Likert는 질문지반응에 있어서 「절대반대」=1, 「약간반대」=2, 「보통」=3, 「약간찬성」=4, 「대단히 찬성」=5라고 득점화시켰을 때 태도치의 평균은 0, 표준편차는 1을 가진 단위정상곡선(unit normal curve: N=1, M=0, σ=1의 곡선) 상의 득점과의 상관을 분석한 결과 의외로 0.99 정도의 극히 높은 상관이 있음을 발견하여 시그마치(値)법 대신에 간편한 5, 4, 3, 2, 1의 5단계 평정법인 누적평정법(累積評定法, method of summated rating)을 발표하였으며, 1944년에는 L. Guttman의 척도분석법(scalogram analysis), 1950년에는 P. F. Lazarsfeld의 잠재구조분석법(latent structure analysis) 등이 연이어 개발되었다. 그리고 1954년에는 A. L. Edwards는 강제선택법(forced choice method)을 이용하여 개인욕구검사(Edwards Personal Preference Schedule, EPPS)를 제작하였다.

## 3 심리검사의 분류

### 1) 측정영역에 의한 분류

#### 1 지능검사(intelligence test)

지능의 명확한 정의를 진술하는 것은 매우 어렵지만 지능검사라고 불리는 검사는 아주 많이 만들어지고 있고 또한 연구도 많다. 지능검사에는 지적능력의 각 요소를 요인별로 세부적으로 나누어 보는 것(Thurstone의 PMAT 기본정신 능력검사), 언어적(verbal)인 것과 비언어적(nonverbal)인 것으로 나누어 보는 것(α형, β형), 또는 언어성(verbal)과 동작성(performance)으로 나누어 보는 것(WISC, WAIS) 혹은 세부적으로 나누지 않고, 일반 지적능력(general mental ability)을 보는 것(Binet식) 등이 있다.

그리고 학년 단계나 발달단계에 따라 세부적으로 나누어 그 단계에 대응된 검사를 실시하는 것도 있다(K. Anderson식). 또한 문화적 배경에 따라 지능지수에 차가 발생하는 불공평을 최소화하기 위한 Culture Fair Test도 구안되고 있다(Cattell의 Culture Free Test, Daris-Eells Games, Raven의 Progressive Matrices Test 등). 이들 대부분은 비언어적이다.

### 2 학력검사(achievement of proficiency test)

표준화 절차에 의해 작성된 학력검사는 대부분이 객관식 검사이며 결과표시법도 표준점수방식에 의한 것이 많다.

학력검사는 교과내용이 전국적으로 공통되거나 또는 그 범위 내에서 가능하다. 규준은 학년별, 학기별 또는 성별, 지역별 규준점수 등이 마련되어 있거나 교과별 규준 등이 제시되어 있다.

### 3 적성검사(aptitude test)

학력검사가 특정 교과목의 이수달성 정도를 측정하는 데 목적이 있는데 비추어 적성검사는 앞으로 이수하고자 하는 교과목에 대해 달성 가능성을 알아보는 데 목적이 있다. 이 중에는 대학에 입학하여 충분히 수학할 수 있을까 여부를 알아보는 진학적성검사(Scholastic Aptitude Test)나 직업지도 내지 진로지도를 위한 적성검사(General Aptitude Test Battery, Diffentail Aptitude Test) 등이 있다.

특수 기능의 습득에 관한 적성검사로서는 사무능력 적성검사(Clerical Aptitude Test)나 기계이해검사(Mechanical Comprehension Test), 또는 음악적성검사, 미술적성검사 또는 운전적성검사 등이 있다.

적성검사와 학력검사와의 차이도 엄밀히 따진다면 그렇게 명확하지가 않다. 예컨대, 진학적성검사는 일반적 능력에 비중을 두게 되면 지능검사와의 차이가 뚜렷하지가 않게 되며, 교과내용에 비중을 두게 되면 학력검사와의 차가 확실하지 않게 된다. 또한 음악적성검사나 기계이해검사 등도 지금까지 어느 정도 이러한 검사에 접하는 기회가 많았었던 사람은 유리하게 되어, 순수하게 이들 발달 가능성을 알아볼 수 있겠는가 하는 문제는 의문시된다. 따라서 적성검사의 대부분은 사용 목적에 따른 명칭을 고려함이 자연스럽다고 하겠다.

### 4 성격검사(personality test)

성격검사는 성격이나 행동특성면의 측정을 목적으로 만들어진 검사이다. 스스로 질문에 답하는 자기보고법(MMPI, 향성 검사 등), 주어진 과제에 대해 일정한 작업을 수행하는 작업검사법(Kräepelin 정신 작업검사 등) 그리고 아무런 의미가 없는 자극도형을 보여주고 피검자의 자유스러운 회답을 얻어내는 투사법(Rorscharch 검사, TAT, CAT, BGT, Picture Frustration Study, 문장완성검사 등) 등으로 나뉜다.

자기보고법은 채점이 객관적으로 이루어지고 동시에 많은 사람들에게 실시할 수 있기 때문에 실용적이지만, 입학시험이나 채용시험 등에서는 수험자가 자기 자신을 좋게 나타내려는 경향(facking effect)이 작용하여 진실된 회답을 기대하기가 어렵다. 이런 점에서 작업검사법은 피검자가 검사 목적을 알지 못하는 가운데 실시할 수 있는 이점이 있으며, 또한 안다 할지라도 자기 마음먹은 대로 회답을 바꾸기 어렵다.

투사법은 자기보고식 검사에서는 파악하기 힘든 성격의 숨겨진 면이 투사된다고 보고 있다. 그러나 사람을 짧은 시간에 처리할 수 없다는 제한점을 갖고 있다. 그래서 투사법은 병원이나 상담소 등 한 사람 한 사람을 임상적으로 검사할 수 있는 장소에서 사용되는 경우가 많다. 또 한 사람씩 검사하는 데도 시간이 많이 소요되기 때문에 슬라이드 등을 이용한 집단 Rorschach법도 강구되고 있다.

한 마디로 성격이라 할지라도 그것은 다양한 개념을 지니고 있기 때문에 기질검사(Guilford Zimmerman Temperament Survey)나 향성 검사 또는 적응성 검사 등으로 나뉜 것도 있다. 또한 MMPI와 같이 여러 가지 종류의 성격 면을 다각적·종합적으로 진단하고자 하는 것도 있다. 투사법의 대부분은 이와 같은 개별적 특성으로 나누지 않고 성격을 종합적으로 진단하고자 하는 데 그 특징이 있다.

### 5 흥미검사(interest inventory)

자기의 직업, 교과목 또는 일의 유형 등에 대한 흥미의 방향을 알아보는 것으로서 어느 것이 맞고 어느 것이 틀리는지를 판정하는 것이 아니기 때문에 '테스트'라고는 말하지 않고 '인벤토리(inventory)' 또는 '레코드(record)' 등의 말이 영어로 사용되고 있다. 그러나 우리나라에서는 검사를 넓은 뜻으로 사용하여 흥미검사 또는 흥미테스트라고 부르는 경우가 많다(Strong Vocational Interest Bland, Kuder Preference Record, Lee-Thorpe의 Occupational Interest Inventory, 직업흥미검사, 학습흥미검사 등).

이들은 어느 것이나 진로상담이나 직업선택 지도상 유효한 정보를 제공한다. 한편, 흥미검사는 아니지만 그 밖에 가치척도(Allport-Vernon의 Study of Values)나 여러 가지의 태도척도(Shaw & Wright, 1967) 등이 있다.

## 2) 측정방법에 의한 분류

### 1 기구에 의한 검사(apparatus test)

기구를 사용하는 검사는 아주 커다란 기계를 사용하는 것에서부터 극히 간단한 기구를 사용하는 등 여러 가지가 있다.

기구를 사용하는 검사는 적성검사(GATB 등)에서 많이 찾아볼 수 있으며 또한 지능검사에서도 동작성검사(WISC 등)에서는 기구를 사용하는 것이 있다.

Rorschach 도형을 슬라이드로 보이거나 MMPI의 질문사항을 카드에 기입하여 보여주는 것도 간단한 기구를 쓰는 경우라 하겠다.

큰 경우는 예컨대 우주항공사나 열차기관사의 적성검사를 위한 모의 운전 장치(시무레타)도 하나의 검사기구로서 이용되고 있다.

통상 기구검사로 불리는 경우에는 책상 위에 둘 수 있을 정도의 간단한 기구를 가리키며, 그 중에는 형태판에 나뭇조각을 끼워 맞추게 하여 공간지각의 빠르기나 정확성을 측정하거나, 눈 또는 손의 협응 동작을 시험하기 위한 손가락 작업검사 등이 포함된다.

### 2 종이와 연필에 의한 검사(paper and pencil test)

기구검사에 비해 지필검사는 값이 아주 싸기 때문에 대부분의 심리검사는 지필검사로 되어 있다. 물론, 최근에는 채점을 기계화하기 위해 특수용지에 지시하는 대로 기호로 회답을 표시하게 하는 방법도 있지만 질문이 종이에 인쇄되어 있고, 그 회답을 피검자가 연필이나 사인펜으로 기입한다는 점에서 종래의 지필검사와 본질적으로 다르지 않다.

## 3) 목적·용도에 의한 분류

교육용 검사를 포함하여 넓은 의미에서의 심리검사는 여러 가지 분야에서 사용된다. 예컨대 ① 교육, ② 임상의학, ③ 카운슬링, 가이던스, ④ 산업, ⑤ 범죄, 분류심사, 교정 등의 분야에서 사용되고 있으며, 또한 그 용도도 다음과 같이 다양하다.

① 문제발견·진단용
② 선발
③ 승진·배치용
④ 진단·분류심사용
⑤ 예측·예언용
⑥ 교육훈련용
⑦ 교육·심리연구용

교육의 분야에서는 교육개시 이전에 학생의 준비도를 알아보기 위한 진단검사 또는 적성별로 학급을 편성하기 위한 적성검사나 지능검사가 이용될 수 있으며, 학기 도중에는 학생의 진도를 점검하거나 학습부진아의 조기발견을 위한 진단용 검사가 이용될 수 있다. 이것은 또한 동시에 학생의 학습효과를 높이기 위한 교육훈련용으로도 이용될 수 있다.

학기말에 가서는 학생의 학습 정도를 평정하기 위한 학업성취검사(achievement test)가 행해질 수 있다. 이 경우 학생의 학업성취를 공정히 평정하기 위해 때로는 표준화 학력검사가 사용되기도 한다.

교육 가운데 진로지도나 적성지도가 문제가 되는 경우에는 적성검사나 흥미검사가 필요할 때도 있다. 경우에 따라서는 전문상담소나 카운슬러에게 검사를 위촉할 수도 있다. 그리고 학생 중에 부적응 학생이나 문제아가 있으면 성격검사나 적성검사가 요구되기도 한다.

산업계에서도 검사는 사원이나 공원의 채용시험에 선발용으로 이용되기도 한다. 이때 학력검사는 사용되지 않고, 성격검사나 적성검사가 많이 사용되고 있다.

임상분야에서의 검사는 진단을 위한 정보 수집을 목적으로 이용되는 것이 많다. 이 경우의 가장 전형적인 예는 병원이나 상담소에서 행하는 지능검사나 성격검사인 바 이를 통해 정신이상자의 발견, 분류가 이루어지거나 정신박약아의 진단이 이루어지고 있다.

또한 법무부 소속의 소년분류심사원 등에서는 지능검사나 성격검사를 실시하여 앞으로의 재범 여부나 비행 가능성을 예측하여 그 결과를 법원판결 자료로 제공하기도 한다.

예측 문제는 범죄 공정면에서도 중요한 과업이다. 범죄의 유발요인이었던 정신면, 성격면의 이상성을 발견 분류하기 위해 심리검사가 사용되기도 하지만 범죄 예측이나 교정 가능성의 예측 문제에도 사용될 수 있다. 이러한 행동예측 문제는 본래 심리검사가 갖고 있는 여러 가지 역할 중 하나이기도 하다.

이상의 심리검사 분류를 능력검사와 인성검사로 나누어 그 내용을 요약 제시하면 다음 <표 1-2>와 같다.

## 〈표 1-2〉 심리검사의 분류

- 능력검사
  - 지능검사
    - 일반지능검사
      - 개별지능검사
        - Binet식
        - Yerkes식
      - 집단지능검사
        - 언어식($\alpha$. Form)
        - 비언어식($\beta$. Form)
        - 혼합식($\alpha$, $\beta$. Form)
    - 진단성지능검사
      - WAIS식 개별검사
      - CMT식 집단검사
  - 적성검사
    - 특수성능검사
    - 진학적성검사 — 진로탐색검사
    - 직업적성검사
  - 학력검사
    - 주관식 검사
    - 객관식 검사
      - 비공식 객관검사
        - 종합학력검사
        - 교과별 학력검사
        - 항목별 학력검사
        - 진단별 학력검사
      - 표준화 학력검사
- 인성검사
  - 성격검사
    - 질문지검사
      - 타인보고법(other report technique)
      - 자기보고법
        - 적출법(check list)
        - 목록법(inventory)
          - 성격검사
          - 향성검사
          - 기질검사
          - 정동검사
    - 투사법
      - 연상법
        - Word Association Test
        - Rorschach Ink-blot Test
      - 구성법
        - Rhematic Apprerception Test
        - Chidren Apperception Test
        - Make A Picture Story Test
      - 완성법
        - Sentence Completion Test
        - Story Completion Test
        - Picture Frustration Test
      - 배열법
        - Szondi Test
        - Horn Picture Arrangement Test
      - 표현법
        - Draw A Person Test
        - Finger Painting Play Technique
        - Psychodrama
  - 적응검사 — 질문지형 자기보고법
    - Check List — 문제적응검사
    - Inventory — 인성적응검사
  - 흥미검사 — 질문지형 자기보고법, Inventory
    - 학습흥미검사
    - 직업흥미검사
  - 기능검사
    - Inventory
    - Check List
    - Rating Scale
      - 학습태도검사
      - 사회성 성숙검사
      - 도덕성검사
      - 친자관계검사
      - 학습습관검사

# Chapter 02 심리검사의 신뢰도와 타당도

## 1 바람직한 심리검사의 준거

검사법에 따르면 하나의 구체적 진단이 기대되기 때문에, 진단구조 그 자체로서의 검사는 우리가 질적인 측면에서 검증해 두지 않으면 안 되는 것이다. 일상적 검사도구로서의 준거점은 오랜 연구활동 끝에 개발된 것이다. 그것에 따르면 하나의 검사법은 세 가지의 주요 우량 준거점을 충족시켜야만 한다. 즉, 표준화, 신뢰도 및 타당도 등이 우량 준거점에 도달되어 있어야 한다.

## 2 표 준 화

표준화는 관찰방법, 다시 말해서 어떻게 검사하고, 채점·기록하고 또 해석 처리해야 하는지를 확정짓는 데에서 성립한다. 한 검사가 표준화되어 있을 경우는 동일한 검사가 상이한 시점이나 상이한 장소에서 동일한 양상으로 실시될 수 있도록 실시과정, 절차와 해석 체계(평가 처리 규정)가 확정되어 있을 때이다.

결과가 검사자와 외적 조건에 구애받지 않도록 하려면 검사자의 행동과 검사 상황(검사진행, 검사자료, 지시, 연습 본보기, 처리시간 등)을 정확하게 미리 확정해 두지 않으면 안 된다. 검사는 모든 단계에서 그 절차가 표준화되어 있어야만

한다. 즉, 피검자의 반응을 기록해 두는 일과 꼭 마찬가지로 행동을 유발시키는 일, 해석하는 일과 평가 처리하는 과정에서도 절대 요청된다. 검사자 행동과 검사 상황의 변동성이 바로 오차 유발요인으로 나타난다. 표준화라는 개념은 한 검사가 목표인 집단에서 '규준화'되어 있다는 것(행동표집의 한계화)을 표시할 때에도 역시 우리가 이용하고 있다. 이 준거점을 충족시키는 것은 검사결과를 비교하게 해 주는 전제들을 충족시키는 것이 된다. 표준화되어 있지 못한 검사방법에서는 '검사'라는 말이 부적합하다. 표준화 문제는 제4장에서 자세히 설명하기로 한다.

## 3 신 뢰 도

### 1) 신뢰도의 개념

#### 1 고전 진점수이론

측정과 검사의 대부분의 표준적 절차는 고전 진점수이론(古典 眞點數理論, classical true score theory)에 그 바탕을 두고 있다. 이 이론은 측정오차가 측정된 관찰점수에 어떻게 영향을 미치는가를 기술하는 아주 간단한 모형으로서 관찰된 검사점수에 영향을 미치는 요인을 기호로 나타내고 그에 대한 가정을 기술하고 있다.

##### (1) 가정 1: $X = T + e$

이것은 측정결과인 관찰점수(observed score) $X$가 진점수(ture score) $T$와 오차점수(error score) $e$의 합이라는 기호로 나타낸 것이다. 이 경우, 피검자와 $X$와 $e$는 측정이나 검사의 시행마다 변할 수 있으나 $T$는 고정된 값이라고 가정한다. 예컨대, IQ검사에서 영자라는 학생의 진점수는 112인데 관찰점수는 115였다면,

$$X = 115,\ T = 112,\ e = 3$$

이 학생의 IQ를 1주일 후 다시 검사한 결과 관찰점수가 105였다면,

$$X = 105,\ T = 112,\ e = -7$$

이 된다.

### (2) 가정 2: $E = (X) = T$

이것은 $X$의 기대값(expected value, 평균의 한 형태), 즉 모집단의 평균 $E(X)$는 $T$라는 것을 기호로 나타낸 것이다. 이 가정은 $T$의 개념이다. $T$는 같은 검사를 같은 사람에게 반복하여 독립적으로 시행할 때, 관찰된 점수 $X$의 이론적 분포의 평균이다.

### (3) 가정 3: $\rho_{eT} = 0$

이 가정은 한 검사를 피검자의 모집단에서 시행한다면 오차점수와 진점수는 상관($\rho$: 로)이 없다는 것이다.

위와 같은 가정 중, 진점수와 오차점수는 관찰할 수 없는 이론적인 가상 개념이고 $X$만을 관찰할 수 있다. 진점수는 같은 검사를 반복 독립 시행하여 관찰된 점수의 평균이라는 이론적 개념이다.

두 개의 독립된 검사의 관찰점수 $X$와 $X'$가 위에 세 가지 가정과 피검자의 모집단에 다음 조건을 만족시키는 경우, 이 두 검사는 평행검사(平行檢査, parallel test)라고 한다.

$$T = T',\quad \sigma_e^2 = \sigma_{e'}^2$$

만약 위의 세 가지 가정을 만족시키는 두 검사의 관찰점수 $X_1$과 $X_2$가 피검자의 모집단에 다음 조건을 만족시키면, 이 두 검사는 동형검사(同型檢査, equivalent test)라고 한다.

$$T_1 = T_2 + C$$

## 2 고전 진점수이론으로부터 도출된 결론

(1) $E(e)=0$

특정 피검자의 오차점수의 기대값(모집단 평균)은 0이다.

(2) $\sigma_X^2 = \sigma_T^2 + \sigma_e^2$

관찰점수의 분산(평균으로부터 각 개인의 점수를 뺀 편차점수의 제곱의 평균, variance)은 진점수분산(true variance)과 오차점수의 분산(error variance)의 합이 된다.

(3) $\rho_{TX}^2 = \dfrac{\sigma_T^2}{\sigma_X^2}$

관찰점수와 진점수간의 상관계수의 제곱은 관찰 점수분산에 대한 진점수분산의 비율과 같아진다.

(4) i) $\sigma_X^2 = \sigma_{X'}^2$, ii) $\rho_{XY} = \rho_{X'Y'}$, iii) $\rho_{XX'} = \dfrac{\sigma_T^2}{\sigma_X^2} = \dfrac{\sigma_{T'}^2}{\sigma_{X'}^2}$

$X$와 $X'$가 두 평행검사의 관찰점수라 한다면, i) 동일한 분산, ii) 동일한 상관을 나타내며, iii) 관찰점수 간의 상관계수는 관찰점수 분산에 대한 진점수 분산의 비율과 같아진다.

## 3 신뢰도의 정의

### (1) 고전 진점수이론에 입각한 정의

신뢰도란 관찰 점수분산($\sigma_X^2$)에 대한 진점수분산($\sigma_T^2$)의 비로소 정의된다.

$$\rho_{XX'} = \frac{\sigma_T^2}{\sigma_X^2} = \frac{\sigma_X^2 - \sigma_e^2}{\sigma_X^2}$$

위의 정의 공식에서 보는 바와 같이 오차점수분산 $\sigma_e^2$이 작아질수록 신뢰도계수 $\rho_{XX'}$는 1에 가까워지고, $\sigma_e^2$이 커질수록 신뢰도계수는 작아지며, 극단의 경우에는 0에 접근하게 된다.

그러나 실제로 진점수와 오차의 정확한 양을 알 수 없으므로 결국 정의에 따른 원래의 신뢰도계수는 실제로는 구할 수가 없고 단지 얻어진 자료를 근거로 하여 하나의 모수치(母數値)에 대한 추정치(推定値, estimate)를 구하는 수밖에 없다.

앞으로 설명할 신뢰도계수는 이상과 같은 가정을 바탕으로 한 추정치를 여러 가지 추정방법에 의해서 구하게 된다.

### (2) 해석적 정의

신뢰도는 '얼마나 정확하게', '얼마나 오차 없이' 측정하고 있느냐의 개념이며, 측정하고 있는 정도의 일관성(consistency)이 있느냐의 문제에 관계한다. 즉, 신뢰도는 측정의 오차가 얼마나 작으냐 하는 문제에 관련되며 또한 신뢰도 개념은 측정치의 안정성(stability), 신뢰성(dependability), 예민성(predictability), 정확성의 뜻 등이 포함된다.

#### (3) 신뢰도계수의 의미

앞에서 언급한 바와 같이 검사점수의 안정도(신뢰도)를 측정하기 위하여 각 개인의 두 점수의 분포 간의 관계를 나타내는 상관계수를 사용하게 된다. 여기에 사용되는 상관계수는 K. Pearson의 적률 상관계수(積率相關係數, Pearson product moment correlation coefficient) 방법을 말한다. 신뢰도를 표시하기 위하여 상관계수를 사용하게 되는데, 이런 경우 이 상관계수를 특별히 신뢰도계수라고 부른다. 즉, 신뢰도계수란 두 다른 시기에 같은 집단에 같은 검사를 실시한 검사점수 간의 상관관계를 말한다. 이와 같이 정의된 신뢰도는 관찰분산에 대한 진분산의 비라고 정의한 신뢰도의 개념과 동일하다.

어떤 특정한 신뢰도계수는 그 측정치가 얻어진 특수조건, 검사를 받은 집단의 특성, 또한 그 측정치에 영향을 줄 수 있는 여러 오차의 근원에 따라 달라질 수 있다.

신뢰도계수란 검사점수의 신뢰성 또는 안정성의 정도와 크기를 나타내는 지수로서 검사점수가 얼마만큼 변동할 수 있는가를 가르쳐 주지만 왜 변동되는가의 이유는 말해 주지 않는다.

### 2) 검사-재검사 신뢰도

#### 1 개 념

검사-재검사 신뢰도(test-retest reliability)는 동일한 검사를 동일한 피검자들에게 두 번 시행하고 그 결과에 대하여 상관관계를 산출하는 신뢰도 추정치이다. 한 시기에서 다른 시기 사이에 검사점수의 변동이 얼마나 있는가, 반대로 말하면 측정하고자 하는 특성이 얼마나 안정성이 있는가 하는 것을 나타내므로 일명 안정도계수(安定度係數, coefficient of stability)라고도 부른다.

## 2 검정절차

검사-재검사 신뢰도 측정에서 가장 심각한 문제는 검사시행 간에 나타날 수 있는 이월효과(移越效果; carry over effect)의 가능성이다. 즉, 첫 번째 검사시행이 두 번째 검사에 영향을 미칠 수 있다는 점이다. 즉, 재검사 신뢰도는 전후검사의 실시간격, 검사실시에서의 여러 가지 조건 등의 요인의 작용으로 진짜 신뢰도보다 과대 추정될 가능성이 많다. 연습의 효과나 기억의 효과 외에도 기분, 건강, 동기 등 개인에 관계되는 모든 요인에 의한 일상의 변화는 이 신뢰도계수에 영향을 주며 또한 검사 간의 기간이 길 때에는 학습이나 훈련 등이 동시에 영향을 주게 된다.

따라서 재검사 신뢰도계수를 산출하기 위한 실시 간격은 보통 5~6일 사이로 두는 경우가 많다. 특히 검사-재검사 신뢰도 추정은 이월효과에 민감하지 않고 시간간격에 비교적 안정된 특성을 측정하는 검사에 가장 적당하다고 하겠다.

신뢰도나 타당도 계수 산출은 상관계수 산출법을 이용한다. 즉, 다음과 같은 Pearson의 적률 상관계수($r$ 또는 $\rho$)의 산출공식(A)를 이용한다.

$$r_{xy} = \frac{N\Sigma XY - (\Sigma X)(\Sigma Y)}{\sqrt{[N\Sigma X^2 - (\Sigma X)^2][N\Sigma Y^2 - (\Sigma Y)^2]}} \qquad \text{(A)}$$

[예제] 다음 자료는 재검사법에 의해 검사지의 신뢰도를 검정하기 위해 10명의 동일교사에게 똑같은 검사지를 1주일 간격으로 두 번 실시한 결과이다. 재검사 신뢰도계수를 구하시오.

| 교 사 | A | B | C | D | E | F | G | H | I | J |
|---|---|---|---|---|---|---|---|---|---|---|
| 월요일 조사($X$) | 13 | 12 | 10 | 8 | 7 | 6 | 6 | 4 | 3 | 1 |
| 토요일 재조사($Y$) | 7 | 11 | 3 | 7 | 2 | 12 | 16 | 2 | 19 | 16 |

* $X$, $Y$ 점수는 개인별 설문지 반응의 각각 총점

[풀이] 위 자료를 산출공식(A)에 적용 대입하면

| $X$ | $Y$ | $X^2$ | $Y^2$ | $XY$ |
|---|---|---|---|---|
| 13 | 7 | 169 | 49 | 91 |
| 12 | 11 | 144 | 121 | 132 |
| 10 | 3 | 100 | 9 | 30 |
| 8 | 7 | 64 | 49 | 56 |
| 7 | 2 | 49 | 4 | 14 |
| 6 | 12 | 36 | 144 | 72 |
| 6 | 16 | 36 | 36 | 36 |
| 4 | 2 | 16 | 4 | 8 |
| 3 | 19 | 9 | 81 | 27 |
| 1 | 16 | 1 | 36 | 6 |
| $\Sigma X=70$ | $\Sigma Y=65$ | $\Sigma X^2=624$ | $\Sigma Y^2=533$ | $\Sigma XY=472$ |

$$r=\frac{10\times472-(70)(65)}{\sqrt{[10\times624-(70)^2][10\times533-(65)^2]}}$$

$$=\frac{4720-4550}{\sqrt{(6240-4900)(5330-4225)}}$$

$$=\frac{170}{\sqrt{1340\times1105}}$$

$$=\frac{170}{\sqrt{1480700}}=\frac{170}{1216.84}=+0.14$$

$r$=+.14는 $X$, $Y$ 자료 간에 아주 낮은 상관관계가 있음을 보여주고 있다. 즉 이 검사지의 신뢰도계수는 아주 낮다($r$=+.70 이상 되어야만 신뢰도가 높다고 볼 수 있다).

### 3) 평행형검사 신뢰도

#### 1 개 념

평행형검사신뢰도(parallel forms reliability)의 추정치는 두 평행검사의 관찰점수 간의 상관계수이다. 검사-재검사 신뢰도에서와 같이 그 사이의 기간이 짧을 때에는, 어떤 특정한 문항을 기억함으로써 검사의 신뢰도가 사실 이상으로 높아지는 것을 피할 수 있는 방법의 하나는 같은 검사를 두 번 실시하는 것이 아니라 문항은 다르지만 같은 특성을 같은 형식으로 측정하도록 제작된 평행검사(parallel test)를 실시하는 것이다. 같은 집단에 대해서 두 평행검사를 각각 다른 시기에 실시하여 얻은 점수 간의 상관관계를 구하는 것을 동형검사 신뢰도(同型檢査信賴度, equivalent form reliability)라고도 부른다.

#### 2 검정절차

두 검사가 실제로 평행한다는 것을 검정하기가 불가능하기 때문에 평행검사 대신에 때로는 대형검사(代型檢査, alternate forms test)를 사용한다. 대형검사는 두 검사가 평행하도록 노력하여 제작한 검사이다. 따라서 같은 집단에 실시한 검사점수의 평균, 표준편차 및 각 검사의 문항 간의 공분산(inter item covariance)이 같아진다.

검사의 내용에 대한 동질성은 합리적인 판단에 의존하는 수밖에 없다. 단지 검사 제작자가 측정하고자 하는 내용이나 특성의 전집을 명확히 정의 및 분류하고 대형검사의 문항의 선정에 있어서 유층적 표집방법(stratified sampling)을 사용하는 경우에 두 검사는 내용면에 있어서 동등한 검사라는 자신을 가질 수 있다. 이와 함께 대형검사에 대한 통계적 기준에 의하여 판단할 때 합당하다고 판단되면 두 검사는 사실상 평행검사라는 확신을 갖게 된다. 즉, 두 대형검사가 평행이거나, 평행검사점수의 선형함수이고, 이월효과와 시간에 따라 점수의 변화가 상관계수에 영향을 미치지 않는다면 두 대형검사의 관찰점수 간의 상관계수는 검사 신뢰도의 좋은 추정치가 된다.

### 4) 반분신뢰도

#### 1 개 념

검사를 한 번 시행하여 추정하기 때문에 검사를 반복 시행하는 데서 나타나는 문제점을 제거할 수 있다. 이러한 접근방법을 사용하는 가장 널리 알려진 방법은 반분신뢰도의 추정치이다.

① 반분신뢰도(split half reliability)는 한 개의 평가도구 혹은 검사를 한 피검자 집단에 실시한 다음 그것을 적절한 방법에 의해서 두 부분의 점수로 분할하고 이 분할된 두 부분을 독립된 검사로 생각해서 그 사이의 상관을 내는 방법이다.

② 반분신뢰도는 재검사 신뢰도가 부적당할 때, 또 평행검사를 만들기가 어려울 때 쉽게 사용할 수 있는 방법이다.

③ 반분신뢰도는 두 부분의 검사 사이의 상관이 기초가 된다.

④ 이때 얻은 신뢰도는 검사 전체의 신뢰도가 아니라 반분된 부분검사의 신뢰도가 된다. 따라서 검사의 반이 서로 평행하다면 이 두 부분을 합쳤을 때의 검사 전체의 신뢰도를 계산하기 위해 Spearman-Brown 공식을 사용해서 교정해야 한다.

#### 2 Spearman-Brown 공식의 유도과정

$$\left[\text{공식} : \rho_{XX'} = \frac{2\rho_{XX'}}{1+\rho_{YY'}}\right]$$

① Pearson의 적률 상관계수의 기본 공식은 다음과 같다.

$$\rho_{XY} = \frac{\Sigma xy}{N\sigma_X\,\sigma_Y} = \frac{\sigma_{XY}}{\sigma_X\,\sigma_Y}$$

앞의 공식 중, 분자 $\sigma_{XY}$를 공분산(共分散, covariance)이라고 한다. 공분산은 $X$와 $Y$의 편차점수(관찰점수 – 평균점수)의 곱의 평균이다. 즉 $\sigma_{XY}=\frac{\Sigma xy}{N}$이다. 따라서

$$\sigma_{XY}=\sigma_X\sigma_Y\rho_{XY}$$

가 된다.

② 전체 검사점수 $X=T+e$, 반분한 검사점수가 $Y$, $Y'$라 한다면,

$$X=Y+Y',\ Y=T_Y=e_Y,\ Y'=T_{Y'}=e_{Y'},\ e=e_Y\equiv e_{Y'}$$

가 된다. 또 Y와 Y'가 평행이라면

$$T_Y=T_{Y'}$$

$$\rho_{XX'}=\frac{\sigma_T^2}{\sigma_X^2}=\frac{\sigma_{(TY+TY')^2}}{\sigma_{(Y+Y')^2}}=\frac{\sigma_{TY}^2+\sigma_{TY'}^2+2\sigma_{TY\cdot TY'}}{\sigma_Y^2+\sigma_{Y'}^2+2\sigma_{YY'}}$$

$$\sigma_Y^2=\sigma_{Y'}^2,\ \sigma_{TY}^2=\sigma_{TY,TY'}=\sigma_{TY}\bullet\sigma_{TY'}=\sigma_{TY'}^2=\sigma_{TY'}\sigma_{TY'}=\sigma_{TY}\bullet\sigma_{TY'}$$

$$\sigma_{YY'}=\sigma_Y\sigma_{Y'}\rho_{YY'}=\sigma_Y^2\rho_{YY'}$$

$$\rho_{XX'}=\frac{4\sigma_{TY}^2}{2\sigma_Y^2(1+\rho_{YY'})}$$

$$\rho_{YY'}=\frac{\sigma_{TY}^2}{\sigma_Y^2}$$

$$\therefore\rho_{XX'}=\frac{2\rho_{YY'}}{1+\rho_{YY'}}$$

## 3 검정절차

평행검사 신뢰도에서와 마찬가지로 어떻게 한 검사를 두 개의 동등한 부분으로 나누어 평행검사 성립기준에 맞도록 하느냐가 문제이다. 가장 엄밀한 방법은 문항 분석을 하여 문항의 곤란도, 내용 및 변별도 등을 고려하여 두 문항이 가장 동등한 것을 선정하여 양쪽으로 동등하게 나누어 나가는 방법이다. 이것이 이상적인 방법이긴 하나 실제에 있어서는 이러한 문항통계치를 구하는 복잡성을 피하기 위하여 간편한 다른 몇 가지 방법을 쓰고 있다.

### (1) 전후 반분법(successive halves method)

검사를 반분하는 가장 단순한 방법으로서 검사의 처음 반과 나중 반을 따로 나누어 이 반분된 두 검사 간에 상관계수를 내는 방법이다. 그러나 이러한 방법은 평행검사로 나누어졌다는 보장을 하기 가장 어려운 방법이다. 특히 검사의 속도요인이 많이 포함되었거나 또는 검사문항이 곤란도의 순위로 나열된 경우에 더욱 그러하다.

따라서 검사의 시간이 검사결과에 중요한 영향을 주는 검사에서는 전후반분법이 적당하지 못하다.

### (2) 기우반분법(odd-even half method)

한 검사를 평행검사로 나누는 방법으로 가장 흔히 쓰이는 방법이다. 그러나 이 방법에 의해서 계산된 신뢰도계수는 평행검사 신뢰도와 비교할 때 불합리하게 높게 나오는 경향이 있다.

기우반분법(寄偶半分法)을 적용할 때 검사의 상호의존성이 있는지 조심해야 한다. 만약에 한 문장에 정답할 가능성이 다른 문항에 정답할 가능성과 서로 관련되어 있다면 신뢰도는 사실 이상으로 높게 나오게 될 것이다. 기우반분법은 검사를 기수문항과 우수문항의 둘로 나누어 채점하여 그 사이의 상관관계를 계산하는 것이기 때문에 문항의 의존성을 두 검사에 균등하게 분배하는 것이 된다.

또한 기우반분법에서는 두 검사시간 사이에 검사점수에 영향을 주는 오차요인의 작용 가능성이 전연 없을 뿐만 아니라 한 검사를 받아 나가는 과정 중에서 생기는 피로라든가 연습효과 등이 주는 오차요인까지도 완전히 통제하므로 신뢰도 계수는 다른 어떤 방법보다도 높게 나오게 마련이다.

### (3) 검사의 길이에 따른 신뢰도 측정

검사 길이를 변화시킬 때(검사문항의 수를 가감할 때) 신뢰도에 미치는 영향을 예측하는 데 Spearman-Brown의 예언공식(Spearman-Brown prophecy formula)을 이용한다. 그 일반공식은 나음과 같다.

$$\rho_{XX'} = \frac{n\rho_{YY'}}{1+(n-1)\rho_{YY'}}$$

$\rho_{YY'}$ =실제로 계산된 검사의 신뢰도
$n$ =늘이거나 줄인 검사 길이의 곱수(평행검사 문항의 수)
$\rho_{XX'}$ =검사 길이를 배만큼 늘이거나 줄였을 때 기대되는 신뢰도

## 5) 내적 일관성 신뢰도

### 1 개 념

검사를 구성하고 있는 문항 간의 내적 일관성 또는 합치도(internal consistency)의 정도를 나타내 주는 지수 또는 측정치를 내적 일관성 신뢰도(內的一貫性信賴度, internal-consistency reliability)라고 부르며, 검사의 동질성계수(同質性係數, homogeneity coefficient)라고도 부른다.

이와 같은 내적 일관성의 신뢰도는 검사문항의 동질성계수 또는 문항반응과 전체검사점수와의 상관도를 나타내게 된다.

## 2 Cronbach의 $\alpha$계수

### (1) 개 념

검사의 내용이나 문항성분의 동질성의 정도를 추정해 주는 신뢰도계수이다. $\alpha$계수(coefficient $\alpha$)란 1951년 L. J. Cronbach가 명명한 것이다.

### (2) $\alpha$계수의 유도과정

$$\left[ \text{공식} : \rho_{XX'} \geq \alpha = \left(\frac{n}{n-1}\right) \frac{\sigma_X^2 - \sum_{j=1}^{n} \sigma_{yj}^2}{\sigma_x^2} \right]$$

$X = n$개의 성분으로 구성된 전체검사의 관찰점수

$\sigma_X^2 = X$의 모집단 분산

$\sigma_{Y'}^2 = j$번째 성분 $Y_j$의 모집단 분산

$n = X$를 구성하는 성분의 수

위 식에서

$$X = \sum_{j=1}^{n} Y_j$$

$$X = Y_1 + Y_2 + \cdots\cdots + Y_n$$

$$Y_1 = T_1 = e_1$$

$$Y_2 = T_2 = e_2$$

⋮

$$Y_n = T_n = e_n$$

$$X = T + e$$

$$\mathrm{T} = \mathrm{T}_1 + \mathrm{T}_2 + \cdots\cdots + \mathrm{T}_n$$

$$e = e_1 + e_2 + \cdots\cdots + e_n$$

$$\sigma^2_T = \sigma_{T1 + T2 + \cdots\cdots T_n} = \sigma(T_1 + T_2 + \cdots\cdots T_n)^2$$

$$= \sigma^2_{T1} + \sigma^2_{T2} + \cdots\cdots \sigma^2_{Tn} + \sigma_{T1\,T2} + \cdots\cdots \sigma_{Tn-1\,Tn}$$

$$= \sum_{j=1}^{n} \sigma^2_{Tj} + \sum_{j=1}^{n} \sum_{\substack{k=1 \\ j \neq k}}^{n} \sigma_{Tj\,Tk}$$

$$\sigma^2_{Tj} + \sigma^2_{Tk} \geq 2\sigma_{Tj\,Tk}$$

$$\sum_{\substack{j=1 \\ j \neq k}}^{n} \sum_{k=1}^{n} (\sigma^2_{Tj} + \sigma^2_{Tk}) \geq 2 \sum_{\substack{j=1 \\ j \neq k}}^{n} \sum_{k=1}^{n} \sigma_{Tj\,Tk}$$

$$\sum_{j=1}^{n} \sum_{k=1}^{n} (\sigma^2_{Tj} + \sigma^2_{Tk}) = \sum_{j=1}^{n} n\sigma^2_{Tj} + \sum_{k=1}^{n} \sigma^2_{Tk} = 2n \sum_{j=1}^{n} \sigma^2_{Tj}$$

$$\sum_{j=1}^{n} \sum_{k=1}^{n} (\sigma^2_{Tj} + \sigma^2_{Tk}) = \sum_{\substack{j=1 \\ j = k}}^{n} \sum_{k=1}^{n} (\sigma^2_{Tj} + \sigma^2_{Tk}) = \sum_{\substack{j=1 \\ j \neq k}}^{n} \sum_{k=1}^{n} (\sigma^2_{Tj} + \sigma^2_{Tk})$$

$$= 2 \sum_{j=1}^{n} \sigma^2_{Tj} + \sum_{\substack{j=1 \\ j \neq k}}^{n} \sum_{k=1}^{n} (\sigma^2_{Tj} + \sigma^2_{Tk})$$

$$2n \sum_{j=1}^{n} \sigma_{Tj} = 2 \sum_{j=1}^{n} \sigma^2_{Tj} + \sum_{\substack{j=1 \\ j \neq k}}^{n} \sum_{k=1}^{n} (\sigma^2_{Tj} + \sigma^2_{Tk})$$

$$2(n-1) \sum_{k=1}^{n} \sigma^2_{Tj} = \sum_{\substack{j=1 \\ j \neq k}}^{n} \sum_{k=1}^{n} (\sigma^2_{Tj} + \sigma^2_{Tk}) \geq 2 \sum_{\substack{j=1 \\ j \neq k}}^{n} \sum_{k=1}^{n} \sigma_{Tj\,Tk}$$

$$\sum_{j=1}^{n}\sigma_{Tj}^2 \geq \frac{\sum_{j=1}^{n}\sum_{\substack{k=1 \\ j\neq k}}^{n}\sigma_{TjTk}}{n-1}$$

$$\sigma_T^2 = \sum_{j=1}^{n}\sigma_{Tj}^2 + \sum_{j=1}^{n}\sum_{\substack{k=1 \\ j\neq k}}^{n}\sigma_{TjTk} \geq \frac{\sum_{j=1}^{n}\sum_{\substack{k=1 \\ j\neq k}}^{n}\sigma_{TjTk}}{n-1} + \sum_{k=1}^{n}\sum_{\substack{j=1 \\ j\neq k}}^{n}\sigma_{TjTk}$$

$$\sigma_T^2 \geq \frac{n}{n-1}\sum_{k=1}^{n}\sum_{\substack{j=1 \\ j\neq k}}^{n}\sigma_{Tj}\sigma_{Tk}$$

$$\sigma_X^2 = \sigma_{y_1+y_2+\cdots+y_n}^2$$

$$= \sum_{j=1}^{n}\sigma_{Yj}^2 + \sum_{j=1}^{n}\sum_{\substack{k=1 \\ j\neq k}}^{n}\sigma_{YjYk} = \sum_{j=1}^{n}\sigma_{Yj}^2 + \sum_{j=1}^{n}\sum_{\substack{k=1 \\ j\neq k}}^{n}\sigma_{TjTk}$$

$$\sum_{j=1}^{n}\sum_{\substack{k=1 \\ j\neq k}}^{n}\sigma_{Tj}\sigma_{Tk} = \sigma_X^2 - \sum_{j=1}^{n}\sigma_{Yj}^2$$

$$\therefore \rho_{XX'} = \frac{\sigma_T^2}{\sigma_X^2} \geq \frac{n}{n-1}\left(\frac{\sigma_X^2 - \sum_{j=1}^{n}\sigma_Y^2}{\sigma_X^2}\right) = \alpha$$

## 3 Kuder-Richardson의 신뢰도계수

### (1) 개　념

검사를 구성하고 있는 문항 간의 내적 합치도계수를 말한다.

### (2) 공식의 유도과정

$T_j = T_k + c$이면

$$\rho_{XX'} = \alpha$$

$T_j \neq T_k + c$이면

$$\rho_{XX'} > \alpha$$

각 성분검사 $Y_j$가 양분문항이면 Cronbach의 $\alpha$계수 공식은 다음 식으로 변형된다.

$$\rho_{XX'} \geq \text{KR20} = \left(\frac{n}{n-1}\right)\left[\frac{\sigma_X^2 - \sum_{j=1}^{n} P_j(1-P_j)}{\sigma_X^2}\right]$$

$P_j$ = 문항 $j$에 정답을 한 피검자의 비(문항곤란도)

위 공식은 문항의 점수가 1 혹은 0의 값만을 가질 때 문항 $j$의 점수분산이 $P_j(1-P_j)$임을 나타낸다. $P_j$는 문항 $j$에서 1의 점수를 받은 피험자의 비이다. 이 공식은 G. F. Kuder와 M. W. Richardson이 1937년에 제시한 20번째 공식이기 때문에 Kuder-Richardson공식 20 또는 약자로 KR20이라고 한다.

모든 $Y_j$가 양분문항일 때 사용할 수 있는 또 다른 Kuder-Richardson공식은 다음과 같다.

$$\rho_{XX'} \geq \text{KR21} = \frac{n}{n-1}\left[\frac{\sigma_X^2 - n\overline{P}(1-n\overline{P})}{\sigma_X^2}\right]$$

이 식에서 $P$는 문항곤란도의 평균이다.

$$\overline{P} = \sum_{j=1}^{n} \frac{P_j}{n} = \frac{\overline{X}}{n}$$

따라서 앞의 공식은 $n$개의 문항으로 구성된 검사의 평균과 분산을 이용하여 다음과 같이 나타낼 수 있다.

$$\mathrm{KR21} = \frac{n}{n-1}\left[1 - \frac{\overline{X}(n-\overline{X})}{n\sigma_X^2}\right]$$

KR20과 KR21 사이에는 다음 관계가 있다.

$$\mathrm{KR20} \geq \mathrm{KR21}$$

$n$개의 문항곤란도가 모두 같을 때, KR20과 KR21은 동일하다. 문항곤란도가 같지 않으면 KR21은 KR20보다 작으며 검사신뢰도를 과소 추정한다.

## 4 Hoyt의 신뢰도계수

### (1) 개 념

한 검사 내에서 문항에 대한 반응이 얼마나 일관성 또는 합치성이 있느냐의 정도를 C. J. Hoyt가 분산분석법으로 추정한 신뢰도계수이다.

### (2) 공식의 유도과정

한 검사가 $K$개의 문항으로 구성되어 있고, 이것을 $N$명의 개인에게 실시하였다고 하면 다음과 같이 표시할 수 있다. 다음 표의 $t$는 각 개인의 검사점수, $P$는 검사의 각 문항에 정답한 사람의 수를 나타낸다.

이때에 개인 간의 자승합(sum of squares among individuals), 즉

$$\text{SS individuals} = \frac{1}{K}\sum_{i=1}^{n} t_i^2 - \frac{\left(\sum_{i=1}^{n} t_i\right)^2}{KN}$$

〈표 2-1〉 개인별 검사점수와 문항별 정답자수의 분석

| 피검사자 | 문 항 | 개인별 점수 |
|---|---|---|
| | 1 2 3 ………… K | |
| 1<br>2<br>3<br>⋮<br>⋮<br>N | | $t_1$<br>$t_2$<br>$t_3$<br>⋮<br>⋮<br>$t_n$ |
| 총 피검자의 수 | $P_1$ $P_2$ $P_3$ ……… $P_K$ | $\sum_{i=1}^{K} P_i = \sum_{j=1}^{K} t_i$ |

이것을 $(N-1)$로 나누면, 즉 MS individuals $=$ SS individuals$/(N-1)$로 개인 간의 분산이 된다. 다음에 문항간의 자승합(sum of squares among items)은 다음 공식에 의해서 구할 수 있다.

$$\text{SS items} = \frac{1}{\Sigma P_i^2} \frac{\left(\sum_{i=1}^{K} P_i\right)^2}{KN}$$

위의 SS items 을 $(K-1)$의 자유도(degree of freedom)로 나누면 MS items $=$ SS items$/(K-1)$인 문항 간의 분산이 된다.

전체 분산자승합(total sum of squares)은 다음과 같이 구한다.

$$\text{MS total} = \frac{(\sum_{i=1}^{N} t_i)(KN - \sum_{i=1}^{N} t_i)}{KN}$$

따라서 오차자승합(error sum of squares)은 다음과 같이 구하게 된다.

$$\text{SS error} = \text{SS total} - \text{SS individuals} - \text{SS items}$$

여기에서 얻어진 오차자승합을 $(K-1)(N-1)$의 자유도로 나누면 MS error= SS error$/(K-1)(N-1)$인 오차분산이 된다.

따라서 Hoyt의 신뢰도계수($\rho_{XX'}$)는 다음과 같이 구하게 된다.

$$(\rho_{XX'}) = \frac{\text{MS individual} - \text{MS error}}{\text{MS individual}}$$

이 방법에서는 한 개인이 한 검사 내에서 각각 다른 문항 간 반응의 차이에서 오는 분산, 즉 개인 내의 차이(intraindividual difference)는 오차로 보지 않고, 즉 이를 진정한 개인 내의 차로 보고 신뢰도계산에서 제외하고 있음이 특징이다.

### (3) 검정절차

문항채점이 정오(正誤)에 따라 1과 0으로 점수가 주어지는 검사에서는 Hoyt의 방법이 결과적으로 Kuder-Richardson 공식 KR20과 그 계산된 신뢰도가 같게 나온다. 그러나 Hoyt 신뢰도의 장점은 1과 0으로 채점하지 않고 부분점수(partial score)를 주고 있는(예: 3, 2, 1, 0 등 맞는 정도에 따라 일부 점수를 주는 경우) 검사의 신뢰도 추정에 적용될 수 있다는 점이다. 물론 부분점수의 경우 KR20공식은 사용될 수가 없다.

문항이 이원적(二元的, dichotomously)으로 채점될 수 없는 경우에는 KR20의 일반식으로 Cronbach의 $\alpha$계수가 이용된다.

## 6) 점수차의 신뢰도

### 1 개 념

점수차의 신뢰도(reliability of difference scores)도 단일점수의 신뢰도와 같이 두 분산의 비가 된다. 따라서 신뢰도는, 점수차의 관찰점수에 대한 점수차의 진분산의 비율이 된다.

### 2 검정절차

두 검사의 분산이 동일하다고 하면 점수차의 신뢰도는 다음 공식으로 계산될 수 있다.

$$\rho_{diff} = \frac{\dfrac{\rho_{xx} + \rho_{yy}}{2} - \rho_{xy}}{1 - \rho_{xy}}$$

$\rho_{diff}$ = 점수차의 신뢰도 $\rho_{xx}$ = $X$검사의 신뢰도

$\rho_{yy}$ = $Y$검사의 신뢰도 $\rho_{xy}$ = 두 검사 사이의 상관계수

위 공식에서 점수차의 신뢰도는 3개의 변수, 즉 두 검사의 신뢰도와 상관계수에 의해서 정해진다. 즉, 두 검사의 신뢰도는 높아야 하고 상관계수는 낮아야 높은 점수차 신뢰도를 구할 수 있다.

어느 개인의 능력의 변화라든지 두 학생의 능력을 비교하는 경우에 두 측정점수 사이의 차의 신뢰도를 고려할 수 있다. 두 점수차의 신뢰도는 단일점수의 신뢰도보다 낮기 마련이다. 각 검사의 측정의 오차는 점수차의 오차분산의 원인이 되고 두 검사가 공동으로 측정한 진분산은 점수차의 변산을 작게 한다.

### 7) 채점자 신뢰도

#### 1 개 념

채점기간 또는 채점자 내의 채점자 일치도, 즉 객관도를 말한다. 그러니까 채점자의 채점이 어느 정도로 신뢰롭고 일관성이 있느냐 하는 개념이다.

#### 2 검정절차

대부분의 객관식 검사에 대해서는 채점자 신뢰도를 고려할 필요가 없다. 그러나 주관식 검사나 다양한 평정척도와 같은 측정치에 대해서는 채점자나 평정자에게서 비롯되는 오차를 고려하여야 한다.

검사 답안지의 표본을 두 채점자가 독립적으로 채점하였다면 단일 채점자의 신뢰도를 추정하기 위해서 Pearson의 적률 상관계수를 사용할 수 있다.

두 채점자의 신뢰도를 추정하려고 한다면 Spearman-Brown의 공식을 적용할 수 있다. 두 사람 이상의 채점자가 있을 때에는 채점의 합에 관한 점수의 신뢰도를 추정하기 위해서 분산분석의 절차를 적용하여 내상관계수(內相關係數)를 산출할 수 있다. $n$채점자가 채점을 하는 경우에 두 사람의 채점 사이에 상관계수를 구하고 그 값을 Spearman-Brown의 예언공식에 대입하여 점수의 합에 대한 신뢰도를 구할 수 있다.

### 8) 신뢰도에 영향을 주는 요인

앞에서 지적한 바와 같이 특정한 신뢰도를 추정하는 방법에 따라서 신뢰도계수는 영향을 받을 뿐만 아니라, 검사문항의 수, 속도, 집단의 동질성, 문항곤란도, 그리고 객관도와 같은 요인이 신뢰도계수에 영향을 끼친다.

# 4 타 당 도

## 1) 타당도의 개념

### 1 고전적 진점수이론에 입각한 정의

앞에서 신뢰도란 '전체 분산(또는 관찰분산)에 대한 진분산의 비'라고 정의하였는데 이와 관련해서 타당도란 검사의 어떤 목적에 적합한 진분산 중의 일부 또는 전부에 의해서 결정된다고 정의할 수 있다. 타당도를 타당한 분산($S_v^2$)이라고 정의하였는데, 이것은 진분산($S_t^2$)을 타당한 분산($S_v^2$)과 신뢰할 수 있지만 어떤 목적에 타당하지 않은 분산($S_i^2$)의 두 부분으로 나누어 볼 수 있다.

$$S_t^2 = S_v^2 = S_i^2$$

$S_v^2$ = 타당한 분산(valid variance)

$S_i^2$ = 타당하지 않지만 신뢰할 수 있는 분산(irrelevant but reliable variance)

다시 말하면 검사점수의 신뢰할 수 있는 진분산은 검사 목적에 적합한 어떤 기준변인과 공통으로 관계되는 타당한 분산부분과 신뢰할 수 있지만 검사 목적에 적합하지 않은 나머지 분산부분으로 나누어 볼 수 있다. 두 분산이 다 검사점수에 안정성을 주는 분산이지만 단지 그들의 차이는 검사 목적에 타당한 분산인지 아닌지로 나뉜다.

### 2 해석적 정의

타당도란 한 검사 또한 평가도구가 측정하려고 하는 것을 어느 정도로 측정하고 있는지의 정도를 의미하며 얼마나 충실하게 목적하는 바를, 즉 "무엇을 재고 있느냐"의 개념이다. 타당도의 개념에는 준거(criteria)의 개념이 수반된다(타당도가 있다는 주장 뒤에는 무엇에 비추어 보아서인가라는 질문이 수반된다).

타당도는 측정하려고 한 이외의 것을 재지 않는 순수성의 정도를 나타내게 되며 또한 한 검사나 평가도구에 의미를 주고 실용적 가치를 부여하게 된다.

### 3 신뢰도와 타당도와의 관계

신뢰도($\gamma_{xx}$)와 타당도($\gamma_{xy}$) 사이에는 다음과 같은 관계가 있다.

$$\gamma_{xy} \geq \sqrt{\gamma_{xx}}$$

이 공식은 한 검사 $x$가 다른 어떤 기준 $y$와의 상관관계, 즉 타당도계수는 그 검사의 신뢰도계수의 제곱근을 초과하지 못한다는 것을 보여 주고 있다. 즉, 일반적으로 말하면 한 검사의 타당도는 그 검사의 신뢰도에 의해서 제한을 받는다.

## 2) 내용타당도

### 1 개 념

내용타당도(content validity)는 중요한 목표와 내용을 측정도구가 빠뜨리지 않고 포괄하고 있는가의 정도를 말한다. 즉, 측정도구가 측정하려고 하는 내용이나 개념을 어느 정도로 충실히 측정하고 있는가 하는 타당도이다.

### 2 유형 및 검정절차

내용타당도는 검사내용에 대한 합리적 분석을 통하여 결정되며 그 결정은 개인의 주관적 판단에 입각한다. 내용타당도는 안면타당도와 논리적 타당도로 분류된다.

탁상타당도(armchair valitidy)라고도 하는 안면타당도(face validity)는 어떤 사람이 검사를 검토하고 그 검사는 적절한 특성을 측정한다고 결론을 내림으로써 결정된다. 안면타당도에 대한 평가는 전문가로부터 피검자에 이르기까지 누구나 할 수 있다.

논리적 혹은 표집타당도(logical or sampling validity)는 안면타당도보다 정밀한 타당도이다. 논리적 타당도의 평가절차는 검사가 측정하려고 하는 행동영역에 대한 정의와 이 영역의 중요한 분야를 모두 포함하는 문항의 논리적 설계를 수반한다.

내용타당도는 주관적 판단에 기초하기 때문에 다른 형태의 타당도보다 오차를 범하기 쉽다. 그러나 내용타당도는 모든 검사 제작과정에서 일차적으로 고려되어야 할 사항이며 내용타당도를 만족하도록 이원(二元) 분류표를 이용해서 검사문항을 작성해야 한다.

## 3) 준거관련 타당도

### 1 개 념

준거관련 타당도(criterion related validity)는 검사점수와 외적 준거(external criteria) 사이의 관계를 실증적으로 연구하여 검사가 준거행동의 수행능력을 어느 정도 잘 예언하고 있는지를 계량적으로 나타내는 것이다.

준거관련 타당도는 검사(예측)점수와 준거점수 사이의 상관계수로 나타낸다. $X$를 검사점수, $Y$를 준거점수라고 하면 상관계수 $\rho_{XY}$가 타당도계수이다. 타당도계수 $\rho_{XY}$는 예언타당도나 공인타당도를 추정한다.

내용타당도의 준거는 내적 준거(internal criteria)이지만 준거관련 타당도는 실제적인 외적 준거에 관련시켜 해석한다.

## 2 예언타당도 계수

### (1) 개 념

예언타당도(predictive validity)란 한 측정도구가 그 검사결과로서 피검자의 미래의 행동이나 특성을 어느 정도로 정확하게 또한 완전하게 예언하는지의 능률의 정도를 말한다.

### (2) 검정절차

예언타당도 계수는 피검자의 미래행동을 예측하기 위하여 검사점수를 사용할 때 추정한다. 피검자에게 검사를 시행한 후 준거가 나타날 때까지 시간을 기다려 준거점수를 수집하고, 검사점수와 준거점수 사이의 상관계수를 계산하여 예언타당도계수(predictive validity coefficient)를 추정한다.

## 3 공인타당도 계수

### (1) 개 념

공인타당도(共因妥當度, concurrent validity)는 검사점수와 준거점수를 동시에 수집할 수 있을 때, 두 점수 사이의 상관계수이다. 준거의 성질이 예언이라는 데 있지 않고 공통된 요인이 있느냐 없느냐에 있다.

### (2) 검정절차

미래행동을 예측하기 위해 검사를 사용할 때 예언타당도는 확보되어야 한다. 예측 상황에서 좀 바람직하지는 못하지만 대안으로 공인타당도 계수를 사용할 수 있다. 그러나 공인타당도 계수는 예언타당도 계수를 과소추정하기 쉽다.

따라서 검사점수를 가지고 미래준거를 예측하기보다는 공인준거를 추정하려고 할 때, 공인타당도 계수가 적절하다.

### 4) 구인타당도

#### 1 개 념

검사의 구인타당도(構因妥當度, construct validity)란 검사가 측정하려고 하는 이론적 구인(theoretical construct)이나 특성을 측정한 정도이다. 실증적으로 한 검사의 타당도를 결정하려는 입장은 앞에서 말한 예언타당도나 공인타당도와 같지만 그 두 가지 타당도들이 어디까지나 준거를 기준으로 하고 있는 반면에 이 구인타당도는 준거 없이 타당도를 검증하려 하고 있다는 점에 큰 차이를 엿볼 수 있다. 구인타당도는 Cronbach의 말을 빌린다면, 한 검사에서 나온 점수의 의미를 심리학적 개념(psychological concepts)으로 분석하는 것이라고 할 수 있다.

#### 2 검정절차

구인타당도를 검정하는 방법에는 여러 가지 종류가 있다. 중요한 방법으로는 다음과 같은 것들을 들 수 있다.

① 집단 간의 차이의 비교: 교회에 대한 태도를 측정하는 검사를 교인과 비교인에 실시하여 비교한다.

② 요인분석(factor analysis): 상관계수의 행렬식을 기초로 하여 한 검사가 실제로 재고 있는 요인을 통계적으로 추출하는 방법으로 요인분석법이란 것이 있는데, 여기서 추출된 요인이 바로 구인에 해당한다.

③ 검사의 내부구조의 연구: 문항 사이의 상호상관계수나 문항-검사 간 상관계수의 검토를 통해서 구인을 짐작할 수 있다.

④ 검사점수의 변동에 관한 연구: 재검사 신뢰도를 통해서 구인을 짐작할 수 있는 경우가 있다.

⑤ 검사과정의 분석: 수험하는 과정을 엄밀하게 관찰한다. 예컨대, 수학문제를 소리를 내서 풀게 하면 흔히 문항이 요구하는 능력을 세밀히 분석할 수 있다.

⑥ 타검사와 상관: 일반 지능검사와 어휘검사 사이의 상관도는 이 일반 지능검사의 구인을 밝혀 준다.

### 5) 요인타당도

#### 1 개 념

요인타당도(factorial validity)는 요인분석을 통하여 입증되는 구인타당도의 한 형태이다. 요인분석(factor analysis)은 일련의 변수들의 상관을 분석하고 변수들을 몇 개의 요인(factor)으로 수렴 분류하여 상호관계를 설명하는 수리적 절차이다.

#### 2 검정절차

각 검사의 항목별 점수 간의 상관계수를 각각 구하여 상관행렬표를 만들고 이를 토대로 요인분석을 실시함으로써 검정된다.

상관행렬에 대하여 요인분석을 할 때 요인에 의해 영향을 받는 검사는 그 요인에 높은 요인부하량을 갖는다. 또는 그 요인에 높이 부하되었다고 한다. 요인부하량(factor loading)은 크기와 의미에 있어서 상관계수와 같다. 요인 서로 간에 상관이 없으면, 부하량은 검사와 요인 간의 상관계수와 같다. 만약 상관이 있으면 부하량은 상관계수로 해석할 수 없다. 그러나 요인 간에 상관이 높지 않을 때는, 부하량은 상관계수와 같이 해석한다.

## 6) 다특성·다방법 타당도

### 1 개 념

다특성·다방법 타당도(多特性·多方法 妥當度, multitrait-multimethod validity)는 N. P. Campbell과 D. W. Fiske에 의해서 1959년 발표된 구인타당도의 한 형태이다. 둘 이상의 특성을 둘 이상의 방법으로 측정할 때 이 방법을 사용한다.

### 2 종 류

다특성·다방법 타당도는 수렴타당도(收斂妥當度, convergent validity)와 변별타당도(辨別妥當度, discriminant validity)로 나뉜다. 수렴타당도는 동일한 특성을 상이한 방법에 의해 측정한 검사점수 간에 높은 상관계수를 나타낸다. 특히 상이한 특성을 동일한 방법에 의해 측정한 검사점수 간의 상관계수도 낮게 나타나야 한다. 이 낮은 상관계수는 검사가 상이한 특성을 변별함을 보인다. 즉, 수렴적 타당도는 동일한 특성이 여러 가지 다른 방법에 의해서 측정될 때에 그간의 상관관계가 높다는 것을 나타내는 타당도이다. 이에 대하여 변별타당도란 여러 가지 다른 특성이 동일한 방법에 의해서 측정되고 있다 하더라도 다른 특성의 측정결과 간에는 서로 상관이 높지 않다는 것을 나타내는 타당도이다.

### 3 검정방법

<표 2-2>는 중다특성-중다방법의 행렬표의 한 예이다. 이 표는 세 가지 다른 특성(A, B, C)이 세 가지 다른 방법(1, 2, 3)에 의해서 측정될 때에 얻어진 상호상관계수표이다.

우선 대각선상의 상관계수는 신뢰도계수로서 동일한 방법에 의하여 동일한 특성을 측정한 결과를 나타내는 동일특성-동일방법(monotrait-monomethod)에 의한 측정 결과를 나타낸다. 다음에 점선으로 된 삼각형 안의 수치는 이질특성-이질방

법(heterotrait-hetermethod)에 의한 결과로서 다른 방법에 의해서 측정된 각각 다른 특성 간의 상관계수를 나타내고 있다. 세 번째 영역으로 직선으로 된 삼각형 속의 수치는 이질특성-동일방법(heterotrait-monomethod)에 의한 것으로 동일한 방법에 의해서 측정된 여러 다른 특성 간의 상관계수를 나타낸다. 마지막으로, 점선으로 된 삼각형 사이에 대각선으로 놓여 있는 수치는 구인타당도 계수가 된다.

〈표 2-2〉 중다특성-중다방법 행렬표의 일례

| 심리적 특성 | | 측정방법 1 | | | 측정방법 2 | | | 측정방법 3 | | |
|---|---|---|---|---|---|---|---|---|---|---|
| | | A1 | B1 | C1 | A2 | B2 | C2 | A3 | B3 | C3 |
| 측정방법 1 | A1 | .89 | | | | | | | | |
| | B1 | .51 | .89 | | | | | | | |
| | C1 | .38 | .37 | .76 | | | | | | |
| 측정방법 2 | A2 | .51 | .22 | .09 | .93 | | | | | |
| | B2 | .22 | .57 | .10 | .68 | .94 | | | | |
| | C2 | .11 | .11 | .46 | .59 | .58 | .84 | | | |
| 측정방법 3 | A3 | .56 | .22 | .11 | .67 | .42 | .33 | .94 | | |
| | B3 | .23 | .58 | .12 | .43 | .66 | .34 | .67 | .97 | |
| | C3 | .11 | .11 | .45 | .34 | .32 | .58 | .58 | .60 | .85 |

## 7) 교차타당도

### 1 개 념

교차타당도(交叉妥當度, cross validity)란 같은 전집(population)에서 이끌어낸 두 독립적인 표집에서 예언변인과 기준변인 간의 관계를 설정시키려는 과정을 의미한다. 교차타당도란 결국 한 타당도 결과의 신뢰도를 검증하는 것이 된다. 이러한 과정을 통하여 우연적인 변산적 오차의 크기를 추정하여 타당도 자료에 필요한 수정을 하게 된다.

### 2 검정절차

검사점수와 기준변인 간에 관한 자료를 한 표집에서 수집하여 $\gamma_{xy}$를 계산하고 또한 회귀방정식을 유도한다. 같은 전집에서 제2의 표집을 추출하여 이 집단에 얻어진 회귀방정식을 적용하여 예언된 기준점수를 구한다. 예언된 기준점수와 실제 얻어진 기준점수 간에 상관계수를 계산한다. 이렇게 하여 얻어진 상관계수는 본래 제1의 표집에서 얻어진 상관계수와 너무 큰 차가 없어야 할 것이다. 만약에 너무 큰 차가 있다면 처음에 얻어진 상관계수는 우연한 오차요인의 작용으로 지나치게 과장된 상관계수가 얻어진 것이라고 볼 수 있다. 따라서 교차타당화 과정에서 얻어진 상관계수는 원래의 상관관계를 보다 잘 대표하고 있다고 보아야 할 것이다.

## 8) 타당도계수의 표현과 해석법

### 1 상관계수법

타당도를 보고하는 데는 Pearson의 적률 상관계수($\gamma$)가 일반적으로 가장 많이 사용되는 절차이다. 타당도계수를 나타내는 상관계수는 기호 $\gamma_{xy}$(또는 $\rho_{xy}$)를 사용한다.

### 2 결정계수법

상관계수의 다른 표현방법은 결정계수(coefficient of determination)라고 부르는 상관계수의 제곱 $\gamma_{xy}^2$을 사용하는 것이다. 여기서 $\gamma_{xy}^2$는 검사에 의해서 설명될 수 있는 준거분산(criterion variance)의 비율을 나타낸다. $\gamma_{xy} = .60$이라면 $\gamma_{xy}^2 = .36$, 즉 $Y$ 검사의 분산의 36%를 $X$ 검사의 점수로 예측·설명될 수 있다.

### 3 신뢰구간법

타당도를 표현하는 또 다른 통계치는 추정의 표준오차(standard error of estimate) $S_{y \cdot x}$이다. 이것은 주어진 $X$값에 대한 $Y$의 표준편차라고 읽는다.

측정의 표준오차 $S_e$를 진점수의 신뢰구간(confidence interval for true score)을 정하는 데 사용한 것과 같이 추정의 표준오차 $S_{yx}$는 추정된 준거점수(estimated criterion score)의 신뢰구간, 즉 ① 95% 신뢰구간= $\hat{Y} \pm 1.96 S_{yx}$, ② 99% 신뢰구간 $= \hat{Y} \pm 2.58 S_{yx}$을 정하는 데 사용될 수 있다.

$$S_{yx} = S_y \sqrt{1 - \gamma_{xy}^2}$$

$S_y$ = 준거점수의 표준편차

준거점수를 추정하는 회귀방정식(regression equation)은

$$\hat{Y} = \gamma_{xy} \left( \frac{S_y}{S_x} \right) (X - \overline{X}) + \overline{Y}$$

$\hat{Y}$ = 예측된 준거점수

$\gamma_{xy}$ = $X$점수와 $Y$점수의 상관계수

$S_y$ = $Y$점수의 표준편차

$S_x$ = $X$점수의 표준편차

$X$ = 검사점수

$\overline{X}$ = 검사점수의 평균

$\overline{Y}$ = 준거점수의 평균

### 4 이관계수법

이것은 기준점수의 표준오차에 대한 추정의 표준오차의 비로써 나타낼 수 있다.

$$K = \frac{S_{y \cdot x}}{S_y} = \sqrt{1 - \gamma_{xy}^2}$$

앞에서 $K$는 이관계수(離關係數, coefficient of alienation)를 나타낸다. 기준점수의 표준편차($S_y$)에 비해서 추정의 표준오차($S_{y.x}$)가 작을 때에는 한 개인 점수의 예언능률은 높고, 따라서 이 이관계수는 작아진다. 추정의 표준오차가 기준변인의 표준오차의 크기에 접근하면 할수록 예언능률은 작아진다. 즉, 이관계수는 검사의 타당도가 0일 때, 또는 X 점수를 전혀 모르고 Y 점수를 예언할 때 추정오차의 비율이다. $\gamma_{xy} = 0$이면 위 공식에서 $\hat{Y} = \overline{Y}$가 되고, 또한 $S_{y.x} = S_y$이다. 이관계수가 1에 가까울수록 추정의 오차비율은 커지고 0에 가까울수록 추정의 오차비율은 작아진다. 따라서 이관계수란 한 검사점수로부터 예언할 때에 그 효과성 또는 능률성과는 반대관계(inverse measure)를 갖게 된다.

### 5 축소화에 대한 교정법

낮은 신뢰도로 말미암아 원래의 타당도가 축소화했을 때에는 통계적으로 이 축소화를 교정하여 최선의 조건에 있어서의 타당도계수를 짐작하게 해 주는 방법이 있다. 이 방법을 Spearman의 축소의 교정(correction for attenuation)이라고 한다.

그 공식은 다음과 같다.

$$\rho_{TXTY} = \frac{\rho_{XY}}{\sqrt{\rho_{XX'}\rho_{YY'}}}$$

$\rho_{TXTY}$ = $X$의 진점수와 $Y$의 진점수 간의 상관계수(관찰점수에 측정의 오차가 없을 때 $X$와 $Y$ 간의 상관계수)

$\rho_{XY}$ = 관찰점수 $X$와 $Y$ 간의 상관계수

$\rho_{XX'}$ = $X$의 신뢰도계수

$\rho_{YY'}$ = $Y$의 신뢰도계수

준거점수의 비신뢰성에만 기인된 축소인 경우는 $\rho_{XTY} = \dfrac{\rho_{XY}}{\sqrt{\rho_{YY'}}}$, 예측점수의 비신뢰성에만 기인된 축소인 경우는 $\rho_{TXY} = \dfrac{\rho_{XY}}{\sqrt{\rho_{XX'}}}$가 된다.

## 6 최대의 타당도계수

일반적으로 준거척도나 검사의 신뢰도는 타당도계수의 크기에 직접적인 영향을 미치며, 이런 관계를 다음과 같은 수식으로 표시할 수 있다.

$$\gamma_{max} = \sqrt{\gamma_{tt}}$$

$\gamma_{max}$ = 나올 수 있는 최대의 타당도계수

$\gamma_{tt}$ = 준거척도와 검사의 신뢰도 중에서 낮은 신뢰도계수

즉, 한 검사와 준거척도 간의 상관도는 이 둘 중에서 신뢰도가 낮은 쪽의 신뢰도계수의 평방근보다 절대로 높게 나오지 않는다. 예컨대, 신뢰도가 낮은 쪽의 신뢰도계수가 .60이라면 검사와 준거척도 간에 아무리 공통요인이 많다 하더라도,

$$\begin{aligned}\gamma_{max} &= \sqrt{.60} \\ &= .77\end{aligned}$$

이상은 절대로 나올 수 없다는 말이 된다.

## 7 검사의 길이와 타당도계수

검사의 길이가 길어지면 신뢰도계수가 증대된다는 사실은 앞에서 다룬 일이 있는데 타당도계수에도 이 검사의 길이가 똑같은 작용을 한다. 이런 관계를 수식으로 표시하면 다음과 같다.

$$\gamma_{(xy)y} = \frac{\gamma_{xy}}{\sqrt{\frac{1-\gamma_{xx}}{n}+\gamma_{xx}}}$$

$\gamma_{(xy)y}$ = 검사의 길이가 $n$배 되었을 때의 타당도계수

$\gamma_{xy}$ = 원래의 검사의 타당도계수

$\gamma_{xx}$ = 원래의 검사의 신뢰도계수

$n$ = 새로운 검사의 원래의 검사의 길이에 대한 비

그러나 무턱대고 검사의 길이가 길어지면 타당도가 높아지는 것은 아니다. 검사의 새로 길어진 부분과 원래의 부분의 검사가 완전히 동질적이어야 한다는 조건이 성립될 때에만 위 공식을 사용할 수 있다.

## 9) 타당도에 영향을 미치는 요인

가장 중요한 요인은 검사의 준거측정치의 신뢰도이다. 또한 집단의 이질성 요인, 즉 다른 조건이 같을 때 집단이 이질적일수록 타당도계수는 높아진다. 그 밖에 피검자의 반응경향(response tendency or set)이나 허위반응(faking response) 등이 영향을 주기 쉽다.

Chapter

# 03 심리검사의 규준점수

## 1 규준점수의 의미

### 1) 원점수의 특성

#### 1 측정수준

##### (1) 숫자의 일반적 특성

수(數)는 구별성, 순서(크기의 순서), 거리(간격, order, 숫자 간의 차이의 순서) 및 절대영점(distance, 零, 0이라고 표시되는 고유한 출발점, origin) 등의 특성을 지니고 있다.

개개인의 심리적 속성에 배정된 숫자가 위에 열거한 네 가지 특성 중 몇 개의 특성을 가지고 있느냐에 따라 네 가지 유형의 척도(type of scales)로 분류된다.

##### (2) 측정수준

측정은 네 가지 서로 다른 수준, 즉 위의 네 가지 특성에 관한 정보를 얼마만큼 내포하고 있느냐에 따라 명명척도(命名尺度, nominal scale), 서열척도(序列尺度, ordinal scale), 동간척도(同間尺度, interval scale), 비율척도(比率尺度, ratio scale)

등의 네 가지 측정수준(level of measurement)으로 나뉜다. 즉, 측정수준은 네 가지 속성, 즉 구별성, 크기의 순서, 간격의 동일성 여부 및 절대 0점의 유무에 따라 결정된다.

① 명명척도

가장 기본적인 측정의 방법을 '분류'라고 생각한다면, 이 분류의 기초가 되는 기준을 명명척도라고 부를 수 있을 것이다.

예컨대, 남자를 1로 표시하고 여자를 2로 표시한다든가, 집단을 1, 2, 3……으로 표시한다든가 하는 경우다. 이런 측정치는 대소(大小)의 조건, 동(同) 간의 조건, 절대영점의 조건도 없고, 다만 '이름 대신'이라는 명명적 역할밖에 없다. 여기서 (1+2)라는 계산은 마치 (B+C)의 덧셈이 불가능한 것처럼 무의미한 것이다. 또 비단 이러한 덧셈뿐만 아니라 가·감·승·제와 같은 일체의 산수적인 계산이 불가능하다. 요컨대, 여기서의 1, 2의 차는 양이나 대소의 차이가 아니라, 다만 질적인 차이를 나타낼 뿐이다.

② 서열척도

예컨대 나무토막 10개가 있는데, 그것을 길이대로 배열해 놓고 짧은 것에서부터 1, 2, 3……, 10이라고 수치번호를 붙였다고 하자. 이 경우에 확실히 $1<2$, 혹은 $2<3$, $7<10$, 즉 후속하는 측정치 사이에 대소의 서열이 지어져 있다.

그러나 10번 나무가 5번 나무보다 2배 길다. 즉, $10=5\times2$라는 말은 물론, 4번 나무와 3번 나무의 길이의 차는 2번 나무와 1번 나무와의 차와 같다고, 즉 $4-3=2-1$이라는 말은 할 수 없다. 이런 척도에서는 가·감·승·제를 해도 거의 의미가 없다. 절대영점도 없으려니와, 후속하는 단위가 사실상의 동간성을 표시하는 것도 아니다. 측정치는 가령 5, 6, 7도 동간적으로 보일 수 있으나 측정요인(보통의 경우 길이) 자체의 5~6, 5~7, 6~7 사이 양적 길이는 동일하지 않을 수 있다. 이런 척도를 서열척도(序列尺度, ordinal scale)라고 한다.

③ 동간척도

예컨대, 섭씨온도계를 생각해 보자. 10℃는 5℃보다 열량이 많다. 즉, 5 < 10라고 하는 말은 사실에 비추어 타당하다. 또 4℃와 6℃와의 차는 8℃와 10℃와의 차와 같다. 즉 6－4＝10－8이라는 말도 성립된다. 그런데 10℃는 5℃의 열량의 2배, 즉 10＝5×2라는 말은 할 수 없음을 주의해야 한다.

0℃란 열량이 전혀 없는 상태를 말하는 것이 아니기 때문이다. 절대영도인 -273℃를 기점으로 10℃와 5℃를 비교해야 한다. 환언하면 이런 척도에는 비교척도에서보다 절대영점이라는 조건 혹은 성질이 부족하다. 척도라고 모두 의미 있는 절대영점이 있는 것이 아니다. 이런 척도를 동간척도(同間尺度, interval scale)라고 한다.

이 동간척도에서는 다음과 같은 여러 가지 관계가 반드시 성립되어야 한다.

1) $A = A'$, $B > 0$이면 $A + B > A$　　2) $A + B = B + A$
3) $A = A'$, $B = B'$이면 $A + B = A' + B'$　　4) $(A + B) + C = A + (B + C)$

교육학이나 심리학에서 다루게 되는 측정치에는, 앞에서 말한 서열척도와 동간척도에 해당되는 것이 많다. 따라서 이런 척도들의 수학적 결함 때문에 실제의 수학적 운용에 상당히 큰 제한을 받게 된다.

④ 비율척도

명명, 서열, 동간척도의 여러 원리를 다 만족시키며, 그 외에 절대영점을 갖고 있는 척도를 비율척도(比率尺度, ration scale)라고 한다. 예컨대, 동간척도에서는 "한 사물이 다른 사물보다 얼마의 측정 단위만큼 더 큰가?"의 수량적인 비교적 판단이 가능했지만, 이 비교척도에서는 "한 사물이 다른 사물보다 몇 배로 더 큰가?"하는 비교적인 판단도 할 수가 있다.

이런 점에서 볼 때, 이 비교척도는 여러 척도 중에서 가장 완전하며, 모든 수학적 운용이 다 가능한 척도인 것을 알 수 있다. 8/12은 2/3로 약분될 수 있으며, 이 모든 수치가 실제의 수량과 일치한다. 보통 CGS단위가 이에 속한다.

## 2 원점수의 본질

### (1) 원점수의 정의

심리검사를 치르게 되면 우선 채점되어 나오는 점수가 소위 원점수 또는 소점(素點, raw score)이다. 한 검사에서 얻어진 원점수는 그 자체로서는 어떤 의미를 갖지 못한다. 한 검사 결과를 어떤 비교하고자 하는 집단의 검사 결과와 비교할 때, 한 개인의 검사점수를 의미 있게 해석할 수 없다. 비교하고자 하는 집단의 검사 결과를 규준이라고 하는데 어떤 규준과 비교하느냐에 따라 한 개인의 검사결과의 해석은 완전히 달라진다.

### (2) 원점수의 단점

첫째, 이 원점수 척도에는 의미 있는 의거점(reference point)이 없다. 따라서 어떤 일정한 점수가 어떤 속성의 일정한 크기(magnitude)를 절대적으로 지시해 주지는 못한다. 가령, 물리측정에 있어서의 cm 척도에는 0cm라는 것이 그 척도의 의거점이다. 0cm는 길이가 전혀 없는 상태이고, 이를 기초로 해서 모든 길이가 비교되고 판단된다. 그런데 검사에서 나온 0점이란 것도, 어떤 능력의 절대적인 결핍상태를 가리키는 것은 아닐 것이다. 또 이 0점이 검사의 난이도에 의해서 심하게 동요하는 불안정한 수치라는 것도 우리는 잘 알고 있다. 따라서 이 원점수 척도의 0점은 소위 그 척도의 절대영점과 일치되지 않으며, 의미 있고 유용한 의거점의 구실을 거의 전혀 하지 못하고 있는 셈이다.

둘째, 여러 가지 원점수 척도는 서로 비교될 수 없다. 가령, 한 학생이 A검사와 B검사에 다 같이 75점을 얻었다고 해서, 이 학생의 이 두 검사가 재는 두 가지 능력이 꼭 같다고는 할 수 없을 것이다. A검사의 75점은 이 학생이 속해 있는 학급의 최고점수일 수도 있으며, B검사의 75점은 극단적으로 그 학습의 최하점수일 수도 있기 때문이다. 검사가 다를수록 우리는 성질이 전혀 다른 척도를 쓰고 있는 것이다.

셋째, 이 원점수 척도에는 단위의 동간성이 없다. 원점수 척도는 측정척도의 종류 중 대개 서열척도에 속하며 서열척도 중에서도 가장 조잡한 것이라고 할 수 있다. 예컨대, 한 검사에서 90~70점의 능력의 차이와 50~30점의 능력의 차이가 동일하지 않으리라는 것은 쉽게 짐작할 수가 없다.

원점수 척도는 이와 같은 여러 가지 단점 때문에 엄밀하고 그 정확한 진단결과 표시를 필요로 하는 표준화 검사나 심리진단에서는 사용되지 않고, 좀 더 안정성이 높고 합리적인 다른 점수척도로 환척해 쓰게 된다.

### 2) 규준집단

한 개인의 검사점수를 해석하기 위하여 어떤 기준집단의 결과와 비교할 때, 이 집단을 규준집단(norm group)이라고 부른다. 한 검사에 대해서 한 집단 또는 여러 집단의 결과를 나타낸 표를 규준표(norm tables) 또는 단순히 규준이라고 한다. 한 검사점수를 해석하기 위하여 어떤 규준을 사용할 것인가 하는 것은 검사를 받은 피검사자의 특성과 그 검사가 사용하게 된 목적에 따라 다르게 된다. 하여간 한 개인의 점수는 그 피검사자와 어떤 특성에 있어서 공통적이라든가 또는 그가 열망하는 어떤 참조집단(reference group) 등 그와 어떤 점에서 비슷한 집단에 대해서 비교하게 된다.

검사점수를 규준집단에 의해서 해석되어야 한다는 것은 결국 심리검사의 결과가 절대적 측정이 아니라 상대적이라는 것을 의미한다. 심리검사에 있어서 절대적인 기준을 사용하는 경우는 극히 드물다.

규준집단이란 한 표준화집단의 검사점수의 분포로서 한 개인 점수의 비교의 기초가 된다. 규준점수는 흔히 규준표라는 형식으로 제시되는데, 각 점수나 또는 어떤 점수의 범위에 드는 규준집단의 비율을 나타낸다. 검사의 목적과 사용 범위에 따라서 규준에 대한 일반적인 성격은 결정되기는 하지만 이러한 범위 내에서도 규준집단이 될 수 있는 집단의 한계는 상당히 넓다.

따라서 규준집단의 특징과 성격에 관해서 간결하고도 명확한 기술이 있어야 한다. 규준집단의 특징을 명확히 설명해 주는 한 예를 들면 다음과 같이 기술할 수 있을 것이다. “규준집단은 1999년 3월 첫 주일에 검사를 받은 500명의 신입생으로 구성되었다. 10개의 대학교에 속한 사범대학에 등록한 학생으로부터 남자 250명, 여자 250명으로 도합 500명을 무선적(random)으로 각각 표집하였다. 이 10개의 대학교는 모든 국공립 및 사립대학교에서 무선적으로 추출되었다.”

결과의 안정성을 위하여 어느 정도 최소한의 표집의 크기는 유지하여야 하지만 표집이 크지만 그 한계가 명료하지 않은 규준집단보다는 오히려 표집의 크기는 작지만 전집을 잘 대표하도록 표집된 규준집단이 더 바람직하다고 하겠다.

## 2 규준점수의 유형

### 1) 백분위 점수

#### 1 백분위 점수의 의미

검사점수를 의미 있게 해석하기 위하여 가장 흔히 사용되는 방법이 백분위(percentile rank)이다. 어떤 한 점수의 백분위는 한 규준집단에 있어서 그 주어진 점수보다 낮은 점수를 받은 사람의 전체에 대한 백분율로 정의된다. 따라서 백분위 78이란 규준집단에 있는 사람 중에 78%가 그 점수(백분위 78에 해당하는) 밑에 놓여 있다는 것을 의미한다. 또는 한 검사에서 소점 26이 백분위 5에 해당한다면 그 규준집단의 5%에 해당하는 사람이 26점보다 낮은 점수를 받았다는 것을 나타낸다. 어떤 선정된 백분위에 해당하는 점수분포상의 점수를 백분위 점수(percentile score or percentile), 약하여 P점수라고 한다.

P점수의 본보기는 <표 3-1>와 같다.

### 2 백분위 점수의 장단점

백분위 점수의 장점은 우선 누구나 이해하기 쉽다는 것이다. 비교하고자 하는 집단에 대해서 한 개인의 상대적인 위치를 나타내 주므로 모든 사람에게 그 의미가 단순하고 직접적이며 이해하기 쉽다. 대부분의 경우 한 집단 내에서 한 사람의 서열을 나타내는 것으로 충분하며 보다 복잡한 소점의 전환이나 유도점수가 필요가 없을 경우에 적합하다.

반면에 백분위 점수는 두 주요 단점을 갖고 있다. 첫째로 이 점수 척도는 서열(또는 등위)을 나타내므로 측정의 수준으로 볼 때 서열척도이다. 따라서 동간척도가 아니므로 가감승제를 하는 것은 적절한 방법이 되지 못한다. 이것은 하나의 검사점수를 해석하는 사람에게는 단점이 된다고 볼 수 없으나 검사점수를 가지고 연구하는 사람에게는 상당히 심각한 문제가 된다.

백분위 점수의 두 번째 단점은 검사점수 해석의 경우에 문제가 된다. 분포의 중심에 있어서 조그마한 소점의 차이는 상당히 커다란 백분위의 차이를 가져오는 반면에 분포의 극단에 있어서는 검사소점상으로 상당한 차이를 보일 때 백분위로는 조그마한 차를 보인다. 따라서 검사의 소점과 백분위 간의 관계를 명확히 이해하고 명심하지 않는 이상 백분위 간의 차를 잘못 해석하기 쉽다. 특히 분포의 중앙에 있어서 백분위 간에 어느 정도 과장된 큰 차를 나타내고 있는 경우에 정말로 커다란 의미 있는 차가 있는 것처럼 지나치게 해석하기가 쉽다.

### 3 백분위 점수의 계산

백분위 점수를 찾는 방법에는 두 가지가 있다. 그 한 가지는 누가백분율 곡선을 그려서 <표 3-1>에서 대응하는 백분위와 백분위 점수를 읽어내면 되는 것이다. 또 한 가지의 방법은, 사분편차의 계산방식을 통해서 각 백분위에 해당하는 백분위 점수를 계산을 통해 구하는 방법이다.

### (1) 누가백분율 곡선의 그림을 통한 방법

① 첫째, 얻은 빈도분포의 누가백분율을 기입한다.

② 이 누가백분율 분포를 기초로 하여 누가백분율 곡선을 그린다. 누가백분율 곡선을 그릴 때에는, 횡축에 원점수를 두고 종축에 누가백분율을 두어, 각 급간의 상한계 위에 누가백분율 빈도를 찍어 나가서 그 찍힌 점들을 이으면 된다. 그렇게 해서 만들어진 곡선을 오지이브(ogive)라고 한다. <표 3-1>의 자료에서 그린 누가백분율 곡선이 [그림 3-1]에 표시되어 있다.

③ [그림 3-1]과 같은 누가백분율 곡선이 완성되면, 이 곡선이 원활하게 되도록 수정하는 것이 보통이다.

④ 이 수정된 누가백분율 곡선에서, 종축에서 옆으로 가서 마주치는 곡선의 교차점으로부터 다시 아래로 내려가면 해당하는 점수, 즉 백분율 점수를 읽을 수 있다. 이 분포에서는 $Q_1$(25%)에 해당하는 점수가 20점이고, Mdn(50%)이 약 26.5 정도이고, $Q_3$(75%)이 약 3.07 정도이다. 반대로 횡축에서 위로 올라가서 마주치는 곡선의 교차점으로부터 다시 옆으로 가면 해당하는 누가백분율, 즉 백분위를 알 수 있다. 이 분포에서는 23점에 해당하는 백분위가 약 34.5%이고, 38점은 약 95%인 것을 읽어낼 수 있다.

〈표 3-1〉 누가백분율의 계산

| $X$ | $f$ | $cf$ | $cp$ | $u.l$ (상한계) |
|---|---|---|---|---|
| 41–43 | 1 | 86 | 100.0 | 43.5 |
| 38–40 | 4 | 85 | 98.8 | 40.5 |
| 35–37 | 5 | 81 | 94.2 | 37.5 |
| 32–34 | 8 | 76 | 88.4 | 34.5 |
| 29–31 | 14 | 68 | 79.1 | 31.5 |
| 26–28 | 17 | 54 | 62.8 | 28.5 |
| 23–25 | 9 | 37 | 43.0 | 25.5 |
| 20–22 | 13 | 28 | 32.6 | 22.5 |
| 17–19 | 8 | 15 | 17.4 | 19.5 |
| 14–16 | 3 | 7 | 8.1 | 16.5 |
| 11–13 | 4 | 4 | 4.7 | 13.5 |
| 8–10 | 0 | 0 | 0.0 | 10.5 |
| 계 | 86 | | | |

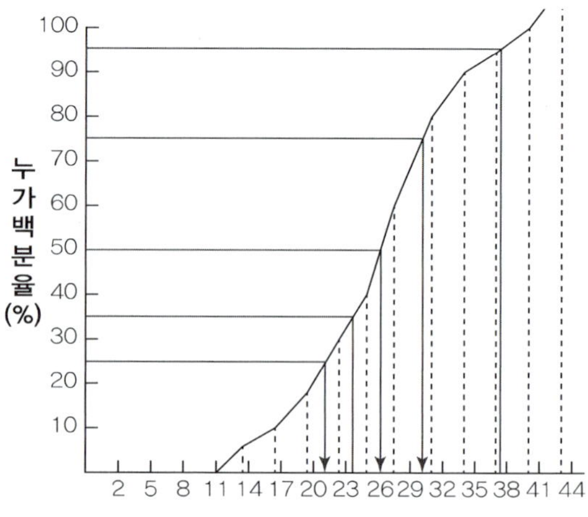


[그림 3-1] 누가백분율 곡선

### (2) Mdn(또는 $Q_1$, $Q_3$) 산출공식을 통한 방법

도표를 이용하지 않고, 계산을 통해서 일정한 백분위에 해당하는 백분위 점수를 구하는 방법은 앞에서도 말한 바와 같이 Mdn이나 $Q_1$, $Q_3$를 계산하는 방법과 꼭 같다. 이 계산 방법은 <표 3-2>에 예시한다.

〈표 3-2〉 백분위 점수의 계산(〈표 3-1〉의 자료사용)

| (1) 백분점하의 사례의 % (백분위) | (2) 백분점하의 사례 수 | (3) 백분점수가 있는 바로 아래 급간까지의 누가빈도 | (4) 백분점수가 있는 급간의 하한계 | (5) 하한계와 백분점수의 거리 | (6) 백분위 점수 | (7) 정수로 표시한 백분위 점수 |
|---|---|---|---|---|---|---|
| 90 | 77.4 | 76 | $34.5+\frac{1.4\times3}{5}$ | | 35.3 | 36 |
| 80 | 68.8 | 68 | $31.5+\frac{.8\times3}{8}$ | | 31.8 | 32 |
| 70 | 60.2 | 54 | $28.5+\frac{6.2\times3}{14}$ | | 29.8 | 30 |
| 60 | 51.6 | 37 | $25.5+\frac{14.6\times3}{17}$ | | 28.1 | 29 |
| 50 | 43.0 | 37 | $25.5+\frac{6\times3}{17}$ | | 26.6 | 27 |
| 40 | 34.4 | 28 | $22.5+\frac{6.4\times3}{9}$ | | 24.6 | 25 |
| 30 | 25.8 | 15 | $19.5+\frac{10.8\times3}{13}$ | | 22.0 | 22 |
| 20 | 17.2 | 15 | $19.5+\frac{2.2\times3}{13}$ | | 20.0 | 20 |
| 10 | 8.6 | 7 | $16.5+\frac{1.6\times3}{8}$ | | 17.1 | 18 |

<표 3-2>에서는 모든 백분위에 해당하는 백분위 점수를 다 계산하지 않고, 편의상 10% 단위로 십분점수(decile)만을 계산해 두었다. 각 백분위에 대한 백분위 점수도 이 십분점수의 계산에 준해서 구하면 된다.

백분위 점수를 구하는 방법을 일반적인 수식으로 나타내면 다음 공식과 같다.

$$P.S. = l.l. + i\frac{P_r \times N - F_c}{F}$$

여기서, $P.S.$ = 백분위 점수
$l.l.$ = 백분위 점수가 들어 있는 급간의 정확한 하한계
$P_r$ = 백분위
$i$ = 급간의 크기
$F_c$ = 백분위 점수가 들어 있는 급간 아래 급간까지의 누가빈도
$F$ = 백분위 점수가들어 있는 급간의빈도
$N$ = 사례수

$$Mdn = l.l. + i\frac{N/2 - F_c}{F}$$

$$Q_1 = l.l. + i\frac{N/4 - F_c}{F}$$

$$Q_3 = l.l. + i\frac{\frac{3}{4}N - F_c}{F}$$

## 4 원점수와 백분위 점수의 비교

어떤 학급 학생들의 원점수와 백분위 점수를 그림으로 비교해 보면 [그림 3-2]와 같다.

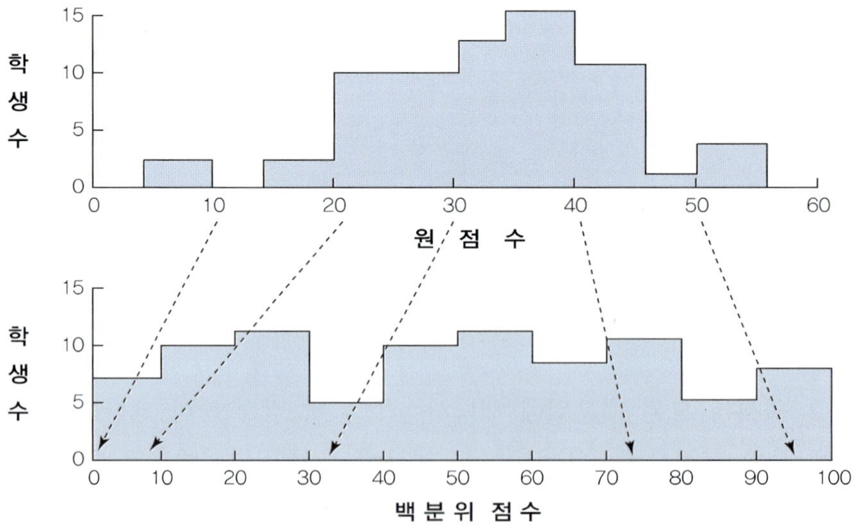


[그림 3-2] 동일집단의 원점수와 백분위 점수의 비교

[그림 3-2]에서는 원점수보다 백분위 점수가 학생들의 상대적 위치를 잘 짐작케 하고 있다. 이것은 백분위 점수 자체가 학생은 100명으로 생각한 등위를 바탕으로 하고 있기 때문이다.

## 2) 표준점수

### 1 표준점수의 의미

백분위는 100단위로 한 등위(rank)를 나타내는 서열척도(ordinal scale)였다. 검사점수를 가지고 여러 가지 복잡한 통계적 처리를 하고자 할 때에 이 점수를 동간척도(interval scale), 즉 각 단위가 모두 같은 크기를 나타내는 점수로 전환시킨다는 것은 상당히 중요한 일이다. 전환점수의 하나인 표준점수(standard score)는 이와 같은 동간성(interval)을 가정하는 점수척도이다. 모든 표준점수 체제의 기본단위는 표준편차(standard deviation)가 된다. 따라서 '표준점수'라는 말도 여기서 유래한다. 어떤 종류의 표준점수이든지 이것은 하나의 소점을 그 평균으로부터의 편차점수(deviation score)로 전환시킨 다음 이것을 표준편차의 단위로 나타낸 것이다.

#### (1) Z점수

가장 기본적인 표준점수인 Z점수는 다음과 같이 어떤 소점을 가지고 거기에 해당되는 표준점수 $Z$를 구할 수 있다.

$$Z = \frac{X - M}{\alpha^*}$$

표준편차(Standard Deviation, SD, $\sigma$) 계산법

원점수(측정치)에 의한 계산법은 다음과 같다.

〈공식〉

$$\sigma = \frac{1}{N}\sqrt{N\Sigma X^2 - (\Sigma X)^2}$$

$$\sigma = \frac{1}{10}\sqrt{10(1794) - (132)^2}$$

$$= \frac{1}{10}\sqrt{17940 - 17424}$$

$$= \frac{1}{10}\sqrt{516}$$

$$= \frac{22.7}{10}$$

$$= 2.27$$

〈계산 예〉

| 학생 | A | B | C | D | E | F | G | H | I | J | $N=10$ |
|---|---|---|---|---|---|---|---|---|---|---|---|
| $X$(원점수) | 13 | 17 | 15 | 11 | 13 | 17 | 11 | 13 | 11 | 11 | $\Sigma X=132$ |
| $X^2$ | 169 | 289 | 225 | 121 | 169 | 289 | 121 | 169 | 121 | 121 | $\Sigma X^2=1794$ |

여기에서 영문대문자 Z는 어떤 소점에 해당되는 표준점수이고 X는 어떤 주어진 소점, M과 $\sigma$는 각각 소점분포에 있어서 얻어진 평균과 표준편차를 나타낸다. 소점을 표준점수(이 경우는 특히 Z점수라 함) 즉, 평균이 0이고 표준편차가 1인 정규분포 곡선의 척도로 전환되게 되며 이때에 표준편차가 측정의 단위가 된다.

여기에 이 표준점수의 몇 가지 특징을 열거해 본다. 우선 첫째로 표준점수의 절대값은 분포의 평균으로부터 그 점수가 얼마나 떨어져 있느냐의 거리를 나타낸다. 둘째로 평균보다 큰 점수는 + 부호가 붙고 평균보다 작을 때에는 - 부호가 붙는다. 셋째로 표준점수는 동간척도라고 가정함으로써 가감승제의 여러 가지 복잡한 수리적인 조작을 할 수 있다. 넷째로 소점과 표준점수와는 직선적인 관계(linear transformation)를 갖고 있으므로 표준점수의 분포의 형태는 소점의 분포와

꼭 같다. 즉, 소점의 분포가 정규분포에 가깝다면 Z점수의 분포도 정규분포에 가깝고, 또 소점이 편포(skewed)되었다면 Z점수도 똑같이 편포를 이룬다. 마지막으로 소점의 분포가 정규분포에 근사하게 접근할 때에 Z점수의 분포의 범위는 대략 -3으로부터 +3이 된다. Z점수는 동간척도라는 장점을 가지고 있지만 소수점 이하의 숫자와 음수를 갖게 되는 단점이 있다.

### (2) T 점수

$$T = 10Z + 50$$

위와 같이 전환된 척도는 소수점과 음수를 제거할 수 있으며 만약 본래의 소점의 분포가 정규분포에 가까우면 이때에 얻어진 T점수($M=50$, $S=10$)는 대략 20~80점까지의 점수분포, 즉 그 분포의 범위가 약 60점이 된다. 필요에 따라서는 자기가 원하는 어떤 평균과 표준편차를 가진 새로운 척도로 변화시킬 수 있을 것이다.

이와 같이 평균이 50이고 표준편차가 10으로 전환된 표준점수(normalized standard score)를 흔히 T점수라고 부른다. 1982년에 McGall은 Thorndike와 Terman을 기념하기 위하여 이 표준점수를 T점수라고 부르고자 제안하여 오늘에 이르고 있다.

다음 <표 3-3>은 원점수가 정상분포로 나타냈을 때의 Z점수, T점수 그리고 백분위 점수의 상호관계를 나타낸 표이다.

**〈표 3-3〉 원점수가 정상분포일 때, Z 점수, T 점수, 백분위 점수 상호 간의 관계**

| Z 점수 | T 점수 | 백분위 점수 | 분포 끝 부분의 사례수(%) | 백분위 점수 | T 점수 | Z 점수 |
|---|---|---|---|---|---|---|
| 3.0 | 80 | 99.9 | 0.1 | 0.1 | 20 | -3.0 |
| 2.9 | 79 | 99.8 | 0.2 | 0.2 | 21 | -2.9 |
| 2.8 | 78 | 99.7 | 0.3 | 0.3 | 22 | -2.8 |
| 2.7 | 77 | 99.6 | 0.4 | 0.4 | 23 | -2.7 |

| Z 점수 | T 점수 | 백분위 점수 | 분포 끝 부분의 사례수(%) | 백분위 점수 | T 점수 | Z 점수 |
|---|---|---|---|---|---|---|
| 2.6 | 76 | 99.5 | 0.5 | 0.5 | 24 | -2.6 |
| 2.5 | 75 | 99.4 | 0.6 | 0.6 | 25 | -2.5 |
| 2.4 | 74 | 99.2 | 0.8 | 0.8 | 26 | -2.4 |
| 2.3 | 73 | 99 | 1 | 1 | 27 | -2.3 |
| 2.2 | 72 | 99 | 1 | 1 | 28 | -2.2 |
| 2.1 | 71 | 98 | 2 | 2 | 29 | -2.1 |
| 2.0 | 70 | 98 | 2 | 2 | 30 | -2.0 |
| 1.9 | 69 | 97 | 3 | 3 | 31 | -1.9 |
| 1.8 | 68 | 96 | 4 | 4 | 32 | -1.8 |
| 1.7 | 67 | 96 | 4 | 4 | 33 | -1.7 |
| 1.6 | 66 | 95 | 5 | 5 | 34 | -1.6 |
| 1.5 | 65 | 93 | 7 | 7 | 35 | -1.5 |
| 1.4 | 64 | 92 | 8 | 8 | 36 | -1.4 |
| 1.3 | 63 | 90 | 10 | 10 | 37 | -1.3 |
| 1.2 | 62 | 88 | 12 | 12 | 38 | -1.2 |
| 1.1 | 61 | 86 | 14 | 14 | 39 | -1.1 |
| 1.0 | 60 | 84 | 16 | 16 | 40 | -1.0 |
| 0.9 | 59 | 82 | 18 | 18 | 41 | -0.9 |
| 0.8 | 58 | 79 | 21 | 21 | 42 | -0.8 |
| 0.7 | 57 | 76 | 24 | 24 | 43 | -0.7 |
| 0.6 | 56 | 73 | 27 | 27 | 44 | -0.6 |
| 0.5 | 55 | 69 | 31 | 31 | 45 | -0.5 |
| 0.4 | 54 | 66 | 34 | 34 | 46 | -0.4 |
| 0.3 | 53 | 62 | 38 | 38 | 47 | -0.3 |
| 0.2 | 52 | 58 | 42 | 42 | 48 | -0.2 |
| 0.1 | 51 | 54 | 46 | 46 | 49 | -0.1 |
| 0.0 | 50 | 50 | 50 | 50 | 50 | 0.0 |

## (3) C 점수

### ① C 점수의 정의

T점수는 앞에서도 말한 바와 같이 다른 척도들이 갖추지 못한 여러 가지의 장점을 가진 이상적인 척도이지만, 그 단위가 너무 자세하여 이것이 때로는 지나치게 '엄밀한' 척도라는 느낌을 줄 때가 있다. 특히 측정방법의 신뢰도가 부족할 때에는 이런 자세하고 엄밀한 척도화의 필요성이 희박해지는 것이 사실이다. 여기서, 척도의 단위를 좀 굵직하게 묶은 거친 척도가 요구된다.

C점수 척도는 바로 이러한 요구에 알맞게 만들어진 표준점수 척도의 일종으로서 척도의 단위를 .5$\sigma$로 하여 0으로부터 10까지의 점수범위로 표시한다. 따라서 평균점은 5가 되고, $\sigma$가 2인 표준척도가 되는 것이다.

그런데 C점수 척도치는 다른 척도와는 달리 척도상의 한 점을 가리키는 것이 아니라, 척도상의 한 '거리'를 지시한다. C점수척도의 성질을 나타낸 다음의 <표 3-3>에서 볼 수 있는 바와 같이, C척도의 10점은 Z점수의 +2.25～+2.75에 해당하며, C척도의 0점은 −2.75～−2.25에 해당하는 것이다.

### ② C 점수의 장단점

C척도는 T점수와 같이 정상화된 척도이기 때문에 T점수가 갖는 장점을 다 갖춘 표준척도이다. T점수와의 유일한 차이는 척도의 단위가 거칠다는 것인데, 실제로 학습지도나 생활지도를 위한 대책을 세운다든가, 분단을 한다든가 할 때에는 이렇게 거친 척도가 오히려 도움이 되는 수도 있다. 그러나 엄밀한 점수가 필요한 선발, 진급 등의 목적을 위해서는 C척도는 적합하지 못한 셈이다.

C척도의 점수 범위를 때로는 1점부터 11점까지로 표시하는 수도 있다. 이것은 특히 생활지도나 카운슬링에서 점수를 학생에게 알려주어야 할 경우 0점이라는 점수를 사용하는 것이 현명하지 못하기 때문이다.

〈표 3-4〉 C 점수 척도의 내용

| C 척도 점수 | Z 점수의 한계점 | Z 점수의 한계점 | 각 급간 내의 % | 점수로 표시한 % |
|---|---|---|---|---|
| | +2.75 | 99.7 | | |
| 10 | | | 0.9 | 1 |
| | +2.25 | 98.8 | | |
| 9 | | | 2.8 | 3 |
| | +1.75 | 96.0 | | |
| 8 | | | 6.6 | 7 |
| | +1.25 | 89.4 | | |
| 7 | | | 12.1 | 12 |
| | +0.75 | 77.3 | | |
| 6 | | | 17.4 | 17 |
| | +0.25 | 59.9 | | |
| 5 | | | 19.8 | 20 |
| | -0.25 | 40.1 | | |
| 4 | | | 17.4 | 17 |
| | -0.75 | 22.7 | | |
| 3 | | | 12.1 | 12 |
| | -1.25 | 10.6 | | |
| 2 | | | 6.6 | 7 |
| | -1.75 | 4.0 | | |
| 1 | | | 2.8 | 3 |
| | -2.25 | 1.2 | | |
| 0 | | | 0.9 | 1 |
| | -2.75 | 0.3 | | |

### (4) Stanine 점수

① Stanine 점수의 정의: 9간점수(또는 9단계점수)라고도 불리는 이 Stanine 척도는 제2차 세계대전 중 미해군 심리학자들이 쓰기 시작한 것으로서, C척도의 양극단의 두 점수를 합하여 1점부터 9점까지의 점수범위로 표시한 9단계 척도이다. Stanine이란 말은, Standard nine의 약어이다. C척도의 양극단의 두 점수를 합했으므로, Stanine 척도의 양극단인 1점과 9점에 해당하는 사례수의 백분율은 <표 3-5>와 같이 각각 4%씩이 된다는 것을 알 수 있다.

〈표 3-5〉 Stanine 척도와 C 척도의 사례수(면적)

| | | | | | | | | | | | | |
|---|---|---|---|---|---|---|---|---|---|---|---|---|
| Stanine | 점수 | - | 1 | 2 | 3 | 4 | 5 | 6 | 7 | 8 | 9 | - |
| | % | - | 4 | 7 | 12 | 17 | 20 | 17 | 12 | 7 | 4 | - |
| C 척도 | 점수 | 0 | 1 | 2 | 3 | 4 | 5 | 6 | 7 | 8 | 9 | 10 |
| | % | 1 | 3 | 7 | 12 | 17 | 20 | 17 | 12 | 7 | 3 | 1 |

② Stanine 점수의 계산 예: 어떤 학급에서 50명의 학생에게 수학시험을 치루고 수학시험의 원점수를 Stanine 점수로 환산하는 간편 계산법을 제시하면 다음과 같다.

**〈표 3-6〉 원점수를 Stanine 점수로 환산하는 예**

| 원점수 | Stanine |
|---|---|
| 95 | 9 |
| 93 | ↑ |
| 93 | 8 |
| 92 | |
| 88 | ↓ |
| 86 | ↑ |
| 83 | |
| 83 | 7 |
| 82 | |
| 80 | |
| 77 | ↓ |
| 76 | ↑ |
| 75 | |
| 72 | |
| 71 | |
| 70 | 6 |
| 68 | |
| 66 | |
| 64 | |
| 64 | ↓ |
| 63 | ↑ |
| 61 | |
| 59 | |
| 58 | |
| 55 | |
| →Mdn | 5 |
| 55 | |
| 54 | |
| 53 | |
| 53 | |
| 50 | ↓ |
| 49 | ↑ |
| 49 | |
| 47 | |
| 45 | |
| 45 | 4 |
| 42 | |
| 42 | |
| 40 | |
| 39 | ↓ |
| 36 | ↑ |
| 35 | |
| 34 | 3 |
| 34 | |
| 31 | |
| 31 | ↓ |
| 29 | ↑ |
| 24 | 2 |
| 21 | |
| 19 | ↓ |
| 17 | 1 |

<절차>

1. 중앙치(Mdn)을 찾는다.

2. 중앙치 아래 위로 각각 5명씩(50명의 20%)의 점수를 끊는다. 여기에 해당하는 원점수들은 Stanine 점수 5에 해당한다.

3. 50명의 17%는 8.5인데 반올림하여 9명으로 잡고 중앙치의 위 아래 쪽에서 9명의 원점수를 끊는다. 이 경우의 원점수들은 Stanine 점수가 각각 6점과 4점이 된다.

4. 계속하여 중앙치 위 아래 쪽을 향하여 6명씩의 원점수를 끊어 나간다(50명의 12%). 이때 Stanine 점수는 7과 3이 된다.

5. 50명의 7%는 3.5명인데, 반올림하여 4명으로 잡고 각 위 아래에서 4명의 원점수를 끊는다.
   이것이 Stanine 점수 8과 2가 된다.

6. 나머지는 Stanine 점수가 각각 9과 1점이 된다

## 2 표준점수의 장단점

여러 가지 종류의 표준점수는 서열척도가 아닌 동간척도로 검사점수를 나타낸다. 따라서 동간척도는 여러 가지 수리적 처리가 가능하므로 여러 가지 점수를 종합한다든가 또는 어떤 복잡한 통계적 처리를 하고자 할 때 적합한 점수이다. 또한 모든 표준점수는 공통적인 측정단위를 사용하고 있으므로 여러 가지 다른 검사로부터 얻은 소점은 그것이 동일한 규준집단에서 유도된 표준점수라면 직접으로 상호 비교할 수 있는 장점을 갖고 있다. 뿐만 아니라 정상화된 표준점수는 정규분포와 직접 관련시켜 줌으로써 보다 단순한 백분위 점수로 환원하여 해석할 수 있는 장점도 갖고 있다.

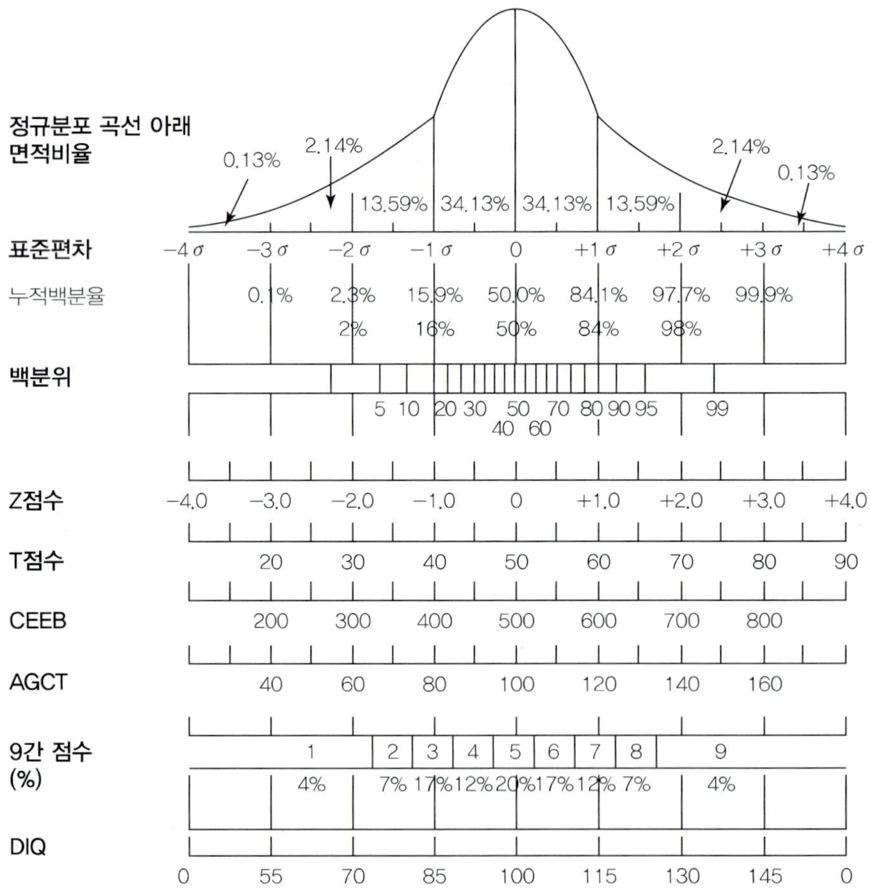


[그림 3-3] 각 표준점수의 비교

검사점수를 표준점수로 전환하는 과정은 백분위 점수보다 더 복잡하지만 각종 전자계산기와 컴퓨터가 앞으로 일반화되면 이것은 하나의 단점으로 볼 수는 없을 것이다. 표준점수는 일반사람에게 잘 알려지지 않아서 이해하기가 어렵다(각종 규준점수 간의 비교는 [그림 3-3]의 비교표를 참조 바람).

A학생의 네 교과목성적의 원점수(100만점 득점)를 표준점수로 전환한 예는 <표 3-7>과 같다.

〈표 3-7〉 **원점수의 표준점수전환 성적표**

| | 소속학년학생 | 득점 | 평균점수 | 표준편차 | Z 점수 | T 점수 | A학생보다 성적이 더 좋은 학생 수 |
|---|---|---|---|---|---|---|---|
| 영어성적 | 1,000명 | 80 | 74 | 6 | 80-74/6=+1.00 | 10×1+50=60 | 159명 |
| 수학성적 | 1,000명 | 75 | 65 | 5 | 75-65/5=2.00 | 10×2+50=70 | 23명 |
| 국어성적 | 1,000명 | 85 | 81 | 4 | 85-81/4=+1.00 | 10×1+50=50 | 159명 |
| 물리성적 | 1,000명 | 70 | 52 | 6 | 70-52/6=+3.00 | 10×3+50=80 | 1명 |

<표 3-7>에 의하면, 원점수에 의거한 네 교과목성적 중 가장 좋은 교과목 성적은 국어 85점으로 가장 좋고, 70점인 물리성적이 가장 나쁘다. 반면, T점수에 의한 성적평가는 반대로 물리성적이 가장 좋고 영어와 국어성적이 상대적으로 많이 떨어지고 있음을 보여 주고 있다. 특히 물리성적은 천재적 수준을 시사해 주고 있다.

따라서 성적평가나 심리검사 결과의 해석에 있어서 원점수에만 의존할 때에는 큰 오류를 범하게 된다.

# Chapter 04 심리검사의 표준화

## 1 표준화의 개념과 표준화 검사의 특징

표준화란 도구의 표준화, 절차의 표준화, 채점 및 해석의 표준화를 말한다.

### 1) 도구의 표준화

심리진단 검사는 인간의 행동특성 또는 행동경향성을 측정하게 되는 것이므로 검사도구가 그러한 인간의 행동특성을 측정하기에 충분한 문항들로 구성되어야 함은 당연한 일이다. 그러나 개인의 많은 행동을 낱낱이 문항에 비추어 알아본다는 것은 실제적으로 불가능한 일이다. 그러므로 그 행동의 일부분을 표집하여 그것으로 전체 행동을 미루어 볼 수밖에 없다.

따라서 도구의 표준화는 타당성 있는 측정도구를 만들기 위한 필수요건이라 할 것이다. 즉, ① 제작되어 나온 도구가 측정하려고 하는 내용(또는 목적)을 제대로 분석하고 있으며, ② 그 분석된 내용을 나타내는 행동 증거를 적절히 수집하고 있으며, ③ 검사실시 대상에 실시하여 정규분포의 측정치를 얻을 수 있는가의 문제 등은 곧 도구의 표준화와 직결되는 일이요, 도구의 표준화 그 자체인 것이다.

이와 같이 표준화 검사의 도구는 측정도구가 표준화되어 있다는 점이 큰 특징을 이루고 있다.

### 2) 절차의 표준화

표준화 검사에서는 검사의 제작에서부터 액세서리의 편집, 실시, 채점, 해석, 활용에 이르기까지 반드시 요구되는 조건에 맞추어야 한다. 이 중에서도 검사실시 절차의 표준화는 더욱 지켜야 할 일이다. 도구 작성자가 절차의 표준화를 위한 지시를 명백히 하는 것은 물론이고 실제검사실시에 있어 이 절차가 지시한 대로 지켜지지 않는다면 표준화 검사의 결과는 믿을 수 없는 것이 되고 만다. 가령 검사시간 45분이라는 시간제한이 있는 데도 그것이 엄격하게 지켜지지 않았다면 규준집단의 결과(규준)와 비교해 볼 근거를 상실하고 만다.

표준화 검사는 시공간을 초월하여 언제 어디서나 실시할 수 있다는 장점을 지니고 있지마는 그 전제가 되는 것은 절차의 표준화에 있는 것이다. 만약 실시에 있어서 표준화된 절차에 따르지 않는다면 엉뚱한 결과를 가져올 것이며 해석, 활용에 있어 그릇된 방향으로 이끌어 갈 것이다. L. J. Cronbach는 절차가 잘 표준화된 검사이어야 규준(norm)을 마음 놓고 이용할 수 있다고 말하고 있다.

### 3) 채점 및 해석의 표준화

채점 및 해석도 절차의 표준화에 속하는 것이 되겠지만 표준화 검사에서는 검사결과를 비교해 볼 수 있는 '규준'을 마련하고 있음이 그 특징의 하나다. 채점이 표준화되어 있다면 거기에서 얻은 결과를 가지고 전국적인 수준에서 개개인의 위치를 알아낼 수 있는 것이다.

개인뿐만 아니라 전국적인 수준에 비추어 본 자기 학급의 능력수준을 알아볼 수 있을 것이며, 따라서 해석도 제대로 할 수 있을 것이다.

표준화 검사의 우수성은 이러한 개인 또는 집단의 능력을 규준에 비추어 비교 가능케 하는 데 있다. 따라서 규준집단의 선정은 검사의 표준화를 위해 대단히 중요시되고 있다. 규준집단은 선정에 있어 모집단을 잘 대표할 수 있도록 표집이론이 엄격하게 지켜져야 하며 규준집단의 검사실시 결과는 정규분포이거나, 정규분포에 가까워야 한다. 이렇게 하여 뒤따르는 통계적 절차를 거쳐 마련된 '규준'

에 의해 어떤 개인의 검사 결과는 옳게 비교되고 해석되는 것이다.

## 2 표준화 검사의 선택과 실시법

### 1) 선택의 기준

#### 1 검사도구의 타당도

타당도는 하나의 검사도구가 측정하려고 하는 내용이나 목표를 충실하게 측정하고 있는가의 문제이다. 이와 같은 사려 깊은 주의(thoughtful attention)는 다음과 같은 면에서 행해져야 할 것이다.

① 타당도 또는 타당성이 보고되어 있는가?

② 보고된 타당도는 어떤 준거에 의한 것이며 그것은 합리적인가?

③ 문항제작이 잘 되어 있으며, 행동증거의 수집이 적합한가?

④ 검사도구에 대한 전문가나 비판자들은 그 도구에 대하여 어떤 의견을 가지고 있는가?

#### 2 검사도구의 신뢰도

검사도구가 일관성 있는 결과를 가져 오지 않는다면 신뢰도는 낮은 것이다. 신뢰도의 검사상 필요한 요건은 다음과 같다.

① 무슨 형의 신뢰도가 결정되었는가?

② 측정의 표준오차는 검사결과를 신뢰할 수 있을 정도로 작은가?

③ 신뢰도를 결정할 때에 사용된 표본집단의 크기는 적절한가?

④ 검사전문가나 비판가들의 이견은 어떠한가?

### 3 규준점수

표준화 검사의 중요한 특징은 규준의 유용성(availability)에 있다. 그러므로 다음과 같은 면에서 규준이 살펴져야 한다.

① 어떤 규준척도가 사용되고 있으며, 또한 지역별, 성별 또는 연령별 규준이 보고되어 있는가?
② 규준의 기초가 되는 소점의 분포에 관한 기록이 있는가?
③ 표준화집단의 표집의 방법, 크기는 적절하며, 표집대상자의 연령, 성별이 기록되어 있는가?
④ 같은 종류의 검사도구의 규준과의 비교도 언급되었는가?
⑤ 검사를 실시하는 학년 또는 학급과의 비교가 가능할 수 있도록 규준이 작성되었는가?

### 4 검사실시의 용이성

검사실시의 용이성 문제, 즉 실시방법은 미리 훈련받은 교사여야만 검사를 실시할 수 있는가? 복잡한 시간의 조절절차는 없는가? 피검자에게 주는 불필요한 지시 또는 부적당한 연습문제는 없는가? 실시에 필요한 시간은 너무 길지 않은가? 답안지는 따로 마련되어 있는가? 인쇄의 오식은 없는가 등의 면이 조사되어야 한다.

### 5 채점의 용이성

채점에 대한 설명이 자세하게 기록되어 있는가? 또는 객관적인 채점이 가능하도록 되어 있는가? 등이 살펴져야 한다.

### 6 기타 조건

이런 기준 외에도 검사요강·검사제작 연도·평판·해석·활용·인쇄·경비 등의 면이 고찰되어야 한다.

## 2) 검사의 실시법

### 1 분위기 및 동기조성

개인검사로 되어 있는 표준화 검사는 전문적 소양이 있는 검사자에 의하여 검사가 시행되어야 하겠지만, 집단검사로 되어 있는 표준화 검사는 일반적으로 검사자에 의하여 실시될 수 있다. 담임교사가 시행할 경우에는 학생들의 수검 동기를 유발시킬 수 있으며 쉽게 학생들과의 라포(rapport)를 형성할 수 있는 장점이 있지만, 학생들에게 최선을 다하여 검사를 받도록 동기를 유발해 주어야 할 것이다.

### 2 지시의 정확화

검사를 시작하는 데 있어 인쇄된 지시만을 읽을 때에는 문장을 빠뜨리거나 대체 첨가함이 없도록 해야 할 것이며, 지시의 불완전한 이해로 말미암아 시행이 무효화될 수도 있다. 검사시간이 정확하게 지켜져야 할 경우에는 스톱워치(stop watch)를 사용하는 것이 바람직하겠으나 불가능할 때는 시작할 때의 '분과 초'를 기록해 두는 것이 매우 중요한 일이다. 시간을 정확하게 지키는 일을 기억에 의존하는 방법은 금물이다.

### 3 실시시간

검사실시의 시간은 되도록 오전 중을 택하는 것이 좋다. 피검자들이 충분히 그 능력을 발휘할 수 있도록 조용한 장소, 좋은 날씨, 피로하지 않은 시간 등 조건을 갖추어 주는 것이 바람직하다.

### 4 결과의 해석

이상과 같이 실시하여 얻은 검사의 결과는 '현재 피검자의 능력이 어느 정도인가'를 지시하는 식으로 해석되어야 한다. 검사의 결과를 영구적 또는 반영구적으로 해석한다는 것은 위험한 일이다. 비교적 영구성을 띠고 있는 것으로 알려져 있는 지능지수도 변동이 있음이 연구결과로 보고되고 있다.

또한 표준화 검사는 어느 학교 어떤 교실에서도 사용될 수 있도록 최대공약수적인 내용으로 구성되어 있어 교사의 학습지도의 목표 내용을 전부 포함하지 못하는 단점이 있으므로 이 점도 해석에 있어 아울러 고려되어야 할 것이다.

### 5 검사지 처리

검사결과의 기록 정리가 끝나면 사용했던 검사용지를 소각해 버리는 것이 도구 자체의 효용기간을 길게 하는 데 도움이 될 것이다.

수량화된 검사의 결과는 다음에 올 교육활동에 유효하게 사용되어야 하며 쓸데없이 학생에게 알리지 않는 것이 좋다.

### 6 유의점

마지막으로 표준화 검사의 실시는 학교 교육계획의 일환으로 계획성 있게 실시되어야 한다. 표준화 검사는 그리 빈번하게 시행될 수 없는 것이므로 그 종류·횟수·시기 등이 합리적으로 연구되고 실천되어야 할 것이다.

### 3) 표준화 검사의 활용

표준화 검사가 활용되는 면은 ① 인간행동의 이해 ② 동질집단의 조직 ③ 감별 진단 치료 및 교정학습 ④ 생활지도와 상담 ⑤ 개인차의 진단 ⑥ 특수아의 발견과 연구 ⑦ 심리 또는 교육연구 등이다.

## 3 표준화 검사의 제작과정과 방법

### 1) 검사 제작계획의 수립

#### 1 검사목적의 확립

구체적인 용어로 우선, 검사의 일반적인 목적을 상세히 정의해 두는 일이 필요하다. 이런 정의 속에서, 검사가 측정하려고 의도하는 것이 무엇이며, 검사는 어떤 사람들에게 쓰일 수 있으며, 그리고 이 검사의 용도는 무엇인지가 지적되어야 할 것이다. 이 검사목적의 정의는, 이후의 제작활동 전반을 인도하고 통제하는 기반이 된다.

#### 2 검사개요의 작성

일반적인 목적의 정의 내지 확립이 끝나면, 다음에 할 일이 검사개요(outline)의 작성이다. 이 검사개요의 작성에는 검사내용의 결정, 검사내용의 비중 결정, 측정행동의 분석과 정의, 검사의 길이 결정 등이 있다.

### (1) 검사내용의 결정

여기서, 검사내용이라고 하는 것은 검사에서 측정될 행동과 그 행동이 관련되는 내용을 총칭하는 말이다. 이러한 검사 내용은 행동과 내용의 이원적 분류표로 정리해 두면 편리하다.

### (2) 검사내용의 비중 결정

한 검사가 몇 개의 행동을 동시에 측정하는 경우 혹은 한 검사가 한 행동을 측정한다고 하더라도 이 한 행동이 몇 가지로 더 분류될 수 있을 때에는, 그 여러 가지 행동에 얼마만한 무게를 주어서 취급할 것이냐 하는 문제이다.

### (3) 측정행동의 분석과 정의

검사에서 측정될 여러 행동을 자세히 분석하고 정의하는 일이다.

### (4) 검사의 길이 결정

검사 길이를 결정하는 일은 문항을 몇 개나 만들며, 검사를 받는데 소요될 시간을 얼마로 할 것인가 하는 문제이다.

보통, 교육검사는 학교의 시간에 들어맞게 길이를 조정하여 실시하기 쉽게 하는 일이 흔하지만, 이것도 엄밀히 말한다면 검사의 목적 또는 용도에 따라서 결정되어야 할 것 이다.

## 3 문항작성을 위한 준비

여기서 우선 고려해야 할 점은 채점의 객관성이다. 가능한 한 객관적으로 채점될 수 있는 문항형식을 택한다. 객관적으로 채점될 수 있는 문항형식 가운데서도, 예컨대 덜 객관적인 '완성형'보다는 더 객관적일 수 있는 '선다형'이 좋을 것이다. 그리고 채점이 객관적일수록, 채점 자체가 용이해진다는 것도 잊어서는 안 된다.

둘째로는 실시하기가 쉽도록 문항형식이 선택되어야 한다. 다른 말로 한다면, 한 검사 안에 너무 많은 종류의 문항형식이 동시에 사용되어서는 안 된다는 말이 된다.

#### (1) 문항곤란도와 범위 결정

문항의 형식을 결정한 다음에 생각할 문제는 검사문항의 곤란도의 정도와 범위를 정하는 일이다. 검사 제작자들의 주관적인 판단과 협의를 통해서, 적당한 곤란도를 각 문항들이 갖추도록 노력해야 한다.

#### (2) 기　타

이 밖에도 검사 제작계획 수립의 단계에서 결정되어야 할 일들이 많다. 예를 들면 문항들을 누가 작성하느냐의 문제, 제작된 문항들을 누가 어떤 방법으로 사전 검토할 것이냐 하는 문제, 예비실시에 따르는 표집선택의 문제와 그 통계적 처리의 문제 등등 표준화 검사 제작의 전 단계에 걸친 세밀하고 주도한 계획수립이 필요한 것이다.

### 2) 문항의 작성

계획수립이 끝나고 문항제작의 진용이 결정되면 문항작성의 과업이 시작된다. 문항이란, '채점상의 한 단위'라는 말로 정의된다. 그리고 검사는 이러한 문항들의 집합체라고 할 수 있다.

## 1 문항 작성자에게 필요한 소양

좋은 문항을 작성하는 데에는 몇 가지의 기본적인 능력 혹은 소양이 필요한 것으로 알려지고 있다.

첫째, 검사가 관여하는 분야에 관한 철저한 이해가 있어야 한다. 학습성과 검사를 위해서는 학과의 내용에 관하여, 인성검사를 위해서는 인성의 이론에 관하여, 철저한 이해를 가져야 한다.

둘째로, 필요한 소양은, 검사제작에 관한 이론과 기술을 터득하고 있어야 한다는 것이다. 잘 알고만 있으면, 좋은 문항이 '저절로 나오는 것'이 아니다. 좋은 문항을 만드는 기술은 오랜 경험과 연구 끝에 결과가 있는 것이다. 여기서 한마디 더 첨가하면 문항작성 활동이란, 근본적으로 예술적인 창작활동과 같다고 볼 수 있다.

## 2 검사내용 이원 분류표와 문항의 작성

우선 검사내용을 행동과 내용별로 이원 분류표를 만들고 이에 따라 문항을 만들어 간다. 수검자가 한 문항에 답을 하는 데에 필요한 능력은 행동을 분석할 때에 정의된 바로 그런 능력을 요구하는 문항이어야 하고, 이 문항들은 그런 능력을 전체적으로 잘 대표하는 중요성을 가진 문항들이어야 한다. 그리고 문항작성자 자신이 수검자가 된 마음으로, 문항을 풀어보고 어떤 능력이 소요되는 문항인가 음미하는 것도 좋은 방법이다.

## 3 문항의 형식

문항의 형식은 표준화 검사의 특수성 때문에 대개 객관식의 문항이 사용되는 것이 보통이다. 채점의 객관성, 통일성을 기할 수 있고, 또 채점이 간편해지기 때문이다. 객관식 문항형식 중에서도 근래에는 완성형, 연결형, 진위형보다 선다형이 주로 많이 사용된다.

## 3) 예비검사의 실시와 그 통계적 처리

### 1 예비검사실시의 중요성과 그 과제

문항의 작성이 완료되면, 예비검사를 위한 예비실시형을 편집한다. 이 예비검사를 하는 이유는 다음과 같다.

첫째, 이 예비검사를 통하여 불량한 문항, 수정을 필요로 하는 문항들을 발견한다. 더 구체적으로 말한다면 모호한 문항, 오답 구실을 못하는 오답지, 지나치게 어렵거나 쉬운 문항, 잘하는 수검자와 못하는 수검자를 잘 변별해 내지 못하는 문항 등을 발견한다.

둘째, 검사 전체로 하여금 적합한 곤란도를 갖게 하기 위하여, 각 문항의 곤란도를 알아낸다.

셋째, 검사 전체로 하여금 유효한 측정도구가 될 수 있게 하기 위하여, 각 문항의 문항변별력(item discriminating power)을 알아낸다.

넷째, 완성된 표준화 검사형에서 쓰일 적당한 문항의 수를 결정한다. 경우에 따라서는 계획수립의 단계에서 결정된 문항수의 반으로 줄일 수도 있고 또는 배로 늘여야만 하는 경우도 생긴다.

다섯째, 완성된 표준화 검사형의 적합한 실시시간을 결정한다.

마지막으로, 수검자에게 하는 지시, 수검 절차상의 문제들, 연습문제, 인쇄양식 등등에 관하여 수정을 해야 할 필요가 있는 부분을 발견하는 일이다.

### 2 예비실시

#### (1) 표집의 크기

검사 제작자는 그 표준화 검사가 사용될 전체 모집단의 성질을 잘 대표하는 표집을 얻도록 힘써야 한다. 예컨대, 서울특별시 내에서 표집된 20,000명보다는 전국에서 표집된 400명의 표집이 우리나라 인구를 더 잘 대표한다. 이 예비

검사에 필요한 표집의 크기는 최소 500명 정도 이상은 되어야 한다고 알려져 있다.

### (2) 실시조건

예비검사상의 제일 원칙은 완성된 표준화 검사가 실시될 조건과 될수록 같은 조건하에서 예비실시되도록 하라는 것이다. 왜곡된 결과를 얻지 않도록 하는 한 수단이다. 만일에 예비검사 도중 예기하지 않은 장해나 사태가 벌어졌을 경우에는 자세한 보고를 받아 둘 준비를 해 두는 일이 필요하다.

### (3) 예비검사의 편집

한 가지 원칙은 문항을 곤란도의 순서에 따라서 쉽다고 생각되는 문항부터 어려운 것으로 배열하는 방법이다. 그리고 검사가 몇 개의 소검사로 나뉘어 있을 때에는 이 소검사별로 편집하는 방법도 생각할 수 있다. 그러나 이때에도 소검사 내에서는 문항들을 곤란도의 순서로 배열하는 것이 바람직하다.

## 3 예비실시 결과에 대한 문항양호도 검증

### (1) 문항곤란도(item difficulty)

한 문항의 난이의 정도를 가리키는 수치이다.

### (2) 문항변별도

문항의 타당도를 우리는 일반적으로 문항변별력(item discriminating power)이라고 부르며, 특히 준거가 이 검사 이외의 외부준거(external criteria)인 경우에는 문항타당도(item validity), 준거가 바로 이 검사의 총점, 즉 내부준거(internal criteria)인 경우에는 문항 내적합치도(item internal consistency)라고 부르기도 한다.

### (3) 문항 반응분포의 음미

문항의 통계적인 조작에 의한 분석은 곤란도와 변별도의 검증으로 일단 끝나는 셈이며, 다음으로는 문항 반응분포(item response distribution)를 살펴보아 실제적으로 이상한 문항분포 여부를 분석해야 할 단계인 것이다.

## 4) 표준화 검사의 편집

이전의 예비검사와 그 통계적 처리의 과정이 끝나면, 다음에는 표준화실시에 쓸 검사의 편집을 하는 단계가 된다. 표준화 검사의 편집 단계에서 할 일은 문항곤란도·문항변별력·문항 반응분포 등 3가지 조건에 비추어 불량한 문항들을 제거 혹은 개정하여, 일정한 방식에 따라서 문항들을 배열 편집하는 과정이다. 문항배열의 순서는 앞에서도 말한 바 있지만, 다른 특별한 이유가 없는 한 쉬운 문항부터 어려운 문항의 차례로 배열하는 것이 좋다. 그리고 여기서 편집되는 검사는 그대로 표준화실시의 과정을 거쳐 발행될 검사의 최종형으로, 편집뿐만 아니라 검사의 외면적 체재, 인쇄 등의 면에서도 면밀하고 주도한 조심과 배려가 필요하다.

## 5) 표준화실시와 규준의 작성

### 1 표집선택의 문제

예비검사의 단계에서도 표집선택의 문제가 대두되었지만, 표준화실시 단계에서는 그 문제가 한층 더 중대한 문제로 나선다. 표집선택이 잘못되면, 이 검사는 결국 왜곡된 결과를 나타내는 검사가 될 것이다.

어떤 방법을 써서 표집을 하든, 표집은 전집 모집단의 성질을 잘 대표해야 한다는 점이다. 이것은 어떤 경우에도 움직일 수 없는 철칙이 된다. 편파된 표집으로 왜곡된 규준을 작성하는 것은, 어느 모로 보나 규준을 차라리 만들지 않은 것만 같지 못하다.

### 2 표준화의 실시와 유의점

첫째, 검사시간의 엄격한 준수가 필요하다. 이것은 표준화 검사의 실시에서 범하게 되는 가장 흔하고 중대한 과오의 하나이다.

둘째, 수검자에 대한 검사의 지시는 가장 분명한 것이어야 한다. 장황하고 뜻이 분명치 않고, 중요한 대목을 빠뜨린 지시들은 의외의 낭패를 가져오는 수가 많다.

셋째, 선택식의 검사에서 추측을 어느 정도로 할 것인지가 명백히 지시되어야 한다. 지시가 없으면 어떤 수검자는 추측을 많이 해서 성적을 올리고, 어떤 수검자는 자신이 없는 문제는 일체 제외항으로 남겨 둘지 모른다. 그래서 틀리는 문항에 대해서 감점을 하느냐 안 하느냐가 명시되어야 한다.

넷째, 검사 장소의 환경, 혹은 물리적 조건(physical conditions)이다. 넓은 책상 적당한 실내 기온과 광선, 알맞은 통풍상태 등의 조건하에서 실시되는 검사와 춥고 어둡고 텁텁한 분위기 속에서 치러지는 검사의 결과에는 상당한 차이가 있다는 여러 가지 실험연구가 있다. 검사집단 사이에 이런 물리적 조건의 차이가 심하게 벌어지지 않도록 적당한 조처를 취해야 한다.

다섯째, 수검자의 동기상태, 혹은 심리적 조건의 문제이다. 우리는 물론, 수많은 수검자의 동기상태(motivation)나 심리적 조건(psychological conditions)을 완전히 동일하게 통제할 수는 없다. 그러나 이런 점에서도 여러 검사집단이 서로 비교적 동일해지도록 가능한 노력은 기울여야 한다.

### 3 규준의 작성

규준이란 것은, 결국 검사의 결과로써 얻은 점수 또는 성적을 의미 있게 해석하기 위한 방법이다. 검사에서 나온 원점수, 혹은 소점(raw score)이 그 자체로는 어떤 의미를 캐낼 수 없는 것이란 점은 더 말할 필요가 없다. 그 원점수 또는 소점을 다른 의미 있는 점수체제로 바꿔 놓아야 비로소 우리는 거기서 무슨 의미를 찾아낼 수 있는 것이다. 이때에 그 의미 있는 점수체제로 우리가 백분위 점수를 채택한다면 백분위 규준이 되고, 다른 표준점수들을 채택한다면 표준점수 규준이 된다.

한편, 규준의 뜻을 더 엄격히 정의한다면 '한 규준은 특정한 한 집단이 어떤 검사에서 거두는 평균성적'이라는 것이다. 이 특정한 집단이 같은 연령의 수검자의 집단일 때는 연령규준이 되고, 같은 학년의 수검자의 집단일 때는 학년규준이 된다. 지능검사에서는 보통 연령규준을 써서 정신연령이라는 것이 계산되어 나오고, 학습성과 검사에서는 학년규준을 써서, 예컨대 국어 연령, 영어 연령 따위가 계산되어 나온다.

검사의 성질에 비추어, 위의 4가지 규준 가운데서 한 가지 혹은 한 가지 이상의 규준을 만든다. 그런데, 경우에 따라서는 표준화실시에서 그 성적에 남녀차나 지역차 등이 너무 심하게 나올 때에는 남녀별로, 혹은 지역별로 규준을 만들 필요성이 있을 때도 있다. 지역별로 규준을 만들 때는 전국규준을 만들고, 그 아래로 지역별 규준을 구별해서 준비하는 것이 보통이다.

이 단계에서 규준 이외에도 할 일이 있다. 예를 들면 이 표준화실시와 동시에 꼭 검사의 신뢰도와 타당도에 대한 연구도 병행되어야 한다. 이런 일들이 대강 끝나면 표준화 검사를 발행할 준비는 거의 완성된 셈이다. 남은 일은 검사용지와 답안지의 대량 인쇄, 검사요강(manual)의 작성 등의 일이다.

## 6) 검사 액세서리의 작성

### 1 검사요강

검사요강이란 것은 검사의 실시를 맡은 사람, 검사점수에 대하여 해석을 가하고 이를 여러 가지 문제에서 이용할 사람들을 위해서 준비된 안내서이다. 이 안내서에 수록될 내용은 적어도 다음과 같이 것이 포함되어 있어야 한다.

첫째, 검사의 측정 목적과 용도에 대해서 명백한 설명이 있어야 한다. 검사의 이름이 인성 검사라고 해서 그대로 믿을 것이 못된다. 구체적으로 어떤 인성특성들을 측정하는 검사인지, 어떤 용도에 쓰일 수 있는 검사인지 분명히 지시되어야 한다.

둘째, 검사의 실시와 채점절차에 관한 상세한 설명이 있어야 하며, 실시자와 채점자가 이 검사를 다루는 데에 어느 정도의 숙련이 필요한가도 지시되어야 한다.

셋째, 수검자들에 어떤 지시를 할 것인지도 통일하여 지정되어야 한다.

넷째, 검사의 신뢰도와 타당도가 반드시 명시되어야 한다. 신뢰도의 경우에는, 그 신뢰도를 얻은 방법에 대해서도 상술되어야 한다. 타당도에 관해서는 그것이 어떤 종류의 타당도인지, 방법은 무엇인지, 대상집단은 무엇이었는지 밝혀져야 한다.

다섯째, 규준에 있어서도 규준집단, 규준집단의 표집방법, 표준화실시 시의 시간과 조건 등에 관해서 명백한 설명이 있어야 한다.

### 2 채점판의 준비

채점판 혹은 채점지의 작성으로 표준화 검사 제작의 전 과정은 끝난다. 답안지와 문제지가 따로 되어 있을 때에는 구멍 채점판을 만드는 것이 좋다.

문제지 속에 답을 적어 넣게 되어 있는 검사에서는, 모범답이 적힌 채점지가 있어서 대조해 가면서 채점할 수 있게 한다.

이 채점판 이외에도 필요한 대로, 검사점수의 해석을 편리하게 하기 위한 프로파일(profile)이 작성 제시되어야 한다.

# Chapter 05 심리검사상의 오차와 반응문제

## 1 심리진단 검사상의 오차문제

### 1) 오차의 유형

#### ① 해석적 오차

한 개인이 검사에서 얻은 원점수는 다른 여러 사람의 검사결과와 비교하여 해석되지 않는 한, 그 자체로서는 아무런 의미를 주지 못한다. 검사자가 비교하고자 하는 집단을 명확히 이해하는 한편 한 개인의 검사점수가 어떻게 그 집단의 점수분포와 관계되는지를 정확히 이해하지 못하고 있다면 한 개인의 검사점수에 대해서 부정확한 평가나 해석을 내릴 가능성이 많은데 이것을 J. Mursell은 해석적 오차라고 부르고 있다. 이런 오차가 흔히 생기는 이유는 한 개인의 결과를 비교하고자 하는 집단의 성격이 적합하지 못하다든가 그 개인과 집단의 결과를 비교하는 방법의 차이에 기인되는 수가 많다.

#### ② 외인적 오차

이것은 측정이나 검사과정에 있어서 아무런 관계가 없는 여러 가지 외부적 요인의 작용으로 생기는, 즉 측정결과에 변화를 주는 오차를 말한다.

검사실시 중 검사받는 환경이나 피검사자의 정서적 불안감 등이 점수의 변화에 영향을 줄 수 있으며, 이와 같은 오차는 개인에 따라 다르고 또한 같은 개인이라고 하더라도 검사받는 시기에 따라 달라지므로 이를 특히 변인적 오차(variable error)라고 부른다. 이 변인적 오차가 적음으로써 검사점수의 변화가 적은 정도를 신뢰도(reliability)라고 부른다.

#### 3 검사자 오차

점수의 변화나 측정의 결과가 검사하는 사람, 즉 측정에 임하는 사람에게 기인된 오차를 검사자 오차(tester error)라고 한다. 이것은 검사자의 편견, 부주의, 이해도, 위치, 기준 등 검사자의 개인적 조건이 측정의 결과에 영향을 주기 때문에 개인적 오차(personal error)라고도 부르며, 이러한 개인적 오차의 정도를 나타내는 검사자 신뢰도의 일부로서 객관도라는 말을 사용한다.

#### 4 항상적 오차

학습능력을 측정하고 있다는 필답검사형의 지능검사에 있어서 어느 정도 그 검사결과가 학습능력 이외에 가정의 문화적 환경에 의해서 영향을 받을 가능성이 많다. 검사결과가 측정하고자 하는 학습능력이 아닌 가정의 문화적 환경의 영향을 받는 데 기인된 이와 같은 오차를 항상적 오차(constant error) 또는 고정적 오차라고 부른다. 이러한 오차의 문제는 곧 그 검사의 타당도 문제와 관련된다.

### 2) 측정오차의 발생 요인

#### 1 측정도구 요인

한 검사도구에 있어서 그 검사문항의 곤란도, 검사의 길이, 검사시간의 제한, 검사문항의 표집 등이 오차를 발생하게 하는 요인으로 작용한다. 즉, 검사문항이 너무 어렵거나 검사시간이 지나치게 제한되거나 하면 오차가 생길 가능성이 많으며, 반면 검사길이(문항수)가 길면 길수록 오차의 정도가 감소될 가능성이 많으며 그 검사는 더 신뢰할 수 있게 되는 것이다.

### 2 측정과정 요인

검사실시에 있어서 검사의 지시에 대한 착오, 답안지에 답을 지시대로 기입하지 않았다든가, 검사시간의 착오 또는 예기치 않았던 검사 중의 사건 등은 검사점수에 영향을 주게 된다. 특히 검사실시에 상당히 융통성이 있기 쉬운 개인검사의 실시 또는 검사에 익숙하지 못한 사람을 다룰 때 이러한 오차가 생길 가능성이 많게 된다.

### 3 피검사자 요인

피검사자의 동기, 훈련이나 학습효과, 검사에 대한 경험유무, 검사에 대한 불안과 공포심, 검사에 대한 사전 특별지도, 주의산만 및 피로나 건강상태 등의 생리적·정서적 요인 등이 검사결과에 크게 작용할 수 있다.

## 2 피검자의 반응특성

피검자의 반응특성은 이미 신뢰도에 영향을 주는 요인, 즉 오차의 한 근원으로서 설명되었다. 여기서는 피검사자의 반응특성이 검사의 타당도에 영향을 주는 면만을 여기에서 취급하고자 한다. 여기서 설명한 피검사자의 반응특성으로서 허위적 반응(faking res-ponse)과 반응경향(response tendency)은 타당도계수에 주는 전반적인 영향보다는 한 개인의 검사점수에 주는 영향이 크므로 개인의 점수해석에 보다 고려되어야 할 것이다.

### 1) 허위반응

허위반응이란 피검사자가 검사결과를 어떤 방향으로 변화시키려는 고의적인 의도를 말한다. 이러한 의도를 심리검사 과정에서 제거하기 위한 시도로 근래에 상당히 유행되고 있는 보다 독특한 방법의 하나는 허위척도(lie scale) 또는 타당도 척도(validity scale)의 사용을 예로서 들 수 있으며, 그리고 허위반응이 생길 가능성이 적은 상태나 집단에 대해서 그 반응을 척도의 사용을 예로서 들 수 있다.

허위반응이 생길 가능성이 적은 상태나 집단에 대해서 그 반응을 조사하고 이것을 허위반응이 확실히 있다고 인정되는 상태(보통 검사자가 허위반응을 하도록 지시한다)에서 얻어진 반응을 비교하여 한 피검사자의 허위반응 정도를 지시해 주는 척도를 발전시켜서 이를 따로 채점한다. 따라서 이 척도에서 높은 점수를 받은 사람은 그의 검사 결과를 재평가하게 된다. 이러한 허위척도는 다면적 성격검사(Minnesota Multiphasic Personality Inventory, MMPI)에서 사용되어 왔고 근래에는 쿠더흥미검사(Kuder Preference Record, Form D)에도 사용되어 상당히 유행되고 있다.

이러한 방법은 본래 성격진단에 있어서 허위적으로 좋게 보이려는 사람을 찾아내기 위해 개발된 방법이지만 이러한 방법은 능력측정에 있어서 고의적으로 우둔하게 보이려는 사람을 찾아내는 데 사용될 수 있을 것이다. 즉, 정말로 능력이 낮은 사람과 일부러 능력이 낮게 보이려는 사람의 반응을 비교하여 새로운 척도를 만들어 낼 수 있을 것이다. 또는 보다 단순한 방법으로 문항곤란도에 따라 개인의 반응을 분석할 수도 있을 것이다. 즉, 어떤 사람이 쉬운 문항을 많이 틀린 반면에 어려운 문항을 잘 맞추었다고 하는 경우에는 허위반응의 가능성을 의심할 수 있을 것이다.

### 2) 반응경향

Cronbach는 한 검사에서 받은 점수는 그 검사가 재고자 하는 특성(trait)과 그것을 재고 있는 문항형식과의 상호작용의 결과라는 사실에 관심을 두어야 한다는 것을 강조하였다. 예를 들면, 흥미측정에 있어서 피검사자로 하여금 일련의 흥미분야와 활동을 나타내는 항목을 주고 이에 해당되는 문항에 제한 없이 표시하라고 하는 경우에 많은 수의 항목에 반응한 사람과 적은 수의 항목에 반응한 사람은 그 결과와 해석이 달라질 수 있다는 것을 짐작할 수 있다. 만약 이때에 피검사자에게 전 문항수의 반이 되는 문항에만 반응하라고 반응수의 제한을 주었다면 이 결과는 또 달라질 수 있을 것이다. 이와 같이 방법적인 차이에서 오는 검사점수의 변량을 반응경향(response set)이라고 부른다.

Cronbach는 이것을 같은 내용이 다른 형식으로 제시되었을 때 어떤 피검사자로 하여금 다른 반응을 일으키게 하는 경향이라고 그는 특별히 정의하였다. 이러한 반응경향은 여러 가지 종류의 검사에서 얻어진 점수에 중요한 영향을 준다는 것을 점차 인식하기 시작하였다.

B. W. Barnes는 반응경향은 실제로 의심되는 것보다 더 많이 성격검사에 중요한 영향을 주고 있다는 것을 역설하였고, I. Loevinger는 반응의 편견(bias)을 무시하고 심리적 특성을 측정한다고 주장하는 검사는 단지 연구 노력의 손실이라고 주의를 환기시켰다.

지금까지 잘 알려진 반응경향들은 추측하려는 경향, 내용에 상관없이 '그렇다'고 대답하는 경향, 어떤 것을 부정하거나 불찬성하는 경향, 가능한 한 많은 문항에 응답하려는 경향, 어떤 한 극단적인 입장만을 취하려는 경향 및 항상 자기 자신을 사회적으로 우수하다고 반응하려는 경향 등을 들 수 있다.

PART

# II 표준화 검사

**CHAPTER 6** • 지능검사

**CHAPTER 7** • 적성검사

**CHAPTER 8** • 성격검사

Chapter

# 06 지능검사

## 1 지능검사의 종류와 지능 표시법

### 1) 지능검사의 종류

#### 1 피검자의 수에 따라

① 개별식 지능검사, ② 집단식 지능검사로 구분된다.

#### 2 측정재료에 따라

① 언어성 검사(verbal or linguistic test), ② 비언어성 검사(non-verbal or nonlinguistic test), ③ 혼합검사(component test) 즉, 특히 언어성 검사는 $\alpha$식 검사, 비언어성 검사는 $\beta$식 검사라고도 부른다. R. B. Cattell은 $\beta$식 검사를 Culture free intelligence test라고 칭하였다. 또한 혼합식 검사는 $\alpha\beta$ 혼합식 검사, $\alpha\beta$ 병용검사, $\alpha\beta$식 검사 등으로도 부른다.

#### 3 검사시간 제한의 유무에 따라

① 속도검사(speed test), ② 역량검사(力量檢査, power test)가 있다. 후자는 시

간을 무제한으로 주어서 피검자의 능력 수준을 보는 검사로서 단체검사에서는 불가능하다.

### 4 측정수준에 따라

① 개관검사(概觀檢査, survey test), ② 분석적 검사(analytical test)가 있다. 전자는 지능이란 전체적, 통일적인 것이어서 요소적으로 분석할 수 없다는 Binet식의 일반 지능설적인 입장에서 전체로서의 지능수준을 크게 개관하고자 하는 검사이다. 지능지수·지능편차치 등의 측정결과의 표시법은 이런 생각을 전제로 한 것이다. 후자는 지능을 여러 가지 요소에 의한 구성체로 보고 그것을 분석하고자 하는 검사로서 지능요인 또는 그것을 그림으로 프로파일식으로 그 구조를 표현한다. 진단검사(diagnostic test)라고도 부른다. 오늘날 추세는 개관검사에서 분석적·진단적 검사에로 옮아가는 경향을 나타낸다.

### 5 검사문제의 구성에 따라

① omnibus 검사, ② battery 검사가 있다. 전자는 Binet식처럼 여러 개의 내용을 가진 문제를 한 개의 검사에 다 집어넣어 전체로서 측정하는 것으로 따로따로 나누지 않는 개관검사이다. 후자는 같은 내용의 하위검사별로 결과가 표시될 수 있는 진단적 검사이다.

### 6 적용범위에 따라

① 발달단계에 대응하여 유아용, 아동용, 성인용 등, ② 특수대상자에게 대응하여 정신박약자용, 맹인용, 시청각 장애인용 등으로 구분된다.

## 2) 지능의 표시법

### 1 정신연령(MA)

이것은 지능검사에 의해 측정되는 것으로서, '지능연령'으로도 불린다. '지능수준'을 나타내는 지표의 하나이다. 이것은 Binet의 착상에 의한 것으로 아동의 지능발달에 상응하는 연령별 문제가 있고(소위 연령척도, age scale), 이에 대한 해답률의 정도에 따라 연령을 가지고 그 아동의 지능발달의 정도를 표시한 것이다. 이에 대한 개념이 생활연령(CA)이다. 이것은 출생해서 그 시점까지의 실제 달력나이인 것이다.

### 2 퍼센타일 순위(percentile rank)

검사의 결과 원점수(raw score)를 백분율, 즉 50을 중간으로 하여 0에서 100까지에 이르는 능력의 척도로 환산하는 방법이다. 결국 퍼센타일 순위, 즉 P점수는 각 집단의 사람 수의 많고 적음에 관계없이 그 것을 100명의 집단으로 생각해서 그 100명 중에 자리 잡은 개인의 상대적 위치를 나타내는 방법이다. 예컨대, P점수=95percentile이라 한다면 그 사람이 속해 있는 집단의 100명 중 95명이 그 이하의 득점이고, 그것을 능가하는 사람은 불과 5명에 지나지 않는 우수한 성적임을 표시하게 된다.

### 3 지능편차치(知能偏差值, intelligence standard score: SS)

이것은 표준편차(standard deviation, SD)를 이용하여 검사 원점수를 환산하는 방법을 표준점수법이라 말하고 그 환산점수를 표준편차치 또는 표준점수라고 부르며, 그 대표적인 것이 Z점수와 T점수이다. 각각의 공식에 의해 환산할 수 있다.

$$Z = \frac{X - M}{SD} \qquad T(SS) = 10Z + 50$$

*$X$= 개인의 원득점, $M$= 집단의 평균점수, $SD$= 표준편차

보통 T점수가 사용되고 50이 보통(평균)의 지능 정도를 나타내고 50 이상은 우수하고 50 이하는 지체되고 있음을 나타낸다.

### 4 지능지수(IQ)

이것은 정신연령을 생활연령과 비교하여 지능의 정도를 표시하는 방법이다. 실제로는 다음의 공식이 사용된다. 즉, 생활연령 100일 때 정신연령이 어느 정도 되는가를 나타내는 것이다.

$$\text{지능지수(IQ)} = \frac{\text{정신연령(MA)}}{\text{생활연령(CA)}} \times 100$$

예컨대, 생활연령이 5세인 아동이 지능검사를 실시한 결과 정신연령이 6세 2개월이었다고 하면 지능지수는 다음과 같이 계산하여 IQ는 123이다.

$$\text{IQ} = \frac{6:2}{5:0} \times 100 = \frac{74(\text{개월})}{60(\text{개월})} \times 100 = 123$$

### 5 편차지능지수(deviation intelligence quotient)

Wechsler는 이름은 지능지수(IQ)라고 사용하고 있지만, 실제로는 지능편차치를 구하는 다음의 공식에 의해서 IQ를 표시하고 있다. 이것을 편차지능지수(DIQ)라고 한다. 공식은 다음과 같다.

$$DIQ = 15Z + 100$$

이 공식에서는 100이 보통의 지능(평균)이고, 100 이상의 경우에는 우수하고 100 이하는 지체되고 있음을 나타낸다.

〈표 6-1〉 지능지수와 지능편차치의 비교

| 지능단계 | 지능지수 | | 지능편차 시 | Binet식과 지능편차치(%) | Wechsler식(%) |
|---|---|---|---|---|---|
| | Wechsler식 | Binet식 | | | |
| 최우수 | 130 이상 | 141 이상 | 75 이상 | 1 | 2.2 |
| 우수 | 120~129 | 125~140 | 65~74 | 6 | 6.7 |
| 중상 | 110~119 | 109~124 | 55~64 | 24 | 16.5 |
| 중 | 90~109 | 93~108 | 45~54 | 38 | 50.0 |
| 중하 | 80~89 | 77~92 | 35~44 | 24 | 16.1 |
| 열등 | 70~79 | 61~76 | 25~34 | 6 | 6.7 |
| 최열등 | 60 이하 | 60 이하 | 24 이하 | 1 | 2.2 |

## 2 Wechsler의 지능검사

1939년에 Wechsler는 성인의 지능을 재기 위한 개인 지능검사인 Wechsler-Bellevue Intelligence Test를 발표하였다. 이 검사는 Binet식 지능검사에서 탈피한 그의 오랫동안의 임상경험에서 생긴 독특한 지능관에 입각한 새로운 형의 검사로서 6개의 언어성 검사(지식검사·이해검사·산수검사·유사검사 등)와 실제로 조작을 필요로 하는 5개의 동작성 검사(그림 완성검사, 나무토막 쌓기 검사 등)의 두 가지 측면의 지능이 진단되며, 종합지능과 더불어 언어성 지능과 동작성 지능이 별도로 판정된다. 그 밖에 하위 검사별 프로파일에서 지능의 진단이 이루어질 수 있고(<표 6-2> 참조), 노인의 지능감퇴율의 산출이 가능하고, 직업별로 진단을 할 수 있음이 특징적이다.

〈표 6-2〉 WISC 지능검사 결과 통지서의 예

| 검사 | 소점 | 평가치 | 평균에서의 이탈도 |
|---|---|---|---|
| 지식문제 | 19 | 12 | 0 |
| 이해문제 | 22 | 14 | + |
| 산수문제 | 17 | 14 | + |
| 공통성문제 | 17 | 13 | 0 |
| 숫자문제 | 27 | 6 | -- |
| 어휘문제 | 29 | 11 | 0 |
| 언어성 검사 | | 70 | |
| 빠진 곳 찾기 | 15 | 12 | 0 |
| 토막 짜기 | 47 | 14 | |
| 차례 맞추기 | 34 | 15 | ++ |
| 모양 맞추기 | 23 | 8 | |
| 동작성 검사 | | 62 | |
| 전체검사 | | 132 | |
| | 언어성 검사 | IQ 108 | |
| | 동작성 검사 | IQ 113 | |
| | 전체검사 | IQ 111 | |

1949년에는 성인용 지능검사와 같은 생각으로 작성된 아동용 지능검사를 발표한 바, 이것이 Wechsler 아동지능검사(Wechsler Intelligence Scale for Children, WISC)이며, 취학 전후의 유아·아동(4~6세)을 위해 WPPSI(Wechsler Preschool and Primary Scale of Intelligence)가 고안되었다. 그리고 1955년에는 1939년의 검사를 철저하게 개정한 Wechsler 성인지능검사(Wechsler Adult Intelligence Scale, WAIS)가 제작되었다. WISC(위크스)와 WAIS(웨이스)의 대상은 약간의 중복은 있지만 WISC는 5~15세, WAIS는 16세 이상으로 되어 있다.

이들 검사가 스탠포드-비네 지능검사와 근본적으로 다른 점은 그것이 연령척도로 되어 있지 아니하고 점수척도로 되어 있다는 점이다. 또한 검사는 동질적인 여러 개의 하위검사로 묶여 있으며, 하위검사는 언어검사(verbal scale)와 동작검사(performance scale)로 나뉘어져 그에 따라 지능지수의 산출과 진단할 수 있도록 되어 있다.

## 1) WISC의 검사 내용

WISC는 12개의 언어검사 또는 동작검사의 하위검사로 구성되어 있다. 그중 언어검사의 수암기(數暗記, digit span)와 동작검사의 미로(mazes)·부호(coding)는 여분의 검사로 IQ 표에서는 제외되고 있다.

### 1 언어검사

① 상식문제(general information): 30문제
② 일반이해문제(general comprehension): 17문제
③ 산수문제(arithmetic): 18문제
④ 공통성문제(similarities): 17문제
⑤ 어휘문제(vocabulary): 32문제
⑥ 숫자 외우기문제(digit span): 14문제(언어성 검사의 보조문제)

### 2 동작검사

① 빠진 곳 찾기(picture completion): 26문제
② 차례 맞추기(picture arrangement): 12문제
③ 나무토막 짜기(block design): 11문제
④ 모양 맞추기(object assembly): 4문제
⑤ 부호(coding)(문제A: 45문제, 문제B: 93문제)
⑥ 미로(mazes): 9문제(동작성 검사의 보조문제)

## 2) WAIS의 검사 내용

WAIS는 11개의 하위검사가 있다.

### 1 언어검사

① 상식문제(information)
② 이해문제(comprehension)
③ 산수문제(arithmetic reasoning)
④ 공통성 문제(similarities)
⑤ 숫자 외우기(digit span)
⑥ 어휘문제(vocabulary)

### 2 동작검사

① 바꿔 쓰기(digit symbol)
② 빠진 곳 찾기(picture comprehension)
③ 나무토막 짜기(block design)
④ 차례 맞추기(picture arrangement)
⑤ 모양 맞추기(object assembly)

## 3) 검사의 실시법

Wechsler 지능검사의 실시는 스탠포드-비네 지능검사에 비해 쉬운 편이기는 하지만 역시 상당한 훈련과 숙련이 필요하다. 검사의 시행 조건이 엄격하게 표준화되어 있으므로 '지시'는 검사 요강에 있는 것을 그대로 읽으면 된다. 또한 어떤 검사가 진행되는 것을 피험자가 의식하지 않도록 주의를 기울여야 하며, 피험자의 특별반응(unusal reponse)도 기록해야 한다.

채점은 하위검사마다 채점을 하고 그것을 표준점수($Z$ 또는 $T$ score)로 바꾸어 총계를 한 것이 총점 지능지수(full scale IQ)가 된다. 언어척도 지능지수(verbal scale IQ)와 동작척도 지능지수(performance scale IQ)도 내도록 되어 있다.

Wechsler 지능검사의 IQ평균은 100이며 표준편차는 15이다. 스탠포드-비네 검사와 비교하면 낮은 IQ로 표시되어 나오도록 되어 있다. 그러나 정신결함이 있는 피검자 또는 지능발달이 늦은 피검자에게는 비교적 높게 나온다. 이것은 스탠포드-비네 검사가 정신능력이 높은 피검자 또는 연소자에게 높게 IQ가 계산되어 나오는 것과 대조를 이루고 있는 것이다. 그리고 최하 IQ는 45로 되어 있다.

### 4) 검사결과의 해석

WAIS는 각 소검사마다 진단적 의미를 갖고 있을 뿐 아니라 소검사 상호 간의 비교, 언어성 IQ와 동작성 IQ의 비교에서도 의미 있는 해석을 할 수 있다.

#### 1 언어성 IQ와 동작성 IQ 비교

WAIS는 언어성 검사와 동작성 검사로 대별되는데, 이는 상이한 종류의 지능이 있다는 이론에 근거한 것이 아니고 습관, 훈련, 천부의 재능 등의 어떠한 이유에 의하여 사람들에 따라서는 언어보다도 물건을 취급하는 경우에 더 우수할 것이라는 가설에 기초를 둔 것이다. 따라서 이들을 식별한다는 것은 직업지도나, personality 평가에 때로는 도움을 준다.

언어성 능력과 동작성 능력과의 차이에 있어서 대개의 정신병에서는 언어면에서 보다 동작면에서 더 많은 기능적 감손(減損)을 보인다. 언어성 IQ가 동작성 IQ보다 높은 정도는 질병의 종류에 따라서 또 기질적 뇌손상 환자인 경우에는 결함의 형태에 따라서 달라진다. 이러한 차이는 정상인에 있어서도 발생하는데 15 이상의 차이는 진단적으로 의미가 있는 것으로 해석된다.

'언어성 IQ−동작성 IQ'에서 '−'값은 생각보다 실행이 앞서는 실행형인 사람들에서 잘 나타난다. 범죄·비행소년들은 대부분 이러한 형에 속하는데 '−'값이 크면 클수록 정신병질적 경향이 강한 것 같다. 그 차를 −5 또는 −10으로 보는 견해도 있으나 −15 이상의 차이가 분류심사에 진단적 의미를 더해 주는 것 같다.

#### 2 소검사 간의 상호비교

WAIS는 11개의 소검사로 구성되어 있는데 각 소검사별 소점을 평가치 환산표에서 평가치로 환산한다(평균: 10, 표준편차: 3). 소검사별 평가치 11개를 합산한 전체 평가치의 평균을 산출하고 각 소검사의 평균평가치에서의 이탈도를 계산한다. 이와 같은 소검사 간 상호비교는 검사의 정밀도를 한층 높이는 것이 된다.

〈표 6-3〉 평균에서의 이탈도

| | |
|---|---|
| ++ | 평균 평가치 보다 3점 이상인 경우 |
| + | 평균 평가치 보다 1.5~2.9점 높은 경우 |
| 0 | 평균 평가치의 ±1.5 이내인 경우 |
| - | 평균 평가치 보다 1.5~2.9점 적은 경우 |
| -- | 평균 평가치 보다 3점 이상 적은 경우 |

### (1) 기질적 뇌장애자들의 검사반응 특징

① 평균에서의 이탈도

상식문제 +
이해문제 +
산수문제 -
숫자문제 --
공통성 문제 -
어휘문제 ++

차례 맞추기 0~--
빠진 곳 찾기 0
모양 맞추기 0~---
토막 짜기 ---~0
바꿔 쓰기 --

② 언어성 검사는 동작성 검사보다 높다.

③ 소검사 상호간의 분산: 피검사자가 저 득점을 취하는 2~3개의 소검사를 제외하고는 나머지 소검사의 분산은 일반적으로 작다.

### (2) 정신분열증 환자들의 검사반응 특징

① 평균에서의 이탈도

상식문제 +~++
이해문제 +~-
산수문제 0~-
숫자문제 +~0
공통성 문제 +~--
어휘문제 ++

차례 맞추기 -~0
빠진 곳 찾기 0~--
모양 맞추기 -
토막 짜기 0~+
바꿔 쓰기 -

② 언어성 검사는 동작성 검사보다 일반적으로 높다.

③ 차례 맞추기 + 이해성 문제 < 상식문제 + 토막 짜기

④ 모양 맞추기는 토막 짜기보다 훨씬 낮다.

⑤ 공통성 문제에서 아주 낮고 어휘문제와 상식문제에서 높은 것은 분명히 병원성이 있음을 표시한다.

⑥ 대부분의 경우 동작성의 소검사보다 언어성 소검사쪽이 높다.

### (3) 불안감이 높은 자의 검사반응 특징

① 평균에서의 이탈도

상식문제 +
이해문제 +
산수문제 0~-
숫자문제 -
공통성 문제 +
어휘문제 +

차례 맞추기 0
빠진 곳 찾기 -
모양 맞추기 -
토막 짜기 0
바꿔 쓰기 -

② 일반적으로 언어성 검사가 동작성 검사보다 높다.

③ 소검사 상호간의 분산: 보통, 정신병인 경우보다 작고 '정상'인 경우보다 크다.

### (4) 청소년의 비행자의 검사반응 특징

① 평균에서의 이탈도

상식문제 -~--
이해문제 0~-
산수문제 -
숫자문제 0~-
공통성 문제 -~0
어휘문제 0

차례 맞추기 ++~+
빠진 곳 찾기 +~0
모양 맞추기 ++~+
토막 짜기 +~0
바꿔 쓰기 0~-

② 일반적으로 동작성 검사가 언어성 검사보다 높다.
③ 모양 맞추기 + 차례 맞추기 > 토막 짜기 + 빠진 곳 찾기

### (5) 정신박약자의 검사반응 특징

① 평균에서의 이탈도

| | |
|---|---|
| 상식문제 0~- | 차례 맞추기 0~- |
| 이해문제 + | 빠진 곳 찾기 0 |
| 산수문제 -- | 모양 맞추기 ++ |
| 숫자문제 --~0 | 토막 짜기 0~+ |
| 공통성 문제 0~+ | 바꿔 쓰기 --~0 |
| 어휘문제 +~0 | |

② 숫자문제, 바꿔 쓰기 문제는 -에서 --로 거의가 낮다.
피검사자 중에는 어떻게 해야 할지 이해 못하는 경우가 종종 있다.
③ 산수문제와 토막 짜기 문제의 조합에서 높은 것은 정신박약의 반대라는 표시가 된다.

## 3 검사반응의 질적 분석

검사의 결과는 복합적으로 나타나는 것이기 때문에 해석의 정밀도를 높이기 위하여는 각 소검사를 항목별로 질적으로 분석해야 소기의 목적에 근접할 수 있게 된다. 즉 피검사자들의 환경, 태도 등이 극히 상이할 것이므로 같은 득점, 같은 대답을 하였더라도 대답이 함축하는 뜻이 상이할 수 있기 때문이다.

## 5) 한국판 웩슬러 지능검사

한국에도 한국판 웩슬러 지능검사인 성인용(KWAIS)과 아동용(KWISC)이 각각 표준화되어 있다(서울: 학지사).

## 1 한국 유아 지능검사(Korean-Wechsler Intelligence Scale of Intelligence, K-WPPSI)

이 검사는 웩슬러 유아지능검사(Wechsler Preschool and Primary Scale of Intelligence, WPPSI)를 한국 실정에 맞게 표준화한 검사도구이다.

만 3세 0개월에서 만 7세 3개월의 아동을 대상으로 한다. 평균이 100이고 표준편차가 15인 동작성 IQ와 언어성 IQ 및 전체 IQ 점수를 산출할 수 있다.

## 2 한국 웩슬러 아동지능검사(Korean-Wechsler Intelligence Scale for Children-third edition, K-WISC-III)

이 검사는 만 6세 0개월에서 만 16세 11개월까지의 아동을 대상으로 일반적인 지적능력을 측정하기 위하여 언어성 소검사와 동작성 소검사의 두 부분으로 구성되어 있으며 언어성 IQ, 동작성 IQ, 전체 IQ 점수를 산출한다. 언어성 검사에는 상식, 공통성, 산수, 어휘, 이해, 동작성 검사에는 빠진 곳 찾기, 기호쓰기, 차례 맞추기, 토막짜기, 모양 맞추기가 있으며, 동형 찾기, 숫자, 미로 등 3가지의 보충 소검사가 별도로 있어 총 10가지의 기본 소검사와 3가지의 보충소검사로 구성되어 있다.

## 3 한국 웩슬러 성인지능검사(K-WAIS-IV)

2008년 개정된 웩슬러 성인지능검사 4판(WAIS-IV)은 기존의 웩슬러 지능검사가 사용하던 언어성 IQ와 동작성 IQ 개념 대신, 새로운 네 가지의 지표를 도입하였다. 이는 언어이해 지표(VCI), 지각적 추리 지표(PRI), 작업 기억 지표(WMI), 처리 속도 지표(PSI)인데, 이 4가지 지표는 10개의 핵심 검사와 5개의 보충 검사로 이루어진 15개의 소검사를 통해 얻어진 점수를 산출하여 계산된다. 언어이해 지표는 공통성, 어휘, 지식, 이해 소검사를 포함하며, 지각적 추리 지표는 토막 짜기, 행렬 추리, 퍼즐 맞추기, 무게 비교, 빠진 곳 찾기 소검사를 포함한다. 작업 기억 지표는 숫자, 산수, 순서화 검사를 포함하여 처리 속도 지표는 동형 찾기, 기호 쓰기, 지우기 검사 소검사로 구성된다.

이 검사는 한국 웩슬러 성인지능검사 4판(K-WAIS-IV)으로 표준화되었으며, 16세부터 69세 11개월까지의 성인에 대한 인지 능력을 평가한다.

## 3 MENSA의 천재·수재판별 지능검사

이 검사는 지능지수가 극히 높은 사람들의 모임인 사교클럽 'MENSA(라틴어, 둥근 탁자란 뜻)'의 입회자격(IQ가 150 이상) 검사로 사용되고 있으며, MENSA 회원의 협력 하에 1994년 M. Pirie와 E. Bulter가 만든 천재·수재판별용 지능검사이다.

두 사람은 다 같이 오랜 세월에 걸쳐 지능과 그 측정법의 연구에 전념해왔으며 두 사람은 각각 영국의 Adam Smith 연구소의 소장과 부장을 역임하였으며, 특히 Pirie는 MENSA(본부: 런던에 소재)의 국제사무국장으로 근무한 바 있다. 이 검사는 현재 국제적으로 천재·수재판별 검사로 많이 이용되고 있다.

여기에서는 여러 가지 검사 중 두 가지 검사만 소개하고자 한다.

### 1) A형 검사(문제: 80문항, 제한시간: 1시간)

다음 문제들은 각각 어떤 규칙에 따라 문자나 숫자 또는 도형들이 나열되고 있는 바 ?의 난에 어떤 문자나 숫자 또는 도형을 기입하면 좋은지 그 답을 ?의 난에 써 넣으시오. 선다형의 답지가 있는 경우는 그 기호를 써 넣으시오.
예: 1 2 4 8 16 ?
정답: 32 (수가 매회 두 배씩 늘어나고 있다)

**01.** B D F H ?

**02.** S V Y B ?

**03.** A Z C X B ?

**04.** B C H I N ? ?

**05.** A E J P ?

**06.** T S Q N ?

**07.** M N J Q G ?

**08.** U B I P ?

**09.** H V G T F R ? ?

**10.** J E Z U ?

**11.**

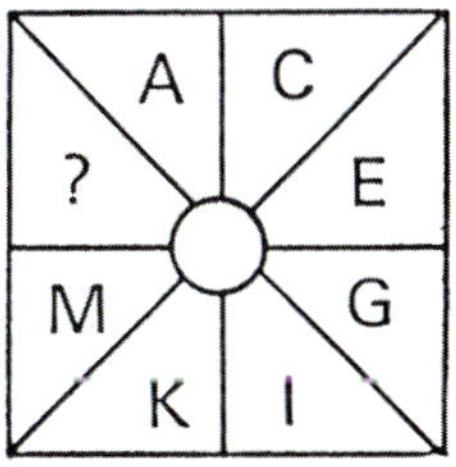


**12.**

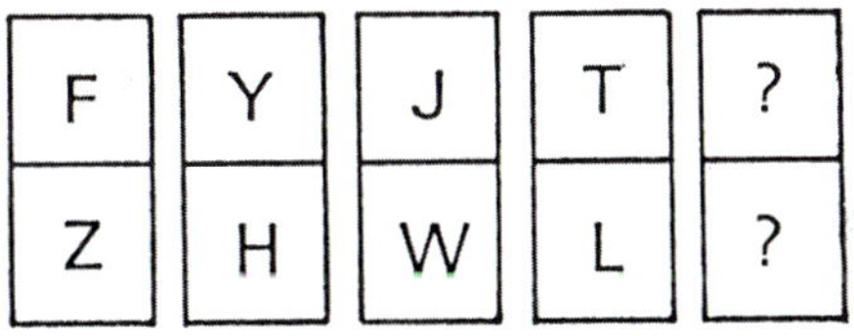


**13.**

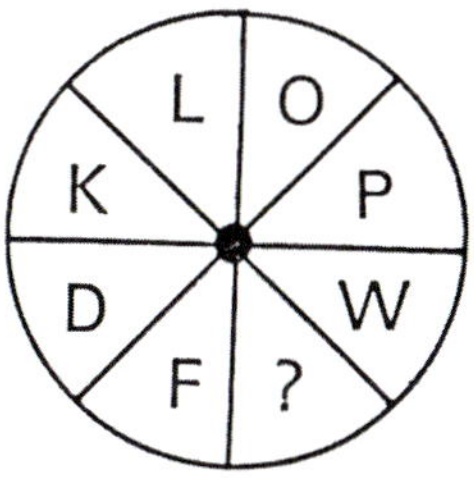


**14.**

**15.**

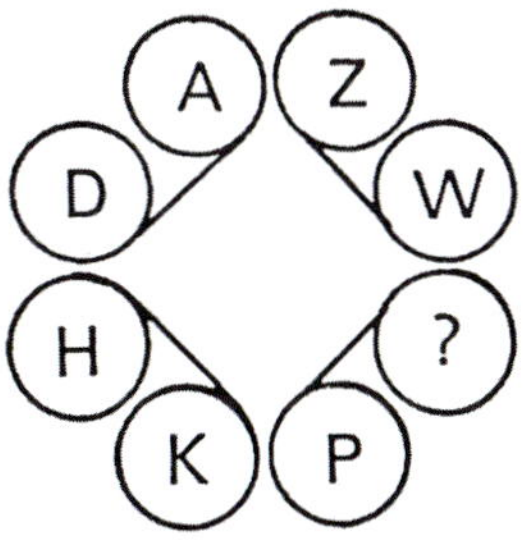


**16.**

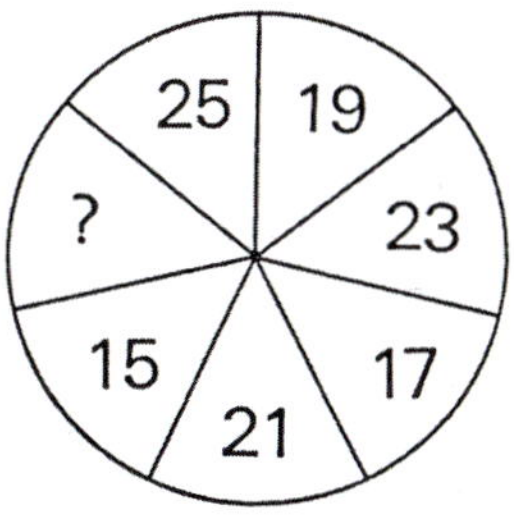


**17.**

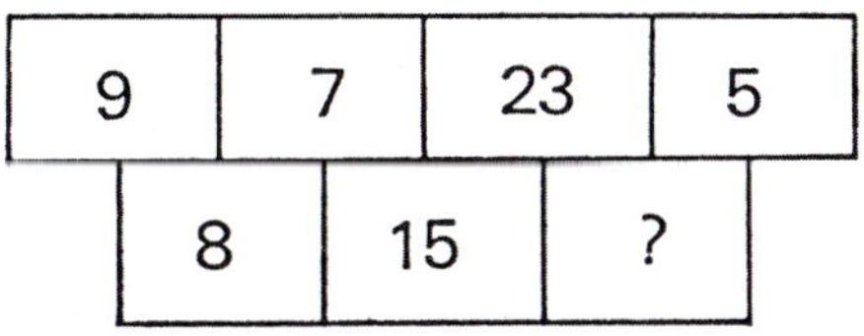

**18.**

**19.**

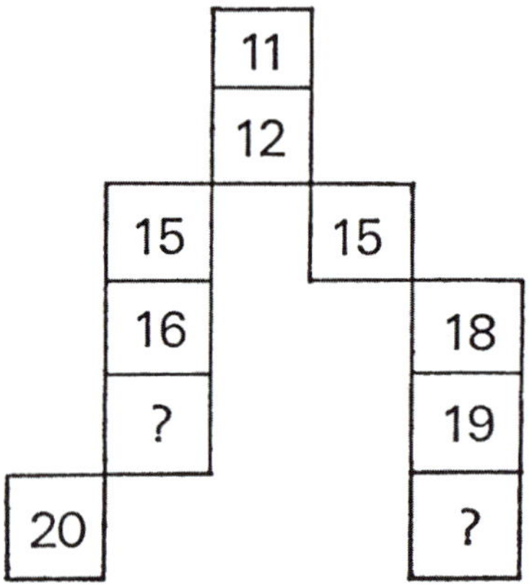


**20.**

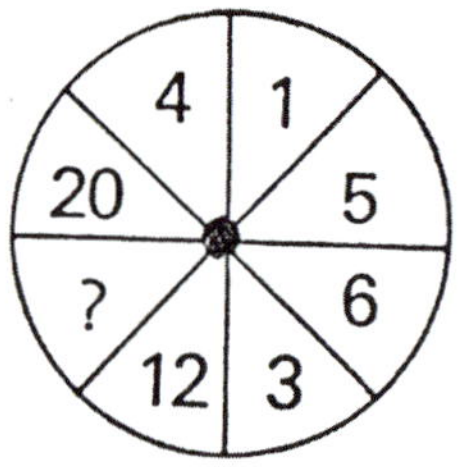


**21.** 7 9 13 ? 37

**22.** 285 253 221 189 ?

**23.** 5 10 15 25 40 ?

**24.** $3\frac{2}{3}$ $2\frac{1}{3}$ 1 $-\frac{1}{3}$ ?

**25.** 2 3 5 8 13 ?

**26.** 4 52 19 39 52 28 103 ?

**27.** 905 576 329 247 ?

**28.** 12 8 14 7 16 ? ?

**29.** 9 6 16 10 30 ? 58 34

**30.** 68 81 ? 113 132

**31.**

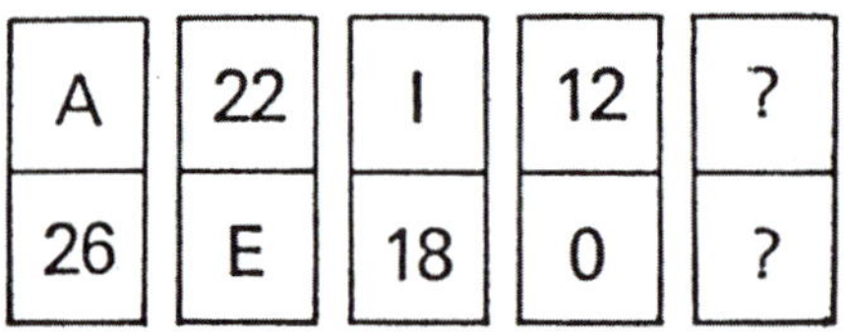

**32.**

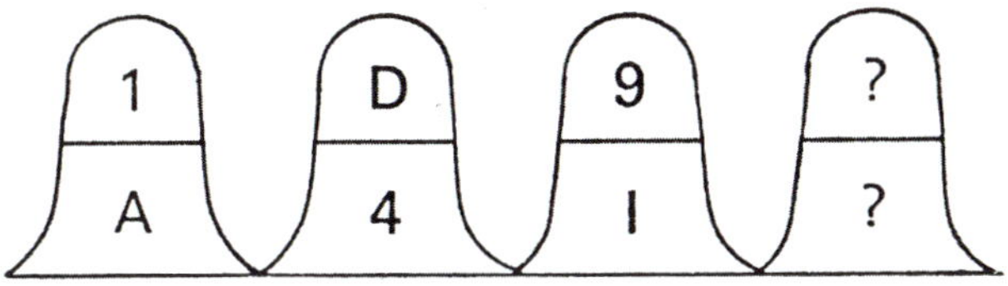


**33.**

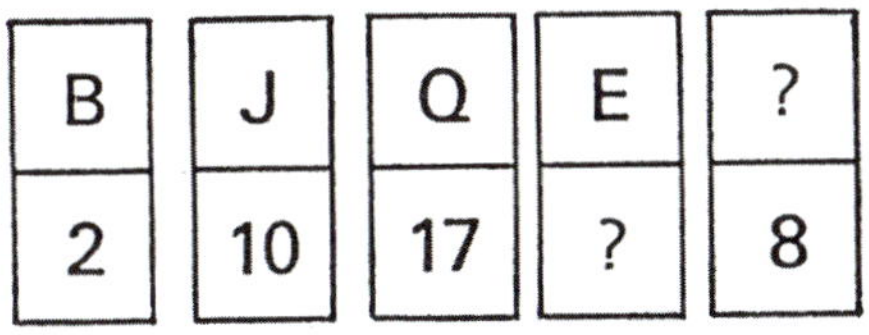


**34.**

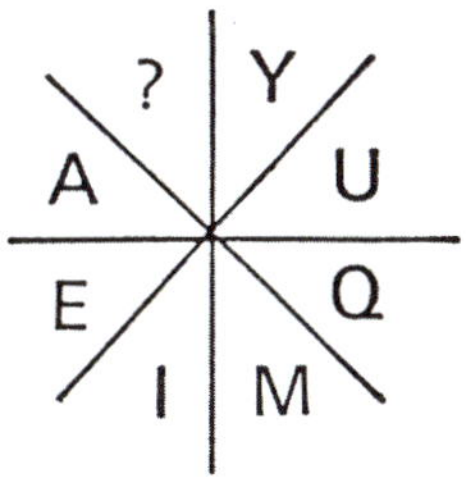


**35.**

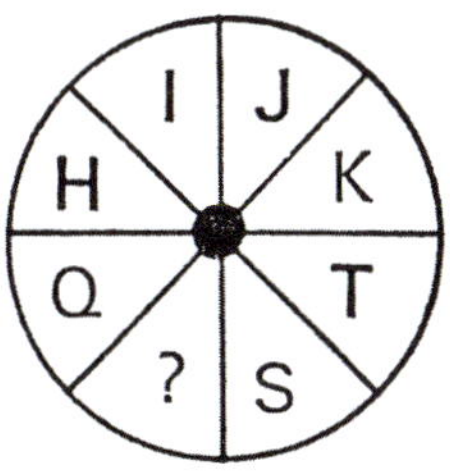


**36.**

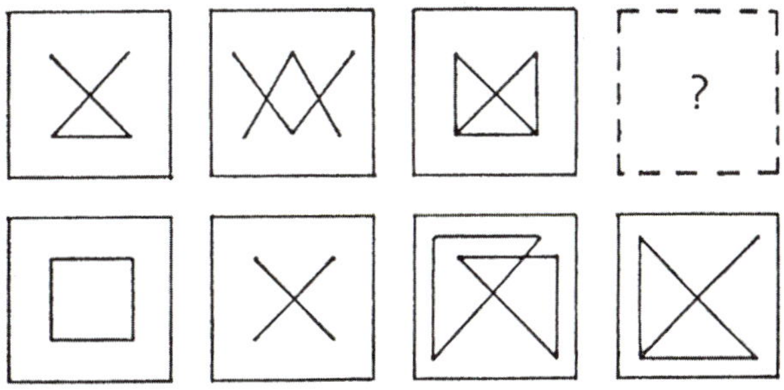


**37.**

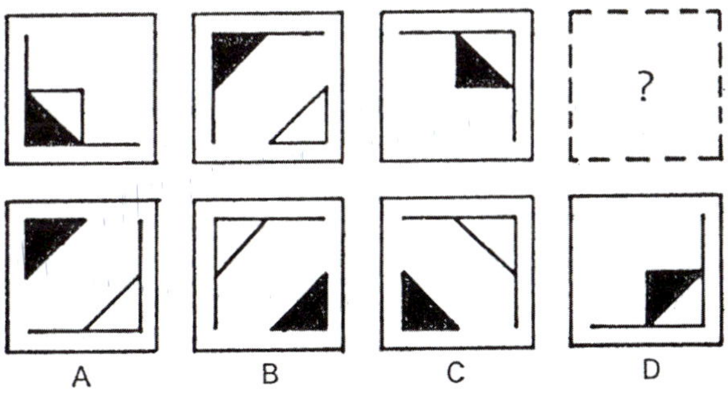

**38.**

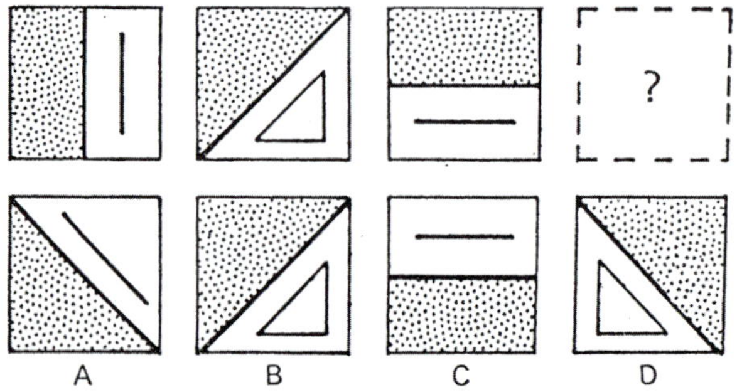


**39.**

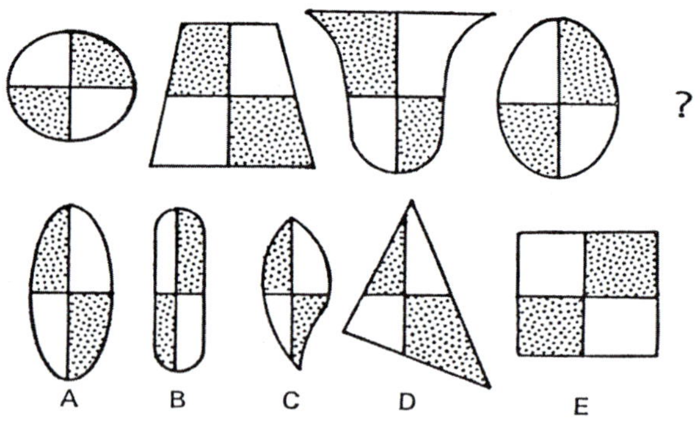


**40.**

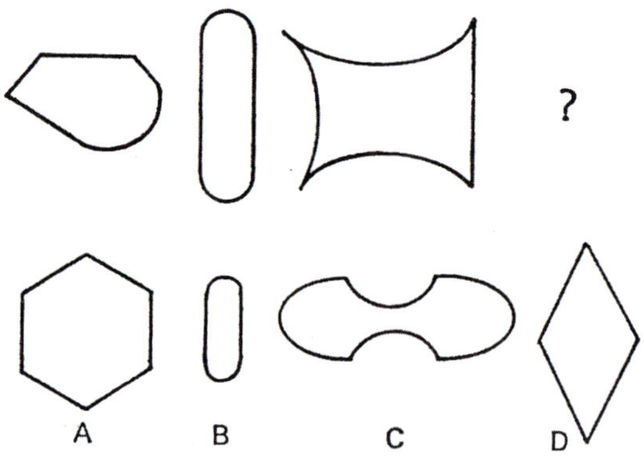


**41.** 8723 3872 2387 ?

**42.** 3 12 48 192 ?

**43.** 9 4 8 5 7 6 ? ?

**44.** 5 7 11 19 35 ?

**45.** 48 24 72 36 108 ?

**46.** 87 56 177 28 357 14 ?

**47.** $2\frac{1}{2}$ 6 $15\frac{1}{2}$ 34 $64\frac{1}{2}$ ?

**48.** 1 2 8 9 15 16 ?

**49.** 5 12 ? 54 110

**50.** 5 28 11 23 17 18 23 ?

**51.**

| 4 | 3 | 2 | 9 | 8 |
|---|---|---|---|---|
| 5 | 2 | ? | 35 | |

**52.**

| 9 | 10 | 8 | 11 | ? |
|---|---|---|---|---|
| 26 | 25 | 27 | ? | 28 |

**53.**

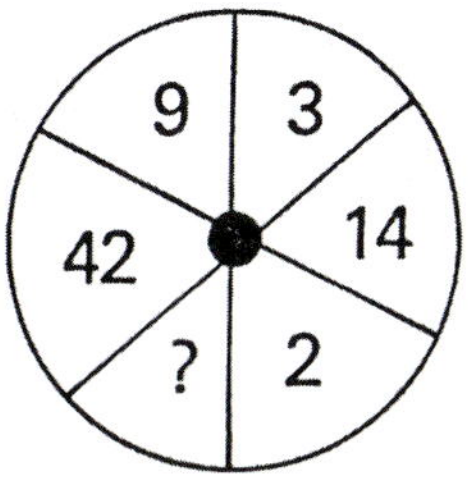


**54.**

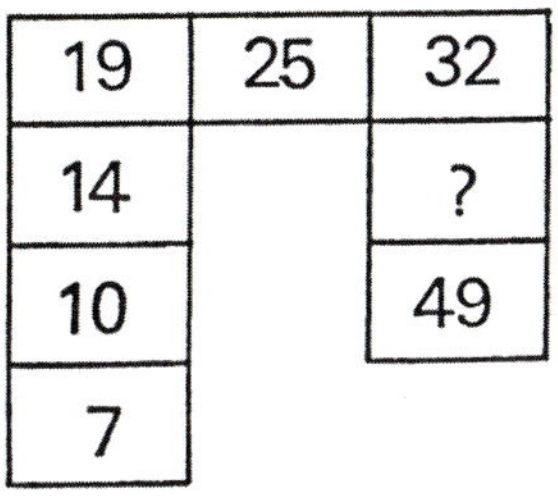


**55.**

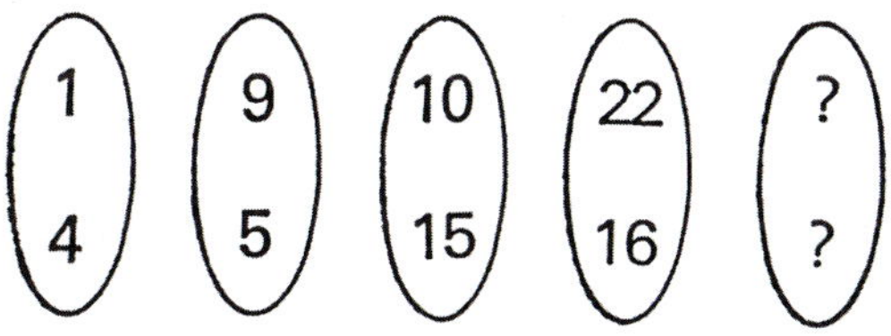

**56.**

| C | F | I | L | ? |
|---|---|---|---|---|
| X | U | R | O | ? |

**57.**

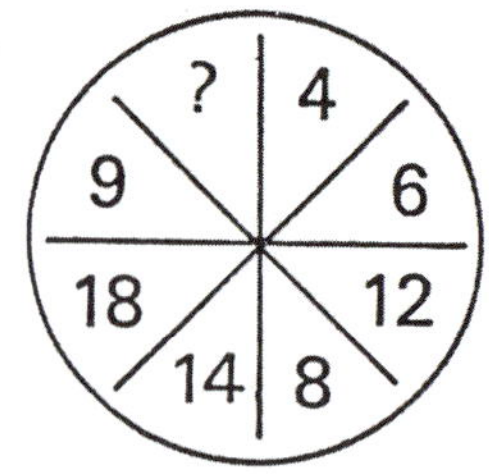


**58.**

| 3 | 1 | 9 | 6 | 12 | 4 |
|---|---|---|---|---|---|
| 3 | 11 | 5 | 8 | 0 | ? |

**59.**

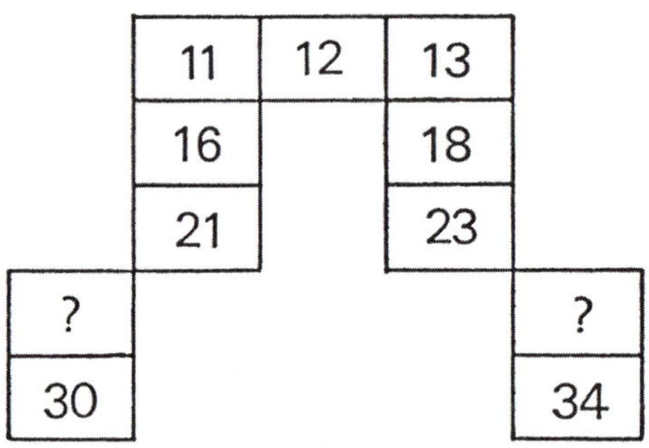


**60.**

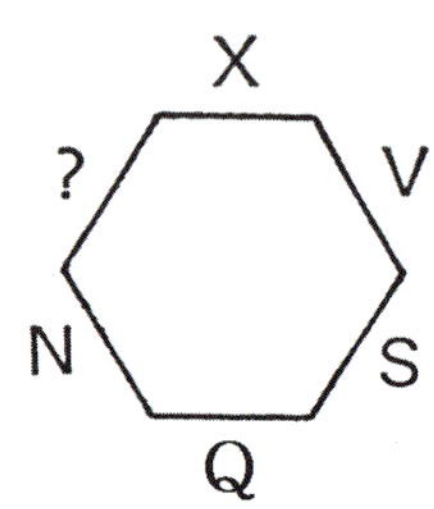


**61.** A 7 H 4 L 11 W 1 ?

**62.** DK MH LO ? ?

**63.** A C B E C G D ? ?

**64.**

| A | L | ? | P | I |
|---|---|---|---|---|
| J | C | N | G | ? |

**65.**

| L | N | ? | U |
|---|---|---|---|
| D | F | I | ? |

**66.** 2 5 9 14 20 ?

**67.** 53 48 50 45 47 ?

**68.** 1 2 5 26 ?

**69.** 5 8 7 6 10 3 ?

**70.** 0 16 64 144 ?

**71.** 3 8 ? 21

**72.** 0 3 15 63 ?

**73.** 381 378 373 366 ?

**74.** 11 17 29 53 ?

**75.** 2 9 28 ?

**76.**

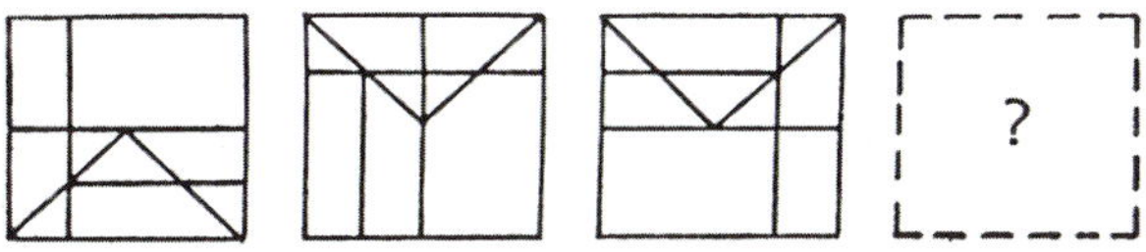

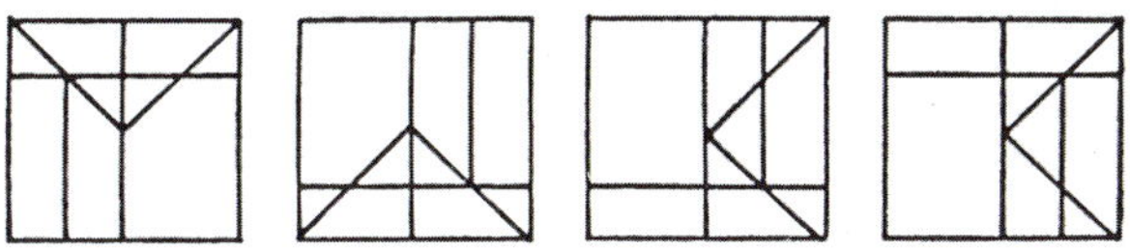

A B C D

**77.**

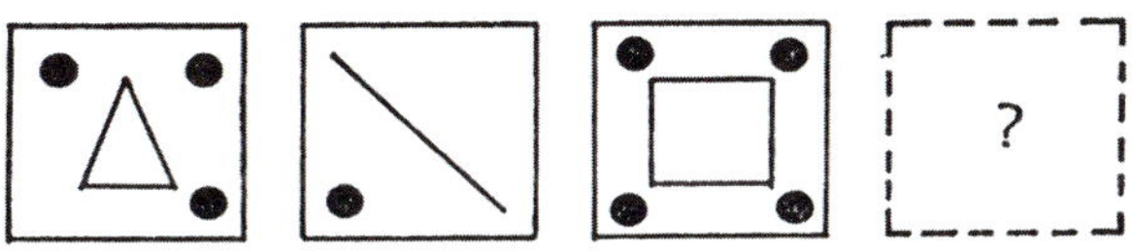

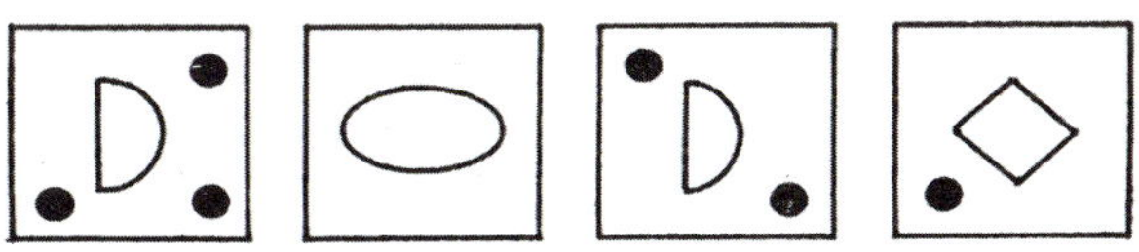

A B C D

**78.**

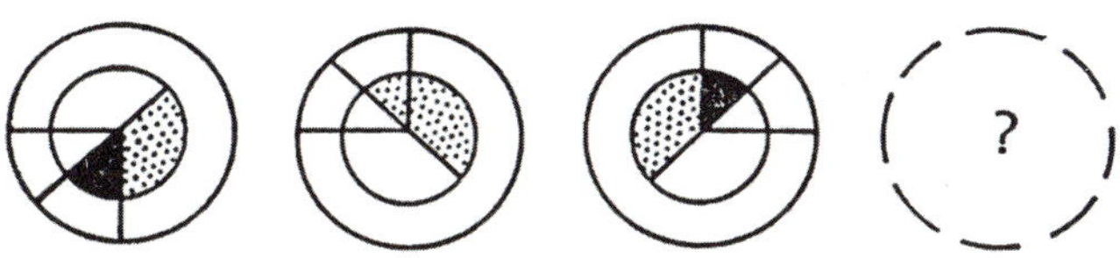

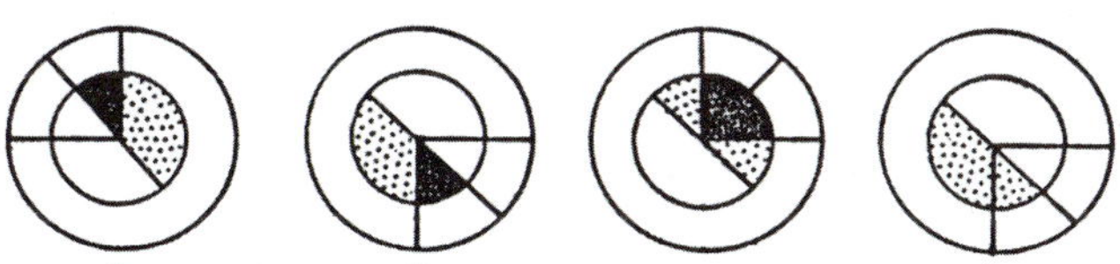

A B C D

**79.**

| | | | |
|---|---|---|---|
| 3 | 8 | 2 | 9 |
| 14 | 9 | 6 | 17 |
| 19 | 1 | 4 | ? |

**80.**

| | | | | |
|---|---|---|---|---|
| 10 | 18 | 34 | 66 | ? |

## 2) B형 검사(문제: 40문항, 제한시간: 1시간)

다음 문제들은 각각 도형이나 숫자가 어떤 규칙에 따라 나열되고 있는 바, ?의 난에 어느 것을 기입하면 좋은지 { }안에서 그 답을 고르시오.

예:

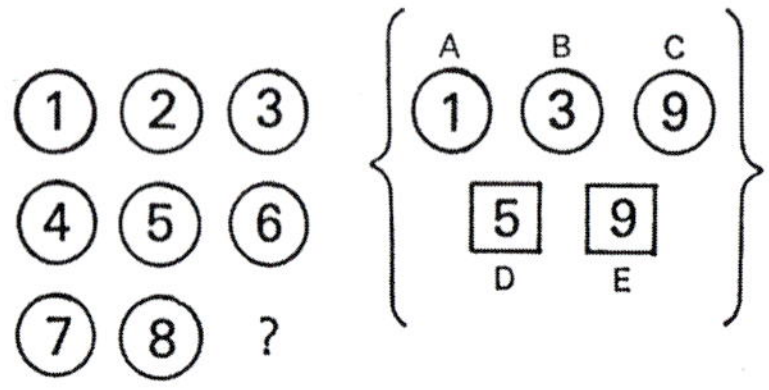


답: C(각 행마다 오른쪽으로 1씩 수가 늘어나고 있으며 각 열마다 밑으로 3씩 수가 늘어나고 있다.)

**1.**

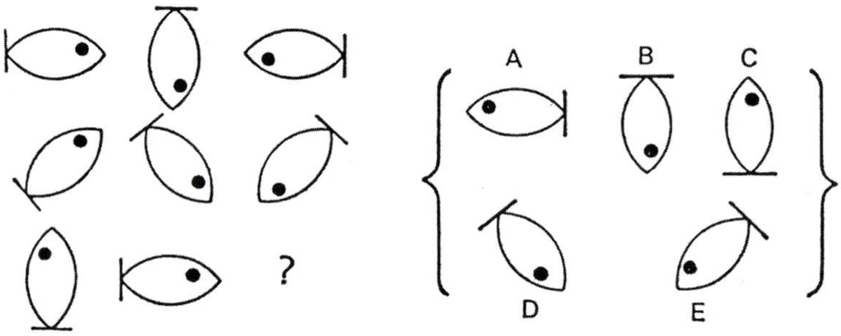


**2.**

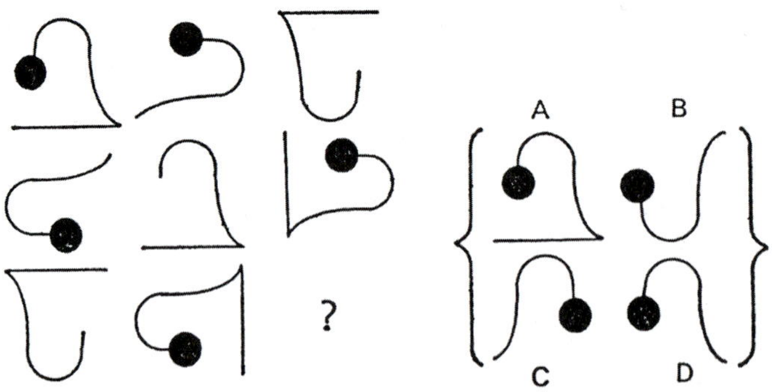

**3.**

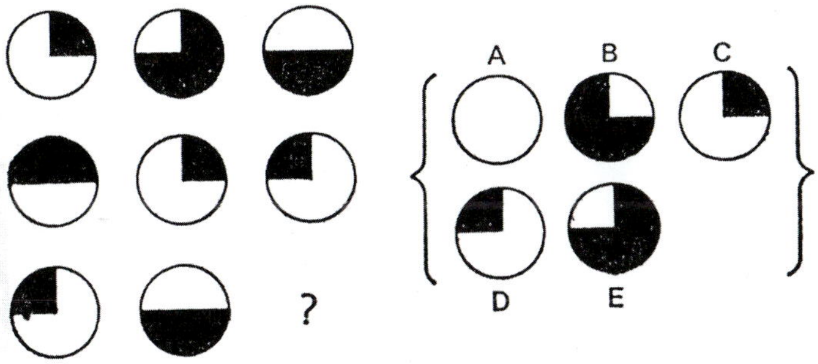


**4.**

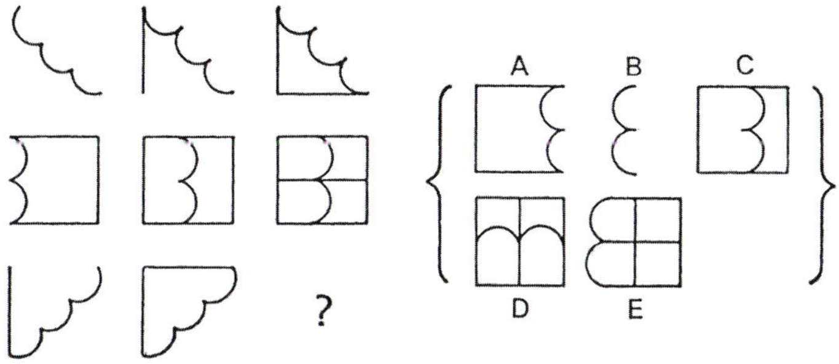


**5.**

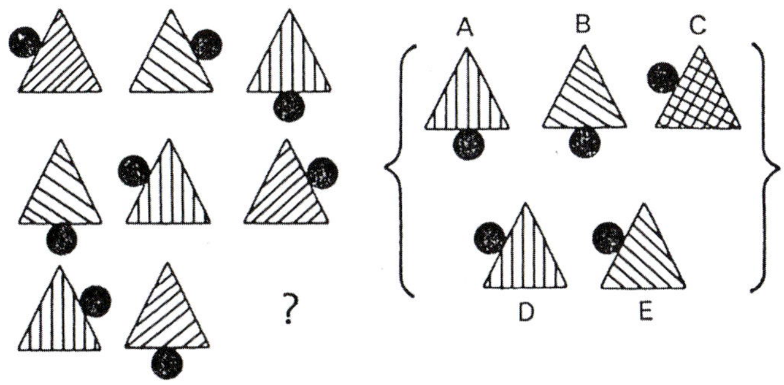


**6.**

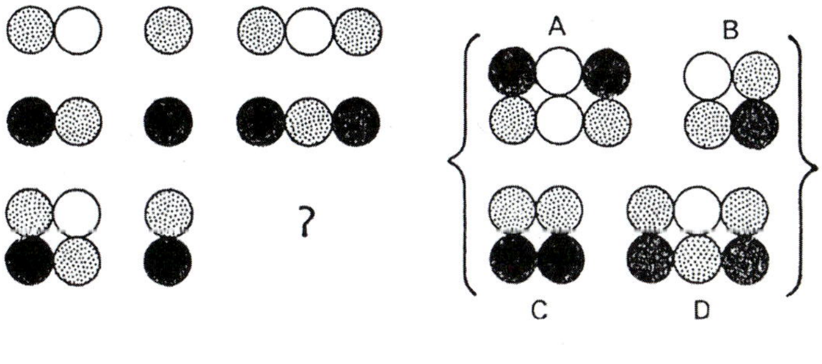

**7.**

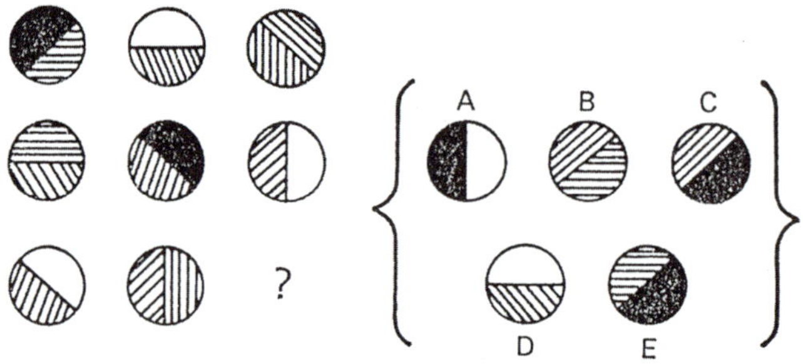


**8.**

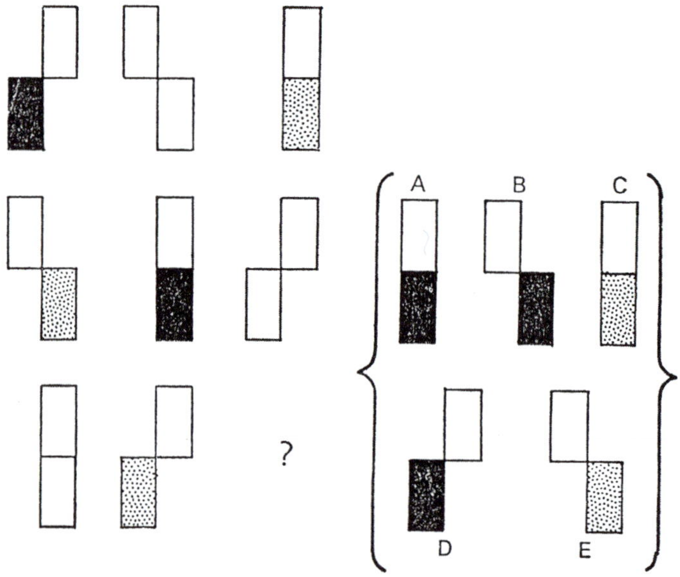


**9.**

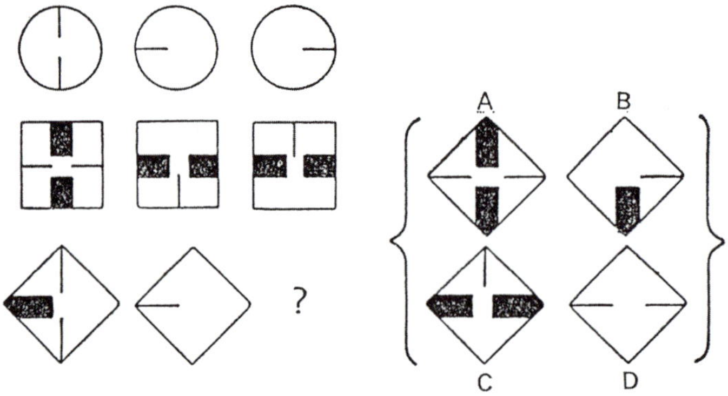

**10.**

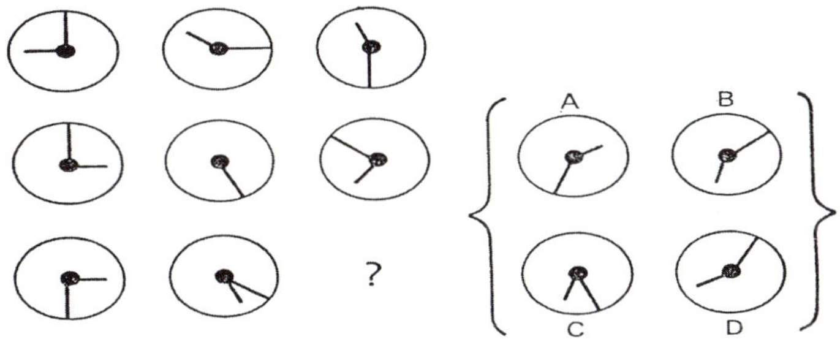


**11.**

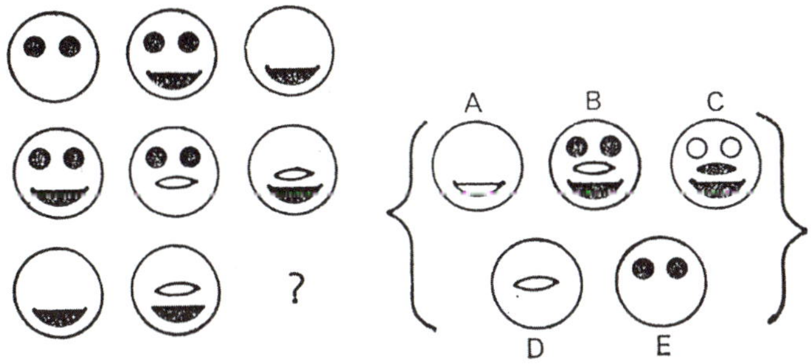


**12.**

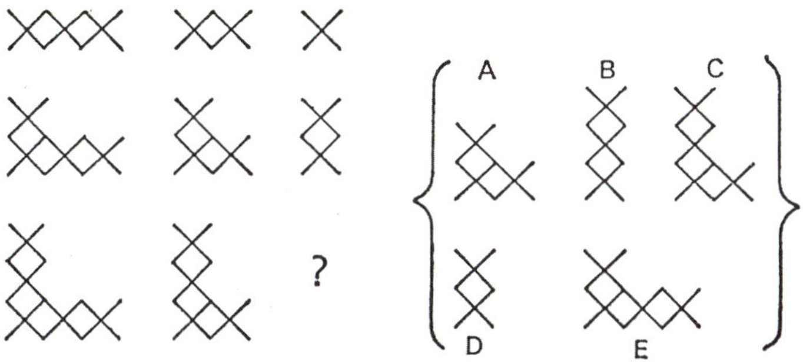


**13.**

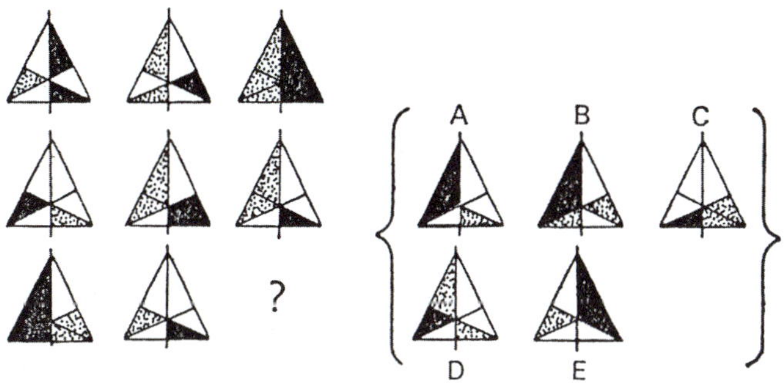

**14.**

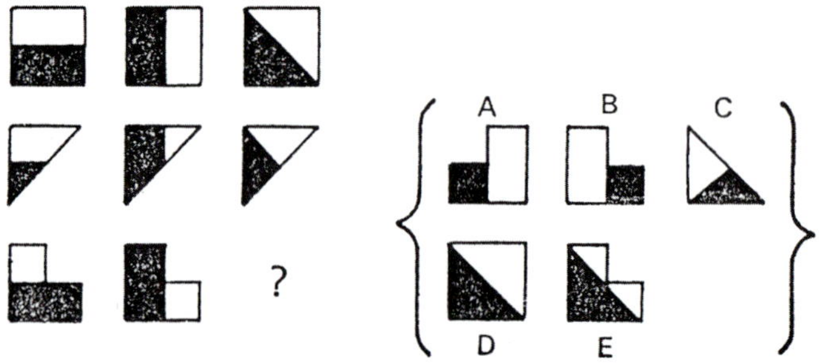


**15.**

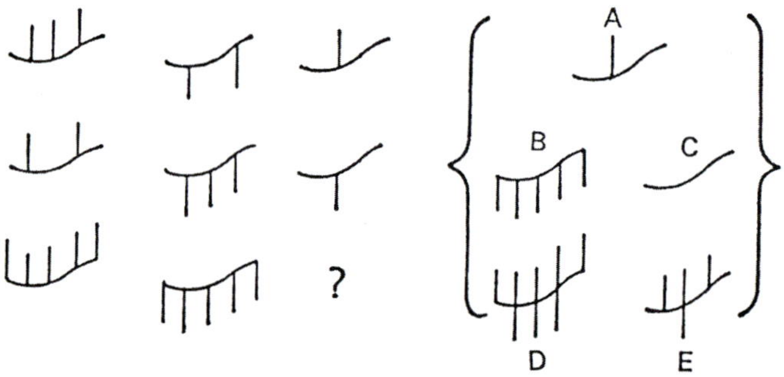


**16.**

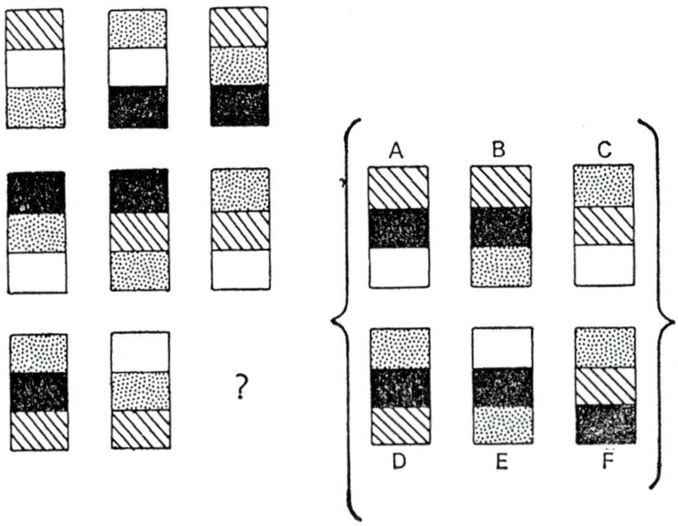

**17.**

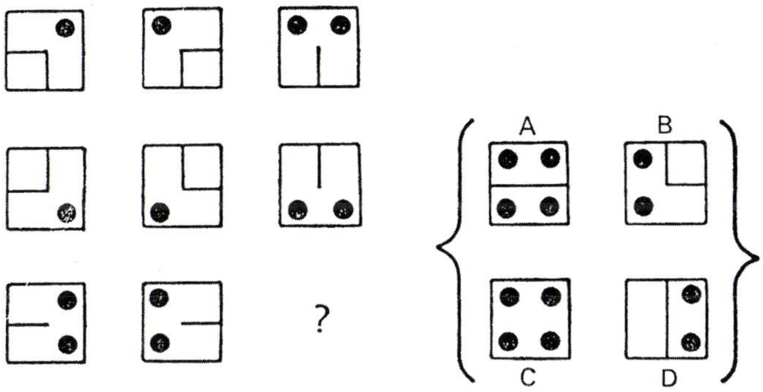


**18.**

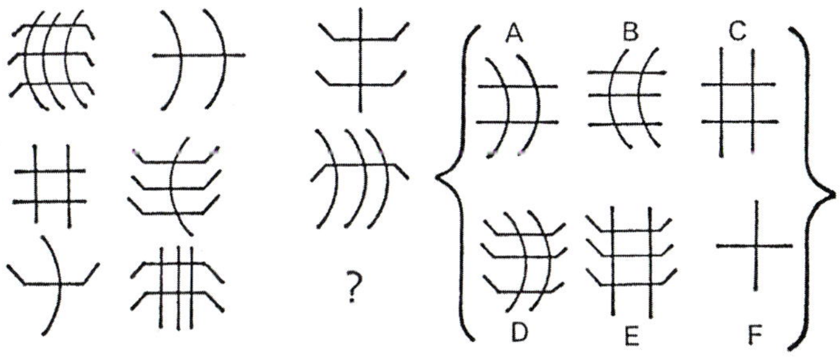


**19.**

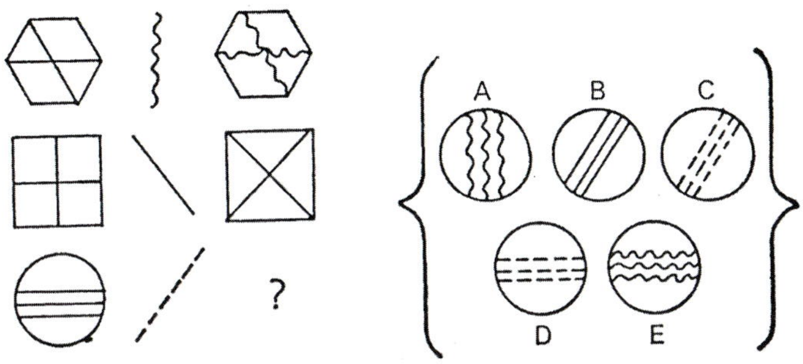


**20.**

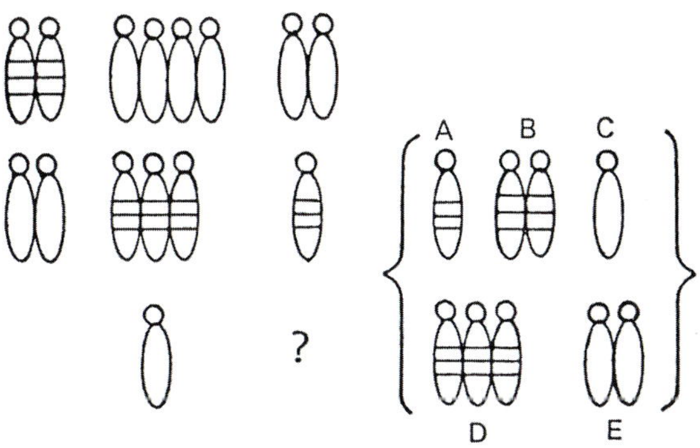

**21.**

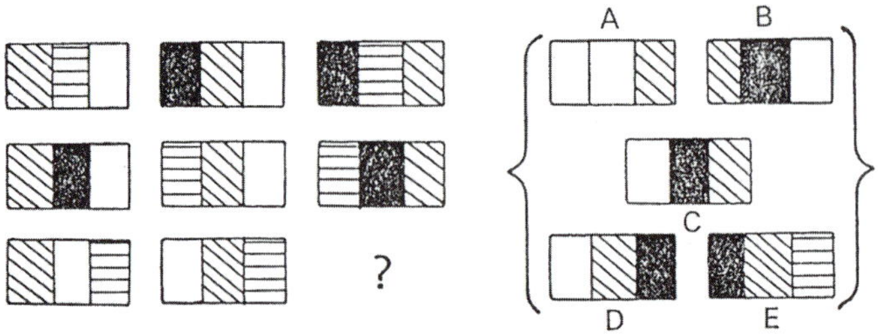


**22.**

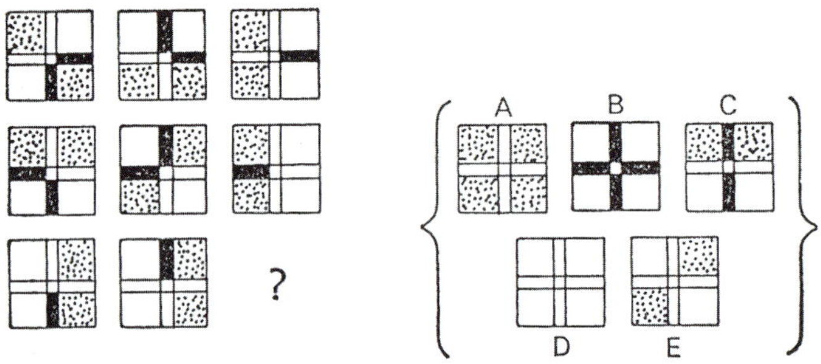


**23.**

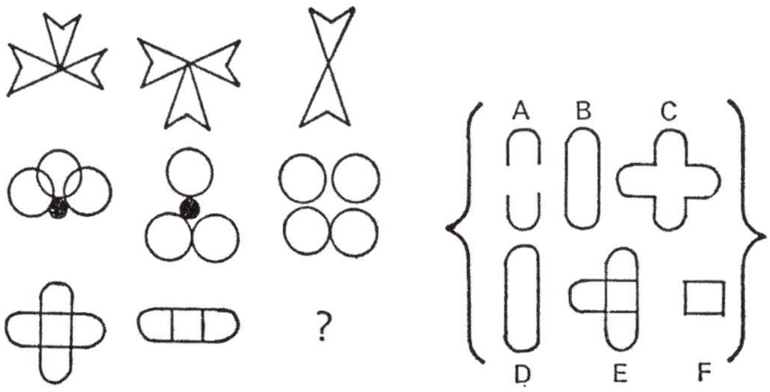


**24.**

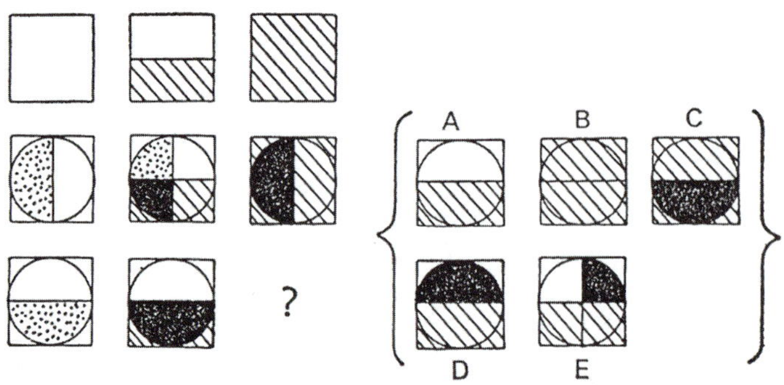

25.

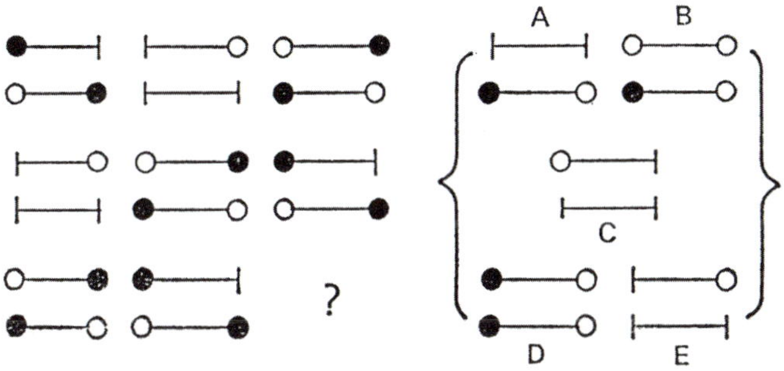


26.

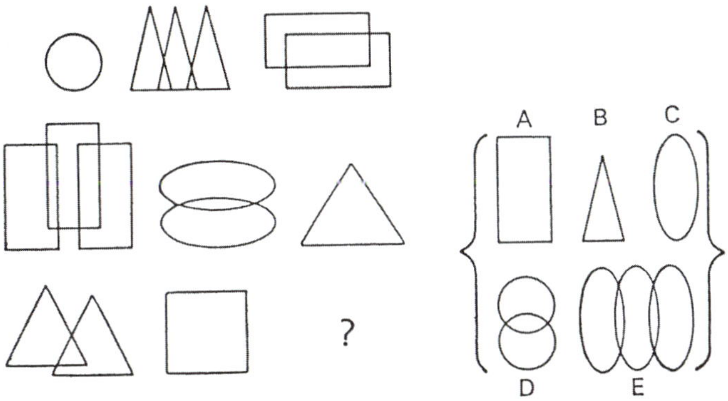


27.

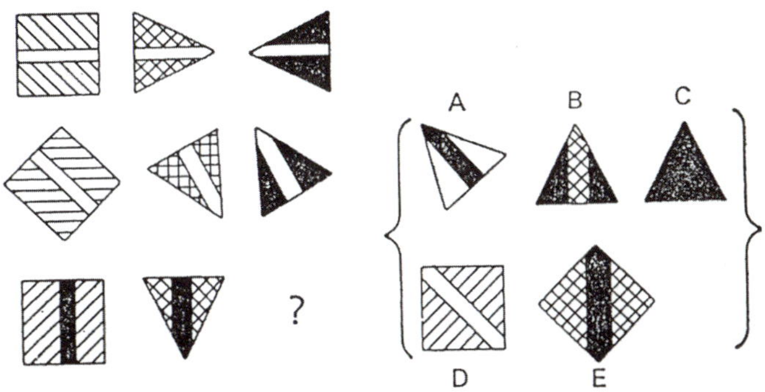


28.

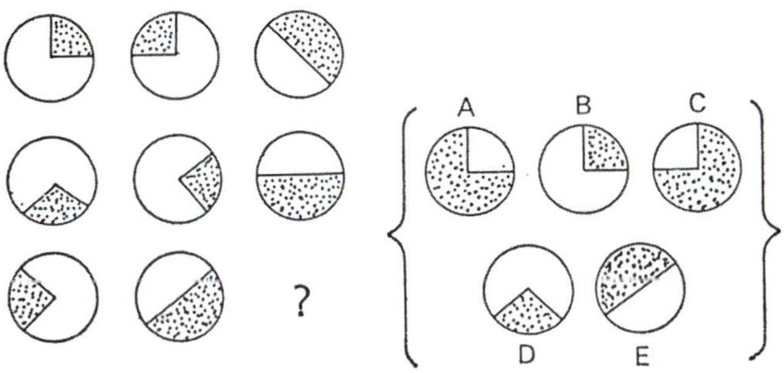

**29.**

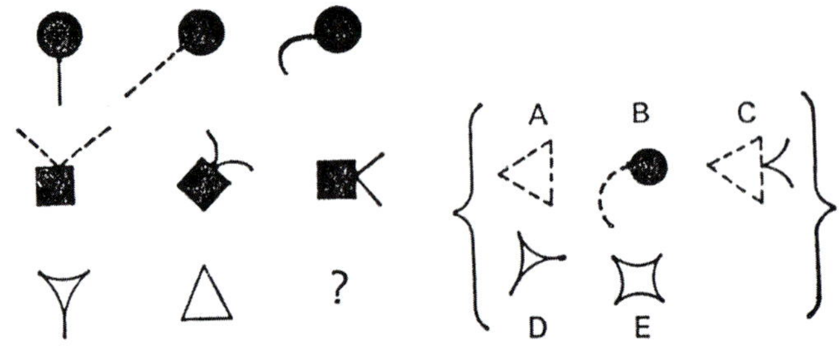


**30.**

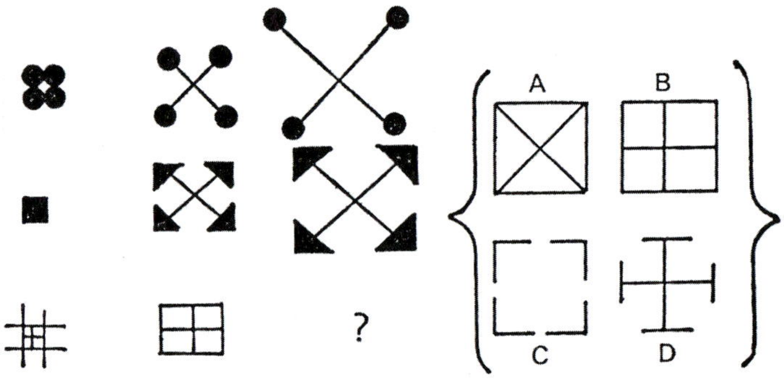


**31.**

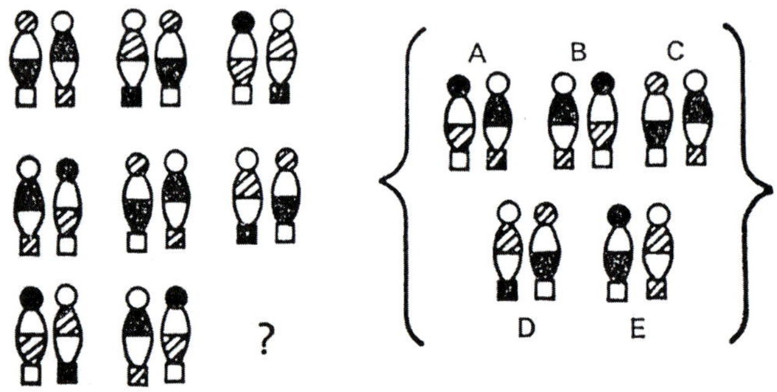


**32.**

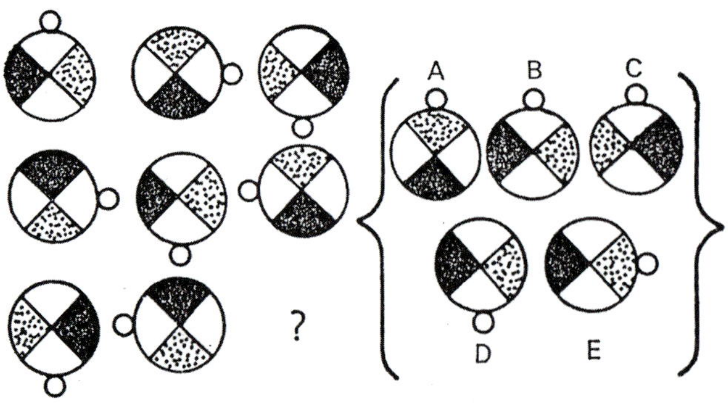

**33.**

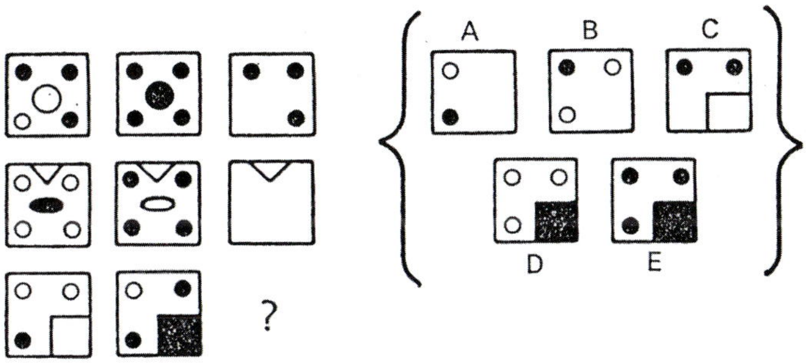


**34.**

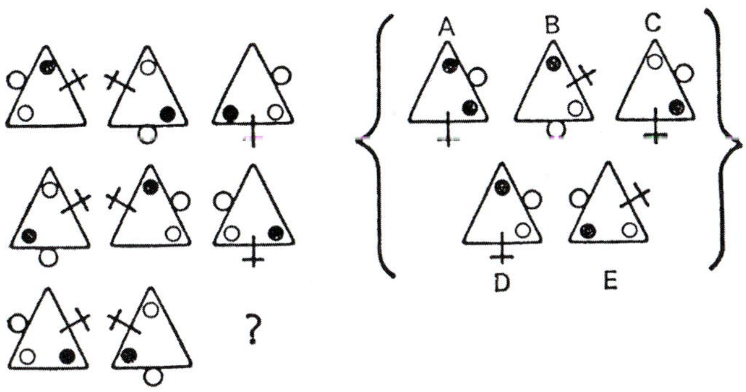


**35.**

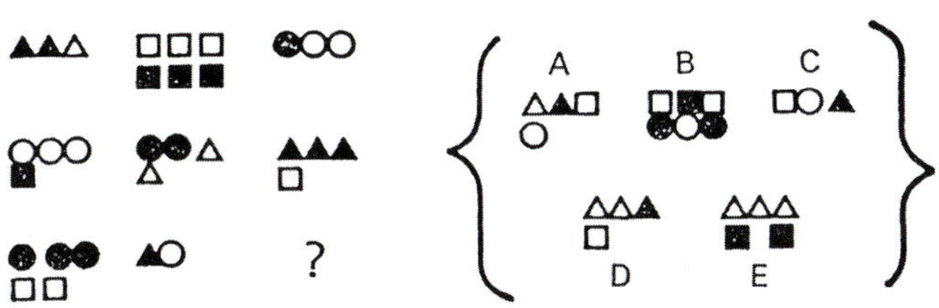


**36.**

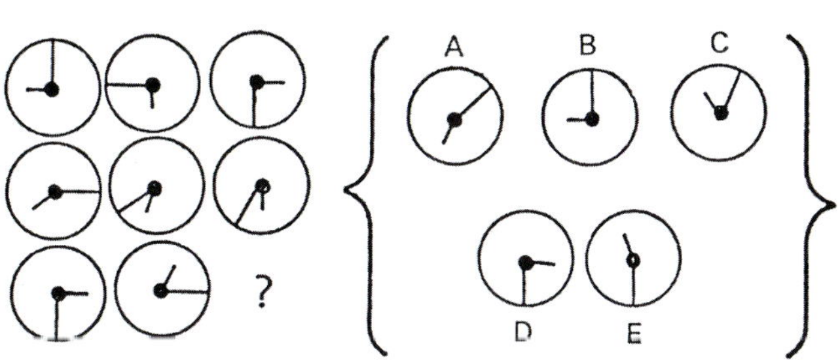

**37.**

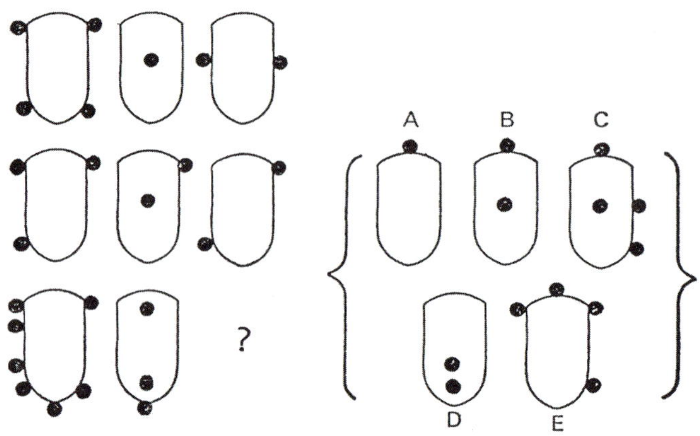


**38.**

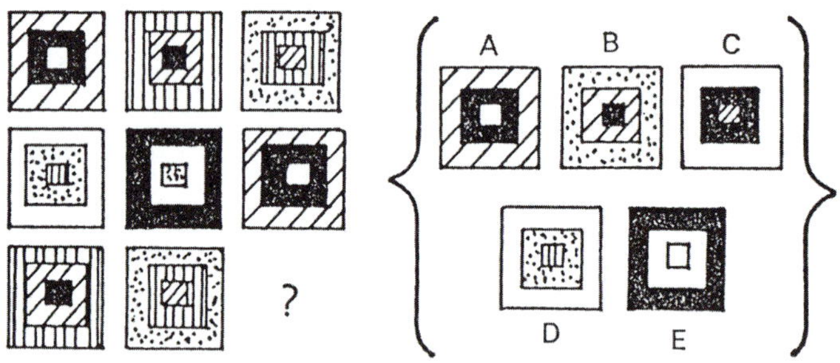


**39.**

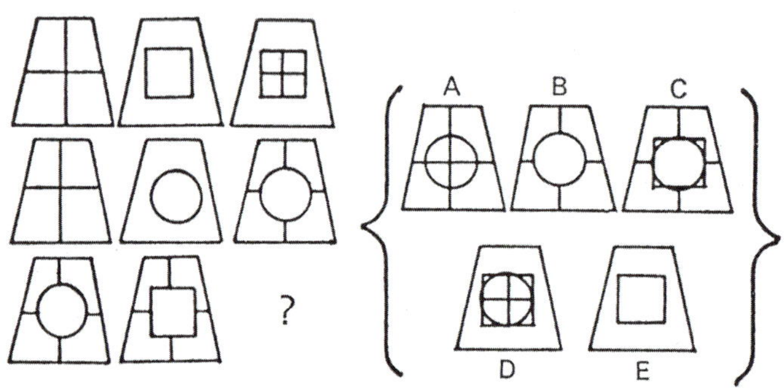


**40.**

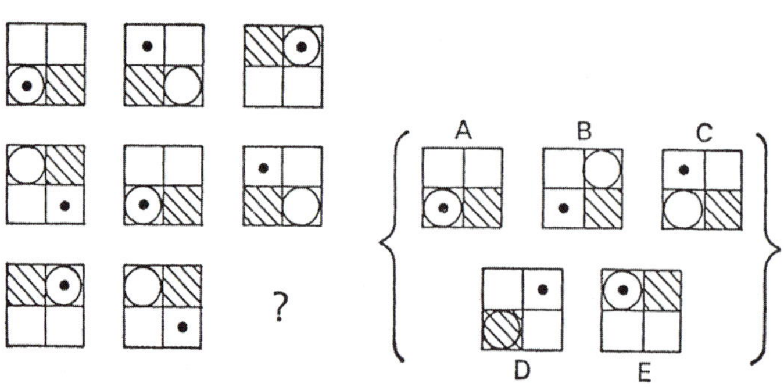

-해답-

### A형 검사

| 1 | 2 | 3 | 4 | 5 | 6 | 7 | 8 | 9 | 10 | 11 | 12 | 13 | 14 | 15 | 16 | 17 | 18 | 19 | 20 |
|---|---|---|---|---|---|---|---|---|---|---|---|---|---|---|---|---|---|---|---|
| J | E | Y | Q, T | W | J | T | W | E, P | P | O 또는 Y | N, P | U | O | S | 19 또는 21 | 14 | 45 | 17, 20 | 24 |
| **21** | **22** | **23** | **24** | **25** | **26** | **27** | **28** | **29** | **30** | **31** | **32** | **33** | **34** | **35** | **36** | **37** | **38** | **39** | **40** |
| 21 | 157 | 65 | −1 | 21 | 19 | 82 | 6, 18 | 18 | 96 | U, 6 | P, 16 | H, 5 | C, 또는 W | R | C | A | D | D | C |
| **41** | **42** | **43** | **44** | **45** | **46** | **47** | **48** | **49** | **50** | **51** | **52** | **53** | **54** | **55** | **56** | **57** | **58** | **59** | **60** |
| 7238 | 768 | 6, 7 | 67 | 54 | 717 | 110 | 22 | 26 | 13 | 8 | 7, 24 | 6 | 40 | 23, 30 | O, L | 7 | 2 | 25, 29 | L 또는 A |
| **61** | **62** | **63** | **64** | **65** | **66** | **67** | **68** | **69** | **70** | **71** | **72** | **73** | **74** | **75** | **76** | **77** | **78** | **79** | **80** |
| X | QP | I, E | E, R | Q, M | 27 | 42 | 677 | 14 | 256 | 14 | 255 | 357 | 101 | 65 | B | C | D | 16 | 130 |

### B형 검사

| 1 | 2 | 3 | 4 | 5 | 6 | 7 | 8 | 9 | 10 | 11 | 12 | 13 | 14 | 15 | 16 | 17 | 18 | 19 | 20 |
|---|---|---|---|---|---|---|---|---|---|---|---|---|---|---|---|---|---|---|---|
| B | D | V | A | E | D | E | B | B | B | D | B | A | E | C | E | C | B | C | C |
| **21** | **22** | **23** | **24** | **25** | **26** | **27** | **28** | **29** | **30** | **31** | **32** | **33** | **34** | **35** | **36** | **37** | **38** | **39** | **40** |
| A | D | A | C | E | E | C | A | A | D | C | B | A | D | E | C | E | D | C | A |

### 3) 규준점수 그래프

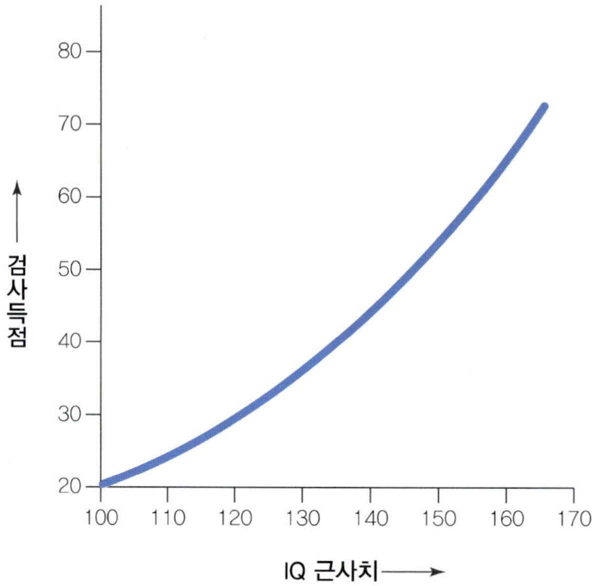


[A형 검사]

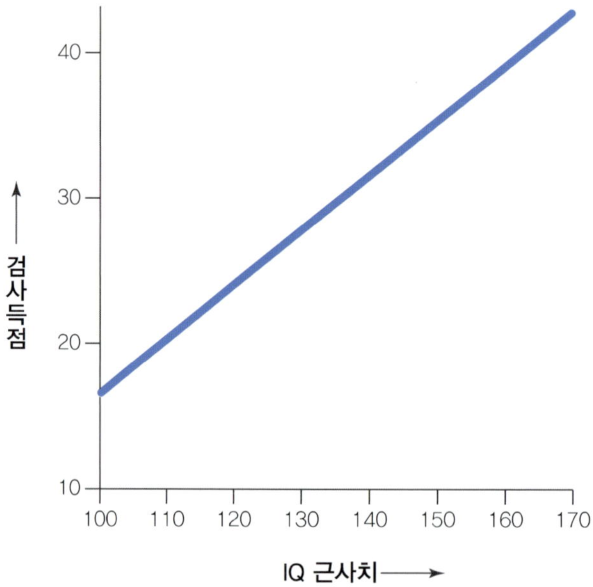


[B형 검사]

### 4) 코리안 테스팅 센터(K. T. C) 발행의 집단지능 검사

이종승이 제작한 '최신지능 진단검사'를 개관하면 다음과 같다.

#### 1 검사대상

이 검사는 초·중·고 학생들의 일반적인 지적능력을 측정할 수 있도록 만든 검사이다. 초등학교(4~6년), 중학교 1~3학년(11~15세), 고등학교 1~3학년(14~18세)에 해당하는 연령범위의 개인 또는 집단을 대상으로 지적능력을 측정하기 위하여 제작된 표준화 지능검사이다.

#### 2 검사의 구성 내용

본 지능검사는 개인의 일반적인 언어능력, 수리능력, 지각능력, 추리능력을 측정하기 위해 언어검사, 수리검사, 도형검사(비언어검사)의 세 하위검사로 구성되었다.

##### (1) 검사 1: 언어검사

① 언어추리: 언어로 표상되는 개념 간의 관계를 파악할 수 있는 능력을 측정하기 위한 것으로서, 여기에는 왼편에 짝지어진 두 낱말의 관계를 파악한 후, 오른편에 있는 낱말에서도 그와 같은 관계가 성립하도록 가장 적당한 낱말을 찾아내는 문제이다.

② 문장완성: 어휘력을 알아보는 문제로서 여기에는 문장의 뜻이 가장 잘 통하도록 적당한 낱말을 찾아 넣는 문제들로 구성되어 있다.

③ 언어분류: 단어의 공통적 속성을 파악할 수 있는 능력을 측정하는 문제로서, 다섯 개의 낱말 중에서 네 개는 서로 뜻이 비슷하거나 같은 종류에 속하고 한 개는 그 뜻이 다르거나 종류가 다른데, 나머지 것들과 다른 낱말을 찾아내는 문제이다.

### (2) 검사 2: 수리검사

① 수열추리: 주어진 수열에서 일정한 관계를 찾아내는 능력을 측정하는 것으로서, 각 수열의 숫자가 어떤 순서로 배열되어 있는가를 알아내어 문제의 마지막 숫자 다음에 올 숫자를 답지 중에서 찾아내는 문제들로 구성되어 있다.

② 문제해결: 이것은 수리적 문제를 얼마나 잘 풀 수 있는가를 알아보는 검사로, 주어진 수량적 문제사태에서 해답을 찾아내는 문제들로 구성되어 있다.

③ 수식계산: 정리되지 않는 수와 수학 기호들로부터 수리적 문제를 구조화할 수 있는 능력을 측정하는 검사로서, 이것은 주어진 문제의 숫자와 수학기호를 모두 사용해서 얻을 수 있는 여러 수식계산의 값들 중 하나를 골라내는 문제들로 이루어졌다.

### (3) 검사 3: 도형검사

① 도형추리: 도형으로 표상되는 어떤 특성이나 상징성 간의 관계를 파악할 수 있는 능력을 측정하기 위한 것으로서, 문제의 왼편에 있는 첫 번째 그림과 두 번째 그림의 관계가 어떠한가를 파악하여, 셋째 그림과 넷째 그림도 그러한 관계가 유지될 수 있도록 주어진 답지 중에서 하나를 골라내는 문제들로 구성되어 있다.

② 종이접기: 공간적 지각능력을 측정하는 검사로서, 정사각형 종이를 한두 번 접고 구멍을 뚫거나 오려낸 다음 다시 그 종이를 펼쳤을 때 어떤 모양으로 될 것인지를 알아내는 문제들로 이루어졌다.

③ 방향지각: 도형을 공간에서 좌우로 회전시켰을 때의 모양을 제대로 시각화할 수 있는 가를 알아보는 검사로서, 주어진 문제의 왼쪽에 있는 그림과 똑같은 그림을 오른쪽에 있는 다섯 개의 그림 중에서 찾아내는 문제로 구성되어 있다.

〈표 6-4〉 최신 지능진단검사의 구성내용

| 하위검사 | 측정요인 | 문항수 |
|---|---|---|
| 언어검사 | 언어추리 | 15 |
| | 문장완성 | 15 |
| | 언어분류 | 15 |
| 수리검사 | 수열추리 | 15 |
| | 문제해결 | 15 |
| | 수식계산 | 15 |
| 도형검사 | 도형추리 | 15 |
| | 종이접기 | 15 |
| | 방향지각 | 15 |
| 합계 | | 135 |

## 3 검사의 측정 요인

본 검사에서는 이상의 각 하위검사에서 측정하는 능력을 다음과 같이 4개의 기본적인 측정요인으로 묶어서 검사결과로 나타내는데, 이들 능력요인에 대하여 간략히 기술하면 다음과 같다.

### (1) 언어력

낱말의 뜻을 파악하고, 언어로 표현된 개념의 의미를 분석하고 추리하는 능력을 말한다. 여기에는 언어로 표상되는 개념 간의 관계를 분석하고 추리하는 언어추리 문제, 단어의 뜻과 그 용도를 가려내는 문장완성 문제, 그리고 주어진 다섯 개의 단어 중에서 공통적인 속성을 가진 단어와 그렇지 않은 단어를 찾아내는 언어분류 문제가 포함되어 있다.

### (2) 수리력

수를 다루는 능력, 수의 관계를 분석하고 추리하는 능력, 수량적 문제해결력을 말한다. 여기에는 일련의 수열에서 일정한 관계를 분석하고 추리하는 수열 추리문제, 주어진 숫자와 수학기호를 이용한 여러 가지 수식계산 문제, 수량적으로 표현된 문제사태를 풀 수 있는 능력을 알아보는 문제해결 문제들로 구성되어 있다.

#### (3) 지각력

평면, 입체, 방향 등의 공간적 위치를 식별하고, 공간적 관계를 분석하고 추리하는 능력을 말한다. 여기에는 나열된 도형에서 일정한 관계를 분석하고 추리하는 도형추리 문제, 정사각형의 종이를 몇 번 접고 구멍을 뚫거나 오려낸 다음 다시 그 종이를 펼쳤을 때 어떤 모양으로 될 것인지를 알아내는 종이접기 문제, 그리고 주어진 그림을 여러 각도로 회전시켰을 때 방향만 다를 뿐 원래 그림과 똑같은 그림을 찾아내는 방향지각 문제가 포함되어 있다.

#### (4) 추리력

어떤 현상이나 문제사태를 논리적으로 분석하고 종합하고 평가하는 능력을 말한다. 여기에는 언어로 표상되는 개념 간의 관계를 분석하고 추리하는 언어 추리문제, 일련의 수열에서 일정한 관계를 분석하고 추리하는 수열 추리문제, 그리고 나열된 도형에서 일정한 관계를 분석하고 추리하는 도형 추리문제가 포함되어 있다.

### 5) 한국가이던스 발행의 개인지능검사

그동안 한국판 Wechsler형 지능검사가 KWIS(전용신, 12세 이상-성인용, 교육과학사), K-WIS(이창우·서봉연, 초등학교용, 교육과학사), KEDI-WISC(한국교육개발원, 5~15세, 특수교육) 등이 제작되어 사용되어 오던 중 한국가이던스에서 임상심리학회(염태호 외 4명)에 위탁하여 새로 표준화한 K-WAIS(웩슬러 성인용 개인지능검사)를 발행한 바 그 내용을 보다 구체적으로 살펴보면 다음과 같다.

## 1 K-WAIS의 제작과 구성 내용

WAIS-R(Wechsler Adult Intelligence Scale-Revised)은 W-BIS(Wechsler Bellevue Intelligence Scale)의 Form 1을 개정한 WAIS(Wecshler Adult Intelligence Scale)의 재개정판이다. 그리고 K-WAIS(케이-웨이즈)는 WAIS의 한국판 KWIS에 대한 첫 번째 개정판이다.

### (1) K-WAIS의 제작

K-WAIS(Korean Wechsler Adult Intelligence Scale)는 WAIS-R이 WAIS의 내용을 대부분 포함하되 오래된 문항은 삭제하고 새로운 문항을 추가했던 개정절차와 마찬가지로, WAIS-R의 기본원칙을 수용하면서 한국 실정에 알맞은 내용으로 문항을 보완하여 제작하였다. 새로운 K-WAIS에 포함된 문항들의 실시 순서는 문항 난이도에 따라서 재배열되었고 일부 문항들에 대한 채점기준은 새로운 자료와 분석결과에 따라 변경되기도 하였다.

K-WAIS의 각 소검사 문항 내용은 WAIS-R이 문항이 그대로 수용되거나 문항의 내용이 약간 수정될 경우와 문화적 요인을 고려하여 새로운 문항으로 대치된 경우로 분류할 수 있다. 숫자 외우기와 바꿔 쓰기, 토막 짜기 등의 3개 소검사는 전체문항이 WAIS-R과 동일하다. 반대로 어휘문제의 대부분의 문항은 새로운 단어로 대치되었다. 그 밖의 다른 소검사들은 WAIS-R과 동일하거나 유사한 문항과 새로 제작된 문항을 모두 포함한다.

K-WAIS에서는 WAIS-R의 실시방법과 마찬가지로 언어성 검사의 1개 소검사와 동작성검사의 1개 소검사를 번갈아 가며 실시하도록 하였다. 이는 피검자가 흥미를 잃지 않고 관심을 지속적으로 유지하며 검사를 받도록 하기 위한 것이다.

### (2) K-WAIS의 특성

K-WAIS는 WAIS 또는 WAIS-R과 마찬가지로, 11개의 소검사로 구성되어 있

다. 이 중에서 6개는 언어성 검사이고, 5개는 비언어성(동작성) 검사에 해당되는 것이다. 언어성 검사와 동작성 검사는 나누어 실시할 수도 있고, 한꺼번에 실시할 수도 있다. 검사시행의 결과로 언어성 IQ와 동작성 IQ 그리고 전체 IQ를 얻게 된다. 이때 언어를 이해하거나 활용하기가 어려운 사람은 동작성 검사만 실시할 수도 있고, 시각장애나 운동기능 장애가 있는 사람에게는 언어성 검사만을 실시할 수도 있다.

그러나 언어성 검사와 동작성 검사를 둘 다 실시해야만 피검자 개인이 자신의 전반적 능력을 나타낼 수 있는 기회를 가질 수 있다. 그리고 검사자의 입장에서도 피검자의 전반적 능력들을 평가할 수 있는 더 좋은 기회를 얻게 된다.

현재 우리나라에 있는 지능검사는 대부분 아동용 내지는 학생용이다. 이들의 지능검사는 일반적으로 속도에 중점을 두고 있는데, 이는 속도와 정확성 사이에 밀접한 관계에 있어 속도에 중점을 두어도 무방하나 성인에 있어서는 속도로서 일반적 지능을 추정할 수는 없다.

또 이들의 검사에서는 문제의 깊은 의미와 이해를 취급하는 것보다 대개 세부적인 표현이나 어귀의 정확성을 더 많이 취급하고 있기 때문에 성인지능의 올바를 측정에는 부적절한 점이 있다. K-WAIS는 이러한 점을 극복하여 성인용으로도 사용할 수 있게 제작되었다.

## 2 소검사의 구성과 측정영역

### (1) 언어검사의 구성내용

① 기본지식 문제: 29문항으로 구성되어 있으며, 개인이 소유한 기본지식(상식)의 정도를 측정한다.

② 숫자 외우기: 바로 따라 외우기 7문항과 거꾸로 따라 외우기 7문항으로 구성되어 있으며, 각 문항에는 제 1시행과 제 2시행이 있다. 이 검사는 청각적 단기기억과 주의력을 측정한다.

③ 어휘문제: 35문항의 단어목록으로 구성되어 있다. 이 검사는 일반지능을 나타내는 중요한 지표로서 학습능력과 일반개념의 정도를 측정한다.

④ 산수문제: 16문항으로 구성되어 있으며, 수 개념의 이해와 주의집중력을 측정한다.

⑤ 이해문제: 16문항으로 구성되어 있으며, 일상경험의 응용능력이나 도덕적·윤리적 판단력을 측정한다.

⑥ 공통성 문제: 14문항으로 구성되어 있으며, 유사성의 관계 파악능력과 추상적 사고능력을 측정한다.

### (2) 동작성 검사의 구성내용

① 빠진 곳 찾기: 20문항으로 구성되어 있으며, 20장의 그림카드를 도구로 사용한다. 이 검사는 사물의 본질적인 부분과 비본질적인 부분을 구별하는 능력과 시각적 예민성을 측정한다.

② 차례 맞추기: 10문항으로 구성되어 있으며, 10벌의 그림카드 세트를 도구로 사용한다. 이 검사는 전체 상황에 대한 이해력과 계획 능력을 측정한다.

③ 토막 짜기: 9문항으로 구성되어 있으며, 모형이 그려진 9장의 카드와 9개의 나무토막(빨강-흰색의 정육면체)을 도구로 사용한다. 이 검사는 지각구성능력과 공간적 표상능력, 시각-운동 협응능력을 측정한다.

④ 모양 맞추기: 4문항으로 구성되어 있으며, 4개의 상자에 들어 있는 모양 맞추기 조각들을 도구로 사용한다. 이 검사는 지각능력과 재구성 능력, 시각-운동 협응능력을 측정한다.

⑤ 바꿔 쓰기: 7개의 연습문항과 93개의 본 문항으로 구성되어 있으며, 검사는 연필과 지우개를 사용하여 검사용지에 실시한다. 이 검사는 단기기억 능력 및 민첩성, 시각-운동 협응능력을 측정한다.

# Chapter 07 적성검사

## 1 적성검사의 기능과 종류

### 1) 적성검사의 기능

적성검사(aptitude test)란 특정학업 과정이나 직업에 대한 앞으로의 수행능력과 적응도를 예측하는 검사를 말한다. 지능검사가 학업이나 직업에 직접 관련 지우지 않고 사람이 지니는 일반적인 지적능력을 측정하는 검사라면, 적성검사는 개인이 지니는 지능이나 학력·기능을 여러 직업의 특성에 비추어서 측정하여 앞으로 어떤 분야의 학업이나 직무를 잘 수행하고 그 생활에 적응할 수 있을 것인가를 예언하는 검사인 것이다.

인간의 특정활동에 대한 적성에서 개인 간 차가 있으며 또한 동일 개인 안에 있어서도 개인내 간 차(interaindividual difference)가 있다.

이와 같이 개인 간 특히 개인내 간의 적성의 차를 측정하여 특정학업 또는 직업과 개인 간의 적합성을 알아내려는 것이 적성검사인 것이며, 또한 적성검사는 장차 교육훈련에 대하여 특정지식, 기능 등을 습득(학습)하는 능력의 적정수준을 예측하려는 예언적 검사(prognostic test)라고 하겠다. 그러므로 적성검사의 목적은 크게 둘로 대별하여 생각할 수 있겠는데, 첫째는 학업 및 직업의 측면으로서의 접근으로서 생산성을 높이고 능률을 올리며 교육성과의 증진을 위한 적소(適所)의 발견이라는 목적이며, 둘째는 개인의 측면으로부터의 접근으로서 개인의 적성에 적합한 학업 및 직업을 선택한다는 목적으로 사용된다. 진학진로 지도에 있어서는 이 개인의 측면으로서의 접근이 특히 중요한 것이다.

### 2) 적성검사의 종류

적성검사는 일반적인 지식·지능과 특수한 지식·지능에 대한 성공 가능성을 예측한다는 관점에서 전자를 일반적성검사(general aptitude test), 후자를 특수적성검사(special aptitude test)라고 부른다. 학업적성검사(scholastic aptitude test, SAT)와 일반직업적성검사(general aptitude test battery, GATB) 등은 일반적성검사에 속하며 사무적성검사, 기계적성검사, 음악적성검사, 미술적성검사 등은 특수적성검사에 속한다. 또한 적성이 문제시하고 예언하고자 하는 구체적 활동·작업 내용에 비추어서 구분되기도 하는데, 학업성취에 관련된 것을 학업(진학) 적성검사, 직업활동에 관련된 것을 직업적성검사(occupational aptitude test) 등으로 분류하기도 한다.

### 3) GATB

GATB는 미국노동청의 고용위원회(U. S. Employment Service)가 1945년에 연구 개발한 일반적성검사로 현재는 미국노동청에서 직업·채용상담의 자료를 얻기 위하여 사용되고 있다. 이를 일반직업 적성검사라고 하는 이유는 인간성능에 대한 요인분석(factor analysis)에 의하여 일반능력(G), 언어적성(V), 수적성(N), 공간적성(S), 형태지각(P), 운동조정속도(K), 손가락의 교치도(F), 손의 기교도(M), 사무지각(Q) 등 총 9종의 기본적 능력을 추출하여 이들을 측정할 수 있는 15종의 검사로 종합검사(test battery)를 구성하여 각종 직업에 대한 직무분석과 직업적성군별 기준을 정하여 개인이 어떤 직업군에 적합한가를 볼 수 있게 한 검사이기 때문인 것이다.

이 GATB는 적성능력의 측면을 측정하는 검사로서 세계 각국에서 널리 사용되고 있다. 우리나라 노동부에서 발행한 일반직업 적성검사(1997)도 이 GATB를 기준점으로 삼은 검사이다.

### 4) 적성검사의 양호도

적성검사는 표준화된 검사로서 학업 또는 직업의 소요성능의 요인분석·직업분석이 선행되고 검사제작 과정(test construction process)을 거쳐서 완성되는 것으로 검사대상 모집단으로부터의 표집에 대하여 규준(norm)이 설정되어 있어 개인 간 및 개인내 간의 특성의 차의 고저가 척도치(scale value)에 의하여 밝혀지며, 검사 측정 목적에의 합치 여부를 뜻하는 타당도와 검사결과의 안정성을 나타내는 신뢰도가 검증되어 있어 검사양호도가 높은 검사인 것이다. 특히 적성검사는 미래의 성공가능성을 예측하려는 예언적 검사이므로 예언타당도(predictive validity)가 높을 것이 요청된다.

## 2 우리나라 적성검사의 종류

### 1) 노동부 발행의 일반직업 적성검사

노동부 산하 중앙고용정보관리소에서 제작 발행한 일반직업 적성검사는 우리나라에서 각 학교 또는 기업체나 노동부 산하 교육훈련장에서 가장 많이 사용되고 있다. 타당도와 신뢰도가 높은 직업적성검사로서 1982년에 처음 제작되었으며 2009년에 개정 신판을 발행한 바, 그 내용을 살펴보면 다음과 같다.

#### 1 검사구성과 측정요인

##### (1) 검사의 목적

일반직업 적성검사는 다양한 직업 분야에서 자기가 맡은 직무를 성공적으로 수행하기 위하여 요구되는 몇 가지 적성요인의 측정을 목적으로 고안되었다.

이 검사에 의하여 얻어진 자료는 학생 및 구직자가 선택하려고 하는 직업의 직무수행 요건과 적성요인을 비교하여 능력에 적합한 직업의 선택과 지도에 활용된다.

### (2) 검사의 내용구성

일반직업 적성검사는 직무수행에 필요하다고 판단되는 9종의 적성요인을 측정하기 위한 15가지 검사로 되어 있다.

이 15가지 검사 중 11가지는 검사용지와 필기구(볼펜, 연필)에 의한 지필검사이며, 나머지 4가지는 측정도구에 의한 기구검사이다.

즉, 지필검사는 적성검사 문제지의 검사 1부터 11까지로 되어 있으며, 기구검사는 손재능 검사판을 사용하는 검사 12 및 13과 손가락재능 검사판을 사용하는 검사 14 및 15의 4가지 검사로 되어 있다.

### (3) 검사종목

| 검사종목 | 검사의 내용 |
|---|---|
| 검사 1<br>공구 비교검사 | 왼쪽에 제시한 간단한 공구의 도형을 보고 오른쪽의 4가지 도형들 중에서 왼쪽의 도형과 동일한 것을 찾아내는 검사 |
| 검사 2<br>명칭 비교검사 | 좌우 2개의 문자 또는 숫자를 비교하여 동일 여부를 가려내는 검사 |
| 검사 3<br>종선 기입검사 | H의 양쪽 종선에 닿지 않도록 H의 횡선에 짧은 종선을 가능한 한 많이 긋는 검사 |
| 검사 4<br>계산검사 | 더하기, 빼기, 곱하기, 나누기의 계산검사 |
| 검사 5<br>평면도 판단검사 | 왼쪽에 제시한 그림 중 위치나 방향이 바뀌진 도형을 오른쪽 5개의 기하학적 도형 중에서 찾아내는 검사 |
| 검사 6<br>타점 속도검사 | 연이어 나열된 사각형 안에서 점 3개씩을 가능한 한 빨리 찍는 검사 |
| 검사 7<br>입체도 판단검사 | 평면도를 보고 접거나 둥글게 말아서 만들어지는 입체도형을 가려내는 검사 |
| 검사 8<br>산수 응용검사 | 산수 응용문제를 푸는 검사 |
| 검사 9<br>어휘검사 | 제시된 4개의 낱말 중 서로 비슷하거나, 반대의 의미를 지닌 두 개의 낱말을 가려내는 검사 |

| 검사종목 | 검사의 내용 |
|---|---|
| 검사 10<br>기호 기입검사(II) | 사각형 안에 정해진 기호를 가능한 한 빨리 기입하는 검사 |
| 검사 11<br>형태 비교검사 | 숫자로 기록된 도형과 가, 나, 다, 라로 기록된 도형 중에서 모양과 크기가 동일한 도형을 찾아내는 검사 |
| 검사 12<br>환치검사 | 손재능 검사판 위에 꽂혀 있는 나무막대를 양손으로 동시에 하나씩 뽑아서 아래구멍에 꽂는 검사 |
| 검사 13<br>회전검사 | 한 손으로 꽂혀 있는 나무막대를 뽑아낸 후 같은 손으로 막대의 상, 하를 거꾸로 회전시켜 같은 구멍에 꽂는 검사 |
| 검사 14<br>조립검사 | 손가락 재능 검사판 위에 꽂혀 있는 쇠못을 뽑고 다른 한 손으로 옆 원주에 꽂혀 있는 고리를 하나씩 빼서 이를 조립한 후(쇠못에 고리를 끼움) 쇠못을 뽑은 손으로 아래 구멍에서부터 위로 꽂아 나가는 검사 |
| 검사 15<br>분해검사 | 아래 구멍에 꽂혀 있는 쇠못과 고리를 뽑아서 분해한 후 한 손으로 고리를 원주에 다시 꽂고 다른 손으로는 쇠못을 뽑아 아래구멍에서부터 위로 꽂아 나가는 검사 |

### (4) 측정요인

일반직업 적성검사에서 측정하는 적성요인은 다음과 같이 9가지가 있다.

| 적성요인 | 적성요인 설명 |
|---|---|
| G-학습능력 | 설명, 예시 및 여러 가지 원리를 이해하는 능력, 추리하고 판단하는 능력, 새로운 환경에 신속히 적응하는 능력 |
| V-언어능력 | 단어의 의미 및 그와 관련된 개념을 이해하고 적절히 구사하는 능력, 단어 상호 간의 관계 및 문장의 의미를 이해하는 능력, 정보나 자신의 생각을 표현하는 능력 |
| N-수리능력 | 계산을 정확하고 신속히 하며 응용문제를 추리, 이해하는 능력 |
| Q-사무지각 | 낱말, 인쇄물, 전표류 등을 세부까지 정확하게 지각하는 능력, 낱말이나 숫자를 직관적으로 비교 판별하며 사실과 다른 점을 발견하고 교정하는 능력 |
| S-공간판단력 | 입체도형의 이해나 평면도형과 입체도형의 관계를 이해하는 능력, 청사진을 읽거나 기하문제를 푸는 능력, 2차원, 3차원의 형체를 상상하거나 생각하는 능력 |
| P-형태지각 | 사물이나 도형을 세부까지 정확하게 지각하고, 비교 판별하는 능력, 도형의 형태와 음영의 근소한 차이 및 넓이나 길이의 근소한 차이를 식별하는 능력 |
| K-운동조절 | 눈과 손 또는 손가락을 정확하게 움직여 신속히 작업을 수행하는 능력, 반사적인 동작을 정확하고 바르게 하는 능력, 눈으로 보면서 손의 신속한 운동을 빠르게 조정하는 능력 |
| F-손가락재능 | 손가락을 빠르고 정확하게 움직여 작은 물건을 재치 있게 다루는 능력 |
| M-손재능 | 손을 마음대로 재치 있게 움직이는 능력, 물건을 집어 올리거나 내려놓거나, 바꾸어 삽거나, 회선시킬 때 손과 손목의 운동이나 손목놀림을 자유롭게 할 수 있는 능력 |

## 2 검사실시방법

### (1) 검사실시 시기

검사는 원칙적으로 개인에 대한 정보가 필요할 때 실시한다. 학생의 경우 직업지도의 진척상황, 학교의 여러 가지 행사, 검사의 실시목적, 검사결과의 활용방법 등을 감안하여 종합적으로 결정하여야 할 것이지만 통상 중학생은 2학년 1학기, 고등학생은 1학년 1학기 또는 2학기에 실시함이 적당하다.

### (2) 검사방식

① 지필검사와 기구검사의 2가지 방식이 있다.

② 검사에는 각기 시간제한이 있다. 즉, 각 검사마다 초시계(stop watch)로 시간을 측정하여 검사를 실시하게 된다. 검사시간 내에 다할 수 없을 만큼 검사 문제수가 많이 출제되어 있는 경우도 있다.

③ 검사는 개별적으로 또는 집단적으로 실시할 수 있다.

## 3 검사결과 처리방법

### (1) 수작업 처리방법

① 정답표에 의해서 답이 맞는지 틀린지를 판정한다.
단, 검사 3(종선기입검사), 검사 6(타점소도검사), 검사 10(기호기입검사)의 경우에는 작업량을 명확히 하여야 한다.

② 해답란에 V 표시로서 답해야 하는 검사에 있어서 V 표시를 하지 않고 다른 표시를 하였을 때도 그것이 맞는 경우에는 정답으로 한다.
예를 들어 검사 7(입체도판단검사) 1번에 있어서 V 표시를 하지 않고 '4'라든지 '원통형'으로 기입해도 정답으로 한다. 그것은 이 검사의 목적이 설명을 하는 것이 아니고 문제를 푸는 능력을 알아보는 것이기 때문이다.

③ 답이 하나밖에 없는 문제에 두 개 이상의 답을 기입했을 때는 오답으로 한다. 이 경우 두 개의 답 중에서 어느 한쪽이 정답일지라도 고려할 필요는 없으며, 한 개의 답만이 채점대상이 되는 것이다.

### (2) 전산처리 방법

적성검사 결과의 채점, 환산 및 적성직업군 분류는 전산으로 처리한다. 전산처리 방법으로는 실 답안 입력과 원점수 입력의 2가지 방법이 있다.

실 답안이나 원점수 입력 개별검사의 경우에는 각 검사별 응답결과를 해당검사 문항별로 입력하는 실 답안 처리방법이, 다량으로 검사결과를 처리하게 되는 단체검사의 경우에는 채점은 수작업으로 처리한 후 원점수 입력 방식을 이용하는 것이 바람직하다.

실 답안이나 원점수에 의한 방법으로 개인별 검사결과의 수치나 그 밖의 다른 표시 방법으로 해당검사별로 검사결과를 입력하면 즉시 결과 통보서와 적성요인별 그래프, 보관용 결과통보서가 출력된다.

보관용 결과통보서에는 피검자에게 가장 적합한 직업 또는 개인의 잠재 능력을 가장 잘 발휘할 수 있는 직업을 파악하기 위하여 피검자 개인의 경력 사항과 자격, 면허, 기타 상담이 필요한 인적사항 등을 구체적으로 기록하고 상담내용을 함께 기재하여 보관토록 한다.

## 4 직업적성 유형의 진단

검사결과 피검자의 직업적성은 다음과 같은 15개 유형으로 분류·진단·통보된다.

### (1) G-V-N(인문사회과학 분야의 전문적 직업)

법률, 문학, 사회학, 경제학 등 인문사회과학 분야의 직업 및 신문, 잡지의 취재, 편집 등 언어 또는 문자의 이해, 표현과 그와 관련된 전문지식을 필요로 하는 직업분야이다.

이들은 고도의 응용능력, 창의력이 요구되는 분야와 전문적이지만 응용능력이 그렇게 요구되지 않는 분야로 구분된다.

### (2) G-V-Q(언어능력이 특히 필요한 사무적 직업)

특정 직업의 관리, 운영에 수반되는 문서 등의 기안, 내용의 감사, 조회, 전기 등을 주로 하는 사무적인 일 또는 대인교섭에 있어서 상대방의 말을 이해하고 자기 생각을 상대방에게 전하는 것이 필요한 직업분야이다.

이들은 복잡한 조직 구조를 충분히 파악, 관리할 수 있는 전문직과 전문직을 도와서 실무처리를 행하는 직업 및 전형적 사무직의 세 분야로 나뉜다.

### (3) G-N-S(자연과학 분야의 전문적 직업)

토목, 전설기계, 전기, 의학 등 자연과학 계통의 전문지식을 필요로 하는 일 및 수표, 계산기 등 계산 용구를 사용해서 전문적 지식을 활용 또는 응용하는 일이 주된 직업분야이다.

이들은 고도의 전문지식을 활용하고 응용하는 분야와 이미 정해져 있는 일을 해내는 전문분야 및 이들 전문직의 기술을 보조하는 직업분야 등의 세 분야로 나뉜다.

### (4) G-N-Q(수리능력이 필요한 일반 사무적 직업)

회계, 경리의 원칙에 의한 가격계산, 결산 및 그 분석, 감사 또는 통계, 조사, 조직의 운용 등의 기획, 입안 등 일반사무 직종 중에서 특히 수리적 작업에 필요한 분야이다.

이는 고도의 전문지식의 응용을 필요로 하는 전문직과 이미 정해진 사무처리직 및 계산, 기록직의 세 분야로 나뉜다.

### (5) G-Q-K(기계적 사무직업)

특정 문자, 기록, 활자에 대한 지식으로 속기, 통신을 정확하게 행하는 직업, 타이프의 조작작업, 손 또는 기계에 의한 식자, 문선, 인쇄 관계 작업 등 일반적 지식과 정확한 대조작업을 주로 한다.
이들은 정확성과 속도를 요구하는 것, 정확한 대조, 주의를 요구하는 것의 두 군으로 나뉜다.

### (6) G-Q-M(기계장치의 운전 및 경비의 직업)

도로, 자동차 등의 운전, 건설기계 등의 장치, 기계운선, 기계장치 등을 관찰하고 기계, 장치의 구조를 이해하여 점검, 확인, 조작을 정확히 할 수 있는 능력이 필요한 분야이다.
이들은 기계장치를 스스로 운전, 조작하는 것과 점검, 확인, 부분적 조작, 조정을 요하는 것 등의 두 분야로 나뉜다.

### (7) G-Q(일반적인 판단 및 주의력이 필요한 직업)

간호조무사, 조산사, 비서 등과 같이 상식적인 판단과 비교적 넓은 주의를 요하는 분야이다.
이는 전문직의 보조과정에서 스스로의 판단이 필요한 것과 기타 지시, 의뢰에 의하여 그것을 분명히 처리하는 것의 두 분야로 나뉜다.

### (8) G-S-P(미술적 작업의 직업)

선전인쇄물, 신문, 잡지 등의 광고, 공업제품, 가구 등의 색채·형태·구조를 창안하고 상상하며 조합하는 일, 점포·실내의 장식효과를 높이기 위해 상품을 진열·배치하는 등의 창조성이 필요한 분야이다.

이들은 입체적인 형태를 통합하는 능력이 필요한 것과 기능적 기술이 필요한 것의 두 분야로 나뉜다.

### (9) N-S-M(설계·도안 및 전기관련 직업)

건축, 기계설비 분야에서의 조사·설계·제도 관련직 및 전기·설비기능직 등 수치 계산을 기초로 하며 손재능이 특히 요구되는 분야이다.

이는 전문지식으로써 전 조건을 고려한 후 종합적 계획과 설계를 하는 것과 구체적 물품에 대한 계획 설계 및 손재능이 필요한 것의 세 분야로 나뉜다.

### (10) Q-P-F(제판, 제도관련 직업)

여러 재료, 제품을 품질, 형태, 등급 등의 기준에 의해 육안이나 간단한 측정기구로 검사하고 분류하거나 불량품을 가려내는 직업분야 이다.

이들은 검사의 정밀도 및 그 속도에 의해 두 분야로 나뉜다.

### (11) S-P-F(조립 및 손가락 재능의 직업)

전자기구, 정밀기계, 광학기계 등의 조립, 수정, 수리 등 청사진을 독해함과 아울러 정확히 손가락을 움직여야 하는 분야 및 직업적으로 그림을 그리거나, 조율, 치과기공, 수공예 등과 같이 손가락 재능이 특히 요구되는 분야이다.

이들은 정밀성, 형태변별의 난이도, 손가락 재능 요구도에 따라 두 분야로 나뉜다.

### (12) S-P-M(조립 및 손재능의 직업)

비교적 큰 기계금속 부품의 조립, 조정, 수리 또는 금속재료의 가공작업 및 도면해독과 수공구, 기계 등을 사용해서 공작하는 손재능이 특히 요구되는 분야이다.

이들은 조립, 수리, 조정 등 대상제품의 정밀도에 의해 두 분야로 나뉜다.

### (13) P-M(손재능의 직업)

제조공정 내에서 제품의 가공정도를 살펴가면서 기계를 조작하고 조정하는 일이나 그 관련기구의 조작 또는 검사, 수정을 하는 분야이다.

이들은 가공제품이 요구하는 형태변별의 정밀도에 따라 두 분야로 나뉜다.

### (14) K-F-M(신체적 작업의 직업)

제조공정 내에서 비교적 간단한 감시작업을 포함하는 기계조작, 가공, 조립작업 및 손, 팔, 손가락의 반복작업, 빠르지 않은 속도 작업 등 육체노동을 주로 하는 분야이다.

## 2) 중앙적성연구소 발행의 적성진단 검사

중앙적성연구소(중앙적성출판사)에서는 이상로와 김경인이 제작한 적성진단검사(중학생-성인용)를 발행한 바, 그 내용을 살펴보면 다음과 같다.

### 1 검사의 특징

일선 학교나 직장의 요구에 비추어 진학적성과 직업적성이 동시에 파악될 수 있도록 하였다. 학생들의 진학지도와 직업선택에 필요한 직업적성을 동시에 파악하여 장기적인 교육 및 생활지도 계획 수립에 도움이 되도록 하였다.

### 2 검사의 형식

이 검사는 실시의 편의상 11개의 하위검사로 나누어 구성되어 있다. 이들 하위검사는 모두 지필검사(paper & pencil test)로서 개인 또는 집단을 대상으로 실시할 수 있도록 한 시간제한 검사(time limit test)이다. 11개 하위검사 중 언어사용력, 언어추리, 계산능력, 수리력, 추리력, 수계열, 공간관계, 물상추리, 생물추리의 9개 검사는 사지선다형의 객관식 필답검사의 형식을 취하고 있으며 지각 속도검사는 양자 택일식의 객관식 검사(속도검사, speed test)이고, 미로추적 검사는 단답 주관식 검사이다.

그리고 본 검사는 시간제한 검사의 형식을 취하고 있으므로 각 검사의 문항수는 특별히 우수한 자가 아닌 한 제한시간 내에 모든 검사문항을 다 해결할 수 없을 정도의 많은 문항을 포함하고 있고 각 검사별로 문항은 곤란도순에 따라 배열하였으며, 검사실시과정에서 생기는 비객관성, 즉 추측요인을 배제하기 위하여 감점방식을 채용하고 있다.

### 3 적용범위

본 검사는 중학교 이상의 학력 수준을 가진 정상적인 개인 또는 집단에게 적용된다. 따라서 대체로 본 검사를 실시할 수 있는 범위는 중학교 1학년생(1학년 2학기 이후)에서 성인까지이다.

### 4 검사의 구성 내용

이 검사는 일반능력요인(G)과 5개의 적성요인(언어, 수리, 사고, 공간지각, 과학기계)을 측정할 수 있는 11개의 하위검사로 구성되어 있으며, 하위검사들을 결합하여 20개의 직무군으로 개인의 학업 및 직업적성의 영역과 그 수준을 분석, 진단하도록 되어 있다. 본 검사의 6개 성능 요인과 11개 하위검사는 각각 다음과 같다.

#### (1) 성능요인

본 검사에서 측정되는 6개의 성능요인, 즉 1개의 일반능력요인과 5개의 적성요인은 다음과 같다.

① 일반능력(G): 이는 개인의 일반능력 수준(general ability)을 나타내는 것으로 일반적으로 이해력, 추리력, 문제해결력 등과 같은 기본학습 능력 또는 적용력을 말하며 지능수준과 비교적 높은 상관을 갖고 있다. 이 검사에서는 언어추리력(V), 수리력(N), 추리력(연역추리; RD), 수계열(귀납추리; Ri), 지각속도(P), 공간지각(S)의 6가지 하위검사의 득점으로 일반능력(G)을 측정하고 있다. 이 일반능력은 피검자의 적성준거 내지 지능수준을 평가하는 데 기준이 되는 준거이다.

② 언어적성(V): 언어개념, 언어사용력, 언어적 추리력을 포함하며 이는 어문계통의 전문직에 크게 소요되는 성능으로서 언어사용력(L)과 언어추리력(V)의 두 가지 하위검사로서 측정하도록 하였다.

③ 사고적성(R): 추리와 판단의 과정을 통해서 사고하는 능력을 알아보려는 것으로 연역추리력을 측정하는 추리력검사(Rd)와 귀납추리력을 재는 수계열검사(Ri)의 두 가지 하위검사로서 측정하고 있다.

④ 수리적성(N): 수량과 관계되는 실제문제나 수량 간의 관계를 알아보는 수리능력을 말하며 이는 수량적 학습능력이나 직무와 관계되는 것으로서 계산능력 검사(C)와 수리력 검사(N)로서 측정하고 있다.

⑤ 공간지각 적성(SP): 주로 시각작용에 의한 입체구성 능력, 공간정위나 공간관계력, 공간적 식별력, 지각속도 등을 말하는 것으로 지각속도 검사(P)와 공간관계 검사(S)로 구성되어 있다.

⑥ 과학기계 적성(SM): 이공계통에서 특히 요구되는 일반과학에 관한 이해력, 추리력, 판단력 및 감각운동의 정확성과 속도 및 협응력과 공학적 원리 및 기능에 관한 능력을 말하며 특히 일반대학의 자연계에 요구되는 적성이다. 이는 물상 및 기계 추리력을 재는 생물추리 검사(B) 및 수공능력을 재는 미로추적 검사(F)로 구성되어 있다.

### (2) 하위검사

이미 6개 성능요인에서 그 명칭을 밝힌 바 있으나 그 구체적인 내용은 다음과 같다.

① 언어사용력 검사(L): 어휘력, 단어연상, 언어의 적절한 사용력을 알아내려는 문제들로서 각 문장이 완전한 문장이 될 수 있도록 각각 그 ( ) 속에 들어갈 적당한 낱말을 네 개의 답지 가운데서 골라내도록 되어 있다. 모두 20문항이다.

② 언어추리 검사(V): 추리와 판단의 과정을 통해서 사고하는 능력을 알아내려는 문제로서 왼쪽 두 사물 또는 사실의 관계와 같은 관계를 가진 낱말을 오른쪽 4개의 낱말 중에서 골라내어 세 번째 낱말과 짝 지우도록 되어 있다. 모두 20문항으로 구성되어 있다.

③ 계산능력검사(C): 빨리 그리고 정확하게 수량을 계산하는 능력을 알아보는 것으로 여러 가지 계산문제의 답을 네 개의 답지 가운데서 정답을 골라내도록 되어 있으며, 이 검사는 20문항으로 구성되어 있다.

④ 수리력검사(N): 수량과 관계되는 실제문제나 수량과의 관계 등을 포함하는 수량적 추리능력을 알아내려는 문제로서 수량적 추리를 요하는 산수응용 문제의 답을 네 개의 답지 가운데서 골라내도록 한 검사이다. 이는 전체 15문항으로 구성되어 있다.

⑤ 추리력검사(Rd): 연역적 추리력을 알아보기 위한 검사로서 문항의 그림에 찍혀져 있는 점(·)의 위치와 동일한 조건의 위치에 점을 찍을 수 있는 그림을 네 개의 답지항 그림 가운데서 골라내도록 한 위상관계 문항이며, 이는 R. B. Cattell와 A. K. S. Cattell 이 제작 표준화한 CFIT(Culture Fair Intelligence Test) Scale 2와 Scale 3의 위상관계 검사문항을 기초로 발췌, 개편된 것이다. 전체 15문항으로 구성되어 있다.

⑥ 수계열검사(Ri): 귀납적 추리력을 알아내는 검사로서 일정한 순서와 법칙에 따라 배열해 놓은 여러 개의 수 계열마다 각 수계열의 맨 마지막 부분에 들어갈 적당한 숫자를 네 개의 답지 가운데서 골라내도록 되어 있으며 20문항으로 되어 있다.

⑦ 지각속도검사(P): 얼마만큼 빨리 그리고 정확하게 사물을 식별해 내는 능력을 갖고 있는가를 알아보려는 검사로서 이는 각각 짝지어져 있는 왼쪽과 오른쪽의 글자나 부호의 모양과 순서가 틀린 것을 골라내게 되어 있으며 전체 50문항으로 구성되어 있다.

⑧ 공간관계검사(S): 이는 공간지각이나 공간적 관계에 관한 능력을 측정하는 공간지각 검사로서 여러 가지 모양의 전개도를 보고 그것이 어느 도형을 펼쳐 그린 그림인지를 알아내어 네 개의 답지 가운데서 하나씩 골라내도록 한 공간지각 검사이며 이 검사는 모두 15문항으로 구성되어 있다.

⑨ 물상추리검사(H): 물상 과학적인 이해력과 추리력 및 각종 기계나 도구 및 공학적 원리의 이해력과 추리력을 측정하기 위한 검사로서 여러 가지 물상 과학 추리 및 기계의 움직임과 원리문제에 대한 답을 각각 주어진 네 개의 답지 가운데서 골라내도록 되어 있다. 전체 20문항으로 구성되어 있다.

⑩ 생물추리검사(B): 생물과학적인 이해력과 추리력을 재기 위한 문제로 20문항의 생물과학적인 추리문제의 답을 각각 네 개의 답지 가운데서 골라내도록 되어 있다.

⑪ 미로추적검사(F): 감각운동능력과 손의 기교도, 눈과 손의 협응도(coordination), 수공능력을 알아내는 문제로 여러 가지 모양의 그림으로 나타내고 있는 통로를 따라 선을 빨리 그리고 정확하게 그려나가도록 한 20개의 미로추적 문제로 구성되어 있다.

# Chapter 08 성격검사

## 1 MMPI

### 1) 검사의 특징

MMPI(The Minnesota Multiphasic Personality Inventory)는 세계적으로 가장 널리 쓰이고 가장 많이 연구되어 있는 객관적 성격검사이다. 원래 MMPI는 1940년대 미국 미네소타 대학의 심리학자인 S. R. Hathaway와 정신과 의사인 J. C. McKinley에 의하여 비정상적인 행동을 객관적으로 측정하기 위한 수단으로 만들어졌다. MMPI의 일차적인 목적은 정신과적 진단분류를 위한 측정으로 만들어진 것이지 일반적 성격특성을 측정하기 위한 것은 아니다. 그러나 병리적 분류의 개념이 정상인의 행동과 비교될 수 있다는 전제하에 MMPI를 통한 정상인의 행동 설명 및 일반적 성격특성에 관한 유추도 어느 정도 가능할 수 있다. 다시 말하면, MMIPI는 개인의 인성특징의 비정상성 혹은 징후를 평가하여 상담 및 정신치료에 기여하기 위함은 물론, 비정상적이고 불건전한 증상이 진전될 가능성을 미리 찾아내어 예방 및 지도책을 도모하기 위한 검사이다.

질문지형 성격검사 문항에 대한 반응을 검토해 보면, 때로는 피검사자가 제시하는 자기보고와 타인이 그의 행동을 보고 느끼는 것에 차이가 있을 수 있다. 그 이유는 첫째로, 비록 검사문항을 제작한 사람들은 각 문항이 모든 피검사자에게 똑같은 의미로 해석되리라고는 하지만 항상 그런 것은 아니다. 예를 들면 "나는 자주 머리가 아프다."라는 문항이 있을 때, '자주'라는 말은 사람에 따라 하루에 한 번 혹은 한 달에 한 번 등으로 달리 해석될 수 있고, 이에 따라 '그렇다', '아니다'의 반응이 달라진다. 이렇게 검사문항에 내재하는 모호성 때문에 객관적으로 신뢰도가 높은 자기 기술을 얻는 것은 어려운 일이다.

둘째 이유로는, 사람들 간에는 자기인식이나 적절한 행동을 보고자 하는 의지나 능력 면에서 차이가 있기 때문이다.

이러한 문제들은 MMPI의 문항내용을 해석하는 과정에서 불가피하게 있기 마련인데 그렇다고 해서 MMPI 기능이 손상되는 것은 아니다. 실제로 Hathaway와 McKinley가 사용한 문항선택의 경험적 방법은 이런 문제를 회피할 수 있게 하는 것으로, 문항선택에 있어 피검사자의 자기보고가 기준이며, 자기보고와 행동 간의 관계에 대해서는 여하한 연역적 가정도 전제로 하지 않았기 때문이다. 즉, MMPI가 질문지형 검사인데도 상당한 정도의 투사법적 함축성을 띠고 있다는 것이 MMPI 특징 중 하나이다.

MMPI의 또 다른 특징 중의 하나는 검사태도를 평가할 수 있는 타당성 척도 4개를 포함하고 있는 것이다. 자기보고형 검사가 피검자의 행동을 얼마나 정확히 반영할 수 있는가 하는 문제와 더불어 피검자가 검사문항에 반응할 때 보이는 정직성 혹은 솔직한 태도 역시 중요하다. 타당성 척도에 대한 구체적인 설명은 척도내용에서 상세히 설명할 것이다.

### 2) MMPI의 역사

#### 1 원판 MMPI 개발 과정

원판 MMPI는 1930년대 후반부터 1940년대에 걸쳐 미네소타 대학 병원을 배경으로 Hathaway와 McKinley에 의해 개발되었다. 이들은 정신건강의학과에서 치료를 받는 성인 환자들을 대상으로 정확한 진단과 증상의 심각도를 평가할 수 있는 심리 검사를 개발하고자 했다.

연구진들은 방대한 선행 자료에 기초해 개인의 성격 특성과 다양한 생활 영역을 나타낼 수 있는 504개의 예비 문항을 고안했고, 미네소타 대학병원을 중심으로 모집된 일반인 집단과 주요 정신장애 환자 집단 총 724명에 대해 질문지를 작성하도록 하여 정상 집단과 각각의 환자 집단을 변별하는 문항을 확인했다. 이후 새롭게 구성한 정상 집단, 해당 척도와 관련된 진단을 받은 환자 집단, 척도와 무관한 진단을 받은 환자 집단을 대상으로 검사를 재차 실시하여 각 집단 간에 척도별 점수 차이가 유의한지를 확인하는 교차 타당화를 진행했다.

이러한 과정을 거쳐 8개 정신장애 범주들에 대한 임상 척도가 제작되었다. 이후 척도 5(남성성-여성성 척도, Mf)와 척도 0(사회적 내향성 척도, Si)에 대한 문항이 추가되고 별도의 교차 타당화 연구가 진행되었다. 이 두 척도는 수검자의 정신병리적 특성보다는 라이프스타일을 반영하는 것으로 여겨진다. 연구진들은 자기보고형 검사의 경우 개인의 수검 태도가 결과에 영향을 미칠 수 있다는 문제점을 인식했고, 이를 탐지할 목적에서 타당도 척도를 개발했다.

위와 같은 과정을 거쳐 원판 MMPI는 4개의 타당도 척도와 10개의 임상 척도를 포함한 566개 문항으로 구성되었으며, 추후에 6개 임상 척도에 대한 하위 내용 척도를 세분화한 해리스-링구스(Harris-Lingoes) 소척도(Harris & Lingoes, 1955; 1968)가 개발되었다.

### 2 MMPI-2의 개발

원판 MMPI는 최초로 출간된 1943년 이래 40년 가까이 다양한 영역에서 광범위하게 사용되어 왔지만, 별도의 개정 작업이 이루어지지 않다 보니 사회문화적 변화에 따른 행동 양상을 충분히 반영하지 못한다는 비판과 함께 문항 내용 및 제작 방식 등과 관련한 여러 문제점이 제기되었다. 이에 1982년, 미네소타 주립대학 출판부에서는 MMPI 재표준화위원회를 결성하여 방대한 연구를 진행했으며, 1989년 MMPI-2를 출시했다. MMPI 개정의 주요 내용은 다음과 같다(Groth-Groth-Marnat, 2009).

- 대표성이 있으면서도 광범위한 전국 규모의 표집으로 규준 제작
- 시대에 뒤떨어지는 고어체 문항 수정

- 현 시대에 이의가 제기될 소지가 있는 문항 삭제 또는 수정
  (예: 성차별적 문항, 종교적 문항, 신체 기능 및 기타 사생활 침범 우려가 있는 문항 등)
- 원판 MMPI의 타당도 척도와 임상 척도 유지
- 단일한 백분위로 제시할 수 있는 동형 T점수로 규준 개발
- 개별 문항과 여러 척도를 평가하는 데 필요한 새로운 임상 자료 수집
- 그동안 축적된 연구를 바탕으로 새로운 척도 추가 개발
  (예: 추가적인 타당도 척도, 재구성 임상 척도, 성격병리 5요인 척도, 내용 척도, 보충 척도)

재표준화를 위해 AX(Adult Experimental)라 명명한 예비 검사지를 제작했는데, 원판 MMPI에서 16개의 중복 문항을 삭제한 550문항에 기초했으며 이 가운데 원판 MMPI의 내용 구성에서 지적된 문제점을 해결하기 위해 82문항은 수정하여 사용했고, 여기에 154개의 임시 문항을 추가해 총 704문항으로 구성했다. 추가된 문항은 약물 남용, 자살 위험성, 부부 문제, 식사장애, 치료나 재활에 대한 태도, 직업에 대한 태도 등으로 원판 MMPI로부터 평가영역을 확대하기 위한 시도였다.

또한 7개의 주를 비롯해 인디언 거주지, 군 기지 등 다양한 지역에서 18세에서 90세 사이의 2,600명(남성 1,138명, 여성 1,462명)을 표집했는데, 이들이 전체 인구에 비해 교육 수준이 약간 높다는 점, 라틴계와 아시아계가 과소 표집되고 인디언계가 과대 표집된 점 등 몇 가지를 제외하고는 1980년의 미국 인구 센서스 자료와 유사했다. 이렇듯 MMPI와 기본적인 형식을 동일하게 유지하되 시대적 변화와 흐름에 맞춰 기존 문항을 변경, 삭제하고 새로운 문항을 추가하여 최종적으로 총 567개 문항으로 구성된 MMPI-2가 출시되었다(Butcher, Dahlstrom, & Graham, 1980). MMPI-2의 개발 과정은 다음과 같다.

### 3 한국판 MMPI의 개발 과정

국내에서는 1960년대 원판 MMPI를 표준화한 한국판 MMPI가 처음으로 출시(정범모·이정균·진위교, 1963)되었으며, 1989년에는 이에 대한 재표준화 작업이 이루어졌다(김영환·김재환·김중술·노명래·신동균·염태호·오상우, 1989).

한국판 MMPI-2의 개발은 2001년 구성된 '한국판 MMPI-2 표준화위원회(김중술 위원장, 한경희, 임지영, 민병배, 이정흠 등)'를 통해 본격적으로 진행되었다. 한국판 MMPI-2는 한경희 등의 1차 번역본을 토대로 문항 본래의 의미를 유지하되 한국 문화의 특성을 반영할 수 있도록 수차례의 번역, 역번역 및 재수정 작업을 거쳤으며, 이 과정에 한국과 미국의 심리학과 교수, 대학원생, 교수 등이 참여했다. 또한 번역의 정확성에 대해 판권 계약을 맺은 미네소타 대학교 출판부의 피드백이 반영되는 등 매우 엄격하고 정밀한 검토 과정을 거쳐 최종 번역판에 대한 승인이 이루어졌다.

한국판 MMPI-2의 규준 집단은 2000년 대한민국 인구 및 주택 총 조사의 자료를 토대로 성별, 연령, 교육 수준, 지역, 거주지 등을 고려한 다단 유층 추출 방식을 사용하여 표집했고, 19세 이상 성인 총 1,352명(남자 651명, 여자 701명)을 대상으로 표준화해 2005년 한국판 MMPI-2가 출시되었다(김중술·한경희·임지영·이정흠·민병배·문경주, 2005). 연구진들은 만 13~18세 청소년들을 대상으로 한 한국판 MMPI-A도 함께 개발했다.

이후 정신건강의학과를 기반으로 임상 집단 395명(남자 176명, 여자 219명), 대학생 423명(남자 214명, 여자 209명)을 대상으로 MMPI-2와 NEO-PI-R을 실시하여 타당화 자료 및 증상 타당도 척도(F[B]S) 등을 보강한 개정판 MMPI-2가 출시되었다(한경희·김중술·임지영·이정흠·민병배·문경주, 2011).

### 3) MMPI의 실시 및 해석 절차

#### 1 MMPI-2의 평가자

최근 들어서는 MMPI-2를 간편하게 채점할 수 있는 컴퓨터 프로그램이 개발되어 부득이한 경우 일정 수준의 교육과 지도 감독을 받은 기능직 직원 또는 행정 직원도 MMPI를 실시하고 채점할 수 있다. 하지만 그 결과에 대한 해석은 정신병리학, 심리 진단 및 평가, 성격 구조 및 역동 등에 대해 체계적인 이론 교육과 임상 훈련을 거쳐 자격을 취득한 전문가에 의해 이루어져야 한다. 이를 위해 MMPI 보급사들은 무자격자들이 MMPI를 무분별하게 사용하는 문제점을 미연에 방지하고자 MMPI의 구입 및 사용에 자격 제한을 두고 엄격하게 관리하고 있다.

#### 2 MMPI의 수검자

미국에서는 성인을 대상으로 개발된 MMPI-2를 만 18세 이상에게 실시할 수 있고, 청소년 대상의 MMPI-A는 만 14세부터 18세까지 실시할 수 있다. 만 18세 수검자는 두 검사를 모두 받을 수 있지만 수검자가 속한 사회문화적 특성을 고려해 선택적으로 적용할 것을 권한다. 예를 들어, 만 18세의 고등학생이라면 MMPI-A가, 만 18세의 대학생이나 직장인이라면 MMPI-2를 실시하는 것이 바람직하다. 국내에서는 MMPI-2는 만 19세 이상의 성인에게, MMPI-A는 만 13~18세 청소년에게 맞게 표준화되었으므로 이에 맞춰 검사지를 선택하면 된다.

MMPI는 질문지형의 자기보고 검사이기 때문에 모든 문항을 정확히 읽고 이해할 수 있는 독해력은 물론이고 문항 내용에 부합하게 자신의 상태를 확인하여 보고할 수 있는 판단력을 갖추어야 한다. 이를 위해서는 먼저 일반적인 초등학교 6학년 수준의 독해력을 갖추고 있음이 확인되어야 한다. 또한 이 밖에도 약한 시력 등을 비롯한 신체적 문제, 실어증, 섬망, 치매, 뇌 손상 등에 의한 인지장애,

정신증적 장애 또는 심한 기분 장애로 인한 주의집중력이나 판단력 저하 및 심리적으로 혼란스러운 상태 등 수검자의 상태가 검사 수행에 지장을 줄 수 있는지 면밀히 고려해야 한다.

### 3 MMPI 실시 및 채점

수검자들이 MMPI 답안을 작성하는 데에는 일반적으로 1시간에서 1시간 30분 정도가 소요되며, 신체적 또는 정서적 문제를 보이는 수검자들은 2시간이 초과되기도 한다.

MMPI를 실시하기에 앞서 검사자는 MMPI를 실시하는 이유, 검사 결과 및 해석이 어떤 절차를 거쳐 수검자에게 어떻게 통보되는지, 수검 태도가 결과에 미치는 영향 등을 수검자에게 충분히 설명해야 한다. 다른 심리 검사와 마찬가지로 수검자가 주변 사람들 또는 환경적 영향을 받지 않도록 독립되어 있고 편안하며 쾌적한 공간에서 MMPI를 실시해야 한다. 검사실시 과정에서 혹시 모를 수검자의 질문에 대한 답변, 수검 태도 확인, 수검자에 대한 격려 등을 위해 검사자가 검사 상황에 동석해야 한다. 대규모 집단으로 MMPI를 실시해야 하는 경우에는 수검자 20~25명당 1명의 보조 검사자를 두는 것이 바람직하며, 다른 수검자의 영향을 받지 않도록 칸막이 등을 사용해 독립된 검사 공간을 확보하도록 한다.

MMPI는 한 번에 실시하는 것이 원칙이지만, 수검자의 신체상태, 피로도 등을 고려해 잠시 휴식을 취하고 나누어 실시할 수 있다. 하지만 너무 긴 시간 간격을 두어서는 안 되며 대체로 수시간 이내에 검사를 마치도록 한다.

무응답 문항이 많으며 검사의 타당도에 영향을 미칠 수 있으므로 수검자가 검사를 마치면 검사자는 답안지를 검토하고 누락 문항, 이중 표기 문항 등에 다시 응답하도록 권유해야 한다. MMPI는 다양한 척도들이 복잡한 채점 방식을 통해 산출되므로 대개 컴퓨터 프로그램을 이용해 사용하도록 되어 있다.

최근에는 컴퓨터 모니터를 통해 질문을 제시하고 응답하는 방식, 오디오 버전 등 다양한 MMPI 검사 방식이 개발되어 있다.

## 4 MMPI의 일반적인 해석 절차

MMPI는 개별검사를 통해 수집된 정보이므로 완전한 의학적 진단의 근거로 삼아서는 안 되고 수검자의 심리 상태에 대한 하나의 가설을 수립하는 데 활용하도록 하며 다른 검사 자료, 행동 관찰 및 면담 정보 등을 고려해 통합적으로 해석해야 한다. MMPI는 일반적으로 다음과 같은 해석 절차를 거친다.

### (1) 타당도 척도 확인

타당도 척도는 전체 결과에 영향을 미칠 수 있는 수검자의 응답 방식을 탐지할 목적에서 개발되었다. 타당도 척도 중 무응답 척도, 무선 반응 비일관성 척도(VRIN), 고정 반응 일관성 척도(TRIN)는 내용과 무관하게 무작위로 응답한 경우를 탐지할 목적에서 개발되었으며, F척도를 비롯한 F[B] 척도 및 FBS 척도 등은 증상이나 문제를 과장 왜곡해 보고할 가능성을, L척도, K척도 및 S척도 등은 증상이나 문제를 축소 왜곡 보고하는 방어적 수검 태도의 가능성을 탐지할 목적에서 개발되었다.

### (2) 임상 척도 확인

MMPI의 임상 척도 점수에 대한 해석 기준은 문헌에 따라 다르지만, MMPI-2의 경우 T점수가 평균 50, 표준편차 15점으로 표준화된 것에 근거해 1.5 표준편차 이상의 점수, 즉 T점수 65점 이상을 임상적으로 의미 있는 상승으로 해석한다. 점수의 해석에 대해서는 연구자마다 의견을 달리하는 데, 일반적으로 높은 점수에 비해 낮은 점수에서 얻을 수 있는 정보는 그리 중요하지 않으며 축적된 연구 결과도 많지 않아 보수적으로 해석할 것이 권장된다(Graham, 2006).

### 4) MMPI의 장점과 한계

MMPI는 오랜 역사를 거치면서 여타 심리 검사와 비교해 방대한 연구 및 임상 자료가 축적되고 다양한 척도들이 개발되었으며, 이에 대한 신뢰도와 타당도가 확인되었다. 실시와 채점이 용이하고 표준화된 객관적 규준을 갖추었으며 코드 타입 등을 활용해 간편하게 해석할 수 있어 투입하는 시간과 노력 대비 효용성이 높다 보니 대중적이고 익숙한 심리 검사로 자리 잡을 수 있었다. 특히, 숙련되지 않은 초보 임상가들은 비구조화된 투사 검사 대신, 실시, 채점 및 해석 절차가 간편한 MMPI를 선호한다. 하지만 수검자의 연령, 교육 수준, 사회 경제적 지위, 문화적 배경, 개인력, 현재 검사를 받는 사유 등 평가에 영향을 미칠 수 있는 다양한 맥락과 다른 심리 검사 결과, 관찰된 행동, 면담에서 수집된 정보 등의 자료들을 통합적으로 고려하지 않은 채 MMPI 척도 점수에 대해 정량화된 공식을 적용해 해석하는 것은 매우 위험하다.

그동안 MMPI에 대한 연구가 진행되면서 다음과 같은 문제점과 이에 대한 반론 또는 해결책 등이 논의되었다.

첫째, MMPI는 여러 척도 간 문항이 중복되어 척도 간 상관이 높고 의학적 진단에 대한 변별력이 낮다. 따라서 초기 진단적 목적에서 붙여진 척도 이름을 해석의 근거로 삼는다면 오해의 소지가 많다. 이에 대한 연구자들은 MMPI의 문항이 중복된 것은 정신병리의 일반적인 특성을 반영하는 것으로 실제 임상 장면에서도 다양한 의학적 진단의 환자들이 불면, 식용 저하, 정서적 불안정성 등의 징후를 흔히 공유한다고 설명하고 있다. 하지만 이러한 정신병리 및 MMPI 제작 방식의 특성을 충분히 인식하지 못한 채 유의하게 상승한 개별 척도 점수에 근거해 잘못 명명(mislabelling)하는 경우가 종종 있다.

이러한 오류를 피하려면 진단명에 근거한 척도 이름보다는 가치중립적인 척도 번호를 사용하고, 각 척도가 설명하고자 하는 개인의 정서적·행동적·성격적 특성 등에 초점을 맞춰 서술적 접근을 하도록 권하고 있다. 또한 개별 척도 점수보다는 코드 타입에 기초한 해석, 재구성 임상 척도, 정신병리 5요인 척도, 내용 척도 및 내용 소척도, 보충 척도, 결정적 문항 등 산출된 다양한 정보를 사용하는 것이 수검자의 임상 양상 및 정서적·행동적·성격적 특성을 더 풍부하고 광범위하게 해석하는 방법이다.

둘째, MMPI는 1943년에 개발한 원판의 용어를 그대로 사용하고 있어 변화하는 최신 진단 분류의 흐름에 부합하지 않는 측면이 있다. 예를 들어, 척도 7의 '신경쇠약(psychasthenia)'이라는 용어나 척도 1, 척도 2와 척도 3을 통칭하는 '신경증적 3요소(neurotic triad)'라는 용어 등은 현재의 DSM 체계에서는 어떠한 정신병리학 용어로도 설명하기 어렵다. 이렇듯 과거에 사용하던 용어들은 현대의 진단 체계의 정신병리 용어에 맞추어 새롭게 이해하고 보고서에 반영해야 한다.

따라서 임상가는 MMPI의 개발 배경과 이론적 근거, 기본 지침 등을 토대로 하여 정확한 절차를 거쳐 MMPI를 실시해야 하며, MMPI의 장점과 단점, 현재 상황에서 MMPI 결과를 통해 얻을 수 있는 이점과 주의사항 등을 고려해 객관적이고 체계적으로 해석해야 한다. 이를 위해 임상가는 체계적이고 엄격한 지도 감독하에 철저한 임상 훈련을 거치고 폭넓은 임상 경험을 쌓아야 할 것이다.

## 2 16 성격요인 검사

### 1) 16 성격요인 검사 특성

R. B. Cattell은 G. Allport와 같은 입장에서 성격을 관찰 가능한 '표면특성'과 그 배후에 있는 기본적인 '원천특성'으로 나누고 있다.

Cattell은 우선 성격의 특성을 나타내는 말 중 동의어를 한데 묶고 나머지 분명히 상이한 것들 간에 상관분석을 하여 상관계수가 .60 이상 되는 것을 동일한 특성으로 보아 이것들을 표면특성(surface traits)이라 불렀다. 그리고 이와 같은 표면특성의 기저에는 이른바 소수의 원천특성(source traits)이 있다는 것이며, 이것이 personality의 근저에서 참다운 구조적 영향력을 행사하는 것으로 보고 있다. 성격의 외현적 발현인 표면특성은 원천특성으로부터 싹트는 특성이다.

그리고 그는 정상성인을 대상으로 생활기록 자료(life record data, L자료)와 질문지 자료(questionnaire data, Q자료)의 요인분석(factor analysis)을 통해 16성격요인 검사(Sixteen Personality Factor <16PF> Inventory)를 만들었다.

〈표 8-1〉 김○○의 16PF성격 프로파일의 예

| 득점 | | | | 표준점수 (Standard Ten Score) | |
|---|---|---|---|---|---|
| 척도 | 요인 | 득점 | 낮은점수 (1~3점) | 1 2 3 4 5 6 7 8 9 10 | 높은점수 (8~10점) |
| 1 | A | 5 | 냉정성 | | 다정성 |
| 2 | B | 6 | 낮은지능 | | 높은지능 |
| 3 | C | 4 | 정서불안정 | | 정서안정성 |
| 4 | E | 4 | 순종성 | | 지배성 |
| 5 | F | 3 | 신중성 | | 충동성 |
| 6 | G | 3 | 편의성 | | 도덕성 |
| 7 | H | 3 | 소심성 | | 대담성 |
| 8 | I | 6 | 강인성 | | 유연성 |
| 9 | L | 6 | 신뢰성 | | 불신감 |
| 10 | M | 4 | 현실성 | | 상상력 |
| 11 | N | 6 | 순진성 | | 실리성 |
| 12 | O | 8 | 자신감 | | 죄책감 |
| 13 | $Q_1$ | 5 | 보수성 | | 진보성 |
| 14 | $Q_2$ | 8 | 의존성 | | 자족성 |
| 15 | $Q_3$ | 6 | 갈등감 | | 자제력 |
| 16 | $Q_4$ | 8 | 편안감 | | 긴장감 |

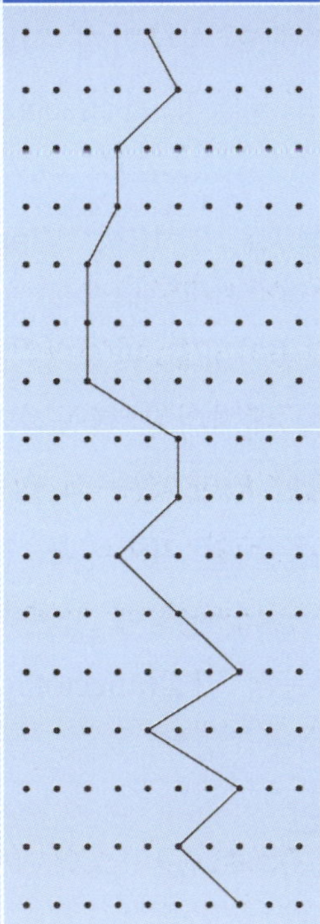

16PF에서는 16개의 성격특성들 각각의 원점수를 1~10점으로 분포되게 표준점수화(standard ten scores, 약칭: stens)하고 있다. 즉, 낮은 점수방향(1~3점), 평균점수 범위(4~7점) 및 높은 점수방향(8~10점)의 한 차원으로서 1개 특성을 양극성 요인구조(bipolar factor structures)로 표현하게 되어 있다.

## 2) 16개 성격특성에 관한 양극성 요인구조의 의미와 해석법

### 1 A 요인

#### (1) 냉정성(A−, 1~3점: Coldness)

사람 앞에 나서기 싫어하고 서먹서먹하다. 혼자 하는 일이나 물건들을 더 좋아한다. 냉담하고 타협할 줄 모른다. 비사교적이고 남을 의심한다. 자신의 기준이나 행동에 엄격하고 지나치게 정확하다. 냉정성(A−)은 내향성(introversion)의 한 특성이고, 일명 분열성 기질(schizothymia, sizothymia, sizia)이라고도 한다.

#### (2) 다정성(A+, 8~10점: Warmth)

사람들을 좋아하고 다정다감하다. 사교적이고 친절하다. 느긋하면서도 시원시원하다. 남을 배려하고 협동적이다. 인정이 많고 속마음을 털어 놓는다. 잘 어울리고 융통성이 있다. 활동적 직업을 좋아한다. 개인적 친분이 있고 모임에 앞장선다. 남의 이름을 잘 기억한다. 간부로 잘 뽑힌다. 남의 비판에는 무디다. 자기주장을 덜 하고 남의 결정에 따른다. 다정성(A+)은 외향성(extraversion)의 한 특성이고, 일명 정동성 기질(affectothymia, affectia)이라고도 한다.

### 2 B 요인

#### (1) 낮은 지능(B−, 1~3점: Low Intelligence)

낮은 지능(B−)은 평균수준보다 낮은 지능(under average intelligence), 전반적으로 낮은 정신능력(low general mental capacity) 또는 구체적 사고능력(concrete thinking)을 말한다. 우둔하고 덜 지성적이다. 상상력이 부족하고 사리분별을 잘하지 못한다. 머리를 써야 하는 문제를 해결하기가 어렵다. 사기가 떨어져 있다. 쉽게 포기한다.

### (2) 높은 지능(B+, 8~10점: High Intelligence)

높은 지능(B+)은 평균수준보다 높은 지능(aboveaverage intelligence), 우수한 지적·정신적 능력(high intelligence·mental capacity) 또는 추상적 사고능력(abstract thinking)을 말한다. 명석하고 지성적이다. 상상력이 풍부하고 사리분별을 잘한다. 아이디어를 빨리 파악한다. 남들보다 빨리 배운다. 끈기가 있다. 사기가 높다. 지도력이 있다.

## 3 C 요인

### (1) 불안정성(C−, 1~3점: Instability)

불안정성(C−)은 일명 정서불안정(emotional instability) 또는 약한 자아강도(low ego strength)로서 Eysenck의 일반 신경증 경향성(general neuroticism)과 일치하는 것이다. 이런 사람은 감정 변화가 많고 과민하다. 불만이 많다. 잠을 잘 못 잔다. 잔걱정을 한다. 남을 원망한다. 따돌리거나 무시한다고 느낀다. 이와 같은 근심걱정, 불안감, 부주의성, 공포증, 수면장애나 정신신체장애 등의 신경증적 증후들은 신경증 전반과 정신병 일부에 흔하다.

### (2) 안정성(C+, 8~10점: Stability)

안정성(C+)은 일명 정서안정성(emotional stability) 또는 강한 자아강도(high ego strength)로서 심리적으로 건강한 성격특성의 하나다. 이런 사람은 정서적으로 안정되어 있다. 성숙하다. 현실적으로 살아간다. 자신의 관심을 꾸준히 추구한다. 침착하고 적응력이 있다. 어려운 일은 부딪치면서 극복한다. 개인의 목표를 성취할 수 있다. 지도력이 있다.

## 4 E 요인

### (1) 순종성(E−, 1~3점: Submissiveness)

순종성(E−)은 남에게 순종을 하고 의존적이다. 예의가 바르다. 신중하다. 전통이나 관습을 따른다. 권위자에 동조하거나 복종을 한다. 나서지 않는다. 비판을 삼간다. 부드럽고 겸손하다. 외교적이기도 하다. 대체로 온순하다. 고백을 한다. 쉽게 불안해한다. 이러한 순종성이나 수동적 성향(passivity)은 여러 가지 신경증적 증후들 중에 하나이다.

### (2) 지배성(E+, 8~10점: Dominance)

지배성(E+)은 자신감이 있고 자기주장을 한다. 자립심이 강하다. 남에게 지기 싫어한다. 공격적이거나 적대적이다. 권위자로서 행동을 한다. 자신이 곧 법이다. 남을 지배하거나 처벌한다. 경쟁자를 무시하거나 권위인물에 대해서 반항적이다. 이른바 보스기질이 있다.

지배성(E+)은 불신감(L+), 상상력(M+), 반항성($Q_1$+), 자족성($Q_2$+)과 밀접한 관계가 있다. 이러한 지배성은 남녀 간에 차이점이 있다.

남성적 지배성(E+)은 다정성(A+), 정열성(F+), 대담성(H+), 집단 의존성($Q_2$−)과 밀접한 관계가 있다. 직업에는 판매직, 운동선수, 심판관, 항공인에 많다.

여성적 지배성(E+)은 '건강염려증적', '남과 비교하는', '눈에 띄려는' 또는 관심을 끄는 것으로 나타나고 있다.

## 5 F 요인

### (1) 신중성(F−, 1~3점: Seriousness)

신중성(F−)은 내향성(introversion)의 한 특성으로서 내성적이고 매사에 심사숙고를 한다. 말수가 적다. 남에게 의존적이다. 조심스럽고 걱정이 많다. 반성을 자주한다. 남을 의심한다. 기분의 변화가 심하다. 불안하고 우울하다. 비관적인 편이다. 강박적으로 생각한다. 친구가 많지 않다. 놀기를 좋아하지 않는다. 떠들썩한 것을 싫어한다. 혼자서 취미생활을 즐긴다.

신중성(F−)은 자기내부의 갈등을 내면화(internalization)한 것이다.

### (2) 충동성(F+, 8~10점: Impulsivity)

충동성(F+)은 정열성이라고도 하는 외향성(extraversion)의 한 특성이다. 이런 사람은 쾌활하고 떠들썩하다. 자발적이거나 열광적이다. 능동적이며 솔직하다. 감정이 풍부하고 말이 많다. 낙천적이고 사교적이다. 사람들을 좋아한다. 유머, 농담 또는 재치를 보인다. 놀기를 좋아한다. 인기가 있다. 믿음직하나. 친구가 많다. 파티나 쇼, 여행을 즐긴다. 여러 직업을 갖는다. 조심성이 없다. 즉흥적 또는 충동적이다. 충동성(F+)은 자기 갈등의 외면화(externalization)이고 신중성이 우울증적인 것과 대조적으로 조증 경향의 일면이다.

## 6 G 요인

### (1) 편의성(G−, 1~3점: Expediency)

편의성(G−)은 일명 약한 초자아강도(low superego strength) 또는 집단에 대한 비동조성(group nonconformity)이라고도 한다. 이런 사람은 도덕성이 결여되어 있고 임시방편적이다. 목표가 유동적이다. 덜렁거리고 준비성이 없다. 계획성이 없고 그때그때 편한 대로 행동한다. 성실하지 못하다. 사회질서나 규범을 무시한다. 따라서 충동적 행동, 비행, 동성애나 성격장애 행동과 같은 반사회적 행동 가능성이 있다.

### (2) 도덕성(G+, 8~10점: Morality)

도덕성(G+)은 일명 완벽성(perfectionism), 강한 초자아강도(higher superego strength),

동조성(conformity) 또는 집단동조성(group conformity)이라고도 한다. 이런 사람은 도덕적인 생활을 한다. 완벽성이나 정확성을 추구한다. 윗사람을 존경한다. 관습이나 규범을 지킨다. 양심적이다. 책임감과 의무감이 강하다. 철저하며 계획성이 있다. 요령을 피지 않는다. 성실한 사람을 좋아한다. 대체로 종교적 양심, 중산층 도덕성, 지성인이거나 합리주의 정신이 있다.

## 7 H 요인

### (1) 소심성(H−, 1~3점: Timidity)

소심성(H−)은 일명 수줍음(shyness), 위협민감성(high susceptibility to threat) 또는 임상적으로는 분열성 적응장애(schizoid maladjustment)라고도 한다. 이런 사람은 수줍어하고 사람 앞에 나서기 싫어한다. 소심하고 위험에 예민하다. 열등감이 있다. 행동이 더디고 말하기가 힘들다. 감정을 상하기가 쉽다. 사람을 만나는 직업을 싫어한다. 한두 명의 친구만 좋아한다. 이성과 만나기를 주저한다. 파티에서 짝 없는 사람과 같다.

### (2) 대담성(H+, 8~10점: Boldness)

대담성(H+)은 자발적이고 적극적이다. 배짱이 있다. 모험적이고 대담하다. 우호적이고 사교성이 있다. 정서표현을 잘한다. 앞에 나서기 좋아한다. 활동적이다. 이성에 노골적으로 접근한다. 때로는 부주의하고 충동적이다. 활극 영화의 주인공처럼 호쾌하다. 낯이 두껍다.

H+(대담성)는 A+(다정성) 또는 F+(정열성)와 구별하기 어려우나, A+는 대담하지 못하고, F+는 강한 자기도취가 있다. 그러나 세 가지 성격특성들 간에는 관련성이 있다. 대담성(H+)이 있는 사람은 어떤 도전이라도 기꺼이 부딪치고, 이성에게 대담하게 프러포즈를 하고, 모임이나 클럽을 잘 만든다.

## 8 I 요인

### (1) 강인성(I−, 1~3점: Tough-mindedness)

강인성(I−)은 남성적이고 강인하다. 실제적이고 성숙되어 있다. 독립적이고 책임감이 있다. 정서적으로 무디다. 자기를 믿는다. 비판에 둔감하다. 착각을 거부한다. 차갑고 엄하다. 공상에 빠지지 않는다. 냉소적이고 잘난 체 한다. 예술적 감각이 부족하다. 현실적이다. 모임을 만든다.

### (2) 유연성(I+, 8~10점 : Tender-mindedness)

유연성(I+)은 일명 민감성(sensitivity) 또는 정서민감성(emotional sensitivity)이라고도 한다. 유연성은 여성적 성격으로서 정서적으로 민감하고 의존적이다. 남의 관심, 도움, 동정이나 애정을 기대한다. 친절하다. 예의가 바르다. 공상을 즐긴다. 문학이나 예술을 좋아한다. 직관적이고 괴팍하기도 하다. 변덕스럽고 불안전하다. 참을성이 없다. 자신에 대해 불안하다. 여행이나 낭만을 좋아한다. 거친 직업이나 사람을 싫어한다. 건강염려증적 경향이 있다.

## 9 L 요인

### (1) 신뢰성(L−, 1~3점: Trusting)

신뢰성(L−)은 남을 믿고 이해한다. 낙천적이고 태평하다. 질투나 경쟁을 하지 않는다. 남을 배려하고 융통성이 있다. 너그럽고 농담을 한다. 우호적이다. 참을성이 있다. 어린애 같이 믿기 때문에 실망해도 대개 잘 극복한다. 사람들을 좋아하고 솔직하여 단체 일원으로 적격이다. 괜찮은 사람이고 건강한 성격 특성이다.

### (2) 불신감(L+, 8~10점: Suspecting)

불신감(L+)은 남을 믿지 못하는 의심증(suspiciousness)이라고도 한다. 이런 사람은 남을 의심하고 질투한다. 회의적이고 불신한다. 독단적이고 폭군적이다. 자기만족이 강하거나 좌절감에 빠진다. 자기주장만 하고 자만심이 강하다. 남에게 틀림없이 책임을 지게 한다. 남에게서 강요를 받으면 흥분하거나 반발한다. 의심증(L+)은 일명 투사긴장감(protension), 즉 투사와 내적 긴장(projection and inner tension)으로서 의심이 많은 편이며 집중적 사고경향 또는 걱정스런 불안전감(anxious insecurity)이라고도 한다.

## 10 M 요인

### (1) 실제성(M−, 1~3점: Practicality)

실제성(M−)은 현실적 요구에 기민하게 대응하는 것이다. 전통이나 관습을 존중한다. 실제적으로 판단을 한다. 실현 가능한 것에만 관심을 갖는다. 분명히 가능성이 보이는 객관적 목표를 추구한다. 예술적 감각에는 무디다. 이런 사람은 실제적이고 냉정하고 강인하게 현실적으로 살아간다.

### (2) 공상성(M+, 8~10점: Imagination)

공상성(M+) 또는 상상력은 원래 강력한 주관성과 내면적 정신활동(an intense subjectivity and inner mental life)을 의미하고, 일명 사변성이나 자폐적 사고(autistic thinking, autia)라고도 한다. 이런 사람은 '본질'의 문제에 관심이 있고 전통이나 관습에는 무관심하다. 흔히 생각에 빠지고 일상사에는 무심하다. 어떤 일에는 비상한 관심을 갖고 창의력을 발휘한다. 특정 인물이나 물리적 사실에는 멍청하다. 내부지향적으로 예술, 신념이나 이론에 관심이 있다.

## 11 N 요인

### (1) 순진성(N−, 1~3점: Naivete)

순진성(N−)은 천성이 순진하고 다정하다. 이런 사람은 순진하게 사람들은 좋아하고 예의가 바르다. 그러나 대인관계가 서툴고, 눈치가 없는 편이다. 약삭빠르지 못하다. 자기인식이 부족하다. 있는 대로 만족한다. 맹목적으로 사람을 믿는다. 정에 약하고 의존적이다. 천진난만하고 솔직하다. 순진성(N−)은 전도사, 간호사, 의료기사, 요리사에 많다.

### (2) 실리성(N+, 8~10점: Shrewdness)

실리성(N+)은 일명 약삭빠른 것 또는 교활성이라 해도 무방하다. 이런 사람은 사회적 센스가 있고 예의가 바르다. 야심적이고 이해타산에 밝다. 감상에 사로잡히지 않는다. 분석적, 목표지향적 또는 건설적으로 집단문제를 해결한다. 사회생활에 익숙하다. 자기의 행동을 잘 조절한다. 때로는 교활하거나 실속파다.

## 12 O 요인

### (1) 자신감(O−, 1~3점: Self-confidence)

자신감(O−)은 양심(superego control)에 거리낌이 없는 것이다. 이런 사람은 평온하고 기분이 안정되어 있다. 자기 확신을 갖고 있다. 쾌활하고 낙천적이다. 남의 의견에 좌우되지 않는다. 사회적 관습이나 규범에 사로잡히지 않는다. 건강한 성격 특성의 하나이다.

### (2) 죄책감(O+, 8~10점: Guilt Proneness)

죄책감(O+)은 일명 불안전감(insecurity)이라고도 한다. 이런 사람은 막연한 위기감, 두려움, 뭔가 잘못한 또는 죄를 지은 듯한 감정을 갖는다. 걱정이 많다. 예민하다. 쉽게 당황하고 실망한다. 변덕스럽다. 의심이 많다. 외로움을 느끼고 잘 운다. 이러한 죄책감(O+)은 다른 성격검사에서의 우울증, 침울성, 정서민감성, 자기비하태도, 공포증, 건강염려증 또는 신경증 경향성(neuroticism)이 관련되어 있는 것이다. 남의 비판에 좌절하고 자존심에 손상을 받는다. 죄책감(O+)은 양심(superego)에서 생기는 우울증(depression)의 한 지표이다.

## 13 $Q_1$ 요인

### (1) 보수성($Q_1-$, 1~3점: Conservatism)

보수성($Q_1-$)은 전통적 관습이나 규범을 지키고 권위자 또는 부모님의 의견을 존중한다. 보수적 신념에 대해서 확신한다. 신중하고 변화를 반대한다. 전통적 문제의 불합리성에도 참는 힘이 있다. 종교적 신앙이나 사회 정치적 문제에 대해서 보수적 태도를 취한다. 지성적이거나 혁신적 사고방식에 거부감이 있다.

### (2) 진보성($Q_1+$, 8~10점: Radicalism)

진보성($Q_1+$)은 일명 반항성(rebelliousness)이라고도 한다. $Q_1$(진보성)과 E+(지배성)는 유사한 안면타당도가 있으나 $Q_1+$에서는 지배성을 덜 주요시하고 건설적 개혁을 강조한다. 이런 사람은 '본질'의 문제에 대해서 회의를 느끼고 지성적 문제에 관심을 쏟는다. 풍부한 정보를 갖고 있다. 도덕성에는 구애받지 않는다. 분석적이고 실험정신이 강하다. 급진적이고 자유사상에 심취한다. 극단적 점수의 반항성은 정신분석적으로는 어려서 이성의 부모와의 오이디푸스 갈등(oedipus conflict)이 해결되지 못한 것이라고 해석하기도 한다.

## 14 $Q_2$ 요인

### (1) 집단의존성($Q_2-$, 1~3점: Group Dependency)

집단의존성($Q_2-$)은 간단히 의존성(dependency)이라고도 하며, 사회적 활동을 즐기는 것이다. 자신의 판단을 남들과 의논하거나 결정을 따른다. 인정을 받고 싶어 한다. 혼자서는 문제해결을 하지 못하고 의지하려고 한다. 선택하는 데 욕심은 없지만 집단에서 지지해 주기 바란다.

### (2) 자기충족성($Q_2+$, 8~10점: Self-sufficiency)

자기충족성($Q_2$)은 간단히 자족성이라고도 하며 기질적으로 자립적이고 자기방식대로 사는 것이다. 대개 자신이 결정하고 행동한다. 남의 도움을 받지 않는다. 남의 의견에 좌우되지 않는다. 사람들을 좋아한다. 그러나 알아주기를 바라지 않는다. 대인관계가 원만한데, 지배성(E+)을 갖지 않는다. Q+(자족성)는 내향성(introversion)의 한 특성임은 물론이다.

## 15 $Q_3$ 요인

### (1) 갈등감($Q_3-$, 1~3점: Self-conflict)

갈등감($Q_3-$)은 Erikson의 자아정체성에 대한 역할혼미(role confusion)의 개념과 유사하다. 이런 사람은 자기 자신을 통제하기가 어렵고 충동적 행동이 일어날 가능성이 있다. 무엇보다도 분노감정이나 불안감을 조절하기가 힘들다. 개인적으로도 적응하기 곤란하다고 느낀다. 정서장애를 보인다. 책임감과 강박적 작업을 요구하는 일을 잘하지 못한다.

### (2) 자제력($Q_3$+, 8~10점: Self-discipline)

자제력($Q_3$+)은 일명 의지력(will power), 강박행동(compulsivity)이나 불안 통제 능력(ability to bind anxiety)이라고도 한다. 이런 사람은 남들에게 인정받을 만한 행동만을 한다. 자기통제를 잘 하고 지속성이 있다. 남을 배려하고 선견지명이 있다. 양심적으로 행동한다. 예절과 명예를 존중한다. 신중하고 세심하다. 깔끔하고 철저하다. 지도자로 뽑힌다. 자동차 사고를 일으키지 않는다.

## 16 $Q_4$ 요인

### (1) 편안감($Q_4$−, 1~3점: Low Tension)

편안감($Q_4$−)은 아무런 불안이 없이 침착하고 안락한 상태다. 이런 사람은 조용하고 차분하다. 걱정거리가 없이 느긋하다. 자기 만족감이 있다. 그러나 지나친 만족감은 거꾸로 나태하거나 비능률적이 될 수 있다. 이때는 자기만족에 젖어서 동기유발의 의욕이 없고 시행착오를 하려 하지 않는다.

### (2) 긴장감($Q_4$+, 8~10점: High Tension)

긴장감($Q_4$+)은 일명 자유분방한 불안(free floating anxiety)이라고도 한다. 혼동하기 쉬운 것은 $Q_4$(긴장감), Q+(죄책감), C−(불안정성)의 세 가지다. 이 세 가지 특성들은 긍정적 상호상관에도 불구하고, $Q_4$+의 특징은 불합리한 걱정, 긴장, 흥분, 불안과 혼란에 있다. 따라서 남이 싫어하지 않을까 하고 초조, 걱정, 불안하다. 감정을 통제하지 못하고 불쑥 화를 낸다. 항상 긴장을 하고 짜증을 부린다. 안달을 한다. 가슴이 답답하고 머리도 아프다. $Q_4$+(긴장감이나 확산되는 불안)는 정신분석적으로 자아(ego)에서는 통제하기가 어려운 무의식적 본능의 압력(id pressure)에서 나오는 것이다. 따라서 긴장감이 누적되면 불안감이나 정신 신체장애가 나타나게 된다.

# 3 CPI

## 1) CPI의 특징

CPI(California Psychological Inventoty)는 캘리포니아 대학의 Harrison Gough가 정상인의 성격 특성을 측정하기 위해 만든 필답식 검사이다. CPI는 개인의 사회적 적응과 개인 내부적 적응의 두 가지를 알아보는 인성검사로, 생득적 특징보다도 태도·의견 등 후천적 사회 학습적 요인을 많이 포함하고 있다.

척도는 모두 18개로 이를 다시 4개 척도군으로 구분한다. CPI가 MMPI와 다른 장점은 각 척도가 대비성을 갖고 있다는 점이다. 즉 MMPI의 각 임상 척도는 규준군에 의해, 고득점은 어떠한 정신증상과 유사한 특징을 의미하지만 저득점은 원칙적으로 그러한 정신상태가 없다는 소견밖에 생각하지 못한다.

## 2) 검사척도의 내용

### 1 제1군: 심리적 안정감, 우월성, 자신의 정도

#### (1) 지배성(Do, Dominance)

① 고득점: ㉠ 끈기가 강하고 계획성이 있다.
㉡ 적극적이고, 자율성이 풍부하여 지도력이 있다.

② 저득점: ㉠ 소극적이고 억제하는 경향이 있으며 말수가 없고 평범하다.
㉡ 사고·행동이 둔하고 우유부단하며, 자신이 없다.

#### (2) 사회적 성취능력(Cs, Capacity for Status)

① 고득점: ㉠ 야심적이고 능동적이며, 통찰력이 풍부하고 재능이 풍부하다.
㉡ 설득력 있고 우월하며 이기적이다.

② 저득점: ㉠ 틀에 박혀 있고 관습적이며, 온화하고 성실, 정직하며, 소심하고 활기가 없다.
㉡ 시야·관심이 좁고 새로운 장면에 적응이 곤란하다.

### (3) 사교성(Sy, Sociability)

① 고득점: ㉠ 외향적이며 모험을 좋아한다.
㉡ 판단이 예리하고 독창적이며 막힘이 없다.

② 저득점: ㉠ 수동적이고 피암시적이어서 태도가 불명확하다.
㉡ 소극적·복종적이며, 서투르다.

### (4) 사회적 안정감(Sp, Social Presence)

① 고득점: ㉠ 머리가 좋고 자발성·상상력이 풍부하고 표현도 풍부하여 대화를 좋아한다.
㉡ 활기가 있고 매사에 열중한다.

② 저득점: ㉠ 절도 있고 신중하며 성실, 정직하고 인내심이 강하다.
㉡ 사고·판단에 융통성이 없고 결단력도 없다.
㉢ 독창성이 없다.

### (5) 자기만족감(Sa, Self-acceptance)

① 고득점: ㉠ 이지적이고 재치가 풍부하며, 설득력 있고 자신을 갖고 있다.
㉡ 자기중심적·공격적이며 타인에 강요한다.

② 저득점: ㉠ 보수적·관습적이고 안이하며 억제적이다.
㉡ 자책·자기비하가 있고 통틀어 수동적으로 행동한다.

### (6) 행복감(Wb, Sense of Well Being)

① 고득점: ㉠ 정력적이고 모험적이고 야심적이다.
㉡ 재능이 풍부하고 빈틈이 없으며 생산성이 높다.
㉢ 일과 노력에 가치를 둔다.

② 저득점: ㉠ 겁 많고 조심성 많고, 관습적이고 야심이 없다.
㉡ 방어적이고 변명이 많다.
㉢ 통틀어서 억제적이다.

## 2 제2군: 사회화, 성숙성, 책임감의 강도

### (7) 책임감(Re, Responsibility)

① 고득점: ㉠ 책임감이 강하고 성실하여 신뢰를 얻는다.
㉡ 윤리·도덕적으로 민감하고, 위엄이 있다.
㉢ 자발적·진보적·계획적이고 철저하다.

② 저득점: ㉠ 미숙하고 성미가 까다롭고 개인적 편견이 있어 타인을 믿지 않는다.
㉡ 변덕스럽고 충동적이며 나태하고 겁이 많다.

### (8) 사회적 성숙성(So, Socialigation)

① 고득점: ㉠ 양심적이고 책임감이 강하고 헌신적이고 순응성이 있다.
㉡ 친절·정직·근면·착실하다.

② 저득점: ㉠ 음흉하고 기만적이며, 극단적으로 현시적인 행동을 취한다.
㉡ 독단적이고 쉽게 화를 내고 완고하고 강요적이며, 반항적이다.
㉢ 신망이 없다.

### (9) 자기통제력(Sc, Self-control)

① 고득점: ㉠ 자제적·사색적이고 신중하며 인내심이 강하다.
㉡ 활기가 없다.
㉢ 정직하고 양심적이며 일에 대한 기대는 자타를 불문하고 엄하다.

② 저득점: ㉠ 충동적·즉흥적이며 성미가 급하여 흥분하기 쉽고 독단적·공격적이다.
㉡ 자기중심적이고 개인적 쾌락이나 사적인 이익추구의 중요성을 과도하게 강조한다.

### (10) 관용성(To, Tolerance)

① 고득점: ㉠ 자유롭고 모험적이고 재빠르고 너그럽다.
㉡ 지적으로 높고 사고가 명석하여 연구력이 풍부하다.
㉢ 말은 유창하고 흥미의 폭이 넓다.

② 저득점: ㉠ 편협하고 의심이 많고 타인의 의견을 믿지 않는다.
㉡ 냉담하며, 몹시 비판적이다.
㉢ 수동적이고 틀어박히는 경향이 있다.

### (11) 자기현시성(Gi, Good Impression)

① 고득점: ㉠ 협조적·외향적·사교적·원조적이며, 타인에 좋은 인상을 주려고 마음을 쓴다.
㉡ 근면하고 끈기가 강하다.

② 저득점: ㉠ 자기중심적이고 남을 생각해 주는 마음이 없다.
㉡ 억제적이고 주의 깊으며, 조심성이 많고, 화를 잘 낸다.

### (12) 사회적 상식성(Cm, Communality)

① 고득점: ㉠ 양식이 있고 정확한 판단을 한다.
㉡ 절도 있고 착실하고 인내심 강하고 신망이 있다.
② 저득점: ㉠ 침착하지 못하고 무질서하고 혼란에 빠지기 쉽다.
㉡ 타인에게는 기만적이고 음흉하다.
㉢ 고민이나 갈등을 갖고 있다.

## 3 제3군: 성취능력과 지적능력의 정도

### (13) 순응적인 성취요구(Ac, Achievement via Conformance)

① 고득점: ㉠ 유능하고 협조적이고 능률적이고 책임감 있으며 착실, 근면하다.
㉡ 지적 활동이나 성취에 가치를 둔다.
② 저득점: ㉠ 말씨나 행동이 거칠고 품위가 없으며, 고집이 세고 독단적이고 냉담하다.
㉡ 겁 많고 불안정하다.

### (14) 자립적 성취욕구(Ai, Achievement via Independence)

① 고득점: ㉠ 자주성, 독립심이 강하고 우수한 지적능력과 판단력을 갖고 있다.
㉡ 사회적으로 성숙하고 지배성이 크다.
② 저득점: ㉠ 자기통찰이 없고 권위에 복종적이다.
㉡ 불안·불만을 갖기 쉽고 경계적이고 억제적이다.

### (15) 지적능력(Ie, Intellectual Efficiency)

① 고득점: ㉠ 능력이 있고 이지적이며, 사고가 명석하고 연구력이 풍부하다.
㉡ 지적인 일을 중히 여긴다.

② 저득점: ㉠ 사고가 틀에 박혀 있고 관습적이다.
㉡ 야심이 없고 안이하고 천박하다.
㉢ 자기 관리와 자기 훈련이 부족하다.

## 4 제4군: 지적인 형태 및 흥미의 양식

### (16) 공감성(Py, Psychological-mindedness)

① 고득점: ㉠ 감수성이 풍부하고 관찰이 예리하다.
㉡ 구속되는 일에는 반발한다.
㉢ 자발적이고 연구력이 풍부하다.
㉣ 대화를 좋아하고 말이 유창하다.

② 저득점: ㉠ 진행속도가 느리고, 신중하며 조심성이 많다.
㉡ 진실하고 온화하고, 허세 부리지 않으며, 보수적·관습적이다.

### (17) 융통성(Fx, Flexibility)

① 고득점: ㉠ 익살스럽고 짓궂음이 있다.
㉡ 이상주의적·이기주의적 형식에 얽매이지 않는다.
㉢ 자신 있고 대담하다.
㉣ 개인적 즐거움이나 기분전환에 가치를 둔다.

② 저득점: ㉠ 사고는 틀에 박혀 있고 현학(衒學)적이다.
㉡ 권위나 인습을 존중하고 융통성이 없다.
㉢ 예의 바르고, 신중하고 근면하다.

### (18) 여성적 경향(Fe, Feminity)

① 고득점: ㉠ 타인을 존경하고 수용적이고 동정적이다.
㉡ 절도가 있고 성실하고 인내심이 강하고 고집적이다.

ⓒ 미를 감상하는 능력이 있다.

② 저득점: ㉠ 외향, 고집, 야심이 있고 사나이답다.

㉡ 강건하고 능동적이고 직접적으로 생각하고 행동한다.

ⓒ 교제성이 좋고 편의주의적인 데가 있다.

### 3) 검사 방법

미국 원판에서는 중학생 이상에 사용할 수 있게 되었다. 실시 방법은 MMPI와 같고, 검사시간의 제한은 없다. 채점은 채점판을 이용하여 소점을 계산하고 소점수에 따라 T점수를 환산하여 프로파일을 그린다.

### 4) 검사결과의 타당성

MMPI처럼 타당성 척도는 없으나, 그 대신 Gi(자기현시성), Wb(행복감), Cm(사회적 상식성)이 사용된다.

#### 1 Gi 지표

자신을 좋게 보이게 하려는 지표이다. 척도의 득점이 적당한 높이(T점수 50을 약간 넘음)인 경우에는 의욕상승의 징후이지만 너무 높은 경우에는 실제 이상으로 자기를 미화하기 위해 응답을 왜곡한 것으로 볼 것이다.

#### 2 Wb 지표

MMPI의 F척도와 비슷한 지표이다. 이 척도의 득점이 너무 낮은 경우에는 행복감을 과소평가하여 자기의 고민을 부당하게 과장하는 등 본심을 속이는 것으로 볼 것이다.

#### 3 Cm 지표

사회적 상식에 관련되는 것으로 득점이 T = 40 미만인 때에는 상식이 부족하다고 생각하는 것보다 응답방법의 오류나 부주의는 없었는지 검토할 필요가 있다.

### 5) 프로파일의 해석

각 척도별로 득점에 주목하는 것은 물론 의미가 있지만, 인성검사는 프로파일에 의하여 인성의 총합구조를 볼 수 있는 이점을 갖고 있으며, 또 총합구조에 의거하여 비로소 각개의 특성이 드러난다. 따라서 프로파일 전체의 성질을 파악하는 일이 해석의 첫걸음이 된다.

#### 1 프로파일의 높이

T점수 50선을 기준으로 프로파일 전체가 이보다 높은지, 낮은지에 주목한다. 평균에서 높으면 사회적응이 양호하고 지적효율도 좋다. 낮은 경우에는 인간관계에 문제가 있음을 시사한다.

#### 2 척도군 상호비교

제1군은 '사회적응능력'으로 실제적·행동적 특성군이며, 제2군은 보다 잠재적인 '자질'을 특징으로 한다. 따라서 제1군이 높아도 제2군이 낮은 프로파일은 필요한 자질을 결여한 낙천가에 지나지 않는 인성임을 알린다. 특히 제3군(지적 적응)이나 제4군(흥미 형태)이 함께 낮은 경우에는 매사에 생각한 것이 제대로 안되거나 실패만 할 것이다. 반대로 제3군, 제4군이 높아도 제1군이 낮은 경우에는 지적인 능력·관심은 높아도 인간관계가 잘 형성되지 않은 경향을 보인다.

### 3 최고·최저 척도

이 2개의 득점은 프로파일의 전체 특징을 나타내는 신호가 된다.

### 4 프로파일의 내적 변이성

피검사자 개인의 평균 T점수를 계산하고 이를 기준점으로 각 척도의 일탈상황을 점검한다. 이에 의해 개인의 관심방향이 보다 명료하게 나타난다.

## 4 아이젱크 성격검사

아이젱크 성격검사(Eysenck Personality Questionnare, EPQ)는 아이젱 부부(Eysenck, H. P.와 Eysenck, S. B. G., 1975)가 공동제작한 것으로 EPQ는 정신병적 경향성(psy-choticism: P), 외향성-내향성(extraversion-introversion: E), 신경증적 경향성(neuroticism: N), 허위성(lie: L)의 네 가지 척도로 구성되어 있다.

네 가지 척도의 해석 기준은 다음과 같다.

### 1) P (정신병적 경향성 척도)

이 척도의 점수가 높을수록 공격적이며 정서적으로 냉담하다. 동정심이 부족하고 자신이나 타인의 감정에 대해 매우 둔감하다. 충동적으로 행동할 가능성이 높고 자기중심적이다. 일반적으로 남이 잘 납득할 수 없는 위험을 무릅쓰거나 별난 물건을 수집하는 등 끊임없이 남들과 다른 새로운 것을 추구한다.

### 2) E (외향성·내향성 척도)

이 척도의 점수가 높을수록 외향적이다. 사교적이며 교우관계도 넓다. 농담도 잘하고 활동적이며 생기가 넘치며 모험심도 강하다. 항상 기분이 좋고 새로운 것을 추구하고자 하나 지나칠 경우 스스로의 기분을 통제하지 못하는 경우도 있다.

### 3) N (신경증적 경향성 척도)

이 척도의 점수가 높을수록 정신신체적 질병을 호소하는 경우가 많으며 사소한 스트레스에도 지나칠 정도로 예민하게 반응한다. 감정의 기복이 심하여 쉽게 우울해지며 일단 손상된 정서상태는 쉽게 복구되기 힘들다. 비합리적이며 강직하여 한 번 믿어버린 비합리적 신념에 집착하는 경향을 보인다.

### 4) L (허위성 척도)

아이젱크 부부가 발견한 주요 성격차원의 하나로서 빼놓을 수 없는 이 척도가 상승할수록 솔직하게 자신을 표출하기를 꺼려하며 자신의 습관이나 행동은 모두 좋은 것으로만 포장하려 하고 자랑이 심하다. 자신의 잘못은 인정하더라도 타인을 비난하며 남의 잘못을 훈계하면서도 스스로는 그러한 행동을 서슴지 않는다.

## 5 상황-특성 불안검사

상황-특성 불안검사(State Trait Anxiety Inventory, STAI)는 C. D. Spielberger, R. L. Gorsuch, R. E. Lushene 등이 만든 검사로서 일시적인 상황불안과 지속적인 특성불안을 측정하기 위한 목적으로 두 척도가 별도로 각기 20문항으로 구성되어 있고, 각 문항은 4단계의 평정을 요구하는 내용으로 진술되어 있다.

## 1) 상황불안검사의 척도 구성

지시: 아래의 문항들은 귀하가 현재 느끼는 감정에 관한 내용들입니다.
각각의 문장을 잘 읽으신 후, 지금 순간의 귀하의 느낌과 가장 일치하는 곳에 'V'로 표시해 주십시오. 옳고 그른 답은 없으므로 바로 답해 주시면 됩니다.

| 항목 | 전혀 그렇지 않다 | 약간 그렇다 | 대체로 그렇다 | 매우 그렇다 |
|---|---|---|---|---|
| *1. 나는 마음이 차분하다. | | | | |
| *2. 나는 마음이 든든하다. | | | | |
| 3. 나는 긴장되어 있다. | | | | |
| 4. 후회스럽고 서운하다. | | | | |
| *5. 나는 마음이 편하다. | | | | |
| 6. 나는 당황해서 어찌하면 좋을지 모르겠다. | | | | |
| 7. 앞으로 불행이 올 것 같아서 걱정하고 있다. | | | | |
| *8. 나는 마음이 놓인다. | | | | |
| 9. 나는 불안하다. | | | | |
| *10. 나는 편안하게 느낀다. | | | | |
| *11. 나는 자신감이 있다. | | | | |
| 12. 나는 짜증스럽다. | | | | |
| 13. 나는 마음이 조마조마하다. | | | | |
| 14. 나는 극도로 긴장되어 있다. | | | | |
| *15. 내 마음은 긴장이 풀려 푸근하다. | | | | |
| *16. 나는 만족스럽다. | | | | |
| 17. 나는 걱정하고 있다. | | | | |
| 18. 나는 흥분되어 어쩔 줄 모르겠다. | | | | |
| *19. 나는 즐겁다. | | | | |
| *20. 나는 기분이 좋다. | | | | |

* 도치(倒置) 문항

## 2) 특성불안검사의 척도 구성

지시: 아래의 문장들은 사람들이 자신을 표현하는 데 사용되고 있는 것들입니다. 잘 읽으시고 문장의 오른편에 있는 네 개의 항목 중에서 당신이 일상생활에서 일반적으로 느끼고 있는 바를 가장 잘 나타내 주는 문항 하나를 검게 칠하십시오. 여기에 옳고 그른 답은 없습니다. 한 문장에 너무 오래 머무르지 말고, 당신이 일반적으로 느끼고 있는 상태를 나타내고 있다고 생각되는 문항에 바로 답을 해 주십시오.

| 항목 | 거의 그렇지 않다 | 가끔 그렇다 | 자주 그렇다 | 거의 언제나 그렇다 |
|---|---|---|---|---|
| *1. 나는 기분이 좋다. | | | | |
| 2. 나는 쉽게 피로해진다. | | | | |
| 3. 나는 울고 싶은 심정이다. | | | | |
| 4. 나도 다른 사람들처럼 행복했으면 좋겠다. | | | | |
| 5. 나는 마음을 빨리 정하지 못해서 실패를 한다. | | | | |
| *6. 나는 마음이 놓인다. | | | | |
| 7. 나는 차분하고 침착하다. | | | | |
| 8. 나는 너무 많은 어려운 문제가 밀어닥쳐서 극복할 수 없을 것 같다. | | | | |
| 9. 나는 하찮은 일에 너무 걱정을 많이 한다. | | | | |
| *10. 나는 행복하다. | | | | |
| 11. 나는 무슨 일이건 힘들게 생각한다. | | | | |
| 12. 나는 자신감이 부족하다. | | | | |
| *13. 나는 마음이 든든하다. | | | | |
| 14. 나는 위기나 어려움을 피하려고 애쓴다. | | | | |
| 15. 나는 울적하다. | | | | |
| *16. 나는 만족스럽다. | | | | |
| 17. 사소한 생각이 나를 괴롭힌다. | | | | |
| 18. 나는 실망을 지나치게 예민하게 받아들이기 때문에 머릿속에서 지워버릴 수가 없다. | | | | |
| *19. 나는 착실한 사람이다. | | | | |
| 20. 나는 요즈음의 걱정거리나 관심거리를 생각만하면 긴장되거나 어찌할 바를 모르겠다. | | | | |

* 도치(倒置) 문항

## 3) STAI 규준표

| Raw Score | COLLEGE FRESHMEN | | | | UNDERGRADUATES | | | | HIGH SCHOOL | | | | NP* | | GMS* | | PRISONERS* | | Raw Score |
|---|---|---|---|---|---|---|---|---|---|---|---|---|---|---|---|---|---|---|---|
| | Male | | Female | | Male | | Female | | Male | | Female | | PATIENTS | | PATIENTS | | | | |
| | St | Tr | St | Tr | St | Tr | St | Tr | St | Tr | St | Tr | St | Tr | St | Tr | St | Tr | |
| 20 | | | | | | | | | | | | | 1 | | | 1 | | | 20 |
| 21 | | | | | 1 | 1 | 1 | | | | 1 | | 1 | 1 | 1 | 2 | | | 21 |
| 22 | | | | | 2 | 1 | 2 | 1 | 1 | 1 | 2 | | 2 | 1 | 3 | 3 | | | 22 |
| 23 | | 1 | 1 | 1 | 4 | 2 | 4 | 2 | 2 | 1 | 3 | | 3 | 2 | 6 | 5 | 1 | 1 | 23 |
| 24 | 1 | 1 | 1 | 2 | 7 | 4 | 6 | 3 | 3 | 1 | 5 | 2 | 4 | 3 | 8 | 6 | 1 | 2 | 24 |
| 25 | 1 | 2 | 2 | 3 | 12 | 7 | 9 | 5 | 6 | 2 | 8 | 4 | 4 | 4 | 10 | 7 | 2 | 3 | 25 |
| 26 | 2 | 4 | 3 | 5 | 15 | 9 | 13 | 6 | 8 | 4 | 11 | 5 | 5 | 5 | 13 | 10 | 3 | 4 | 26 |
| 27 | 3 | 7 | 5 | 7 | 17 | 11 | 17 | 7 | 11 | 7 | 15 | 7 | 6 | 6 | 16 | 12 | 4 | 5 | 27 |
| 28 | 4 | 10 | 7 | 10 | 19 | 14 | 23 | 10 | 14 | 10 | 20 | 9 | 8 | 8 | 19 | 13 | 5 | 6 | 28 |
| 29 | 6 | 14 | 10 | 12 | 23 | 19 | 28 | 12 | 19 | 12 | 24 | 11 | 9 | 9 | 20 | 16 | 6 | 8 | 29 |
| 30 | 8 | 17 | 13 | 16 | 28 | 24 | 35 | 15 | 26 | 15 | 29 | 14 | 10 | 11 | 21 | 19 | 7 | 9 | 30 |
| 31 | 11 | 23 | 17 | 19 | 33 | 29 | 39 | 20 | 31 | 18 | 34 | 18 | 11 | 12 | 24 | 22 | 9 | 11 | 31 |
| 32 | 15 | 27 | 21 | 23 | 38 | 34 | 45 | 24 | 34 | 22 | 39 | 21 | 12 | 14 | 26 | 23 | 11 | 13 | 32 |
| 33 | 20 | 31 | 25 | 27 | 41 | 39 | 49 | 30 | 39 | 27 | 43 | 25 | 14 | 15 | 29 | 26 | 12 | 15 | 33 |
| 34 | 24 | 35 | 29 | 32 | 45 | 42 | 54 | 36 | 43 | 31 | 48 | 29 | 15 | 17 | 31 | 29 | 15 | 17 | 34 |
| 35 | 28 | 38 | 34 | 37 | 50 | 46 | 59 | 40 | 48 | 34 | 52 | 33 | 18 | 19 | 33 | 31 | 17 | 19 | 35 |
| 36 | 33 | 42 | 39 | 42 | 54 | 50 | 63 | 45 | 53 | 38 | 56 | 38 | 21 | 21 | 34 | 33 | 19 | 22 | 36 |
| 37 | 39 | 46 | 43 | 49 | 58 | 53 | 65 | 51 | 58 | 43 | 59 | 42 | 23 | 24 | 36 | 37 | 22 | 26 | 37 |
| 38 | 43 | 50 | 47 | 54 | 61 | 55 | 68 | 55 | 60 | 48 | 62 | 45 | 25 | 26 | 38 | 40 | 25 | 29 | 38 |
| 39 | 48 | 56 | 51 | 58 | 65 | 57 | 71 | 60 | 62 | 54 | 65 | 48 | 28 | 28 | 41 | 43 | 28 | 32 | 39 |
| 40 | 52 | 62 | 56 | 62 | 70 | 61 | 74 | 65 | 67 | 60 | 68 | 50 | 30 | 31 | 43 | 46 | 32 | 34 | 40 |
| 41 | 57 | 66 | 61 | 66 | 73 | 64 | 76 | 70 | 72 | 63 | 72 | 53 | 32 | 33 | 46 | 50 | 36 | 37 | 41 |
| 42 | 64 | 72 | 66 | 70 | 75 | 68 | 80 | 73 | 75 | 67 | 75 | 55 | 34 | 36 | 48 | 54 | 39 | 40 | 42 |
| 43 | 69 | 77 | 70 | 73 | 78 | 73 | 83 | 76 | 77 | 70 | 76 | 58 | 37 | 39 | 51 | 57 | 42 | 43 | 43 |
| 44 | 73 | 80 | 73 | 77 | 81 | 76 | 85 | 79 | 77 | 75 | 77 | 62 | 39 | 41 | 55 | 59 | 45 | 45 | 44 |
| 45 | 76 | 82 | 76 | 80 | 83 | 79 | 86 | 81 | 79 | 77 | 79 | 64 | 41 | 45 | 58 | 62 | 47 | 48 | 45 |
| 46 | 80 | 84 | 79 | 84 | 85 | 81 | 87 | 84 | 82 | 80 | 80 | 66 | 43 | 48 | 60 | 65 | 50 | 52 | 46 |
| 47 | 84 | 85 | 83 | 87 | 87 | 84 | 89 | 86 | 84 | 83 | 82 | 69 | 45 | 51 | 61 | 68 | 53 | 55 | 47 |
| 48 | 86 | 87 | 85 | 89 | 88 | 86 | 91 | 86 | 87 | 85 | 83 | 72 | 48 | 54 | 64 | 72 | 56 | 59 | 48 |
| 49 | 87 | 89 | 86 | 91 | 90 | 88 | 92 | 87 | 88 | 86 | 85 | 75 | 52 | 57 | 70 | 75 | 60 | 63 | 49 |
| 50 | 88 | 91 | 88 | 92 | 91 | 89 | 93 | 89 | 89 | 87 | 86 | 78 | 56 | 61 | 75 | 77 | 65 | 67 | 50 |
| 51 | 90 | 92 | 89 | 94 | 92 | 91 | 94 | 91 | 91 | 88 | 87 | 80 | 60 | 64 | 78 | 79 | 68 | 71 | 51 |
| 52 | 91 | 94 | 91 | 94 | 93 | 92 | 95 | 93 | 93 | 89 | 87 | 82 | 63 | 67 | 80 | 82 | 71 | 74 | 52 |
| 53 | 93 | 95 | 92 | 95 | 94 | 93 | 95 | 94 | 94 | 90 | 88 | 85 | 66 | 70 | 82 | 85 | 75 | 79 | 53 |
| 54 | 94 | 97 | 93 | 96 | 95 | 94 | 95 | 94 | 96 | 91 | 89 | 87 | 70 | 72 | 82 | 87 | 76 | 84 | 54 |
| 55 | 95 | 97 | 94 | 96 | 95 | 95 | 96 | 95 | 97 | 93 | 89 | 88 | 73 | 75 | 83 | 89 | 79 | 86 | 55 |
| 56 | 96 | 98 | 95 | 96 | 96 | 96 | 96 | 95 | 97 | 94 | 90 | 89 | 75 | 77 | 84 | 91 | 81 | 87 | 56 |
| 57 | 97 | 98 | 96 | 97 | 97 | 97 | 97 | 96 | 97 | 95 | 90 | 89 | 77 | 79 | 85 | 92 | 83 | 89 | 57 |
| 58 | 98 | 98 | 97 | 98 | 97 | 97 | 98 | 96 | 98 | 95 | 90 | 90 | 80 | 81 | 86 | 92 | 85 | 90 | 58 |
| 59 | 99 | 99 | 98 | 99 | 97 | 97 | 93 | 96 | 99 | 96 | 91 | 91 | 81 | 83 | 87 | 94 | 88 | 92 | 59 |
| 60 | | | 98 | | 97 | 97 | 98 | 97 | | 96 | 92 | 92 | 82 | 85 | 89 | 94 | 91 | 93 | 60 |
| 61 | | | 99 | | 97 | 97 | 98 | 97 | | 96 | 93 | 94 | 83 | 86 | 91 | 94 | 92 | 94 | 61 |
| 62 | | | | | 98 | 97 | 98 | 97 | | 97 | 94 | 95 | 84 | 88 | 92 | 94 | 93 | 95 | 62 |
| 63 | | | | | 98 | 98 | 99 | 98 | | 97 | 95 | 97 | 86 | 89 | 92 | 94 | 94 | 96 | 63 |
| 64 | | | | | 98 | 98 | | 98 | | 98 | 95 | 97 | 86 | 90 | 92 | 94 | 94 | 96 | 64 |
| 65 | | | | | 99 | 99 | | 98 | | 98 | 97 | 97 | 88 | 92 | 93 | 94 | 94 | 97 | 65 |
| 66 | | | | | | | | 98 | | 98 | 97 | 98 | 89 | 94 | 94 | 95 | 95 | 98 | 66 |
| 67 | | | | | | | | 99 | | 99 | 98 | 98 | 90 | 95 | 95 | 95 | 96 | 99 | 67 |
| 68 | | | | | | | | | | | 98 | 98 | 92 | 95 | 96 | 96 | 97 | | 68 |
| 69 | | | | | | | | | | | 98 | 98 | 93 | 97 | 96 | 97 | 98 | | 69 |
| 70 | | | | | | | | | | | 98 | 98 | 95 | 97 | 96 | 97 | 98 | | 70 |
| 71 | | | | | | | | | | | 98 | 98 | 95 | 98 | 96 | 98 | 98 | | 71 |
| 72 | | | | | | | | | | | 98 | 98 | 96 | 98 | 97 | 99 | 99 | | 72 |
| 73 | | | | | | | | | | | | | 97 | 99 | 97 | | | | 73 |
| 74 | | | | | | | | | | | | | 98 | | 98 | | | | 74 |
| 75 | | | | | | | | | | | | | 99 | | 98 | | | | 75 |

*Males only

# 6 우리나라 성격검사의 종류

## 1) K.T.C 발행의 일반 성격검사

K.T.C에서 발행한 김기석 제작의 '일반 성격검사(중·고·성인용)'의 내용을 살펴보면 다음과 같다.

### 1 특 징

본 검사는 Leonard V. Gordon이 Gordon Personal Profile을 작성하였을 때 채택하였던 4분 강요선택법(Tetrad Fored Choice)과 요인분석(Factor Analysis)의 결과를 참작하여 작성하였다.

### 2 검사의 내용

#### (1) A 요인: 지배성(Ascendancy)

이 요인은 지배, 복종의 정도를 표시한다. A 점수가 높은 사람은 대인관계에 있어서 자신을 가지고 자기주장을 내세우며, 집단 상황에서 적극적인 역할을 하고, 또한 독립적인 결정과 행동을 할 수 있다.

A 점수가 낮은 사람은 집단에서 소극적 역할을 하고, 집단의 참가자라기보다 방관자인 편이고, 대체로 자기에 대한 자신이 없고, 타인이 자기를 영도하는 것을 좋아하고, 지나치게 타인의 말이나 충고에 귀를 기울이는 성격을 가지고 있다.

#### (2) R 요인: 책임성(Responsibility)

R점수가 높은 사람은 책임을 신중히 생각하고, 맡은 일에 집착하여 이를 완수하고, 인내성이 많으며, 의지가 강하다. R점수가 낮으면 흥미 없는 일에는 들어

붙어 있지를 못하며, 극단의 경우에는 무책임하거나 책임 회피를 하게 된다.

#### (3) E 요인: 정서적 안전성(Emotional Stability)

정신적으로 균형이 잘 잡혀 있으며, 감정이 안정되고, 비교적 근심이 없고, 신경질이 아닌 성격은 E점수가 높다. E점수가 낮은 사람은 과도한 정신적 불안, 심리적 긴장, 신경과민의 특성을 가지고 있으며, 일반적으로 감정의 동요가 심하다. 극히 낮은 E점수는 소위 '노이로제' 증을 표시할 때가 많다.

#### (4) S 요인: 사교성(Sociability)

일반적으로 다른 사람들과 같이 놀고, 같이 일하기를 즐기고, 사람들과 잘 어울리며 사교적인 사람은 S점수가 높다. S점수가 낮은 사람은 사교적인 접촉을 제한하고 친지가 적고, 극단의 경우에는 사람과 만나는 것을 회피하게 된다.

#### (5) T점: 총점(Total Score); 자신감-열등감

T점수는 상기한 A, R, E, S점의 합계 점수인 바 그 자체를 유의미한 성격의 일면을 나타낸다. 즉, T점수의 고저는 자신에 대한 우월감-열등감의 정도를 표시한다.

### 2) K.T.C. 발행의 인성·정서진단검사

K.T.C.에서 발행한 이종승 제작의 '인성·정서진단검사(초등학교 고학년용·중·고등학교용)'의 내용을 살펴보면 다음과 같다.

#### 1 특 징

이 검사는 학생들의 성격특성뿐만 아니라 근래에 학교나 사회에서 관심이

고조되고 있는 정서지능(EQ)을 측정할 수 있도록 새롭게 개발한 표준화 검사이다.

## 2 검사의 내용

이 검사는 크게 두 가지 요인군, 즉 인성요인과 정서요인으로 나누어져 있다.

### (1) 인성요인

① 사회성(Sociability, SOC)

사회성은 비사회성과 대비되는 특성으로서, 사회활동이나 집단활동에 적극적으로 참여하기를 좋아하며, 사교적이고 친절하며, 협동적이고, 인간관계가 원만하며, 대인적응성이 강한 인성특성을 말한다.

② 성취성(Achievement Motivation, ACH)

성취성은 비성취성과 대비되는 특성으로서, 자신을 타인보다 나은 존재로 만들려고 하고 어떤 상황에서나 최선의 결과를 얻도록 노력하며, 자기의 능력을 신뢰하고, 과업지향적·미래지향적 태도를 갖고, 높은 수준의 성취목표를 갖고 있다.

③ 활동성(Activity, ACT)

활동성은 비활동성과 대비되는 특성으로서, 일상생활에서 매우 적극적·정력적이고, 생산적이며, 민첩하고 부지런하며, 일을 좋아하고 또한 많은 일을 해내는 인성특성을 말한다.

④ 안정성(Stability, STA)

여기서 말하는 안정성은 특히 정서적 안정성(emotional stability)을 지칭하는 것으로서, 정서적으로 안정·성숙되어 있고, 극단적인 희로애락의 감정에 흐르지 않고 균형을 유지하며, 침착하고 자아가 통정되어 유사 시에도 비교적 마음의 동요가 적은 인성특성을 말한다.

⑤ 지배성(Dominance, DOM)

지배성은 복종성과 대비되는 성격특성으로서, 집단 활동에서 지휘·감독하는 지도적 위치와 역할을 차지하기 좋아하고, 자기주장을 내세우며, 고집이 세고 공격적이며, 대담하고 권위주의적인 인성특성을 의미한다.

⑥ 자율성(Autonomy, AUT)

자율성은 타율성과 대비되는 인성특성으로서, 자기의 행동에 대한 책임을 중시하며, 스스로의 행위를 제어하고, 독립적·자주적·자발적이고, 인습과 전통에 얽매이지 않으며, 자기나름의 독특한 해결책을 모색하고자 하는 주체적인 인성특성을 말한다.

⑦ 사려성(Reflectiveness, REF)

사려성은 충동성과 대비되는 인성특성으로서, 심사숙고하고, 행동보다 사색을 즐기며, 자기의 감정이나 정서를 잘 조절하고 억제하며, 이론적·내성적인 인성특성을 의미한다.

### (2) 정서요인

① 정서인식(Emotion Recognition, EREC)

자신의 감정을 객관적으로 인식하고 그것이 발생한 이유를 이해하며, 감정과 행동 간의 차이를 인식하는 능력, 그리고 다른 사람들의 감정 변화를 정확히 이해하고 빨리 알아차릴 수 있는 능력을 말한다. 타인의 감정을 그 사람의 입장에서 이해하여 자신의 것처럼 느끼고 반응하는 감정이입(empathy)의 능력도 여기에 포함된다.

② 정서표현(Emotion Expression, EEXP)

자신의 느낌이나 감정상태, 기분 등을 적절한 말로 표현하고, 상황에 알맞게 행동이나 표정으로 나타낼 수 있으며, 다른 사람에 대한 자신의 감정을 적절하게 보여줄 수 있는 능력으로 자신의 정서표현과 타인의 정서표현을 측정요소로 한다. 상대방의 기분을 상하지 않게 하면서 자신의 감정을 표현하거나, 흥분하지 않고 담담하게 자신의 감정을 남에게 전달할 수 있는 것 등도 여기에 속한다.

③ 정서조절(Emotion Regulation, EREG)

자기 자신의 마음을 잘 다스리고 감정을 효과적으로 조절하는 능력으로서, 자신의 정서조절과 타인의 정서조절을 측정요소로 한다. 희로애락의 감정을 갖되 어느 한쪽으로 지나치게 치우치지 않고, 쉽게 흥분하거나 화를 내지 않고 침착하게 상황에 대처하는 능력이다. 걱정이나 우울함 혹은 짜증 등을 털어 버리는 능력도 여기에 속한다.

④ 대인관계(Human Relationships, HREL)

다른 사람들과 얼마나 좋은 인간관계를 맺고 있는가를 나타내는 능력이다. 여기에는 대인관계를 분석하고 이해하는 능력, 타인과 의견이 상충할 때 갈등을 조정하고 협상하는 능력, 좀 더 능동적이고 적극적으로 의사소통하는 능력, 다른 사람들을 관용적으로 대하고 이해하는 능력, 민주적으로 일을 처리하는 능력 등을 포함한다.

⑤ 정서지능(Emotional Intelligence, EQ)

이것은 정서인식, 정서표현, 정서조절, 대인관계의 4개 정서요인 점수를 기초로 하여 산출한 값이다. 정서지능이 높으면 그만큼 자신과 타인의 정서상태를 정확히 파악하고, 상황에 알맞게 정서를 표현할 수 있는 능력이 뛰어나며, 자신의 마음과 감정을 잘 조절하고 다스리며, 다른 사람들과 잘 어울려 지내고 있음을 뜻한다.

### 3) 한국심리검사연구소 발행의 MBTI

한국심리검사연구소에서 발행한 심혜숙과 김정택 제작의 '성격유형검사'의 내용을 살펴보면 다음과 같다.

#### 1 특 징

이 검사는 Jung의 성격유형이론에 의거해서 C. C. Briggs와 I. B. Myer가 제작한 'Myer-Briggs Type Indicator(MBTI)'를 심혜숙과 김정택이 한국판으로 표준화한 성격유형검사이다.

#### 2 검사의 목적

MBTI는 성격유형검사로써, 외향성-내향성, 감각-직관, 사고-감정, 판단-인식 지표 중 각 개인이 선호하는 네 가지 지표에 의거한 성격유형을 알아보는 데 목적이 있다.

예컨대, 인간의 행동이 겉으로 보기에는 멋대로이고 예측하기 힘들 정도로 변화무쌍해 보이지만 사실은 매우 질서정연하고 일관성 있게 다르다. 이 일관성과 상이성은 각 개인이 외부로부터 정보를 수집하고(인식과정), 자신이 수립한 정보에 근거해서 행동을 위한 결정을 내리는데(판단과정) 있어서 각 개인이 선호하는 방법이 근본적으로 다르다는 Jung의 이론에 입각해서 MBTI는 개인의 심리적 선호성을 진단하는 데 목적이 있다.

#### 3 검사의 내용

##### (1) 네 가지 선호성 지표

MBTI는 95개의 문항으로 구성되어 있으며, 각 개인이 심리적 선호성을 나타내는 네 가지 지표가 있는 바, 각 지표는 인식, 판단기능과 연관된 네 가지 지표적 선호성 중 하나를 대표한다. 이 선호성은 주어진 상황에서 사람들이 무엇에 주의를 기울이는가 뿐만 아니라, 그들이 인식한 것에 대하여 어떻게 결론을 내리는가에 영향을 미친다.

MBTI에서 말하는 심리적 선호성이란 다음과 같다.

- 더 지속적이고 일관성 있게 활용하는 것
- 선택적으로 더 자주, 많이 쓰는 것
- 선택적으로 좋아하는 것
- 상대적으로 편하고 쉬운 것
- 상대적으로 더 쉽게 끌리는 것

① 외향성–내향성(Extraversion–Introversion, EI): 개인이 외향성인지 내향성인지를 나타내는 지표

- 외향형(E) 사람들은 주로 외적 세계를 지향하므로 그들의 인식과 판단도 사람과 대상 등 외부세계와 외부환경에 초점을 두는 경향이 있다. 외향성의 사람들은 세상을 이해하기 위해서 외적 경험을 필요로 하고 먼저 행동으로 체험하려는 경향이 있다. 따라서 그들은 활달해 보이고 활동적으로 보인다.
- 내향형(I) 사람들은 주로 내적 세계를 지향하므로 그들이 인식과 판단 역시 개념이나 사상 등 자신의 내부세계에 더 초점을 두는 경향이 있다. 내향성인 사람들은 그들의 업무가 생각을 주로 하는 활동을 많이 요구할 때 더 많이 흥미와 편안함을 느낀다. 그들은 세상을 직접 경험하기 전에 먼저 생각 속에서 이해하려고 하는 경향이 있다.

② 감각–직관(Sensing–iNtuition, SN): 정보수집(인식) 기능을 나타내는 지표

- 감각기능형(S)을 선호하는 사람들은 자신의 내적·외적 세계에 무엇이 존재하는가, 또한 그것들이 어떻게 발생하는가에 대한 정보를 자신의 눈, 귀 그리고 다른 감각기관들, 즉 자신의 오관에 의존하여 받아들이는 경향이 있다.

감각기능은 상황의 실체를 이해하는 데 특히 유용하다. 이런 사람들은 대체로 현재를 있는 그대로 즐기고 차근차근 업무를 수행해 나가는 근면 성실한 형이며, 구체적인 사실을 보기 위해 때로는 전체를 보지 못할 수 있다.

- 직관기능형(N)을 선호하는 사람들은 오관에 의해 얻어진 정보의 차원을 넘는 가능성이나 보다 심오한 의미와 전체적인 관계를, 우리가 흔히 말하는 육감에 의존하여 얻어낸다. 직관은 전체를 파악하고 본질적인 패턴을 이해하려고 애쓴다. 직관형은 상상력과 영감에 더 큰 가치와 비중을 둔다. 이런 사람들은 현재 머무르기보다 미래의 성취와 변화, 다양성을 더욱 즐기고 전체를 보기 위해 세밀한 사항은 간과하는 편이다.

③ 사고-감정(Thinking-Feeling, TF): 의식결정(판단) 기능을 나타내는 지표

- 사고형(T)을 선호하는 사람들은 어떤 특별한 선택이나 행동에 대한 논리적인 결과들을 예측하여 의사를 결정한다. 사고기능을 활용할 경우 객관적인 판단 기준에 근거하여 정보를 분석 비교하여 의사결정에 다다른다. 이런 사람들은 일관성과 타당성을 중시하며 내가 그것을 싫어하던 좋아하던 상관없이 원리원칙에 입각하여 결정한다. 그러므로 무엇이 진실한가에 관심이 많으며, 자신이 개인적으로 느끼는 가치보다는 무엇이 옳고 그른가 하는 객관적인 기준을 중시하는 편이다.
- 감정형(F)의 사람들은 무엇이 중요한지에 더욱 초점을 두므로 인간중심의 가치에 기초를 둔 결정을 내리게 된다. 감정기능을 활용한다면 객관적인 기준보다는 어떤 가치를 느끼고, 타인에게 어떤 영향을 주는가가 더 중요하게 된다. 감정기능(F)을 선호하는 사람들은 인간관계를 중요시하고, 동정심이 많으며, 남을 인정할 줄 알고, 재치가 있는 편이다. 객관적인 진리보다는 보편적인 선을 더욱 선호한다.

④ 판단-인식(Judging-Perception, JP): 외부세계에 대한 태도를 나타내는 지표

- 판단(J)형을 선호하는 사람들은 생활을 조절하고 통제하기를 원하면서 계획을 세우고 질서 있게 살아가는 경향이 있다. 판단기능(J)을 쓸 때는 결정하고, 일에 종결을 짓고, 어떤 일을 수행하는 것을 더 좋아한다. 이런 사람들은 구조화되고 조직화되는 것을 좋아하고 일이 정착되는 것을 더욱 선호한다. 흔히 이들은 계획에 따라 일을 추진하고 미리 준비하는 편이며, 정한 기간 내에 일을 마무리 짓는 편이다.
- 인식(P)형을 선호하는 사람들은 상황에 맞추어 적응하여 자율적으로 살아가기를 원한다. 그들은 삶을 통제하기보다는 이해하려고 노력하는 편이다. 이런 사람들은 어떤 순간에도 적응할 수 있는 그들의 능력을 믿고 즐기면서 다양하게 경험할 수 있도록 항상 개방적이기를 좋아한다. 모든 경험에 열려져 있고 정한 시간에 일을 마무리 짓지 못할 때도 있으나 그때그때 자발적으로 상황에 대처해 나가는 편이다.

### (2) 16가지 성격유형

MBTI의 네 가지 선호지표는 여덟 가지의 선호성을 구성하며, 그 중의 네 가지 선호성을 누구나 택하게 되어 있다. 피검자의 성격유형은 MBTI검사를 받았을 때 피검자가 선택한 네 가지 선호성의 조합이며 상호작용이다. 만약 각각의 선호를, 그러한 선호를 표시하는 글자로 나타낸다면 피검자의 타입은 네 글자로 코드화되어 나타낼 수 있게 된다. 예컨대, ESTP는 외향성이며(E), 감각(S)기능에 의해 정보를 얻고, 의사를 결정할 때는 사고기능(T)을 이용하고, 외부세계에 대한 태도는 주로 인식적(P)인 사람을 의미한다. ESTP 지표에서 반대선호를 가진 사람은 INFJ이다. 이런 사람은 내향적(I)이며, 직관에 의존하여 정보를 얻고(N), 의사결정을 할 때 감정(F)을 이용하고, 외부세계에 대한 판단적 태도(J)를 가진다. 그러므로 MBTI의 성격유형은 다음과 같이 16가지 유형으로 나타날 수 있다.

| ISTJ | ISFJ | INFJ | INTJ |
|---|---|---|---|
| ISTP | ISFP | INFP | INTP |
| ESTP | ESFP | ENFP | ENTP |
| ESTJ | ESFJ | ENFJ | ENTJ |

## 4 검사의 실시방법

MBTI는 먼저 자신의 MBTI를 통해서 성격유형의 역동적인 측면을 경험적으로 인식한 사람만이 다른 사람에게 실시할 수 있다. 그러므로 검사 전에 MBTI Workshop을 통해서 성격유형이론의 역동성을 먼저 체험하도록 권유하고 있는 것이다. 이를 위해서는 Jung의 성격이론에 대한 어느 정도의 이해도 필요하다. 이와 같이 경험과 이론을 통해서 성격유형에 대한 이해가 된 사람은 다음과 같은 과정을 거쳐 검사를 실시할 수 있다. 검사는 필요에 따라 개인 또는 집단으로 실시할 수 있다.

- 먼저 검사지와 답안지를 나누어 주고 인적 사항을 기입하도록 한다.
- 검사지 첫 페이지에 있는 검사를 받기 전에 읽어 볼 사항들을 설명해 준다.
- 검사 도중에는 어떠한 질문에도 직접적으로 설명해 주어서는 안 된다는 사실을 명심해야 한다. 왜냐하면 이 검사는 대부분의 문항이 하나를 선택하도록 되어 있기 때문에(forced choice) 검사실시자의 해석이 검사자에게 영향을 주게 되면 선호성의 방향에 직접적으로 영향을 미칠 수 있으므로 애매한 문항을 해석해 준다거나 큰 소리로 대신 읽어주지 말아야 한다.
- 따라서 애매한 상황에서 잘 선택할 수 없으면 그 문항은 답하지 않아도 좋다고 설명해 준다.

## 5 채점방법과 점수해석법

### (1) 점수환산의 방법

#### ① 채점판을 사용할 경우

- 채점판은 모두 다섯 장으로 되어 있는데, 사고와 감정지표(T, F)만은 남녀 채점판이 구별되어 있다. 먼저 채점판 윗부분의 두 구멍과 답안지 양쪽에 표시된 별표(*)를 정확하게 맞춘다.
- □칸 안에 든 표시는 2점으로, 나머지는 모두 1점으로 계산한다.
- 문항 14번과 93번은 채점판 위에 B, C 두 개가 모두 응답한 것으로 나왔을 때는 B만 1점으로 친다. 그러나 B 혹은 C 하나만 응답한 경우에는 그대로 1점으로 셈한다. 문항 17번은 2개의 답이 허용된 문항으로써 채점판 사용 시는 별다른 문제가 없다. 채점판에 나타나는 대로 계산하면 된다.

#### ② 컴퓨터로 채점할 경우

컴퓨터 프로그램을 사용하여 응답을 입력시킬 경우 다른 것은 채점판 사용시와 같으나, 문항 14번과 93번은 A, B, C 각 하나씩 응답했을 경우는 별 상관이 없지만, AB 혹은 AC 두 개를 응답했을 경우에는 0점으로 치고 BC를 택했을 경우에는 B에만 점수를 준다. 그리고 문항 17번 A, B, C 각 하나씩 응답했을 경우에는 상관없지만, AB, BC, AC 두 개를 동시에 표시했을 경우 모두 0점으로 친다.

### (2) 각 지표의 최고점

각 지표의 최고점(환산되지 않은 채점원점수)과 환산최고점(원점수를 환산점으로 고친 점수)은 다음과 같다. 그러므로 만약에 각 지표의 채점점수와 환산점의 합계가 최고점을 넘을 때는 환산이 잘못된 것이므로 재검토하여야 한다.

| 구분 | E | I | S | N | T | F | J | P |
|---|---|---|---|---|---|---|---|---|
| 환산 전 최고점 | 26 | 28 | 34 | 25 | 33 | 19(남)<br>21(여) | 28 | 30 |
| 환산 최고점 | 51 | 57 | 67 | 51 | 65 | 39(남)<br>43(여) | 55 | 61 |

### (3) 각 지표의 점수 환산

양극성(반대성향) 지표에서 점수가 높은 쪽이 선호도 방향을 결정한다. 예컨대, E(25) I(10)일 경우에 이 사람은 외향성(E) 경향의 사람으로 나타난다. 이에 따라 각 지표의 선호지표 점수는 선호지표 점수를 환산할 수 있는 환산표가 제시되어 있으므로 이를 사용하면 보다 간단하게 점수를 환산할 수 있다.

### (4) 각 지표의 점수 해석

각자의 유형을 나타내는 각 글자 옆에 그와 관련된 점수가 있다. 이 점수는 두 가지 상반된 선호 중에서 한 가지 선호를 일관성 있게 선택했는가 하는 것을 알려주고 있다. 높은 점수는 일반적으로 명확한 선호도를 의미한다. 그렇다고 해서 높은 점수를 곧 어떤 기능이나 태도가 더 개발되어 좋다거나 나쁘다는 의미가 아님을 알아야 한다. 따라서 낮은 점수가 결코 나쁘다는 의미가 아니다. 낮은 점수는 젊은이들에게서 일반적으로 나타나는 현상이다. 그것은 아마도 여러 가지 이유로 선호도가 명확하지 않다는 것을 의미할 수 있다.

MBTI를 만든 Myer & Briggs는 점수의 의미를 다음과 같이 해석하고 있다.

- 1~9: 약한 선호도(Slight)
- 10~19: 중간 정도의 선호도(Modest)
- 20~39: 강한 선호도(Clear)
- 40 이상: 아주 뚜렷한 선호도(Very Clear)

## 6 검사결과의 해석: 16가지 성격유형별 특성의 이해

다음의 16가지 성격유형은 더 좋거나 나쁜 유형은 절대로 없으며 고착화된 상태를 의미하지는 않는다.

### (1) ISTJ(사고를 보조기능으로 가진 내향성 감각형)

ISTJ형은 신중하며 책임감이 강하다. 집중력이 높고 강한 현실감각으로 실질적이며 조직적으로 일을 처리하며, 직무가 요구하는 그 이상으로 일을 열심히 처리한다. 위기상황에서도 침착하고 충동적으로 일을 처리하지 않으며 일관성 있으나 보수적인 입장을 취하는 경향이 있다. 현재의 문제점을 해결하는 데 있어 과거의 경험을 잘 적용하며, 반복되는 일상적인 일에 대한 인내력이 강하다. 때로는 일의 세부사항에 집착하는 경향이 있으나 업무수행이나 세상일에 대처할 때 행동이 매우 확고하고 분별력이 있다.

ISTJ형 사람들은 철저하고, 한번 관련이 되면 중단하거나 단념하는 것은 어렵다.

ISTJ형은 그들의 조직력과 정확성에 대한 능력이 잘 나타나는 직업을 일반적으로 선택한다.

### (2) ISTP(감각을 보조기능으로 가진 내향성 사고형)

조용하고 말이 없으며 논리적이고 분석적인 형이다. 일상생활에 있어 매우 적응력이 강하며, 열정적이지만 조용하고 호기심이 많으며, 사람을 사귈 때 친한 친구들을 제외하고는 수줍어한다. 그들은 외부상황을 잊을 만큼 그들의 관심거리에 종종 깊이 몰두하게 된다.

ISTP형은 비록 그들이 많은 정보를 제공할 수 있는 어떤 주체에 대해서 말을 꽤 많이 할 수 있어도, 조용하며 표현을 억제하는 편이다. 손재주가 뛰어나고 스포츠와 야외에서 노는 것이나 그들의 지각에 많은 정보를 제공해 줄 수 있는 일들을 좋아한다. 현실감각이 뛰어나고 임기응변력이 풍부하다.

### (3) ESTP(사고를 보조기능으로 가진 외향성 감각형)

읽고 쓰는 것을 통해 배우기보다 직접적인 경험을 통해 배우는 것을 선호하는 형이다. 추상적인 아이디어나 개념에 대한 흥미가 없다.

ESTP형 선호경향을 지닌 사람들은 우호적이고, 적응력이 있는 현실주의자들이다. 그들은 보고 듣고 경험한 것에 의존한다. 그들은 주위의 사실이 무엇이든 간에 그대로 수용하고 사용한다. ESTP형은 대체로 개방적이며, 자신을 포함한 모든 사람에게 관용적이고, 긴장을 완화시키거나 서로 갈등을 느끼는 사람들을 잘 화합시킬 수 있다.

### (4) ESTJ(감각을 보조기능으로 가진 외향성 사고형)

일을 조직하고 계획하고 출범시키는 능력이 있다. 현실적이 사실적이며 체계적, 논리적으로 사업이나 조직체를 이끌어나가는 타고난 재능을 가졌다.

ESTJ형은 타고난 관리자로써 일의 목표를 설정하고 지시하고 결정권을 이행하는 역할을 즐긴다. 비합리적이고 일관성이 결여된 상황을 쉽게 파악하는 능력이 있다.

ESTJ형은 타고난 지도자 또는 관리자라는 말이 적절한 만큼 업무를 조직화해서 일을 처리하기 좋아한다. 사고(T)에 대한 의존은 그들을 논리적이며, 분석적이고, 객관적, 비판적으로 일하게 하며, 논리적 추론을 제외한 그 무엇으로도 확신을 갖지 않으려는 경향이 있다.

그들은 미래의 가능성보다는 현재의 사실을 추구하는 것에 더 관심이 많다. 이러한 경향이 그들을 사무적·실용적·현실적이며, 현실상황에 치중하게 만들기 쉽다. 과거의 경험을 활용하고, 확고한 사실성을 바탕으로 계획, 결정을 내리고 믿는 경향이 있다.

### (5) ISFJ(감정을 보조기능으로 가진 내향성 감각형)

책임감이 강하고 온정적이며 헌신적이다. 세부적이고 치밀성과 반복을 요하는 일을 끝까지 해 나가는 인내력이 높다. 이들이 가진 침착성과 인내력은 가정이나 집단에 안정성을 가져다준다. 다른 사람의 사정을 고려하며 자신과 타인의 감정 흐름에 민감하다. 위기상황에 대처할 때에도 차분하며 안정되어 있다.

대체로 ISFJ형의 사람들은 열심이며 분별력이 있고 절차에 세심하다.

### (6) ISFP(감각을 보조기능으로 가진 내향성 감각형)

말보다는 행동으로 따뜻함을 나타내며 마음이 따뜻하고 동정적이다. Myer-Briggs의 표현을 빌리면 ISFP형은 마치 양털 안감을 넣은 오버코트처럼 속마음이 따뜻한 사람들이다. 그러나 상대방을 잘 알게 될 때까지 이 따뜻함을 잘 드러내지 않는다.

사람이나 일을 대하는 데 있어 ISFP형은 자신들의 내적인 이상향과 개인적인 가치에 준하되 말로 표현하기를 꺼린다. 또한 자신의 주관이나 가치를 타인에게 요구하지 않으며 자기능력에 대해 겸손하다.

그들의 깊은 감정은 거의 표면화되지 않고 내적인 온유함은 고요한 침묵으로 가려져 있다. 일상생활 활동에 있어서 그들은 관용적이고, 개방적이고, 융통성이 있고, 적응력이 있다. 그러나 그들의 내적 충실성이 위험에 직면하면 조금도 양보를 하지 않는다. 그들은 다른 사람에게 감동을 주려하거나 지배하려 하지 않는다.

### (7) ESFP(감정을 보조기능으로 가진 외향성 감각형)

친절하고 수용적이며 현실적이고 실제적이다. 어떤 상황에도 잘 적응하며 타협적이다. 선입견이 별로 없으며 개방적·관용적이고 대체로 사람들을 잘 받아들인다. 주위에서 진행되고 있는 일들을 알고자 하고 또한 열심히 참견하고 끼어든다. 다른 사람의 일이나 활동에 관심이 많으며 새로운 사건 혹은 물건에도 관심과 호기심이 많다. 이론이나 책을 통해 배우기보다 실생활을 통해 배우는 것을 선호한다.

ESFP 선호형은 추상적 관념이나 이론보다는 구체적 사실들을 잘 기억하는 편이다. 논리적 분석보다는 인간중심의 가치에 따라 어떤 결정을 내린다. 그러므로 동정적이고 사람들에게 관심이 많고 때로는 재치가 있고 두뇌 회전이 빠르다. 특히 사람들을 접하는 일에 능숙하고 사람이나 사물을 다루는 사실적인 상식이 풍부하다.

ESFP형은 어떤 조직체나 공동체에서 밝고 재미있는 분위기 조성 역할을 한다.

### (8) ESFJ(감각을 보조기능으로 가진 외향성 감정형)

동정심과 동료애가 많다. 친절하고 재치가 있으며 다른 사람들에게 관심을 쏟고 인화를 도모하는 일을 중요하게 여긴다. 양심적이고 정리정돈을 잘하며 참을성이 많고 다른 사람들을 잘 돕는다. 또한 다른 사람들의 지지를 받으면 일에 열중하고 다른 사람들의 무관심한 태도에 민감하다.

비판력과 객관성이 없이 다른 사람들의 의견에 동의하는 경향이 있으며, 다른 사람의 견해에 집착하는 경향이 있다. 일상적인 일에 잘 적응하며 현실적이고 실제적이며 물질적 소유를 즐긴다. ESFJ형은 사람을 다루고 행동을 요구하는 분야에서 능력을 발휘한다. 끈기가 있고 성실하여 작은 일에도 순서를 따르고 다른 사람들에 대하여 자기와 같을 것이라고 기대하는 경향이 있다.

### (9) INFJ(감정을 보조기능으로 가진 내향성 직관형)

창의력과 통찰력이 뛰어나다. 뛰어난 영감으로 말없이 타인에게 영향력을 가진다. 독립심이 강하며, 확고한 신념과 뚜렷한 원리원칙을 생활 속에 가지고 있으면서 공동의 이익을 가져오는 일에 심혈을 기울이고 인화와 동료애를 중요시하여 존경을 받고 사람들이 따른다. 열정과 신념으로 자신들이 믿는 영감을 구현시켜 나가는 위대한 정신적 지도자들이 INFJ형에 많다. 남에게 강요하기보다 행동과 권유로 사람들의 마음을 움직여 따르게 만드는 지도력이 있다.

직관력과 사람 중심의 가치를 중시하는 분야에서 INFJ형은 능력을 발휘한다. 반복되는 단순작업은 INFJ형이 지닌 직관력과 영감, 새로운 가능성을 찾는 통찰력을 질식케 하며 비능률적이 되게 한다. 오로지 한 곳에 몰두하는 경향을 목적 달성에 필요한 주변적인 조건들을 경시하기 쉽고 따라서 난관에 부딪힐 때가 많다. 현실을 있는 그대로 수용하거나 현재를 즐기려는 노력이 필요하다. 또한 사실적이고 구체적인 것을 보는 습관과 현실감각을 키우는 것이 필요하다.

### (10) INFP(직관을 보조기능으로 가진 내향성 감각형)

마음이 따뜻하나 상대방을 잘 알기 전에는 표현을 하려들지 않는다. 조용하며, 자신이 관계하는 사람이나 일에 대하여 책임감이 강하고 성실하다. 또한 자신이 지향하는 이상에 대해서는 신념을 지니고 있다.

대체로 관대하고 개방적이다. 그러나 내적인 신의가 위협을 당하면 한 치의 양보도 없다. 남을 지배하거나 좋은 인상을 주고자 하는 경향이 거의 없다.

어떤 일에 깊은 관심을 가질 때 완벽주의적으로 나가는 경향이 있다. 노동의 대가를 능가해서 자신이 하는 일에 의미를 찾고자 하는 경향이 있으며 인간이해와 인간복지에 할 수 있는 일을 하기를 원한다.

때로 지나치게 일을 벌려 놓는 경향으로 인해 자신의 이상과 자신이 실제로 성취한 일의 차이점을 발견할 때 필요 이상으로 자신이 부적당한 사람이라는 느낌을 가진다. 자신의 이상과 현실이 안고 있는 실제 상황을 고려하는 능력이 필요하다. 또한 너무 많은 사람을 동시에 만족시키고자 하는 부담에서 벗어나려는 노력과 객관적인 입장을 취하는 태도가 때로 필요하다.

### (11) ENFP(감정을 보조기능으로 가진 외향성 직관형)

풍부한 충동적 에너지를 가지고 즉흥적으로 일을 재빠르게 해결하는 솔선수범력과 열성을 갖고 있다. 자신의 열성으로 다른 사람들도 어떤 프로젝트에 흥미를 가지게 하고 다른 사람을 잘 도와준다.

ENFP형이 가지는 어려움 중의 하나가 반복되는 일상적인 일을 견디지 못하는 경향이다. 새로운 가능성을 추구하고 창의적·즉흥적으로 일을 시작하고 또 다른 일로 옮겨가는 ENFP에게는 영감과 통찰력 및 창의력이 요구되지 않는 일상적이고 세부적 일은 도무지 흥미를 끌지 못하고 열성을 불러일으키지도 못한다. 또한 한 가지 일을 다 끝내기도 전에 몇 가지 다른 일을 떠벌리기 쉬운 경향을 가지고 있다.

어려움을 당할 때 더욱 자극받고, 어려움을 해결하는 데 매우 독창적이다.

### (12) ENFJ(직관을 보조기능으로 가진 외향성 감정형)

동정심과 동료애가 많으며 친절하고 재치 있고 인화를 아주 중요하게 여긴다. 민첩하고 참을성이 많고 성실하다. 다른 사람들의 의견을 존중하고 그 가치를 본다. 공동선을 위해서는 대체로 상대방 의견에 동의하고, 새로운 아이디어에 대한 호기심이 많다. 쓰기보다는 말로써 생각을 잘 표현한다. 편안하고 능란하게 계획을 제시하거나 조직을 이끌어 가는 능력이 있다.

사교적이며 사람들을 좋아하고 다른 사람들의 좋은 점을 때로 지나치게 이상화하고 맹목적 충성을 보이는 경향도 있다. 다른 사람들로부터 인정과 칭찬을 받으면 맡은 일에 열중하나 비판에 민감하다. 사람을 다루고 행동을 요구하는 분야의 일에서 능력을 발휘한다.

ENFJ형의 사람들은 주위 사람들에게 주로 관심을 갖고 조화로운 인간관계에 높은 가치를 두며, 우호적이다. 또한 그들은 끈기가 있고, 성실하며, 작은 일에도 순서를 따르고, 다른 사람들에 대해서도 자기와 같을 것이라고 생각하는 경향이 있다. 또한 자신이 존경하는 인물, 제도 혹은 이념을 지나치게 이상화하는 경향도 있다.

### (13) INTJ(사고를 보조기능으로 가진 내향성 직관형)

행동과 사고가 독창적이다. 내적인 신념과 비전은 산이라도 움직일 만큼 강하다. 16가지 유형 중에서 가장 독립적이고 단호하며 고집이 세다. 자신이 가진 영감과 목적을 실현시키려는 의지와 결단력과 인내심을 가지고 있다. 자신과 타인의 능력을 중요시하며, 목적달성을 위하여 시간과 노력을 바쳐 일한다. 직관력과 통찰력이 활용되는 분야에서 능력을 발휘한다.

그들의 대담한 직관력은 비교할 수 없는 가치를 가졌으며 일상 반복되는 직종에서는 이 능력을 발휘하지 못한다. 복잡한 문제를 다루기를 좋아하며 자신이 관심을 가지는 일이라면 조직력을 발휘하여 일을 추진시키는 능력이 있다. 목적을 향해 외골수로 치닫는 경향 때문에 다른 사람들의 관점을 경시할 수 있어 문제가 될 수 있다. 때로는 자신과 타인의 감정이나 가치관을 소홀히 다루는 탓으로 반대 입장에 선 사람들로부터 예기치 않았던 힐책을 당할 수 있다.

INTJ형에게는 탁월한 분석력 때문에 일과 사람을 있는 그대로 수용하고 음미하는 것이 어렵다. 그러므로 현실을 있는 그대로 보고자 하고, 구체적이고 사실적인 면을 보고자 하는 노력이 필요하다. 또한 타인의 감정을 고려하고 타인의 관점에 귀 기울이는 노력이 필요하다.

### (14) INTP(직관을 보조기능으로 가진 내향성 사고형)

조용하고 과묵하나 관심이 있는 분야에 대해서는 말을 잘한다. 매우 분석적이고 논리적이며 객관적 비평을 잘한다. 일의 원리와 인과관계에 관심이 많으며 실체보다는 실체가 안고 있는 가능성에 관심이 많다. 이해가 빠르고 높은 직관력으로 통찰하는 재능과 지적 관심이 많다. 개인적인 인간관계나 파티 혹은 잡담에는 흥미가 별로 없다. 사람을 사귀는 데 있어서 그들은 보통 아이디어를 토론하고 나누는 소수의 가까운 사람들을 주위에 두고 있다. 때로는 어떤 아이디어에 몰입하여 주위에서 돌아가고 있는 일을 모를 때가 많다.

뚜렷한 흥미 선호를 나타내므로 그들의 통찰력과 지적 호기심을 활용할 수 있는 분야에서 능력을 발휘한다.

### (15) ENTP(사고를 보조기능으로 가진 외향성 직관형)

독창적인 혁신가이고 창의력이 풍부하며 항상 새로운 가능성을 찾고 새로운 시도를 하는 형이다. 넓은 안목을 가지고 있으며 다방면에 재능이 많다. 사람들의 동향에 대해 기민하고 다른 사람을 판단하기보다 이해하려고 노력한다.

복잡한 문제해결에 뛰어난 재능을 지녔으며 지칠 줄 모르는 에너지를 소유하고 있으며 새 프로젝트를 시작하는 가운데에서 끊임없이 에너지를 충전 받는다.

그러나 일상적이고 세부적인 일을 경시하고 태만하기 쉽다. 새로운 도전이 없는 분야의 일에는 큰 흥미가 없으나, 관심 있는 분야는 무슨 일이든지 해내는 능력을 가지고 있다.

### (16) ENTJ(직관을 보조기능으로 가진 외향성 사고형)

ENTJ형은 활동적이며 논리적이고 분석적이다. 사전 준비를 철저히 하며 계획하고 조직하며 체계적으로 목적달성을 추진시키는 지도자들에게 많다. 비능률적이거나 확실치 않는 상황에 대해서는 별로 인내심이 없다. 그러나 상황이 필요로 할 때는 강하게 대처한다. 솔직하고 결정력과 통솔력이 있으며 거시적 안목으로 일을 밀고 나간다.

새로운 시식에 대한 관심이 많으며 복잡한 문제나 지적인 자극을 주는 새로운 아이디어에 호기심이 많다. 때로는 현 상황이 처해 있는 현실적 사항들을 쉽게 지나쳐 버리는 경향과 성급하게 일을 추진시키는 경향이 있다. 그러므로 ENTJ형에게는 현실이 안고 있는 치밀한 상황을 있는 그대로 볼 줄 알고 처리하며, 다른 사람들의 의견에 귀를 기울임이 필요하다.

ENTJ형은 직관적인 역할이 요구되지 않는 일에 만족을 느끼지 못한다. 그들은 문제에 의해 자극을 받고 새로운 해결책을 찾거나 추진할 수 있는 분야의 일을 찾게 된다. 그들의 흥미가 전체에 있기 때문에 세부적인 면의 중요성을 간과할 수 있다.

이상과 같이 MBTI는 성격유형을 16가지로 나눈다. 성격유형의 분포는 대체로 어느 직업집단을 검사하는가에 따라 그 분포도가 달라진다. 예를 들면, 사무직 혹은 사업은 ISTJ 혹은 ESTJ가 많으며, 대학 혹은 연구 분야에는 INFJ 혹은 INTJ들이 많다. 그러나 전체적으로 볼 때, 일반적으로 ISTJ와 ESTJ가 많다.

# PART III 투사법

# Chapter 09 Rorschach Test

## 1 Ink-Blots Card의 내용

Rorschach Test는 약 24.2 × 16.9cm의 크기로 된 10매의 대칭형 Ink-Blots Card를 진단검사도구로 사용한다. 이들 10매의 카드내용은 다음과 같다.

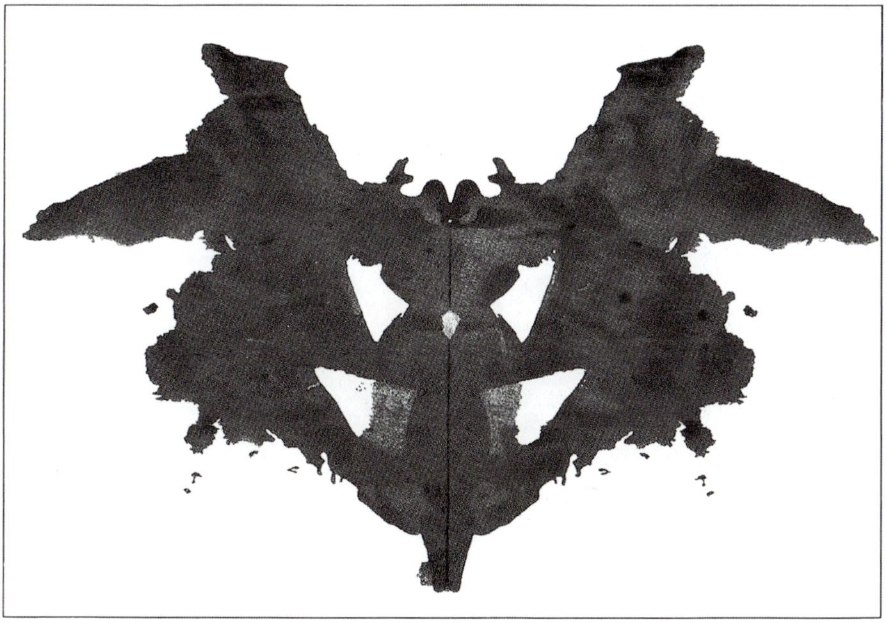

[ 카드 I ]

[ 카드 II ]

[ 카드 III ]

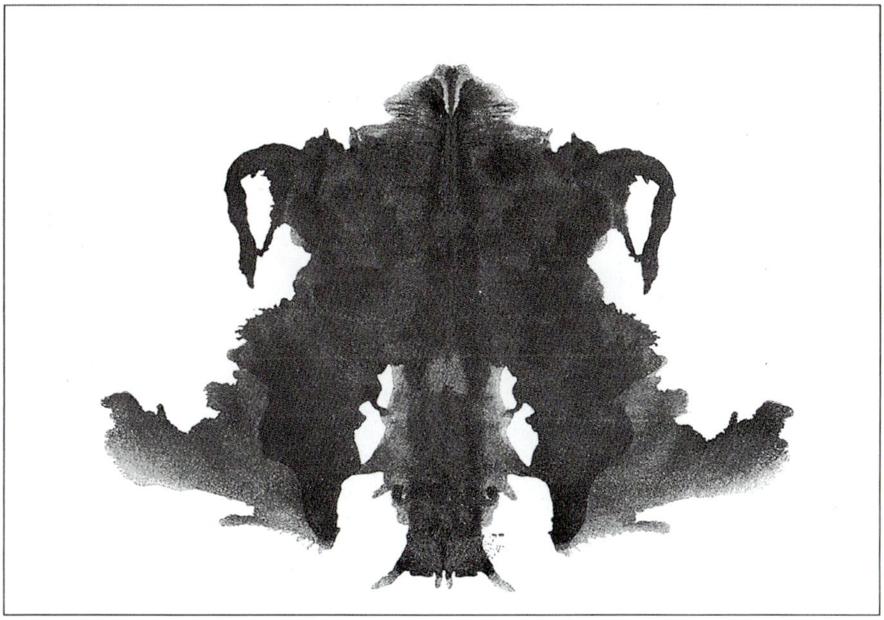

[ 카드 Ⅳ ]

[ 카드 Ⅴ ]

[ 카드 VI ]

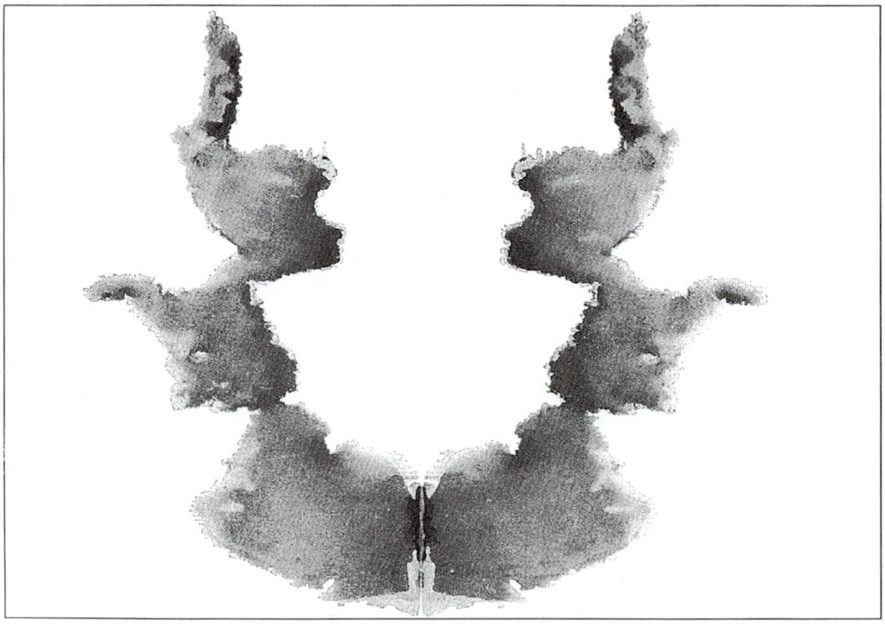

[ 카드 VII ]

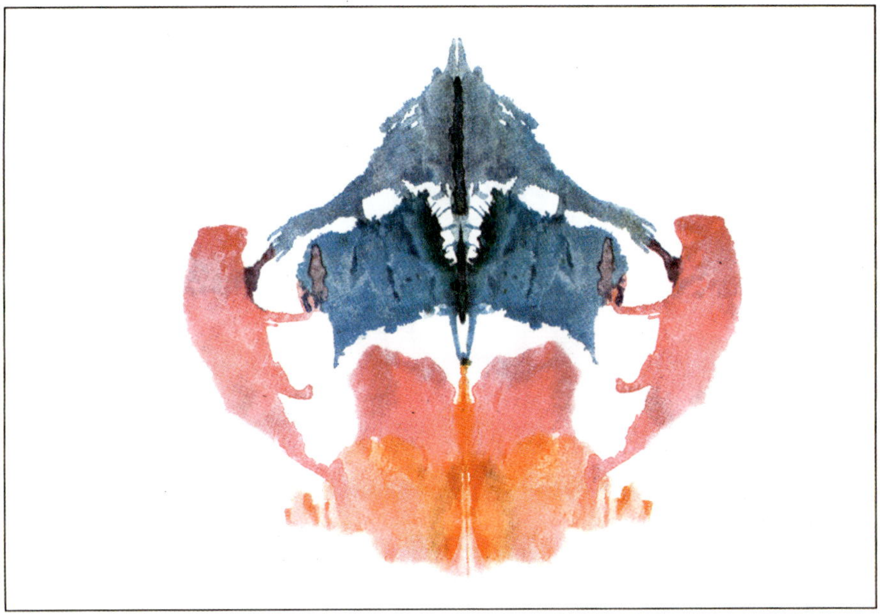

[ 카드 VIII ]

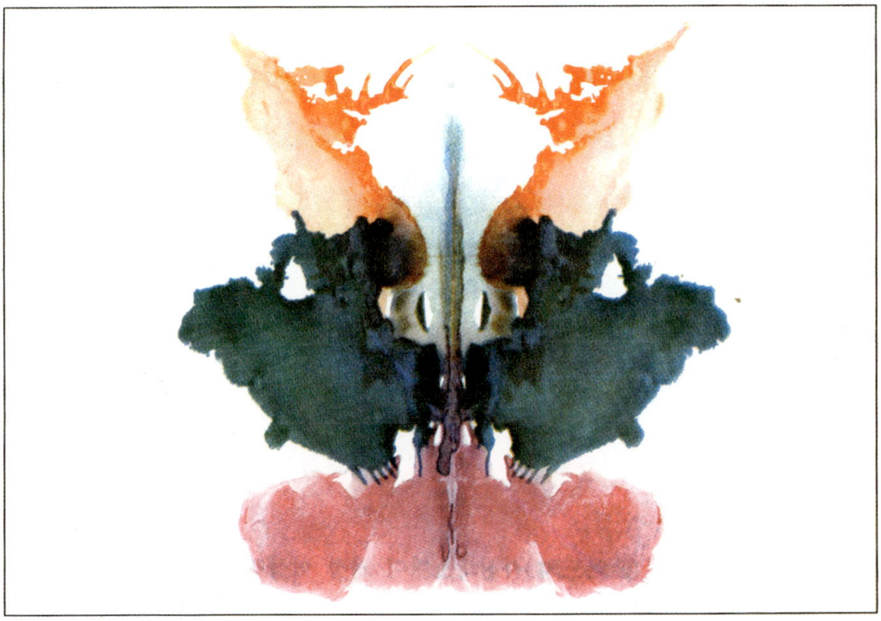

[ 카드 IX ]

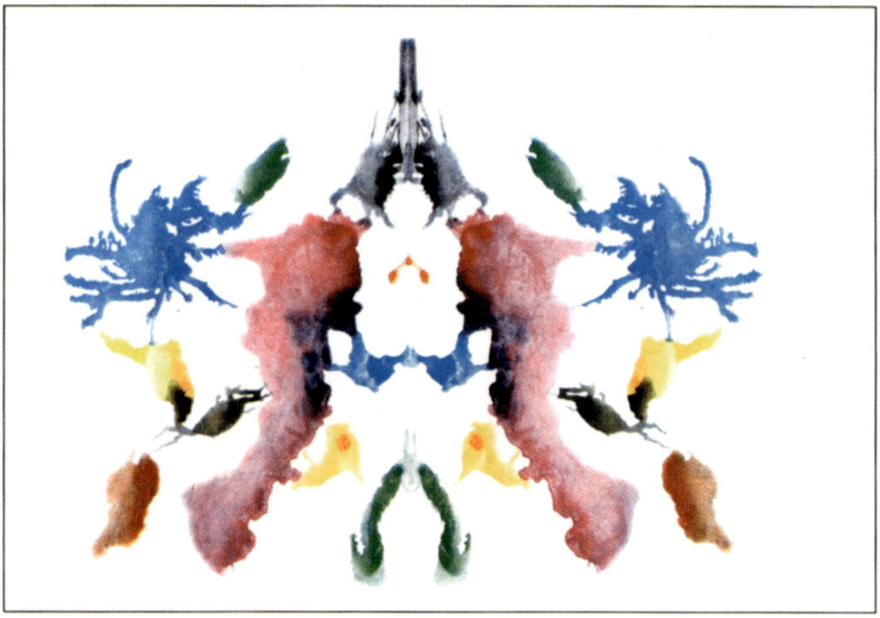

[ 카드 X ]

## 2 검사실시법

### 1) 준　비

검사를 시행하기 전에 다음과 같은 것을 준비해 두지 않으면 안 된다.

① Rorschach Test 카드 10매 1조(국산도판은 아직 나와 있지 않고 스위스 Hans 출판사 간행의 원판을 사용)

② 반응기록 용지

③ 스톱워치 또는 3침의 팔목시계

④ 필기도구(볼펜 또는 연필)

⑤ 로케이션 차트(이것은 카드의 사진축소판이 가장 이상적이며, 보통 정리용지에 인쇄되어 있다)

위의 용구들이 마련되면 채광이 좋은 조용한 방을 골라서 검사실로 지정하는데, 직사광선을 커튼으로 차단할 필요가 있다. 색채효과에 약간 영향을 줄 수 있다는 점이 예상되기 때문에 형광등 사용도 검토되어야 한다. 이러한 준비가 이루어지면 언제든지 테스트를 시행할 수 있다. 검사자와 피검자는 책상을 사이에 두고 마주보고 앉는다. 이 위치는 테스트 중의 피검자의 행동을 관찰하기 편리하기 때문이다. 마주보고 앉는 것이 피검자의 신경을 자극하게 된다고 느껴질 때에는 물론 이 위치를 고집할 필요는 없다. 피검자의 긴장을 유발시키지 않는 일이 무엇보다도 먼저 검토되어야 한다.

카드의 위치는 검사자가 편리한 대로 잡되 자연스런 위치에 둔다. 테스트 개시 이전에는 10매의 카드를 거꾸로 덮어두되 위에서 Ⅰ, Ⅱ, Ⅲ……Ⅹ의 순으로 포개 놓고 검사자의 오른편에 둔다. 이때 카드 뒷면의 인쇄문자의 행이 검사자에 대해 수직이 되게 두는 것이 좋다. 반응이 끝난 카드는 역시 거꾸로 덮어 두고, 왼쪽에 차례로 포개 놓는다.

로케이션 차트는 이것을 사용하는 단계에 들어가기 전에는 피검자에게 보이지 않게 주의해야 한다. 스톱워치 사용 시에는 방이 조용한 만큼 그 소리가 방해되지 않도록 왼손으로 잡고 무릎 위에 포개 놓으면 피검자의 귀에는 안 들리게 된다. 중요한 것은 시간을 재고 있는 눈치를 피검자에게 보여서는 안 된다. 함부로 시계를 사용하려는 것보다는 전혀 사용하지 않는 것이 좋다.

## 2) 검사의 시행

준비가 이루어지면 검사실에 피검자를 데려온다. 이제부터 검사자가 하려고 하는 일은 피검자의 personality를 보다 잘, 보다 객관적으로, 보다 깊이 이해하기 위해 될 수 있는 한 많은 반응을 얻어내는 것이다. 그러나 되도록 강제적인 수단을 요구함 없이 피검자가 자발적으로 반응하도록 고무하지 않으면 안 된다. 그러기 위해서는 다음과 같은 일을 고려할 필요가 있다.

### 1 검사사태의 조정

일반적으로 말해서 테스트는 자유로운 분위기 가운데서 행해져야 한다. 그러기 위해서는 긴장을 푸는 회화가 필요하다. 피검자는 검사실에 입실하기 전부터 긴장되어 있다고 보아도 좋다. 검사자는 이 전제에 따라 부드러운, 특히 테스트에 협력해 주도록 기분을 조장하는 분위기를 마련하는 일에 노력하지 않으면 안 된다.

테스트의 사태가 특수한 대인관계에 의해 성립되어 있다는 사실을 잊어서는 안 된다. 특히 대인관계는 원래 일방적인 것이 아니고 상호작용하에 이루어지는 것이므로 검사자는 자기 자신의 성격 특징까지도 잘 알아야 할 필요가 있다.

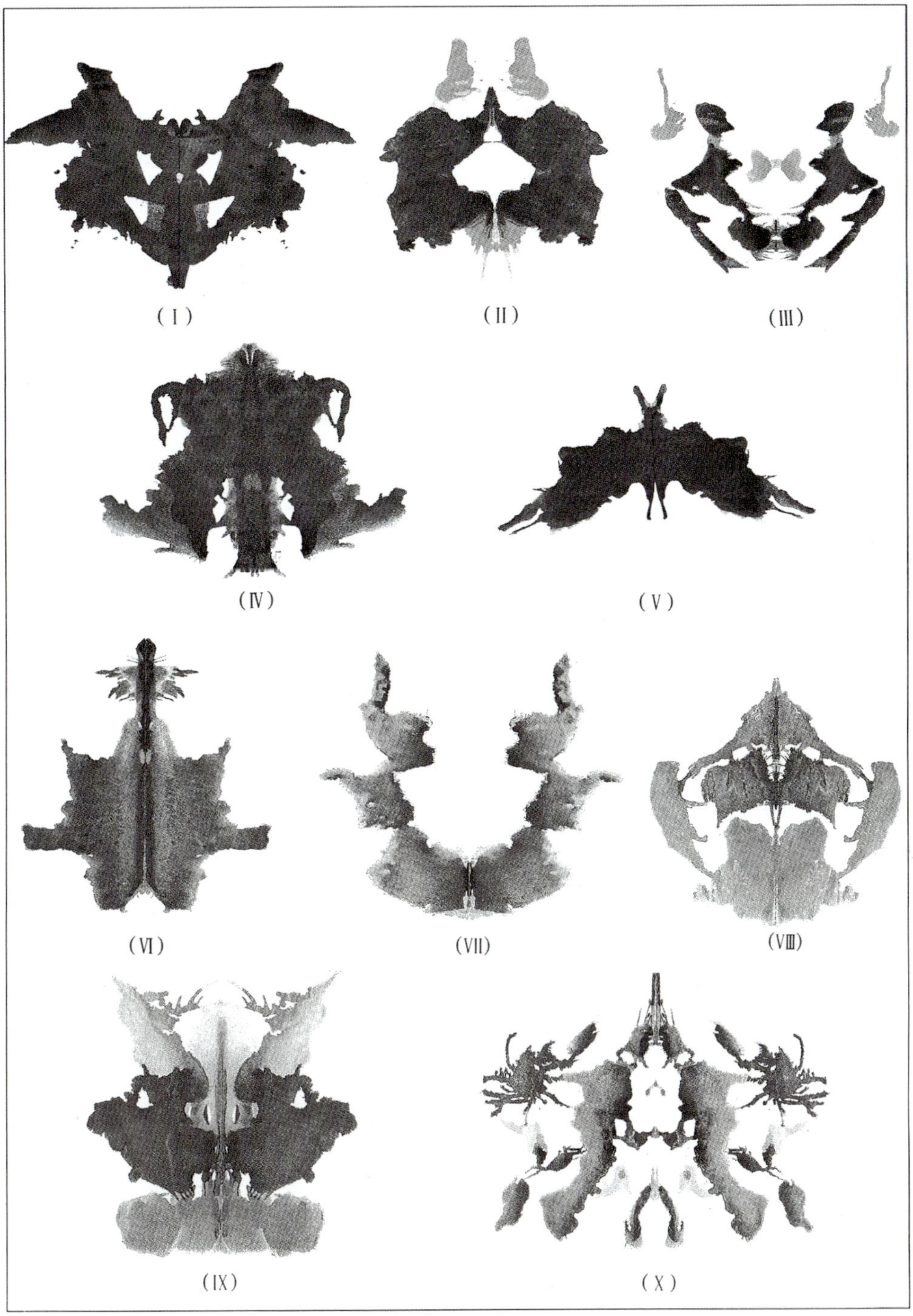


[Location Chart]

어떤 피험자, 어떤 검사실, 어떤 연구 목적을 가진 실험자라고 말하듯이 테스트 상황의 성질은 어떤 것에 한한 것이 된다. 따라서 강제적인 것이 아닌 자유스러운 분위기를 만든다고 하지만 구체적으로 그 방법을 나타내기는 쉽지 않을 것이다. 그러므로 피검자를 자연스럽게 테스트의 사태에 임하게 하는 일이 첫 단계의 주요과제라 하겠다.

### 2 지시(Instruction)

지시란 테스트 개시의 선언이다. 테스트하는 방법에 대한 지시를 주는 일이다. 피검자의 긴장의 정도에 따라서 지시를 주는 시간이나 방법은 물론 달라진다. 지시의 내용, 즉 말씨는 피검자의 연령이나 지능 정도 등 또는 교육 정도에 따라서는 다소 달라져야겠지만 보통은 다음과 같이 한다.

> "지금부터 당신에게 10매의 카드를 보여드리겠습니다. 이것은 잉크를 떨어뜨려 우연히 이루어진 모양이기 때문에 무엇으로 보여도 관계없습니다. 이것이 당신에게 무엇으로 보여지는지 무엇과 같이 생각되는지를 말씀해 주십시오. 그러면 지금부터 한 장씩 드리겠습니다. 될 수 있는 한두 손으로 잡고 자유로이 봐 주십시오. 무엇으로 보여도 괜찮으니 무엇이 보이게 되면 주저함이 없이 그대로 말씀해 주십시오."

이와 같은 지시를 줌과 동시에 카드 1매를 건네주는데, 이때는 카드의 머리쪽(상부)을 위로 하여 건네주어야 한다. 어떤 피검자는 "우연히 이루어졌다."라는 말을 믿지 않을는지도 모른다. 그때는 잉크를 떨어뜨려 실연해 보는 것이 좋다. 그리고 이 지시는 아무런 제약을 가하지 않고 있기 때문에 오히려 피검자는 여러 가지 의문을 갖기 쉽다. 가령 "시간에는 제한이 없는가?" 또는 "카드를 돌려 보아도 좋은가?" "그림의 일부만을 보아도 좋은가?" 등 질문이 있을 때에는 검사자는 곧 이 테스트는 일체의 제약이 없으며 피검자 마음대로 해도 좋다는 점을 되풀이 말해 주면 된다. 제일 처음부터 카드를 회전하여 보아도 좋다든지, 전체로 보거나 부분으로 보거나 해도 좋다든지 말을 해서는 안 된다. 그리고 시간의 제한도 주지 않고 자극도형만을 일정한 것으로 하고 나머지는 피검자의 자유에 맡기는 것이 이 테스트의 특징이며 강점인 것이다.

이와 같은 상황에 있게 됨으로써 비로소 피검자는 그 personality의 모든 특성을 노출시켜 주게 되는 것이다. 지시에 있어서는 피검자의 행동을 제한하기 쉬운 말씨나 과제해결의 방향을 암시해 주는 말씨는 될 수 있는 대로 피해야 한다.

지시가 주어져서 카드를 넘겨주면 피검자는 응답을 시작한다. 그리하여 테스트가 완료될 때까지 다음의 3단계가 있다. 즉 자유반응단계, 질문단계, 한계음미단계이다.

### 3 자유반응단계(Performance proper)

이 단계에서는 피검자로부터 자유스럽고 자발적인 응답을 얻어 내도록 노력한다. 여기에서 얻은 반응이 이 테스트의 기초적인 자료가 된다. 따라서 검사자는 결코 암시적이고 유도적인 질문을 하거나 피검자의 언어적·행동적인 모든 표현을 억제하는 일을 하지 않도록 조심해야 한다. 이 단계에서 검사자가 할 일은, 지시를 주고 카드를 건네줄 때 즉시 스톱워치를 누르는 일이다.

피검자에 따라서는 카드를 보자마자 동시에 반응하는 사람이 있을 수도 있기 때문에 검사자는 즉시 반응을 기록할 태세를 취하지 않으면 안 된다. 첫째 반응이 나타난 순간, 그때까지의 시간을 재는데, 이 최초의 카드를 제시한 때로부터 첫째 반응이 나타났을 때까지의 시간을 시작반응 시간(T/$R_I$)이라고 한다. 카드 I 에 대한 반응이 끝나고 피검자가 “이제는 아무것도 안 보입니다.”라고 말할 때까지 스톱워치를 떼지 않고 있어야 한다. 한 장의 카드가 끝났을 때 비로소 스톱워치를 뗀다. 이때까지의 시간을 반응종료 시간(T/R)이라고 부른다.

#### (1) 반응의 기록

가능한 한 구체적으로 세밀히 작성되어야 한다. 그리고 피검자의 독특한 말씨를 검사자 나름으로 고쳐서 기록해서는 안 된다. 또한 반응이란 것은 단지 언어적 표현에만 국한해서 생각할 것이 아니라 동작이나 태도까지도 포함하는 것으로 생각해야 할 것이다. 때에 따라서는 테이프 레코드를 마련해 두어도 좋다.

〈표 9-1〉 기록용지(자유반응단계까지의 기입법)

| 이름: 김 ○ ○ | | | | 검사일자: 2017. 3. 7 | | |
|---|---|---|---|---|---|---|
| 카드 No. | 반응 No. | 카드 위치 | 반응 시간 | 자유반응단계 | 질문단계 | 분류 |
| I | 1. | ∧ | 10" | 나비 같다. | | |
| | 2. | ∧ | | 사람이 서 있는 것 같다. | | |
| | | 1' | 35" | 이젠 더 이상 아무것도 안 보입니다. | | |

<표 9-1>은 기록용지의 견본인데, 기입의 순서는 왼쪽 난부터 시작한다.

우선 카드 Ⅰ의 제시와 더불어 카드 No.(Ⅰ, Ⅱ…등)를 기입한다. 다음에 분류의 대상이 될 만한 반응이 일어나면 반응 No.(No. 1, No. 2, No. 3…등)를 기입함과 동시에 카드의 위치·반응시간 및 반응어를 기입한다. 카드의 위치는 ∧ ∨ > < 와 같은 부호를 써서 표시하는데 정상의 위치는 ∧로서 표시한다. 다른 부호의 뜻은 ∧를 중심으로 판단하면 된다. 카드를 둘둘 말 때는 '둘둘'의 기호를 써서 표시한다. 반응시간은 전술한 시작반응 시간과 반응종료 시간을 기입하면 되지만, 때에 따라서는 각 반응시간을 기입하는 일도 있다. 이것은 동일카드에 있어서의 반응과 반응 사이의 시간적 간격이 클 때에 필요한 일이다. 이 자유반응단계에서 기입하는 것은 표에 나타난 바와 같이 왼쪽에서 셋째 난까지이고 나머지 난은 다음 단계에 기입한다.

그런데 이 단계에서 검사자의 역할은 아직 남아 있다. 그것은 피검자의 여러 가지 질문에 답을 해 주거나 테스트에 대한 불안이나 긴장을 해소시켜 주거나 안락한 분위기가 유지되도록 노력하는 일이다. 대부분의 경우 검사자는 다소의 피검자의 저항에 직면하게 된다. 이것은 자기 마음의 비밀을 알리고 싶지 않은 자기방어적인 메커니즘이 발동하기 때문이다.

어떤 피검자는 그림에 취미가 없으므로 이런 것은 안 좋다고 말한다. 어떤 사람은 입을 꼭 다물고 생각에 잠기고 만다. 또 어떤 사람은 의문투성이의 질문만 많이 하고 아무런 답도 하지 않을 때도 있다. 이러한 자기방어의 표현 자체는 충분히 관찰되어 기록해 둘 가치가 있는 것이며, 동시에 이러한 태도에 대해서 검사자는 피검자의 태도를 바람직한 방향으로 이끌어 가야만 한다.

### (2) 질문을 하는 경우

예를 들어 "카드를 거꾸로 봐도 좋습니까?", "전체로 보는 것입니까, 부분만 보아도 좋습니까?" 등의 질문에 대해서는 단지 "당신 마음대로 해도 좋습니다."라는 뜻이 담긴 답을 해 주면 된다. 그리고 "시간의 제한이 있습니까?"라는 질문에는 "시간문제는 개의치 않아도 좋습니다. 아무리 봐도 더 이상 아무것도 안 보인다고 생각될 때에는 카드를 앞에 엎어 두십시오."라고 답하면 된다. 이런 질문은 이 단계 이전에 발생할 수도 있는데, 검사자의 답은 마찬가지이다.

### (3) 입을 꼭 다물고 가만히 있는 경우

아무런 반응도 하지 않고 가만히 앉아 있는 경우이다. 이럴 때는 무슨 이유가 있기 때문에 한마디로 말하기는 어려우나 일반적으로 지시의 일부를 되풀이 해 주는 것이 좋다. 가령 "무엇으로 보여도 관계없습니다. 우연히 이루어진 도형이기 때문에 따로 정답이 있을 리 만무합니다. 본대로 아무 염려하시고 말씀해 주십시오."라고 말한다. 가만히 있다가 "아무것도 안 보입니다."라고 했을 때는 "조금만 더 봐 주십시오."라고 간청을 하고 약 1분간 그대로 둔다. 그렇다고 너무 강제적이어서는 안 된다.

### (4) 자기 비하의 경우

가령 '학교를 안 다녀서', '머리가 나빠서', '그림에 소질이 없기 때문에' 등의 표현에 대해서는 이 테스트가 그런 문제에는 아무런 관계가 없음을 자연스럽게 설명해 주는 것이 보통의 일이다. 때에 따라서는 웃는 얼굴로 가볍게 지나쳐 버리는 것이 저당할 때도 있다. 그 밖에 피검자가 유아이거나 정신이상자인 경우에는 예측하지 못한 사태가 일어나기도 한다. 검사자는 이들의 기분을 잘 이해해서 테스트의 원만한 수행을 기도해야 하는 것이다.

이상과 같이 하여 자유반응단계가 진행되어 카드 Ⅰ이 끝나면 즉시 카드 Ⅱ를 건네주어야 한다. 그리하여 카드 Ⅹ까지 속행한다. 이 사이 휴식시간을 삽입하는 것은 좋지 않다. 휴식시간이 오히려 피검자의 불안을 증대시키는 계기가 될 수도 있기 때문이다.

어떤 피검자는 카드 한 장에 대해서 10분 이상이나 반응을 하는 경우가 있는데, 최대한 10분 정도로서 끊는 것이 좋다. 그럴 때에는 "무리하게 많은 반응을 하시지 않아도 좋습니다." 또는 "이 검사는 반응을 많이 한다고 좋은 것은 아닙니다." 등의 말을 하여 적절히 끝내야 한다.

그러나 이런 간섭은 적어도 5분 이내에서는 절대로 삼가야 한다. 이와는 반대로 한 장의 카드에 한 개의 반응만을 하고 카드를 엎어두는 사람에 대해서는 "조금 더 봐 주십시오." "그 밖에 무엇이 더 보이지 않습니까?"라고 고무시킬 필요가 있다. 이것은 반응총수(R)가 너무 적으면 personality 진단이 곤란해지기 때문이다. 그러나 카드 Ⅴ이후는 반응을 고무하지 않는 것이 보통이다.

### 4 질문단계(Inquiry)

이 단계에서는 앞의 단계에서 얻어진 반응에 대하여 몇 개의 관점에서 질문을 해간다. 여기에서 반응을 분류하는 데에 필요한 정보를 얻어내게 된다. 앞의 단계에서는 피검자의 전적으로 자발적인 반응을 구했지만 이 단계에서는 피검자는 검사자의 일정한 질문에 답하지 않으면 안 된다. 그러나 검사자의 질문양식은 비지시적이며 피검자의 자발적인 응답이 중심이 된다. 이 단계에서의 검사자의 역할은 일정수준의 숙련을 요하는 것이다. 왜냐하면 검사자는 분류법을 완전히 머릿속에 넣어 놓고 질문을 계속 이어나가면서도 그 질문이 유도적이거나 암시적인 것이 되어서는 안 되기 때문이다.

따라서 모든 카드에 대한 자유반응의 단계가 끝나게 되면 즉시 이 단계에 들어가야 한다. 검사자는, “여러 가지로 말씀해 주셨는데, 지금부터 그것이 카드의 어느 곳에 보였는지, 어째서 그와 같이 보였는지에 대해서 여쭈어 보겠습니다. 그러면 한 번 더 카드를 처음부터 1매씩 보여드릴 테니 저의 질문에 답하여 주시기 바랍니다.”라고 말하면서 곧 카드 Ⅰ을 피검자의 앞에 놓는다. 이때 카드를 피검자가 손에 들어도 좋고 앞에 놓아도 좋다.

이 단계에서 검사자가 해야 할 일은 얻어낸 각 반응에 대하여 올바른 분류가 되도록, 주로 그 “반응은 카드의 어느 곳에 대해서 일어난 것인가”(반응영역), “그 반응은 어떻게 해서 결정한 것인가”(반응결정요인), “반응내용은 무엇인가”(반응내용)의 세 가지 면에서 질문해 가는 일이다. 따라서 이런 일을 하기 위해서 검사자는 분류의 방법을 자기 나름으로 완전히 머릿속에 간직하고 있어야 하는 것이다.

### (1) 반응영역에 대한 질문

우선 검사자는 “그 반응이 카드의 어느 곳에 대해서 일어난 것입니까?”라고 말하면서 듣기 시작하는 것이 보통이다. 이때 검사자는 로케이션 차트를 준비하였다가 여기에 반응영역을 기입해 간다. 예를 들면 카드 Ⅰ을 보여 주면서 “당신은 나비와 같다고 말씀하셨는데, 그것은 어디에서 보였습니까?”라고 묻는다. 피검자가 만약 “이 도형의 전체가 그렇게 보였다.”라고 답한다면 이것은 전체반응(W)인 것이다. 전체반응의 경우에는 특히 차트에 반응영역을 기입할 필요가 없다. 카드 Ⅰ에 대해서 나비와 같다고 답했을 때는 대부분 전체반응이지만 때에 따라서는 그렇지 않은 경우도 있다. 이 경우가 특히 문제가 되므로 다시 한 번 물어서 확인할 필요가 있다. 만약 피검자가 어디 어디의 부분이 그와 같이 보였다고 답한다면 그 영역을 손가락으로 지적하게 하여 그 위치대로 차트 위에 반응영역을 기입해 두어야 한다. 차트에 기입할 때는 정확히 기입하면 되므로 여기에 너무 신경을 써서 이 단계의 진행이 늦어지면 안 된다.

### (2) 반응결정요인에 대한 질문

반응영역이 확실해졌으면 이어서 "왜 그런 반응을 했는가"라고 물어보아야 하는데, 이것은 반응을 결정한 것은 도형의 모양인가, 색깔인가 또는 농도인가, 움직이는 운동감인가, 혹은 이들이 혼합된 것인가를 확인하는 일이다.

이 결정요인에 대한 질문 양식은 이 단계에서 가장 어려운 기술을 필요로 한다. 앞의 예에서 "그러면 나비와 같다고 생각한 까닭은 무엇입니까?"라든지 "이것이 나비와 같이 보인 것입니까, 좀 더 상세히 그것에 대해서 설명해 주십시오." 라고 말한다. 이때 "나비라고 생각한 것은 그 모양이 닮았기 때문입니까?", "나비는 살아 있습니까, 죽어 있습니까?" "나비라고 생각된 것은 모양 외에 색이 관계되어 있습니까?" 등의 질문은 피검자의 답을 유도하는 것이어서 암시적으로 작용하는 수가 있기 때문에 절대로 피해야 한다.

따라서 검사자의 질문은 "그것에 대해서 좀 더 상세히 설명해 주십시오." "당신은 지금 모양이 닮아 있다고 했는데 좀 더 상세히 설명해 주십시오."라는 성질의 것이어야 한다. 즉 피검자가 말한 것을 한 번 더 확인하는 일은 있을 수 있지만 검사자 쪽에서 특정의 결정요인을 들어서 질문해서는 안 되는 것이다.

### (3) 반응내용에 관한 질문

이것은 "어떤 것을 보았습니까"라고 하는 질문이지만 대부분의 경우 특별히 확인할 필요는 없다. 앞의 '나비'라는 반응의 경우, 그냥 그대로 동물반응이라고 분류해도 좋다. 그러나 "무엇이 움직이고 있는 것 같다."는 반응에서는 무엇이 움직이고 있는지 물어보지 않으면 안 된다. 대부분의 경우 특별히 질문을 하지 않더라도 자연히 밝혀지게 되는 것이 보통이다. 그러나 같은 동물이라고 할지라도 그것이 동물의 부분을 가리키고 있는 것인지, 또는 전체를 말하고 있는 것인지가 불분명할 때에는 이점을 확인할 필요가 있다.

이상과 같이 세 가지 면에서 질문을 전개해 가야 하는데, 질문의 순서는 이들 ①, ②, ③의 순으로 반드시 고집하지 않아도 좋다. 때에 따라서는 ①의 질문을 생략하여 ②의 질문부터 시작하는 것이 좋을 때도 있으며, 어떤 때는 ③의 질문이 불필요할 때도 있다. 그러나 질문이 생략되는 경우는 거의 없다고 하겠다.

이 단계에서 검사자가 해야 할 일은 질문을 던지면서 동시에 피검자의 응답내용을 되도록 구체적으로 상세히 기록하는 일이다. 특히 정밀한 검사를 요하는 피검자의 경우가 아니면 응답내용을 하나도 빼놓지 않고 그대로 적을 필요는 없고 중점적으로 적으면 된다.

<표 9-2>는 이 단계에서 무엇을 기입할 것인가를 예시한 것이다.

<표 9-1>의 넷째 난과 다섯째 난을 이 단계에서 기입하게 된다. 사람에 따라서는, 다섯째 난은 테스트를 끝낸 후에 기입하는 방법을 취하는 경우도 있지만 시간을 절약하기 위해 동시에 다섯째 난을 기입하는 것이 좋다고 본다.

표의 질문의 난에 S라는 것은 피검자의 약칭인데, 만약 검사자의 말을 기입할 때는 E라는 약칭을 쓰면 된다. E는 일정한 질문에 한한 것이기 때문에 생략해도 무방하다. 다섯째 난, 즉 분류 난은 반응영역(이에 대한 예로서 W와 D), 반응결정요인(F와 M), 반응내용(A와 H), 평범, 독창반응의 구별(이에 대한 예로서는 첫째 반응의 P), 그리고 그 밑에 형태수준의 평가(1.0과 1.5)의 순서로 기입한다.

〈표 9-2〉 기록용지(질문단계와 분류의 기입법)

| 이름: 김 ○ ○ | | | | 검사일자: 2017. 3. 7 | | |
|---|---|---|---|---|---|---|
| 카드 No. | 반응 No. | 카드 위치 | 반응 시간 | 자유반응단계 | 질문단계 | 분류 |
| I | 1.<br>2. | ∧<br>∧<br>1' | 10"<br><br>35" | 나비 같다.<br>사람이 서 있는 것 같다.<br>이젠 더 이상 아무것도 안 보입니다. | S: 전체가 그렇게 보인다.<br>S: 모양이 닮았다. 날개가 보인다.<br>S: 한가운데<br>S: 얼굴은 잘 모르지만 사람이 서 있는 모양이 보인다. 허리띠를 매고 있다. | WF±AP<br>1.0<br>DM±H<br>1.5 |

이와 같이 질문단계에서는 앞의 자유반응단계의 뒤를 이어서 카드 Ⅰ부터 카드 Ⅹ까지의 하나하나의 반응에 대해서 검토를 가한다. 그러나 피검자가 기억력이 저하되어 있는 노인이나 유아, 그 밖의 환자인 경우에는 하나의 카드에 대해서 반응이 일어나면, 그 즉시 질문을 하는 예외적인 절차는 자유반응단계와 질문단계를 연결 짓는 셈이 된다.

### 5 한계음미단계(Testing the limit)

앞의 두 단계는 어떠한 경우라 할지라도 생략해서는 안 된다. 즉 최소한도로 필요로 하는 절차이다. 이에 비해, 이 단계는 시간적 여유가 아쉬울 때나 검사자가 기능이 숙달되지 못했을 때, 또는 재검사가 필요한 경우 등에는 생략할 수도 있다. 이 한계음미법은, 앞의 두 개의 절차에 비하여 분명히 유도적·암시적·강제적인 것이라고 할 수 있다. 앞의 단계에 있어서는 여러 가지 의문을 가졌지만 그 의문을 직접적으로는 물어볼 수 없었는데, 이 단계에서는 이들 의문을 여러 가지 각도로부터 물어 볼 수 있는 것이다. 단 이 절차에서 얻는 응답은 기초적 분류나 채점에 영향을 주는 것은 없고, 해석이나 진단에 있어서의 보조적 자료가 되는 것이다.

#### (1) 도형파악의 방법에 관한 음미

이것은 피검자가 전체반응만은 일삼을 때 부분반응이 되는가 어떤가를 확인해 본다든지, 부분반응만을 일삼을 때 전체반응이 가능한가 어떤가를 음미한다든지 하는 일이다. 가령 같은 전체반응을 나타내는 사람이라 할지라도 부분영역에 눈길이 쏠리지 않는 사람도, 도형을 전체를 보아서 종합적으로 판단하지 않으면 무엇을 느끼지 못하는 사람도 있을 것이다.

### (2) 인간반응과 운동인자와의 관계의 음미

인간운동반응(M)은 테스트의 해석에 있어서 중요한 역할을 지니고 있기 때문에 인간의 모양을 보면서 그 속에서 운동감각을 느끼지 않을 때는 M 반응을 나타내는 일이 어느 정도 곤란한가를 음미해 볼 필요가 있다.

가령 카드 Ⅱ, Ⅲ, Ⅶ과 같이 '인간'이라고 반응이 일어나기 쉬운 카드에 있어서는 이것을 확인해 보는 것이 좋다.

### (3) 형태, 색채반응의 음미

FC가 하나도 보이지 않을 때는 검사자 쪽에서 이 반응이 나타나기 쉬운 부분을 지적하여 이 결정인자를 사용하는 능력을 검토해 본다.

가령 카드 X의 밑부분 한가운데의 녹색영역을 보여 주고 "이것은 무엇으로 보입니까?"라고 물어서, FC의 반응이 나타나지 않으면, "배추벌레로 보이지 않습니까?"라고 다시 묻는다.

### (4) 음영(陰影) 효과의 음미

도형의 농도에 대한 뉘앙스에 대해 자발적으로 반응하지 않는 피검자에게는, 카드 Ⅳ 또는 카드 Ⅵ을 제시하여, 그 음영(농도) 효과에 대한 감수성을 음미한다. 그런데 이들 카드에 '털가죽'이라는 반응이 나타나면, "모양이 닮아 있다."라고 설명하고, 농도효과에 언급하지 않은 피검자에 대해서는, "모양뿐이고 이 농도는 생각해 보지 않습니까?"라고 추구한다.

### (5) 평범한 반응의 음미

P반응은 일반적으로 5개 이상 있는 것이 보통이다. 따라서 그것이 4개 이하인 경우에는 평범반응(P)이 이쪽의 지시에 의해서 어느 정도 반응하는가를 알 필요가 있다.

이상과 같은 한계음미법은 자유반응단계에 있어서, 제한된 반응밖에 하지 않은 피검자에 대해서는 특히 유효하며 필요가 있다.

그 밖에 특수한 한계음미법으로서 몇 가지 고찰된 것이 있으나 별도로 자유연상법·개념형성법·성반응음미법·호악법(好惡法) 등이 사용되고 있다. 특히 이 단계에 있어서는 검사자가 지켜야 할 규칙 등이 따로 있는 것이 아니기 때문에 흥미나 필요에 따라서 음미해 보면 좋을 것이다.

## 3 분류법

Rorschach Test를 완전히 시행하기 위해서는 이 분류법을 잘 이해하고 있어야 한다.

앞의 실시법은 피검자의 능력이나 테스트 사태의 성질 등에 따라서 적당히 변화가 있을 수 있지만, 이 분류법은 정확한 규칙대로만 쫓아야지 그렇지 못하면 의미를 상실하기 쉬워진다. 그렇기 때문에 분류법은 반응을 평가하는 데 있어서 기본적이고 객관적인 척도라고 할 수 있다.

### 1) 분류의 대상

"분류법이란 어떤 것인가?"라는 것을 말하기 전에 "무엇을 분류하는가" "분류의 대상은 무엇인가"를 문제 삼지 않으면 안 된다. 이 물음에 대해서 우선 "분류의 대상이 되는 것은, 피검자의 카드에 대한 언어적 반응이다."라고 답할 수 있다. 이 답은 동작적인 반응은 분류의 대상이 안 된다는 것을 시사하고 있다. 또한 카드에 관계없는 언어적 표현도 대상이 될 수 없음을 시사해 준다. 그렇다고 카드에 대한 언어적 반응은 모두가 분류의 대상이 된다고 말할 수는 없다.

피검자가 "이것은 나비와 같이 보입니다." "이것은 꽃과 닮았습니다." "두 사람이 춤을 추고 있다." 등의 반응이 나타나는 한 이것은 문제가 되지 않고 각각 분류의 대상이 되는 반응이라고 생각해도 좋다. 그러나 어떤 피검자는 분류의 대상이 되는지 안 되는지 의문이 되는 반응이나, 그 반응을 한 개로 생각해야 될 것인지 몇 개의 반응단위로 나누어서 분류해야 될 것인지 뚜렷하지 못한 반응을 하는 수도 있다. 또한 한 번 말하였다가 곧 부정해 버린다든지 여러 가지로 검사자를 당혹시키는 경우가 생길 때가 있다. 그러므로 이러한 몇 가지 경우를 예상하여 그 처리법을 개관해 두고자 한다.

### 1 답인가 또는 주석인가의 문제

몇 가지의 반응 끝에 "이 카드는 별로 좋은 느낌이 안 듭니다."라고 말했을 때, 이것은 답이 아니고 감상 또는 주석에 불과한 경우가 많다. 순전히 주석이라고 볼 수 있는 것은 분류의 대상이 안 된다. 이와 같은 반응이 있을 때에는 검사자는 질문 시에 "'…'라고 말씀하셨는데, 그것은 답입니까, 주석입니까?"라고 묻는다. 답과 주석의 구별이 뚜렷하게 이해되어 있지 못할 때는 구체적인 예를 들어 질문을 하면 좋다.

가령 카드 V에 대하여 "나비와 같다." "사람이 둘 자고 있다."라고 반응하면서 "전체적으로 안정된 생각이 든다."라고 말하는 경우, 이 세 번째의 반응이 문제된다. 이 경우 검사자는 "이것은 나비 같다든지 사람 같다고 하든지 등의 응답과 같은 종류의 하나로 답을 한 것입니까, 그렇지 않으면 어떤 감상입니까?"라고 물어본다. 만약에 피검자가 답이라고 말하면 한 개의 반응으로서 분류하지 않으면 안 된다. 피검자에 따라서는 이 구별이 곤란한 때도 있다.

### 2 반응의 바꿈과 부정의 문제

피검자에 따라서 한 개의 영역에 대해서 한 개의 반응만을 할 때도 있고 계속적으로 여러 개의 반응을 하는 경우도 있다. 후자의 경우, 반응의 취사선택을 다음과 같이 한다.

> 같은 영역에 대해서 두 개 이상의 반응을 하는 경우, 그 반응이 본래 같은 것을 다른 명칭으로 표현한 것이 아닌 한 따로따로 분류한다. 즉, 두 개 이상의 독립된 반응으로 보는 것이다. 그리고 피검자가 자발적으로 자기의 반응을 고쳐서 더 적당하다고 생각되는 것으로 바꾸어 말하는 경우에는, 뒤에 바꾼 반응을 원칙으로 하여 처리되어야 한다. 또한 같은 영역에 대하여 '표범……호랑이' 등과 같이 두 개의 반응을 연속적으로 나타내었을 때에는, 한 개의 반응으로 취급해도 좋을 때도 있다. 그러나 반응영역이나 결정인(決定因)에 조금이라도 다른 특징이 엿보이면 별개의 반응으로 보아야 한다.

자유반응단계에서 말한 것을 질문단계에서 모두 잊어버리고 있다든지, 완전히 부정되는 반응을 처리할 때에는 영역이나 결정인을 거의 알 수가 없기 때문에 이 것을 분류에서 원칙으로 제외해도 좋을 것이다.

### 3 독립된 반응인가 설명인가의 문제

가령 어떤 어린이 피검자는 '이것은 머리', '이것은 손', '이것은 다리' 등 도형의 부분을 하나씩 지적하면서 말하는 경우도 있다. 그런데 질문을 통해서 결국 이 반응은 한 사람의 부분을 열거한 데 지나지 않는다는 사실을 알게 된 경우, 이 것을 반응단위로 볼 수 있겠는가의 문제가 생긴다. 이때에는 하나의 반응으로 보아야 한다. 이것은 유아·정신박약, 어떤 정신적 질환을 가진 자에게서 흔히 찾아볼 수 있는 반응이다. 그리고 카드 X를 전체로 보아 '벌레의 모임'이라고 답하면서 하나하나의 벌레이름을 말하는 경우도 생기는데, 이때에는 특수한 분류가 필요할 때도 있다.

이상의 진술에서 분류의 대상이 되는 반응을 결정하는 경우에는, 이 일이 쉽지 않음을 찾아볼 수 있었다. 이 문제를 해결하는 일은 분류의 방법을 잘 이해하는 길밖에 없다.

## 2) 주분류와 부분류

주분류(main score)와 부분류(additional score)로 구별되는 분류법은 반응의 미묘한 뉘앙스를 표현하는 점에서 다른 일반적인 분류법보다 뛰어나고 있지만, 분류 정리에 있어서 번잡하다는 단점을 지니고 있다.

### 1 주분류와 부분류에 대한 기본적인 입장

#### (1) 규정 Ⅰ

자유반응단계에서 나타난 반응이라 할지라도 질문단계에서 완전히 잊어버리게 되든가 전혀 부정된 반응은 분류의 대상에서 제외된다. 따라서 주분류는 물론 부분류의 대상에서도 제외된다.

#### (2) 규정 Ⅱ

자유반응단계에서는 말하지 않았던 새로운 반응이 질문단계에서 자발적으로 생긴 경우, 이 반응은 자유반응단계에서 생긴 일반반응과 같이 취급한다.

결국 주분류의 대상이 될 수 없는 반응은 부분류의 대상으로서도 삼아서는 안 된다. 즉 부분류는 주분류로서는 표현될 수 없는 요소를 포함하고 있는 반응의 분류에 한해서 사용된다고 생각하면 된다.

### 2 주분류에 있어서의 규정

#### (1) 규정 Ⅲ

주분류는 하나의 독립된 반응에 대하여 각 '카테고리'에 반드시 한 개씩만 나타나야 한다. 예를 들면 카드 Ⅰ의 경우, 전체적으로 '박쥐'라는 형태반응은 WFA라고 분류된다. 이것은 반응영역(W)· 결정인(F)· 내용(A)의 세 개의 카테고리에 따른 각각의 분류(기호)가 이루어진 것인데, 이것은 모든 반응에 있어서 최소한의 절차인 것이다.

### (2) 규정 IV

주분류 기호의 채점에 있어서는 ΣC의 계산의 경우를 제외하고는 비중은 모두 1로 한다.

가령 '박쥐'라는 반응은 1W 1F 1A로 계산된다(ΣC는 정리법에서 다시 언급하기로 한다).

## 3 부분류에 있어서의 규정

### (1) 규정 V

부분류는 하나의 독립된 반응이 주분류로서는 표현할 수 없는 경우에 사용된다.

가령 "빨간 모자를 쓴 사람이 춤추고 있다."라고 하는 반응은 운동과 색채의 인자가 동시에 문제된다. 이 경우 하나의 '결정인 기호'로서는 대표할 수가 없으며, M, FC(결정인 카테고리에 있어서)로 분류되는데, 이 FC가 부분류가 되는 셈이다. 대개의 경우에는 주분류만으로 이루어지고 부분류가 필요한 경우는 그리 많지 않다.

### (2) 규정 VI

부분류는 하나의 반응에 대해서 각 카테고리에 있어서 하나 또는 그 이상 나타날 수가 있다. 채점에 있어서는 ΣC의 경우를 제외하고는 일률적으로 0.5의 비중을 준다.

가령 카드 II의 전체를 "빨간 모자를 쓴 주인공이 저쪽으로 등지고 춤추고 있다."라고 반응했다면, 1W 1M, 0.5 FC 1H 1P로 계산된다.

이상과 같이 주·부분류법의 기본적 규정을 염두에 두고 다음에 나오는 각 카테고리의 분류법을 이해해야 한다.

### 3) 반응영역

피검자의 주된 반응, 즉 주분류가 어느 영역에 대해서 일어나고 있는가의 문제는 다음과 같이 분류된다.

① 전체반응(W), ② 보통 부분반응(D), ③ 이상 부분반응(Dd), ④ 간격(공백)반응(S)이다. 그런데 이들은 다시 하위분류를 가진다.

#### 1 전체반응

이에는 네 개의 하위분류(下位分類)가 있다. 즉 보통 전체반응(W), 절단 전체반응(W), 작화적(作話的) 전체반응(DW), 전체간격 결합반응(W, S)의 네 가지이다.

##### (1) W: 보통 전체반응

이것은 카드내용을 전체적으로 보고 반응한 경우이다.

**예**

- 카드 Ⅰ: '나비', '박쥐' ∨ '컵', '왕관'
- 카드 Ⅱ: '사람이 등지고 춤추고 있다.'
- 카드 Ⅴ: '까마귀가 날고 있다.'
- 카드 Ⅵ: '기타', '털가죽'
- 카드 Ⅷ: '샨데리아' ∨ '꽃'

**질문**

- E(검사자): 어디가 '나비' 같이 보입니까?
- S(피검자): 이 그림의 전체모양이 그렇게 보입니다.

이것으로서 W로 결정된다. W의 결정은 매우 쉬우며 명확하다. 어떤 피검자는 전체란 말을 쓰지 않으면서 단지 카드의 위를 가리켜 전체임을 나타내는 경우도 있다. 언어적 표현이 불충분한 자에게는 손가락으로 카드의 윤곽을 가리키게 하면 영역이 뚜렷해지게 된다. 어떤 피검자는 하나하나의 부분을 지적해가면서 전체를 설명하는 경우도 있다. 이때도 전체의 윤곽이 강조되고 있으면 W라고 분류해도 좋다. 이와 같은 반응은 특히 불완전 전체반응이라고 할 수도 있겠지만 기호상으로는 구별하지 않고 있다.

• W가 부분류인 경우(부W)

독립된 몇 개의 부분을 지적하는 가운데 그것을 전체로 정리해 갈 때, 또는 자유반응단계(이하 P단계로 약함)에서 부분으로 반응하고 질문단계(이하 I 단계로 약함)에서 그것을 포함한 전체를 구성해 갈 때의 부분이 주(主), W가 부(副)로 보일 때가 있다. 이와 같은 반응을 전체 경향반응(→W)이라고 한다.

가령 카드 Ⅵ '고양이의 수염(P-단계)', "부분이 고양이의 수염처럼 보였는데, 자세히 보니 이 그림 전체가 고양이 가죽을 활짝 펴놓은 것 같이 보입니다."( I 단계)라고 반응하면 Dd→W로 분류된다. 즉 최초에 주목한 부문에 따라서 D→W, d→W 등의 짝지음이 생기게 된다. 그리고 간격도형의 배경으로써 전체영역이 이용되는 경우 S, W로 분류한다. 예를 들면 카드 Ⅱ에 대하여 "한가운데 하얀 곳은 전등이며 둘레의 까만 곳은 캄캄한 밤을 나타낸 것이고, 빨간 곳은 전기의 빛을 상징하고 있다."는 반응이다.

### (2) W̶: 절단 전체반응(Cut off W̶)

이것은 피검자가 도형의 전체반응을 하면서 특히 '이 부분을 빼고서' 라든지 '여기가 없는 쪽이 더 좋은데'라고 자발적으로 지적하는 경우에 주어지는 분류이다.

예

- 카드 Ⅰ: "양쪽에 튀어나온 부분을 빼면 골반처럼 보인다."
- 카드 Ⅱ: "두 사람이 손을 마주대고 있다."
- 카드 Ⅳ: "오뚝이가 서 있다. 아랫부분의 한가운데는 부자연스럽기 때문에 없는 쪽이 더 좋다."
- 카드 Ⅴ: "박쥐로 보이지만 양쪽 끝의 발 같은 것은 필요 없다."라고 말하는 것과 같이 대체로 도형에서 돌출한 부분을 절단하는 경우가 많다.

질문

대체로 P단계에 있어서 자발적으로 어떤 부분을 제외할 것을 주장하고 있으면서 물론 W이지만, I 단계에서 이와 같은 일이 자발적으로 일어나더라도 W이다. 카드 I 에 있어서,

- E: 골반으로 보인 것은 어디입니까?
- S: 이쪽을 제외한 전체입니다.

라고 답하면 W이다. 그러나

- S: 전체입니다.
- E: 이 부분도 포함해서 입니까?(좌우의 영역을 가리키며)
- S: 그렇게 보니까 없는 쪽이 더 좋겠습니다.

라고 말할 때에는 W라고 분류한다.

- 부 W: 부 W의 경우와 같지만 →W는 비교적 적다.

### (3) DW: 작화적 전체반응

이것은 카드의 일부를 바탕으로 해서 카드그림의 형태와 반응내용의 형태와의 유사성을 무시하고 전체적으로 반응해 버리고 마는 경우에 해당되는 분류이다. 이때 일부분은 확실히 지각되어 있지만 전체로서는 뚜렷하지 못하고 무리한 반응인 것이다. 따라서 DW는 언제나 마이너스 형태 수준에 있다.

그리고 DW는 언제나 일정한 모양을 지닌 개념에 대해서만 일어나기 때문에 2차적 형태반응이나 비형태적 반응은 아니다.

예

- 카드 VI: '고양이'

질문

- E: 고양이로 보인 것은?
- S: 여기가 고양이의 수염(제일 위의 좌우에 수염모양으로 퍼져 있는 네 개의 선을 가리키며)이기 때문에
- E: 그 밖에 닮은 점이 보이는 곳은?
- S: 수염이 있으면 고양이겠죠, 그러니 이것은 (전체) 고양이입니다.

DW 반응의 경우, 피검자는 어떤 일부분밖에 설명하지 못하고, 전체를 파악하지 않고 전체인 것처럼 반응한다. 만약 어느 정도 전체가 설명되면 즉시 W 반응으로 처리하여도 좋다.

- 부 DW: DW는 언제나 주분류이고, 부 DW는 존재하지 않는다.

### (4) W, S: 전체 간격 결합반응

이 반응은 주 W와 부 S를 분해할 수 있는, 즉 W와 S의 어느 쪽이 강조되고 있는가를 구별하여 표현할 수 있는 분류법이다.

예

- 카드 I: '귀신의 얼굴'

질문

- E: 귀신의 얼굴은 어디에 보입니까?

• S: 전체입니다.
• E: 좀 더 설명해 주세요.
• S: 여기에 뿔이 있고 얼굴이 울퉁불퉁한 네모로 되어 있으며, 거기 하얀 곳이 눈과 같고, 밑의 하얀 곳은 크게 벌린 입과 같습니다.

라고 답하면 전형적인 W, S 반응이다. 만약 전체의 일부를 자발적으로 끊어서 반응하면 W, S로 한다.

## 2 보통 부분반응

이것은 피검자에 따라서 크게 세분되는 반응이다. 보통 대부분영역(D)은 주로 모양이나 색깔의 농도에 따라서 세분된 부분이 '독립성'을 가진 '섬'과 같은 부분을 나타낸 것이며, 보통 소부분영역(d)은 완전한 독립성은 지니지 못하고 대륙에서 돌출해 나온 반도와 같은 부분으로서 아주 미세한 부분반응이다. 그러나 이들 영역의 결정은 많은 피검자의 통계적 자료를 통해서 표준화된 결과를 이용해야 하겠으나, 우리나라에서는 보통 부분반응에 대한 영역 지정의 표준화가 되어 있지 못하기 때문에 「뉴욕 로르샤흐 연구소」 소장으로 있었던 B. Klopfer(Rorschach Test의 최고 권위자)의 영역 지정을 다음에 소개하고 설명에 이용하기로 한다.

D 및 d의 작은 숫자표시는 반응 출현율의 높은 영역 차례를 순위로 나타낸 것이다.

## 3 보통 대부분 및 보통 소부분 반응(D or d)

D 및 d의 영역을 각 카드 위에 지정했지만 실제의 분류에 있어서는 어느 정도 융통성이 주어지고 있다. 가령 카드 Ⅲ의 $D_1$(위의 적색 영역)에서 위 끝쪽 부분을 제외하고는 같은 $D_1$으로 생각해도 좋다.

• 부 D 및 부 d: 부분이 적더라도 Ⅰ단계까지 지적되어 있지 않은 경우에 반독립적인 부분반응, 예를 들면 카드 X '동물의 모임(P 단계)' "여기에 사자, 여기에 사슴, 여기에 토끼, 서로 엉겨서 놀고 있다."( Ⅰ 단계)

$$W \begin{cases} D \\ D \\ D \end{cases}$$

간격(공백) 부분을 지적했을 경우, 예를 들면 카드 II(하얀 곳이 전등의 갓, 밑 부분의 빨간 곳은 빛) S, D

## 4 이상부분반응

피검자가 나타낸 반응이, 전체반응도 보통 부분반응도, 그리고 공백반응도 아닌 때에는 그것은 이상부분반응(Dd)이다. 이 Dd의 하위분류는 ① dd, 즉 미소(微少) ② de, 즉 외연(外緣) ③ di, 즉 내부 ④ dr, 즉 희유(稀有)의 각 부분반응이다.

### (1) dd: 미소부분반응(tiny detail)

d와 같이 섬 또는 반도와 같은 부분이며, 공간·색채·음영(陰影)에 의해서 다른 부분으로부터 구별되고 있지만 d 만큼 빈번하게 눈에 띌 만큼 나타나지는 않으며 d보다 미소한 부분이다. 예를 들면 카드 V의 dd'에 대해서 '길다란 모자 덮어 쓴 사람', dd"에 대해서 '복숭아나무의 작은 가지', dd'''에 대해서 '두루마리의 다리' 등이다.

이런 예를 통해서 알 수 있는 것처럼, dd는 돌출한 부분이지만 단지 미소하고 있다는 사실만으로는 dd를 결정하는 조건으로서는 불충분하다.

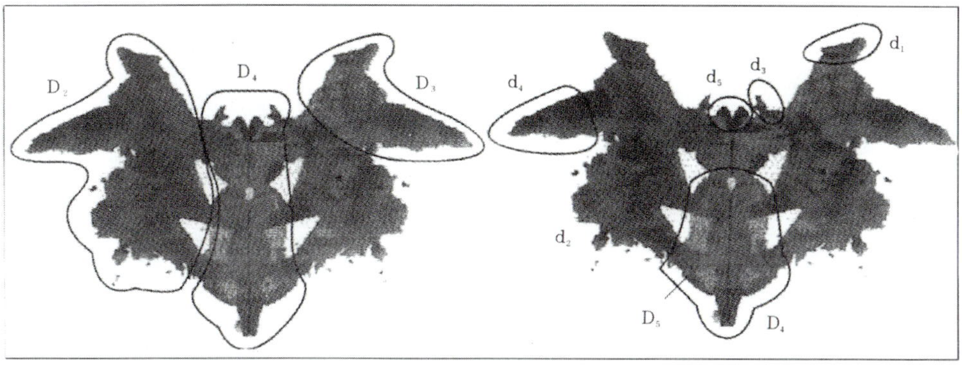


[ 카드 I ]

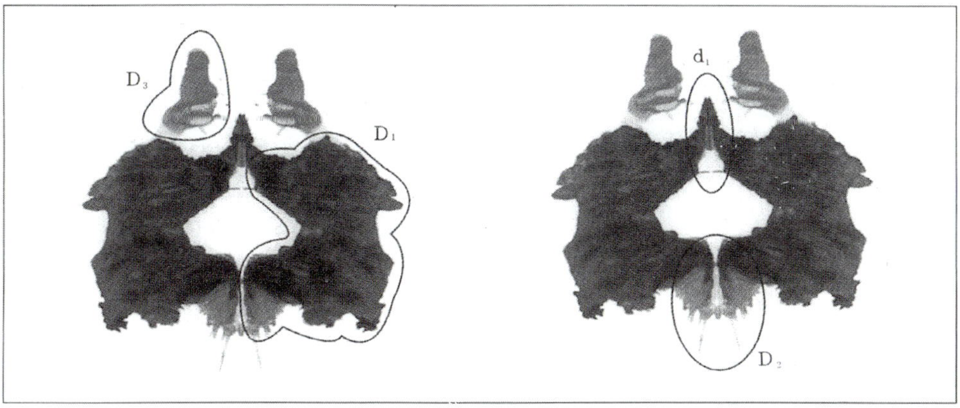


[ 카드 II ]

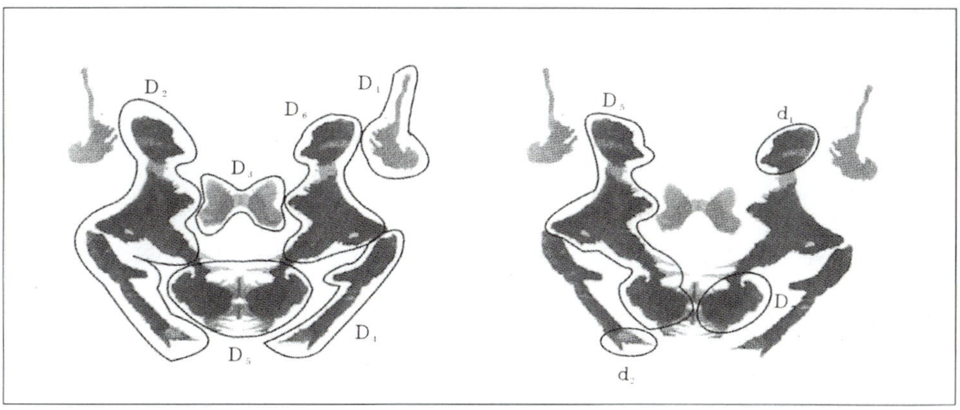


[ 카드 III ]

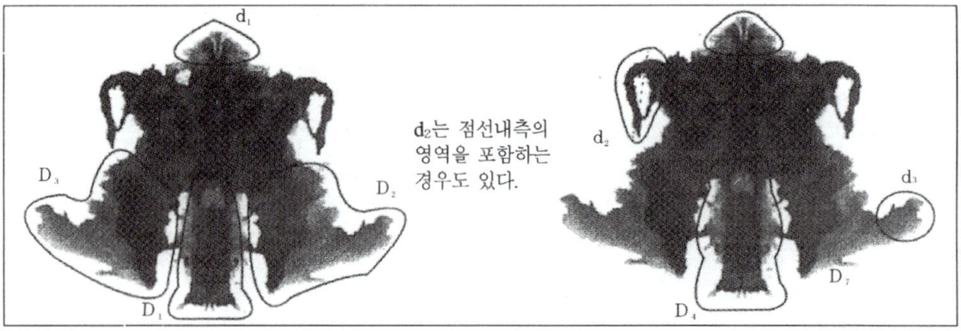


[ 카드 IV ]

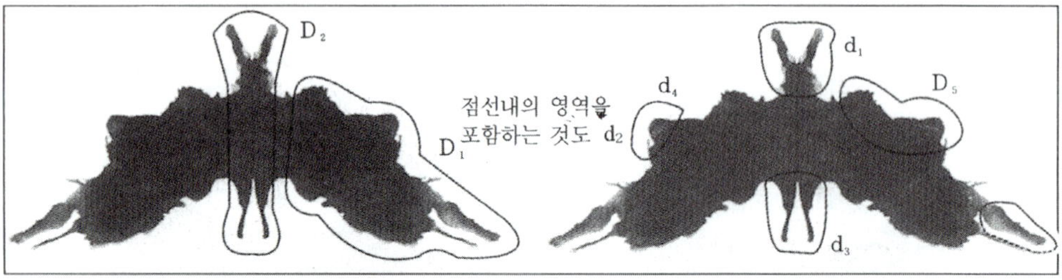


[ 카드 V ]

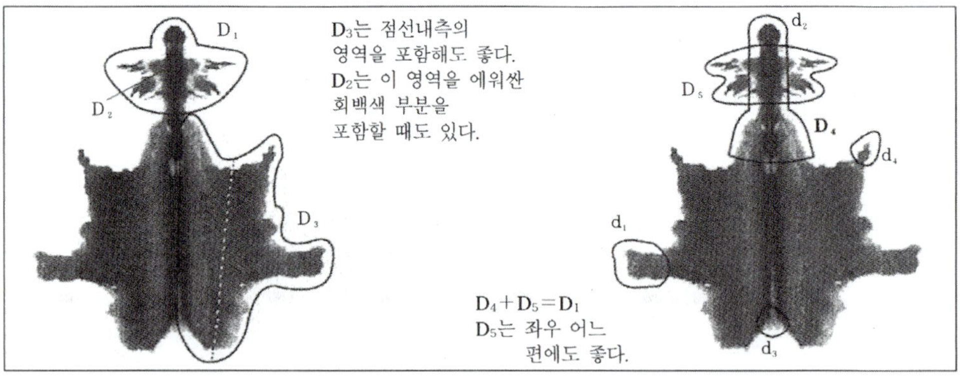


[ 카드 VI ]

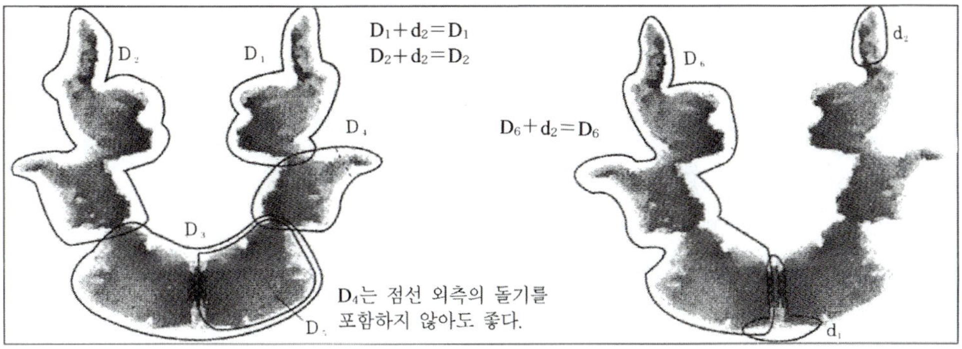
$D_2$
$D_1$
$D_1+d_2=D_1$
$D_2+d_2=D_2$
$D_4$
$D_3$
$D_4$는 점선 외측의 돌기를 포함하지 않아도 좋다.
$D_5$
$D_6$
$d_2$
$D_6+d_2=D_6$
$d_1$

[ 카드 Ⅶ ]

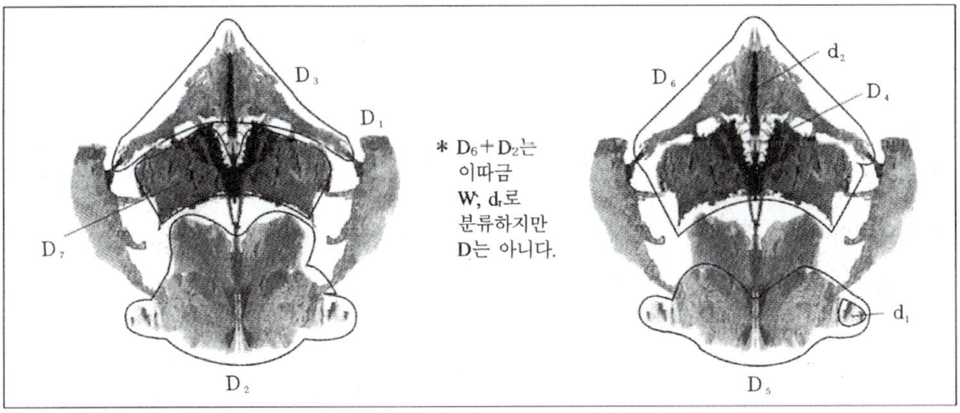
$D_3$
$D_1$
* $D_6+D_2$는 이따금 W, $d_r$로 분류하지만 D는 아니다.
$D_7$
$D_2$
$D_6$
$d_2$
$D_4$
$d_1$
$D_5$

[ 카드 Ⅷ ]

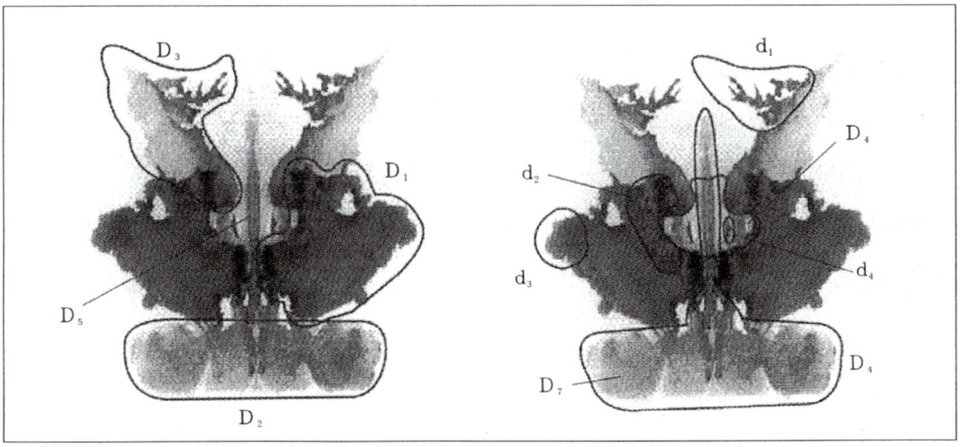
$D_3$
$D_1$
$D_5$
$D_2$
$d_1$
$D_4$
$d_2$
$d_3$
$d_4$
$D_4$
$D_7$

[ 카드 Ⅸ ]

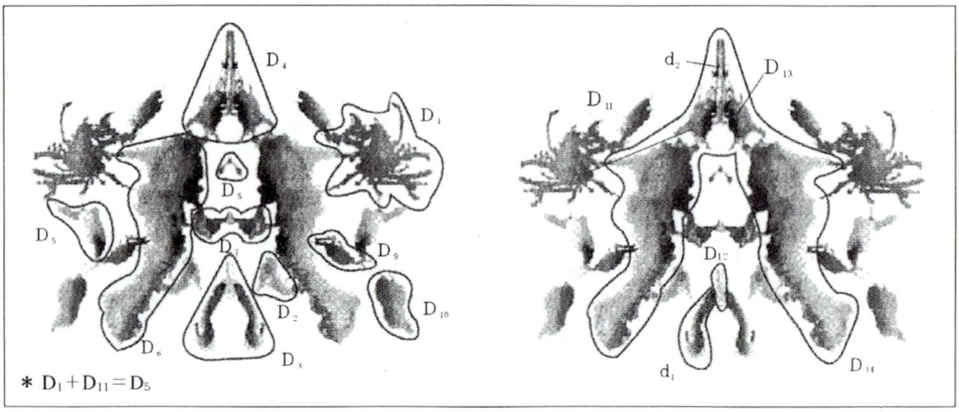


[ 카드 X ]

### (2) de: 외연반응(Edge detail)

이것은 외연의 모양에만 반응한 것을 말한다. 예를 들면 카드 Ⅰ의 de'에 대해서는 '사람의 옆얼굴', de"에 대해서는 '해안선' 등과 같은 반응은 대표적인 것이다. '옆얼굴', '해안선'이라고 해서 독단적으로 de로 분류해서는 물론 안 된다. 그림의 외연 이외의 요소(부분)가 포함되어 있으면 de가 아니기 때문이다. 질문에 의해서 정확히 확인해 둘 필요가 있다.

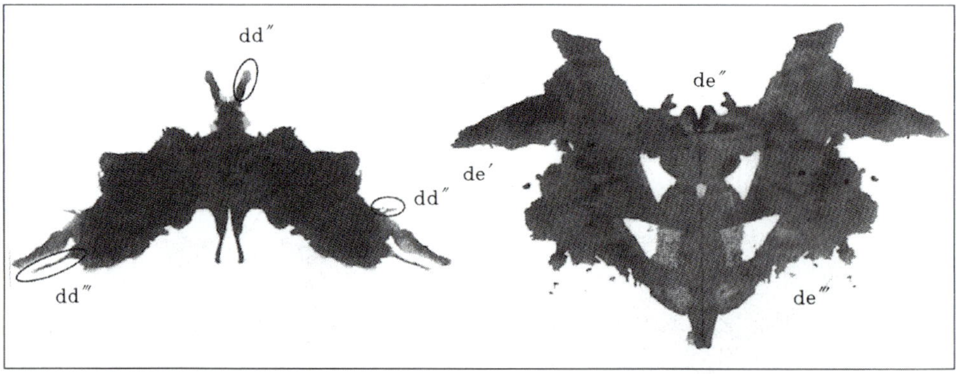

### (3) di: 내부반응(Inside detail)

그림의 내부 음영의 어떤 부분이 조금도 외연을 포함하지 않으면서 반응영역을 나타내는 선이 음영으로 이루어져 있을 때에는 di로 분류한다. 예를 들면 카드 Ⅳ의 di'에 대해서 '여자의 옆얼굴', di"에 대해서 '커다란 검은 눈동자'라고 한 반응이다.

그러나 카드 Ⅵ의 중심선상의 회백색의 작은 계란모양의 영역 등은 그것이 확실히 다른 영역에서 독립되어 있다는 점에서 dd이지 di는 아니다. 그리고 예외적인 경우를 제외하고는 조금이라도 외연을 포함하고 있을 때는 거의 di적인 성질을 가지고 있다고 하더라도 dr로 분류되는 경우가 많다.

### (4) dr: 희유반응(Rare detail)

이것은 dd로나 di로나 de로도 분류되지 않는 이상반응영역에 대한 것도 지니고 있으며, 또한 d나 D 및 W로부터도 명료히 구별되는 것이다. dr의 크기는 W의 크기인가 하면 dd만큼 작은 것도 있다. 예를 들면 카드 Ⅰ의 dr에 대해서, '박쥐가 날개를 펴서 날고 있는 부분', dr"에 대해서 '병아리'와 같이 반응하기도 한다. 따라서 dr이라는 기호 때문에 언제나 작은 부분을 의미하는 것이라고 생각해서는 안 된다.

- 부 Dd: 일반적으로 dr의 경우에는 S 영역의 경우로 취급될 때에는 부 Dd로 분류된다. 그러나 di, de, dd 등은 함부로 S와 결합하는 일은 없기 때문에 크게 문제되지는 않는다.

## 5 간격(공백) 반응(White space)

이것은 도형과 여백란이 완전히 거꾸로 관계된 반응이다. 대부분의 경우 무늬 사이의 하얀 간격 또는 하얀 공간을 도형으로 보고 반응하고 있다. 완전히 하얀 영역에 대한 이러한 반응은 그 영역의 대소에 불구하고 S라고 분류한다. 그런데 이 S 반응에는 다음 세 경우가 있다.

### (1) 순수한 S 반응

이것은 완전히 S 영역을 독립시켜서 반응하는 경우이며, Ink-Blots의 영역을 조금도 포함시키지 않고 있다. 카드 II의 S'에 대해서 '뽀빠이의 다리', S"에 대해서 '전등의 갓'이라고 반응하는 것과 같은 것이다.

### (2) 결합적 S 반응(주분류)

S 영역이 블로트 영역과 같이 취급되는 경우가 있는데, 이에는 S를 주된 영역으로 본 경우와 부영역으로 본 경우가 있다. 주 S 반응으로서는 'S, W', 'S, D', 'S, Dd' 등의 결합이 있다. 예를 들면 카드 II의 S" 영역에 대해서 새로이 그 위의 dr 영역을 더하여 '전등의 갓'이라고 반응하는 것을 말한다. 또한 S"의 장소를 '연못'이라고 말하고 그것을 둘러싸고 있는 까만 영역($D_1$)을 '그 연못을 둘러싼 숲'이라고 설명할 때는 이것은 S, D 또는 S, W로 분류한다. 이때 어느 것이나 반응의 주체는 S인 것이다.

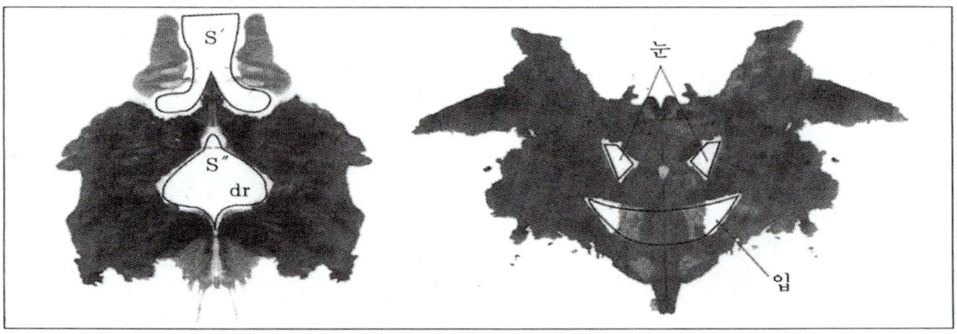

### (3) 결합적 S 반응(부분류)

이것은 'W, S', 'D, S', 'dS', 'Dd, S'로 분류되는 반응인데, 이때의 S는 부차적으로 쓰일 따름이다. 예를 들어 카드 Ⅰ의 블로트의 전체에 대해 '귀신의 얼굴'이라고 반응한 경우, 상부의 두 개의 S를 눈이라고 보고, 밑 부분의 S를 입이라고 판단하게 되면 이 눈과 입은 부영역으로 보는 것이다. 이 경우의 분류기호는 W, S이다. 그리고 같은 카드 Ⅰ의 전체를 '나비'라고 보고, 블로트를 둘러싼 하얀 영역을 희기 때문에 '눈'이라고 보아서 "눈 위에 나비가 죽어 있다."라고 반응하더라도 똑같이 W, S라고 분류한다.

부분류에 있어서 주의해야 할 것은, 예를 들면 카드 Ⅰ의 전체에 대해서 '동물의 얼굴'이라고 반응할지라도 피검자가 P 단계나 I 단계에서 자발적으로 S 영역을 '눈'이라든지 또는 '입'이라고 말하지 않으면 이것은 W, S라고는 분류하지 않는다.

## 4) 반응결정인

### 1 주된 카테고리

반응결정인(反應決定因)이란 피험자가 어떤 반응을 한 내용이 Ink-Blots의 어떠한 성질에 근거를 두고 있는가, 즉 그 모양인가, 그 색채인가, 그 운동의 느낌인가 등의 점에 대해서 분류하는 일이다. 여기에는 네 가지의 주된 카테고리가 있는데, 각각 하위 카테고리를 몇 개씩 가지고 있다. 주된 카테고리는 형태반응·운동반응·음영(농도)반응·색채반응 등이 있다.

### 2 주결정인

한 개의 결정인은 하나의 주반응 영역을 가진 반응에 대해서 주어진다. 운동·음영·색채의 결정인이 존재하지 않을 때에 주결정인은 형태반응(F)이 된다. 그러나 운동·음영·색채의 결정인을 피검자가 자발적으로 지적한다면 주결정인은 이에 따라서 분류된다. 이와 같이 어떤 결정인이 자발적으로 지적되는 한 그것이 P 단계에 있거나 I 단계에 있다고 하더라도 주결정인의 분류가 가해지는 것이다.

## 3 부결정인

운동·색채·음영을 결정인으로 사용하면서 그것들을 중요 인자임을 인정하지 않을 수 없을 때는 부결정인의 분류가 주어진다. 이것을 결정할 때에는 다음과 같은 규칙에 따라야 한다.

① 그 반응의 결정인이 그 반응영역의 일부에 대해서만 적용되는 경우, 예를 들면 카드 II($D_2$를 제외한 전체-W)에 대하여 "빨간 모자를 쓴 소 두 마리가 춤추고 있다."라고 반응했을 때, '빨간 모자($D_3$)'에 대하여 색채는 부결정인으로서 취급되고 운동은 주결정인이 된다.

② 어떤 결정인을 주장할 때 너무나 회의적이라든지, 곤란을 느낄 때는 부결정인으로 보아도 좋다.

③ 피검자가 어떤 결정인을 사용할 것을 부정할 때는 부결정인으로 생각해서는 안 된다. 검사자가 아무리 결정인을 요구한다 하더라도 피검자가 이것을 부정하는 한 강조되어서는 안 된다.

④ 형태결정인은 다른 결정인 가운데에 포함되는 수가 많기 때문에 형태(F)를 부결정인으로 분류하는 일은 거의 없다.

## 4 두 개 이상의 결정인

한 개의 반응결정인이 한 개 이상(색채와 운동, 운동과 음영, 색채와 운동과 음영 등)이라고 결정되어 있는 것은 아니다. 그러나 주결정인은 한 개의 반응에 대해서 한 개 뿐이어야 하는 것이다. 이럴 때 어느 결정인을 주로 하고, 어느 것을 부로 할 것인가의 문제가 생긴다.

① 인간운동(M)은 모든 결정인보다도 우선적으로 주결정인이 된다.

② 동물운동반응(FM)은 M을 제외한 무든 결정인에 앞서서 주결정인이 된다.

③ M, FM을 제외하고 색채반응은 다른 모든 결정인에 앞서서 주결정인이 된다.
④ 음영반응에 있어서는 별다른 규정이 없다.
⑤ 무생물운동반응(m)은 일반적으로 부분류가 된다.

### 5 형태반응(Form response)

이 테스트는 원래 형태판단검사(formdeutversuch)라고 불리어졌던 것인데 대부분의 반응은 많던 적든 간에 형태반응이라고 할 수 있다. 특히 형태반응(형태가 결정인이 되어 있는 반응)이라고 이름 붙여도 좋은 반응이 있다. 이것은 운동·음영·색채 등의 결정인이 조금도 관여하고 있지 않거나 또는 부과적으로 관여되어 있는 반응인 것이다. 다시 말하면 주결정인이 '형태'만의 반응인 것이다.

**예**

- 카드 Ⅰ(W, S): '귀신의 얼굴'
- 카드 Ⅰ(W): '왕관'
- 카드 Ⅱ(S): '곰'
- 카드 Ⅴ(W): '박쥐'
- 카드 Ⅵ(D1): '나비'

이밖에 기하학적 도형이나 숫자와 같은 추상적인 반응이나 모양이 어떠한 반응이라 할지라도 다른 주결정인이 관여하고 있지 않는 한 F라고 분류해야 한다.

**질문**

위의 카드 Ⅴ의 반응에 대해서,

- E: 거기에 대해서 조금 설명해 주세요.
- S: 이것은 날개, 이것은 가슴, 이것은 다리와 머리로 보입니다.
- E: 특히 박쥐라고 판단한 이유는 무엇입니까?
- S: 전체 모양이 어딘지 닮아 있기 때문에 그렇게 생각되었습니다.

라고 한다면 이 반응은 F로 분류하면 된다. 그러나 두 번째의 E의 질문에 대해 '검기 때문에' 또는 '날아가고 있는 것 같아서'라고 설명할 때 이것은 F 반응이 아니고 FC' 또는 FM이라고 분류해야 된다. 때에 따라서는 F→FM이라는 분류가 필요할 때도 있다.

### 6 운동반응(Movement response)

피검자가 실제로는 움직임이 존재하지 않은 카드 가운데서, 동작·운동·표정·자세 등을 느낀다고 반응하는 것을 운동반응이라고 하는데, 여기에는 인간운동반응·동물운동반응·무생물운동반응의 세 가지가 있다.

#### (1) M: 인간운동반응

인간 또는 인간에 유사한 것을 카드에서 보았을 때, 어떤 동작이나 자세가 엿보인다고 판단되는 반응을 인간운동반응, 즉 M이라고 분류한다.

**예**

① 인간의 동작

- 카드 II(W): "두 사람의 마법사가 손을 마주잡고 춤추고 있다."
- 카드 VII(W): "두 사람의 여자아이가 서로 으르렁대고 있다."

이 경우에는 만화, 그림, 조각상의 내용이라 할지라도 괜찮다.

② 인간의 자세

- 카드 V: "거지가 자고 있다."

이 경우에는 인간의 동작을 나타낸 것은 아니지만 어떤 상태를 말하고 있기 때문에 M이다. 단 여기에서는 그림이나 조각사의 인물이 대상이 되어있을 때는 M이라고 분류하지 않는다.

③ 동물의 인간 유사운동

- 카드 Ⅲ(W): "하마가 인사를 하고 있는 것 같다."
- 카드 X($D_1+D_2$): "곰이 곤봉을 쥐고 있다."

의인화(擬人化)된 운동은 M으로 분류한다. 그러나 원숭이의 동작은 인간유사의 것이지만 M은 아니다.

④ 인간의 부분동작

- 카드 Ⅳ($D_2$): "장화가 튀어 나와 있다."

이 경우, 인식된 것은 인간의 발 부분뿐이고, 질문에 의해서 다른 부분은 부정되었다. 그러나 M으로 해도 좋다.

⑤ 인간의 표정

- 카드 Ⅰ(W, S): "귀신이 웃고 있다."
- 카드 Ⅶ($D_1$): "입이 축 늘어진 이상한 도깨비 얼굴을 하고 있다."

- 부 M 또는 M 경향

위와 같은 예의 반응을 P단계에서 나타내면, 검사자는 M으로 분류할 수가 있고, 또한 피검자가 I단계에서 자발적으로 상술한 바와 같은 운동을 표현하면 대개의 경우 주결정인은 같은 M이 된다. 그러나 이외에 M을 부결정인으로 분류하는 경우가 있다. 이것은 특히 M경향(→M)의 반응에서 볼 수 있는 것이다. 이에는 다음과 같은 경우가 있다.

① 인간의 운동 또는 자세가 I 단계에서 지시적(directive)인 질문에 의해서 응답된 경우
② 그림·만화·조각상 등에 의해서 표현된 인간의 자세가 M으로 분류가 안 되는 것은 전술한 바와 같다. 이것은 →M으로 분류된다.
③ 보통은 일정한 동작이나 자세가 보이는 인간반응에 있어서, 그 표정만이 지적되는 경우 →M으로 분류된다.
④ 동물의 얼굴에 나타난 인간적인 표정에 대해서는 →M으로 처리한다.
⑤ 동물의 동작 가운데 인간적인 요소를 의인화한 경우에는 →M으로 처리한다. 이때의 주결정인은 물론 FM이다.
⑥ 인간의 자세를 취하고 있으면서 무생물적인 힘을 지니고 있을 때는 →M으로 처리한다. 카드 Ⅲ의 $D_1$을 "작은 천사가 하늘로부터 떨어져 온다."라고 반응하면 →M으로 분류한다.

### (2) FM: 동물운동반응

동물을 카드 가운데서 지각하고 그것이 어떤 동작이나 자세를 취하고 있다고 판단하는 반응은 동물운동반응인데, 이것은 FM으로 분류한다.

**예**

① 동물의 동작

- 카드 Ⅱ(W): "개 두 마리가 서로 싸우고 있다."
- 카드 Ⅷ($D_1$): "표범이 기어오르고 있다."

이때 개나 표범이 그림이나 장식품이라고 설명한다 할지라도 FM으로 분류한다.

② 동물의 자세

- 카드 Ⅹ($D_2$): "사자가 앉아 있다."

이때는 실제로 역동감을 지니고 있어야 하기 때문에 그 동물이 그림이나 조각상이나 만화여서는 안 된다.

③ 동물의 부분동작

- 카드 V($d_2$): "뱀이 입을 벌리고 있다."

이 경우엔 뱀은 머리 부분만 보고 있지만 FM으로 분류한다.

- 부 FM 또는 FM 경향

이것은 전술한 M과 같이, 부 FM의 대부분은 FM 경향, 즉 →FM을 표현하고 있다.

① 동물의 표정뿐이고 다른 운동을 포함하고 있지 않을 때는 →FM이다.
② 동물의 자세는 일반적으로 FM으로 한다는 것은 전술한 바와 같지만, 이 동물이 조각이나 장식품 또는 그림의 자세를 나타낸 것일 때는 →FM으로 분류한다.
③ 동물의 운동이 매우 약하고 무생물적인 힘을 지니고 있을 때도 Fm→FM이다.
④ 풍경 가운데 중요하지 않은 동물이 포함되어 있을 때는 FM은 부분류가 된다.

### (3) m: 무생물운동반응

이것은 인간이나 동물의 운동과는 다르게 물리적인 힘에 의한 운동 또는 추상적인 힘을 지니고 있다. 보이는 대상이 인간이나 동물이라 할지라도 거기에 물리적인 힘이 가해져 있거나 추상적인 힘이 작용되고 있거나 할 때는 m으로 분류한다.

Klopfer는 형태지각의 분화의 정도에 따라서 Fm, mF, m의 세 개의 하위분류를 주장했다.

① Fm: 이것은 움직이고 있는 것, 또는 움직여지고 있는 것이 일정한 모양을 취하고 있는 것에 주어진다.

예

- 카드 II(중앙의 S): "곰이 빙빙 돌고 있다."
- 카드 III($D_1$): "사자가 하늘에서 떨어져 내려오고 있다."
- 카드 VIII(W): "해적선이 이쪽으로 파도를 타고 온다."

② mF: 움직이고 있는 대상 또는 움직여지고 있는 것이 확실한 모양을 갖고 있지는 않거나 약간 갖추고 있을 때 이 분류가 주어진다.

예

- 카드 VII(W): "구름이 흘러온다."
- 카드 IX($D_3$): "불이 훨훨 타오르고 있다."
- 카드 IX(W): "원자폭탄이 폭발한 것"

③ m: 이것은 구체적인 모양이 갖추어져 있지 않거나 추상적인 힘을 주제로 한 반응에 주어진다.

예

- 카드 X(W): "어떤 것이 위로 향해 돌진하는 것 같이 생각된다. 인간이 정신을 한 곳에 집중시키고 있음을 나타내고 있다."
- 카드 I(W): "이것은 대칭적 조화를 나타내고 있다. 어떤 모양이라고는 볼 수 없으나 어쨌든 하나의 대칭적 조화이다."

• 부 M

m은 일반적으로 부결정인으로서 분류될 때가 많다. 이때에는 Fm, fm, m의 구별은 하지 않고 일괄하여 m으로 처리한다.

예

- 카드 III($D_1$): "시뻘건 불꽃이 타고 있다."

이 반응은 주로 '빨강'의 인상에서 생긴 것이기 때문에 주결정인은 CF가 된다. 따라서 m이 부결정인이 된다.

예

• 카드 Ⅵ(W): "악기가 걸려 있다."

이것은 벽에 무엇이 걸려 있다는 의미이다. 이 경우엔 m을 부결정인으로 생각할 수도 있다.

## 7 음영반응(Shading response)

이것은 피검자가 주로 회색영역의 농도(음영)를 사용하여 반응을 가리키는 것이며 회색빛깔 이외의 색깔영역의 음영에 대한 반응까지도 포함하고 있다. 이와 같은 음영효과에는 다음의 세 종류가 구별된다. 첫째, 음영이 표면 또는 재질(材質)의 인상을 풍기고 있는 것(c) 둘째, 음영이 3차원 또는 깊이의 인상을 나타내고 있는 것(K) 셋째, 음영이 평면 위에 투사된 3차원적으로 펼친 인상을 나타낸 것(k) 등이 있다.

### (1) 재질, 표면반응(Texture response)

이 재질 또는 표면의 효과가 분화(分化, differentiated)된 것, 또는 미분화(未分化, undifferentiated)된 것, 아니면 표면이나 재질의 성질을 가진 대상이 일정한 모양을 지니고 있는가 그렇지 않는가에 따라서 Fc, cF, c의 하위분류가 결정된다.

① Fc(분화, 재질반응): 이것은 뚜렷한 모양을 지닌 대상을 봄과 동시에 음영에 지각의 중점을 두고 그 재질을 느끼는 경우인 것이다. 양모의 양복, 대리석의 조각 등이 이 반응의 예이다. 광택이 매우 눈부신 표면이나 부드러운 인상에 대해서는 Fc로 분류되기도 한다.

예

• 카드 Ⅶ($D_2$): '장난감 개'

면으로 만든 표면이 부드러운 느낌에서 일어난 반응일 때는 Fc로 분류되고 단지 윤곽만의 인상에서 반응된 것이면 F가 된다.

예

- 카드 Ⅶ($D_4$): '점토로 만든 도깨비의 얼굴'

질문에 의해서, 음영이 그 얼굴 표면의 凹凸된 느낌을 나타낸 것이라고 보았을 때는 Fc로 분류된다. 물론 이 凹凸의 느낌이 윤곽에서만 온 것이라면 F가 된다.

- 부 Fc

이에 대해서 부결정인의 분류에 관한 일반적 규칙이 그대로 적용된다.

② cF(미분화 재질반응): 이것은 보여진 대상이 표면효과 자체가 미분화되어 있거나 어떤 모양인지 잘 구별하기 힘든 모양을 가지고 있을 때 주어진다. 바위·눈 등을 보통 포함하고 있다.

예

- 카드 Ⅵ(dr): '물고기의 간'

이때 물고기 모양인 것 같지만 확실하지 않은데 표면의 음영효과가 물고기의 간을 상기시킬 때는 cF로 분류된다.

③ c(무형미분화 재질반응, 無形未分化 材質反應): 이것은 모양을 전연 무시함과 동시에 음영의 효과도 미분화되어 있는 반응에 대해서 사용된다. 이 결정인은 두뇌가 크게 손상당한 환자에게서 찾아볼 수 있다고 한다. 즉, 잘 나타나지 않는 반응이다. 형태가 전연 무시되고 있다는 점에 주의하면 된다.

### (2) K: 입체반응(Three dimensional response)

3차원적인 또는 깊이가 있는 인상이 뚜렷한 형태의 지각을 가진 풍경의 반응이며, FK로 분류된다. 깊이와 확산효과(擴散效果, diffusion)의 인상이 중심이 될 때에는 KF 또는 K로 한다.

① FK(풍경반응): 이것은 3차원적 지각에 입각한 풍경 반응인데, 음영카테고리 가운데에 위치하고 있지만 반드시 음영인자에 의하지 않고서도 일어나는 반응이다. 그러나 대개의 경우, 음영효과가 입체감을 강화시키고 있다고 해도 과언이 아니다.

하늘에서 내려다 본 전망도 3차원의 느낌을 풍기는 것은 FK로 분류한다. '호랑이 굴의 입구'라든가 '아취의 문을 통해서 바라본 경치' 등도 3차원적으로 시각되어 있을 때에는 FK가 된다.

예

- 카드 Ⅱ(S, d): "광장 저쪽에 탑이 서 있다."
- 카드 Ⅵ(W): "산과 숲의 풍경이 연못에 비치고 있다."
- 카드 Ⅳ(W, S): "비행기에서 내려다 본 섬, 둘레가 바다이고, 산이 보인다."

② KF(확산반응): 깊이의 인상과 확산의 인상이 중심이 되어 있지만 형태가 무시되어 있지 않은 것에 주어진다. 그러나 이 분류는 원래의 형태가 일정한 것에 주어진 것이 아니고 구름·연기 또는 원자탄 폭발 시의 화염 등과 같은 것에 주어진다.

③ K(무형 확산반응): 어떤 형태라는 것도 없이 깊이 또는 확산의 효과를 가진 반응이다. 이 반응의 특징을 Klopfer는 "끊지 않고 칼을 휘두를 수 있는 것"이라고 말하고 있다. 그것은 안개·연기 등인데 뚜렷한 윤곽을 지니고 있지 않다.

#### (3) k: 약한 입체반응(Tone-down shading response)

이것은 3차원적인 세계가 2차원적인 평면에 투영된 반응이다. 이에도 c, K와 같이 FK, kF, k의 하위분류가 있다. 이 반응은 지도나 X-선 사진 등에 관련된 반응에 주어진다.

① FK: 형태가 뚜렷하나 음영의 사용법이 미분화된 것.
② kF: 형태는 아리송하고 음영의 사용법이 미분화된 것.
③ k: 형태를 지니지 않고 미분화한 음영의 사용

### 8 색채반응(Color response)

반응의 형성에 있어서, 블로트의 색채를 결정인으로 사용하는 반응인데, 이것에는 대별하여 두 종류가 있다. 하나는 흑·백·회색계열의 색채를 사용하는 것, 즉 무채색반응(achromatic response)이며, 다른 하나는 일반의 색채를 사용하고 있는 소위 색채반응(chromatic response)이다.

#### (1) C': 흑백반응

이것은 흑백카드( I , Ⅳ, Ⅴ, Ⅵ, Ⅶ)에 있어서 유일한 색채반응이다. 그러나 이것은 다른 채색카드(Ⅱ, Ⅲ, Ⅷ, Ⅸ, Ⅹ)에서도 나타나는 것이다. 즉 어떤 종류의 갈색·녹색·청색 등이 회색으로 지각될 때에는 C'로 분류된다. 흑·백·회색의 색채로써 (음영이 아니고) 사용될 때에는 C'가 된다.

C'는 다시 반응형태의 규정성 정도에 따라 FC', C'F, C'로 나뉜다.

① FC'(형태흑백반응): 뚜렷한 형태를 가진 대상이 흑·백·회색 가운데 어떤 색을 나타내고 있다고 판단하는 반응이다.

예

• 카드 Ⅴ(W): '검은 나비'

② C'F(흑백형태반응): 형태를 어느 정도 갖추고 있는 대상이 흑·백·회색을 나타내고 있는 경우 C'F로 분류한다.

예

- 카드 Ⅴ(W): '검은 머리카락'

③ C'(순수흑백반응): 이것은 아무런 형태도 갖지 않은 것은 흑·백·회색의 어느 색을 띠고 있는 경우, 예를 든다면 '검은 연기'라는 반응에 대해서는 K, C' 또는 C', K라는 분류가 주어진다.

### (2) C: 색채반응

피검자가 반응을 형성하는 데 있어서 Blots의 색채요소를 사용하는 것이다. 이것도 형태와의 관계에 있어서, 대별하여 세 가지로 분류가 되어 있다. 즉 FC, CF, C이다. 이 분류는 매우 특수한 경우를 제외하고는 무채색카드(Ⅰ, Ⅳ, Ⅴ, Ⅵ, Ⅶ)에는 적용되지 않는다.

① FC(형태색채반응): 이것은 일반적으로 말하면 뚜렷한 형태를 갖춘 반응으로서 동시에 색채가 결정인이 되는 것에 대해서 주어진다. 이것은 다시 하위분류를 갖고 있다.

i) FC: 자연적인 형태색채반응, 즉 사용된 색채가 대상의 자연의 상태를 나타낸 것과 같은 반응이다. 카드 Ⅲ의 $D_1$에 대한 '빨간 리본', 카드 Ⅹ의 $d_1$에 대한 '배추벌레' 등의 반응은 모두 FC로 분류된다.

ii) F/C: 이 분류를 나타내는 것은 대부분 색이 인쇄된 지도나 해부도의 반응에 나타나는 것과 같다. 예를 들면 카드 Ⅷ의 전체를 '인체의 해부도'로 보는 것과 같은 반응이다.

② CF(색채형태반응): 이것은 일반적으로 말하면 어떤 형태를 가진 대상으로서 주로 색채가 결정이 되고 있는 것에 해당된다. 이것은 다시 FC와 같은 수의 하위분류를 기지고 있다.

i) CF: 이것은 자연적인 색채형태반응이다. 예를 들면, 카드 Ⅷ의 $D_2$를 '꽃', 카드 Ⅸ의 $D_1$을 '푸른 잎사귀', 카드 Ⅹ의 전체를 '해저의 광경'으로 본 것은 대개는 CF 반응이다.

ii) C/F: 색채의 내용은 블로트 영역을 구분하는 의미밖에 갖고 있지 않은 반응이며 F/C보다 C가 주체가 되고 있는 반응에 대해서 이것으로 분류한다.

③ C(순수색채반응): 이 반응은 형태를 포함하지 않는 무형태색채반응이다. 이에는 네 가지의 하위분류가 있는데, 이것은 모두가 중요하기 때문에 잘 외워두어야 한다. 이것은 C, Cn, Cdes, Csym의 4종이다.

i) C: 이것은 순수색채반응으로서 색채만으로 결정되는 반응인데, 이것은 모두가 미분화된 구성되어 있지 않은 반응이다. 이 반응이 생기는 것은 5개의 색채카드, 즉 Ⅱ, Ⅲ, Ⅷ, Ⅸ, Ⅹ의 카드에 한해서이다. 카드의 푸른 영역에 대해서 푸르기 때문에 '물' 또는 '하늘'이라고 말한다. 카드의 빨간 부분에 대해서 빨갛기 때문에 '피'라고 반응한다. '피'의 반응에 있어서 때로는 '엉겨진 피'라고 할 때에는 어느 정도 그 형태를 문제로 취급하고 있으면 C가 아니고 CF로 분류되는 것은 물론이다.

ii) Cn: 이것은 색채명명반응(色彩命名反應, color naming response)이라고 불리는 반응이다. 이때 피검자는 카드 가운데서 어떤 특정의 대상을 보고 있는 것은 아니다. 그는 단지 카드의 색채를 그대로 '파랑' 또는 '빨강'이라고 말한다.

iii) Cdes: 이는 색채기술반응(色彩記述反應, color description response)이라고 하는 것인데, 단순한 색채의 명명과는 달라서 카드의 색채에 관한 설명이다. 대개의 경우는 색채의 성질에 관한 예술적인 설명인 것이다. 이것은 파스텔의 색과 수채물감 등에 의한 반응이다.

iv) Csym: 색채가 구체적인 색이 아니고 상징적으로 사용되는 반응이다. 즉, 색채상징반응(color symbolism response)으로 불리는 반응이다. 카드 Ⅷ에 대해서 "이것은 인생입니다."라고 반응하고, 질문에 의해서 $D_6$의 푸른 부분을 '비애', $D_1$과 $D_2$의 붉은 부분을 '환희'라고 반응하면 이것은 Csym이다.

### 5) 반응내용(Content)

피검자의 반응내용은 거의 무제한에 가깝다고 해도 과언이 아니다. 그러나 정리하기 위해서는 이 천태만상의 내용을 몇 개의 카테고리로 나누어야만 하는 것이다. 카테고리를 어떻게 나누는 것이 테스트 기록의 해석(진단)에 크게 유효할 것인가의 문제는 본 테스트의 핵심적인 과제라 하겠다. 여기에서는 Rorschach와 Klopfer의 카테고리 설정을 소개하고자 한다.

#### 1 반응내용의 주된 카테고리

##### (1) 인간에 관련된 반응

① H(인간반응): 이것은 인간의 모습을 본 반응인데, 전신(全身) 또는 거의 전신을 본 것에 한해서 H로 분류한다.
② (H)(비현실적인 인간반응): 유령·인간의 조각상·귀신·홍길동·인형 같은 비현실적인 것이다.
③ Hd(인간 부분반응): 인간의 손, 인간의 머리 등의 반응과 같은 것이다. 즉, 해부학적으로 분해되는 대상이다.
④ (Hd)(비현실적 인간 부분반응): 도깨비의 손, 귀신의 뿔 등과 같은 반응이다.
⑤ At(해부반응): 해부·수술·X-선 사진·해부도 같은 것이다.
⑥ Sex(성반응): penis, vagina 등 성기를 표현한 것이나 coitus에 관계된 반응에 이 분류를 한다.

##### (2) 동물에 관련된 반응

① A(동물반응): 동물의 전신을 본 반응이다.
② (A)(비현실적 동물반응): 동화·신화·만화에 등장하는 동물의 전신상에 관한 반응으로 용, 달나라의 토끼 등

③ Ad(동물 부분반응): 동물의 신체부분으로서 살아 있는 자연의 상태에 있다고 생각되는 것
④ (Ad)(비현실적 동물 부분반응): '용의 이빨' 등
⑤ Aobj(동물 제품반응): 동물의 모피나 골세공품(骨細工品) 등
⑥ A, At(동물 해부반응): 해부도 등

### (3) 식물, 자연, 물체, 지도의 반응

① Pl(식물반응): 꽃·나무뿌리 등의 반응
② Na(자연반응): 물·하늘·바다 등
③ Obj(물체반응): 꽃병·왕관·가구·장식품·기타 물체
④ Arch(건물반응): 빌딩·다리·교회 등
⑤ Map(지도반응): 일반적인 지도 또는 지세도 등
⑥ Lds(풍경반응): "산과 들이 보인다." 비행기에서 내려다 본 광경 등

### (4) 예술, 추상반응

① Art(예술반응): 이것은 피카소의 그림이다. 고운 수채화이다. 등
② Abst(추상반응): 카드 Ⅷ에 대해서 "이것은 인생입니다. 빨간 꽃은 환희를 나타내고, 푸른 곳은 바다를 나타내고 있다." 등

### (5) 기타 반응

① Bl(혈액반응): 피투성이·엉긴 피 등
② Cl(구름, 연기반응): 구름·안개·연기 등
③ Fire(불반응): 화재·불꽃 등
④ Expl(폭발반응): 원자폭탄·화산의 분화 등

## 2 평범반응과 독창반응

많은 피검자에게 테스트를 실시해 보면 어떤 카드의 어떤 특정의 블로트 영역에는 어떤 특정의 반응이 많이 나타남을 발견하게 된다. 이를 평범반응(popular response), 즉 P 반응이라고 한다.

그리고 테스트 검사자로서의 오랜 경험 속에 특이한 반응도 들어보게 될 때가 있다. 이것을 독창반응(orignal response), 즉 O 반응이라고 한다. 다시 말하면 대개의 반응은 P 반응이 나타나고 O 반응은 그렇게 흔하지 않다.

### (1) P: 평범반응

P 반응은 연구자 간에 일치되지 않고 있다. Rorschach 자신은 3명 중 1명 이상에게서 찾아볼 수 있는 반응을 P 반응이라고 했고, Hertz는 6명 중에 1명 이상, Beck는 10명 중 1명 이상에서 반응되고 있는 것을 P 반응으로 처리하고 있다. 보통 성인 피검자의 최저 15% 이상의 동일반응을 P 반응으로 보고 있다. P 반응으로 대표적인 것은 카드 Ⅰ(W) '박쥐', '나비', 카드 Ⅱ(W) '인간', '인간의 운동', ($D_1$) '개', 카드 Ⅲ(W) '인간', '인간의 운동', 카드 Ⅳ(W) '동물의 모피', ($D_1$) '동물의 머리', 카드 Ⅴ(W) '나비박쥐', 카드 Ⅵ(W) '동물의 가죽', 카드 Ⅶ(W) '인간', ($D_2$) '동물, 동물의 운동', 카드 Ⅷ($D_1$) '동물', 카드 Ⅸ($D_1$) '동물', 카드 Ⅹ($D_1$) '구름' 등이다.

### (2) O: 독창반응

Rorschach에 의하면 100명 중 1명꼴의 반응이다. O 반응을 통계적으로 결정하는 일은 불가능에 가깝다. O 반응의 결정이 매우 어렵기 때문에 O 반응의 리스트를 작성한다는 일도 배우 어려운 일이므로 오랜 경험을 통해서 결정할 수밖에 없다고 하겠다.

### 6) 형태수준의 평가

형태수준의 평가는 임상적 진단에 있어서 대단히 중요한 절차이다. 왜냐하면 주관적인 평가에서 탈피하기 위해 통계적인 방법을 이용하거나 형태반응을 표준적인 기준에 입각해서 형태지각의 정상성 여부를 판단하는 일은 테스트 결과를 해석(진단)하는 데 있어서 가장 중요한 요소가 되기 때문이다.

#### 1 평가의 대상이 되는 반응

순수형태반응(F) 외에도 1차적 형태반응(M, FM, FC, FK) 등 모두 포함하여 형태수준평가의 대상으로 삼는다. 따라서 2차적 형태반응(CK, KF, cF)이나 비형태반응(C, K, c)은 이 대상에서 제외된다.

#### 2 평가의 관점

형태수준평가의 대상인 반응을 어떤 관점에서 평가할 것인가에 대한 많은 연구자들의 일치된 견해는, 반응으로 나타난 개념이 블로트의 형태와 얼마나 일치하고 있느냐는 점에서 반응의 정확성을 중요시한다. 그러나 실제의 경우에 있어서는 검사자는 피검자가 가진 표상으로서의 개념과 블로트의 일치·불일치를 직접 평가할 수 있는 수단을 가지고 있지는 않다. 그렇기 때문에 정상인의 많은 사람이 카드 I 을 '박쥐'로 본다면 이 반응은 정확한 반응으로 결정하고 마는 전통적인 리스트법이 작성되기에 이른 것이다.

그러나 두 사람의 피검자가 다같이 '박쥐'로 보았다고 할지라도 같은 수준으로 평정할 수는 없다. 왜냐하면 박쥐로 보인 이유나 배경이 다를 수 있기 때문이다. 즉 '박쥐'로 보인 명세화(明細化)가 평가되지 않고는 반응의 정확성 수준을 같은 수준으로 평가할 수 없는 것이다. 어떤 의미에서는 명세화는 결국 반응의 정확성을 판단하는 하나의 절차가 될 수 있다. 그러므로 블로트 영역의 특수한 구조에 잘 일치된 설명을 한다면 건설적 명세화, 반응개념과 블로트 영역과의 대응이 곤란한 반응을 할 때는 파괴적 명세화라고 해도 좋겠지만, 결국 전자는 반응의 정확성을 높여주고, 후자는 떨어뜨리는 계기가 된다고 본다. 물론 논리가 성립되기 위해서는 피검자의 이미지 그 자체가 틀리거나 특수하거나 함이 전제되어야 한다.

그리고 피검자의 반응이 현실적으로 조화를 이룬 경우인가 또는 그렇지 않은 경우인가를 생각할 필요가 있다. 전자는 일종의 건설적 명세화이며 후자는 일종의 파괴적 명세화라고 할 수 있다. 이처럼 반응의 정확성과 관련시켜 총합적으로 평가되어야 하는 것이다. 따라서 피검자가 나타낸 반응의 정확성·명세화·결합성을 따로 구별해서 생각해야 되겠지만 궁극적으로는 이들을 전체적으로 평가함으로써 반응의 형태수준을 결정하게 된다.

### 3 평정척도(Rating scale)

종래의 평정척도는 Rorschach의 +, −의 2단계 척도를 비롯해서 Klopfer의 +5.0 ~−2.0의 15단계 척도까지 있다. +, −의 기호를 사용하고 있는 학자는 Rorschach, Hertz, Beck, Rapaport 등이고 점수를 사용하고 있는 학자는 Klopfer 등이 있다.

장차 객관적 평가법이 발달하여 그 판정기준이 명확하게 되고 조작이 합리적으로 단순화된다면 점수를 사용하는 사이코메트릭한 방법이 중심이 될 수도 있을 것이다. 그러나 현 단계에 있어서는 검사자의 부담을 덜어준다는 실제적인 견지에서 플러스, 마이너스의 기호를 사용하는 방법을 권장하고 싶다. 단지 반응의 정확성뿐 아니라 명세화나 결합성까지도 고려하는 현재의 평가법에 있어서는 +, −만으로서는 너무나 거친 척도가 되기 때문에 필자는 +, ±, ∓, −의 4단계 척도를 사용한다.

### 4 종합적 판정의 방법

앞에서 말한 4단계 척도의 정의와 그 구체적인 평가의 방법을 설명하면 다음과 같다.

### (1) 우수수준(F+)

이 수준의 반응은 그 내용과 블로트와의 일치도(정확성), 명세화의 적절성(건설적 명세화), 결합성(현실적 조화) 등의 관점에서 일반적인 반응에 비하여 뛰어나지 않으면 안 된다. 정확도·일치도가 높고, 명세화가 적절하다고 생각될 때에는 따로 결합성이 보이지 않더라도 이 수준으로 평가하면 된다. 그리고 정확도·일치도가 높고 현실 조화적인 결합능력이 보이면 명세화가 특별히 뛰어나지 않더라도 이 수준으로 평가한다. 이 수준은 Klopfer의 +2.0 이상의 득점이다.

예

- 카드 I(좌우 $D_1$ 영역의 결합): '천사의 춤' D M+(H)

  S: 날개가 달린 천사처럼 생긴 사람이 좌우 쪽에서 손을 펄렁거리고 있다. 끝이 뭉개진 모자를 쓰고 있다.

  주 정확한 반응이며 건설적 명세화, 현실 조화적인 결합성이 보인다.

예

- 카드 III(빨간색을 제외한 전체): "두 사람이 서로 마주보고 있다." WM+H P

  S: 이 사람은 어린아이인 것 같다. 쟁반을 들고 양쪽에서 조금 긴장한 듯 한 태도로 인사를 하고 있다. 목도리를 두른 깜찍한 복장을 하고 있기 때문에 어린아이로 생각된다.

  주 이것은 평범반응(P)이지만 명세화가 잘 되어 있기 때문에 +가 된다.

예

- 카드 VI($D_3$ 영역): "탱크가 달리고 있고, 그 위에 군인이 얼굴을 내밀고 있다."

  D Fm+M Obj Hd

  S: 앞에 솟은 것은 기관포와 같이 보이고 거기에 전체의 모양이 마치 탱크가 비탈길을 오르는 것 같이 경사져 있다. 군인의 모양은 조금 막연한 것 같지만 진행의 방향으로 등지고 서 있는 것처럼 보인다.

㈜ 얼핏 보기에는 정확성이 부족한 것처럼 보이지만 그 형태를 적당히 명세화시키면서 잘 설명하고 있다. 이것은 독창반응(O)이며 피검자의 지적능력이 매우 높지 않으면 이 만큼의 명세화는 이루어지지 않는다.

### (2) 양호수준(良好水準: F±)

이 수준에 해당되는 반응은 매우 많으며 그 대표적인 것은 보통의 P 반응이다. 이 밖에 P 반응에 준하는 출현빈도가 높은 반응, 또는 정확한 반응이지만 명세화나 결합성이 부족한 반응도 대상이 된다. 이 반응을 ±로 평가하는 사실을 머릿속에 집어 넣어두면 다른 수준을 상대적으로 이해하는 데 도움이 된다.

가령 반응의 기초개념이 P 반응의 내용이지만 명세화가 뛰어난 경우에는 +가 된다는 것은 앞에서 말한 바와 같다. 그러나 같은 P 반응이라 할지라도 질문단계에서 최소한의 명세화나 설명이 이루어지지 않을 때는 ∓가 된다. 이러한 ±수준을 결정하는 기준은 물론 통계적인 반응 출현빈도이며, 이 목적에 알맞은 리스트가 없을 때는 검사자의 경험에 의존하지 않을 수 없을 것이다.

이때 검사자에게 요청되는 최소한의 조건은 아동과 성인, 정상인과 정신병자, 경제적 수준의 고저 등에 따라서 차이가 나타나는 반응특성에 대해서 약간의 지식과 경험을 가지고 있어야 한다. 이러한 경험을 조금도 갖고 있지 않은 검사자의 경우, 경험이 많은 검사자에 비하여 평가의 신뢰도가 상대적으로 낮다고 볼 수밖에 없다. 이 ±의 수준은 Klopfer의 +1.0과 +1.5에 대응되는 척도이다.

예

- 카드 Ⅰ($D_2$ 영역): '천사' D M±(H)

S: 여기가 머리, 여기가 날개, 여기가 다리인데 무엇인가에 잡혀 있는 것 같다.

㈜ F+수준의 첫 번째 예와 기초개념이 같지만 결합성이 부족하고, 또한 명세화도 보통이기 때문에 ±로 평가된다.

예

- 카드 Ⅱ($D_2$ 영역): '나비' D F±A

S: 빨간 색깔의 나비는 좀 이상하지만 모양이 너무나 닮아 있습니다.

예

- 카드 Ⅳ($D_1$ 영역): '소의 머리' D F±Ad P

  S: 여기가 귀이고, 여기가 눈이고, 여기가 코끝입니다.

  주 P 반응이며 전형적인 ±반응

예

- 카드 Ⅶ($D_2$ 영역): '장난감 개' D Fc±(A)

  S: 장난감 개이며 부드러운 느낌이 듭니다.

### (3) 불량수준(不良水準: F∓)

기초개념은 ±로 평가될 수 있는 반응이 질문단계에서 명세화가 되지 않는 경우나 정확도를 떨어뜨리는 명세화가 주어진 경우 ∓로 평정된다. 그리고 구름·바위·지도 등과 같은 막연한 반응 가운데 F 반응 또는 1차적 F 반응으로 보이는 것은 모두 ∓로 평가한다. Klopfer의 −0.5(+0.5를 포함해도 좋다)에 대응된다.

예

- 카드 Ⅰ: '박쥐' W F∓A P

  S: 날개가 있으므로 어딘지 박쥐라고 상상했습니다.

  E: 이 한가운데 있는 것은?

  S: 그렇게 말씀하시면 곤란합니다. 모르겠습니다.

예

- 카드 Ⅱ(검은 부분 전 영역): '바위' W̶ FC'∓Lds

  S: 울퉁불퉁하고 까맣기 때문에

**예**

- 카드 Ⅳ: "사람이 울고 있다." W M∓(H)

  S: 목이 없지만 괴물 같다.

  E: 손은?

  S: 손도 뚜렷하지 않다.

  E: 다른 곳도 좀 더 설명해 보세요.

  S: 한가운데 밑으로 늘어져 있는 것은 그 뜻을 모르겠다. 다리는 너무 커서 괴물 같다.

### (4) 병적수준(病的水準: F-)

정확성이나 일치도가 보이지 않는 반응, 또는 파괴적 명세화가 나타나거나 현실적 조화가 전연 없는 결합이 나타난 반응이다. 매우 뚜렷한 형태적 특징을 갖고 있는 영역(예를 들면 카드 Ⅲ의 $D_2$, 카드 Ⅷ의 $D_1$ 등)의 연기·지도·바위와 같은 막연한 반응을 나타내는 경우는 -로 평가한다. Klopfer는 -1.0에서 -2.0까지 이 수준에 대응하고 있다.

**예**

- 카드 Ⅳ: "토끼가 뛰어오르고 있다." W FM- A

  S: 맹렬한 기세로 뛰어오르고 있는 장면입니다. 여기에 다리가 있습니다.

  E: 그 밖에 더 설명해 보세요.

  S: 전체 모습이 토끼 같습니다.

  E: 귀는 어디에 있습니까.

  S: 그런 상세한 점은 모르겠습니다.

  ㈜ 토끼를 특정 지우는 명세화는 하나도 말하지 않았으며, 더욱이 블로트를 토끼로 본다는 것은 일반적으로 곤란한 일이다.

예

- 카드 Ⅱ: '두 사람의 인간' W M− H (P)

  S: 오른쪽 사람은 나의 아버지이고 왼쪽 사람은 아버지의 연인이다.

  E: 어째서 오른쪽 사람이 아버지이고 왼쪽 사람이 연인입니까?

  S: 이 미묘한 표정 때문입니다. 오른쪽과 왼쪽이 달리 보이지요. 그래서입니다.

  ㊟ 이 반응의 기초 개념은 P 반응이다. P 단계에서 주어진 반응만으로는 ∓로 평가되는 반응이다. 그러나 주관적인 명세화가 너무나 병적이어서 −로 평가하지 않으면 안 된다.

## 4 정 리 법

### 1) 분류표의 기입

앞에서 설명한 바 있는 기록용지에는 카드번호와 반응의 번호, 카드의 위치, 반응시간, 피검자의 응답, 분류기호 등을 기입한다. 검사자는 이 용지에 기재되어 있는 첫째, 둘째, 다섯째 난을 다시 <표 9-3>의 분류표(scoring list)에 정리할 필요가 있다. 검사자는 이에 따라서 최종적인 정리가 가능해지는 것이다.

〈표 9-3〉 분류표

| 카드 No.<br>반응 No. | 반응시간<br>반응위치 | 반응영역 | 반응결정인 | 반응내용 | P-O | 기타 |
|---|---|---|---|---|---|---|
| | | | | | | |

이 리스트의 기입법은 설명이 필요하지 않을 만큼 간단명료하지만 설명한다면 다음과 같다.

첫째 난은 카드의 번호와 반응의 번호

둘째 난은 반응의 시간(시작반응 시간과 반응종료 시간)과 카드의 위치

셋째 난은 반응영역(주·부)

넷째 난은 반응결정인(주·부)

다섯째 난은 반응내용(주·부)

여섯째 난은 평범반응과 독창반응 등의 기호를 기입하는 것이다.

실제의 기입 예는 <표 9-6>(XY의 예)을 참조하기 바란다.

## 2) 카테고리별 정리

<표 9-4>는 Klopfer의 '분류표'와 '제 인자 간의 관계표'를 같이 묶어 약간 수정한 것이다. 필자가 이것을 만든 이유는 Klopfer의 채점표(scoring list)와 분류표(tabulation sheet)가 거의 중복이 되어 있는 감이 있고 시간의 낭비가 예상되기 때문이다. 다음에 순서에 따라 정리용지의 기입법, 그리고 거기에 필요한 계산법을 설명하겠다.

그런데 이 용지는 기초정리표(basic scoring table)와 요약정리표(summary scoring table)의 두 부분으로 되어 있다.

### 1 기초정리표

#### (1) 반응영역 카테고리의 난

주분류의 W, D, Dd, S의 각각 큰 카테고리는 'Total'의 난에 카테고리별 합계를 기입한다. 동시에 '%'의 난에도 기입해야 한다. 주분류의 하위분류는 각기 형태수준의 평가에 따라서 +, ±, ∓, −의 각 난에 나누어서 빈도수를 기입한다. 그리고 nonF의 난에는 형태수준평가의 대상이 안 되는 반응의 수를 기입한다. DW

의 난에는 마이너스에 해당되는 것만을 기입하기 때문에 다른 것은 사선으로 나타내고 있다.

형태수준의 기입법은 임상심리학적(또는 정신의학적)인 목적으로 이 테스트를 사용할 때는 이러한 정리법이 꼭 필요한 것이다. 부분류의 난에는 단지 각 하위 카테고리별로 빈도수를 기입하면 된다.

### (2) 반응결정인 카테고리의 난

이 난의 기입은 원칙적으로 앞의 난과 같다고 생각하면 된다. 형태를 완전히 부정하는 또는 형태를 2차적인 문제로 반응하는 m, mf, k, kF, K, KF, c, cF, C', C'F, C, CF, S 등은 형태수준의 대상이 되지 않기 때문에 (Klopfer는 0.0 또는 0.5로 평가하고 있지만) +, ±, ∓, −의 난에 쓰지 않고 nonF 난에 기입한다. 또 '%'의 난은 특별히 필요한 경우가 아니고서는 기입하지 않아도 좋다.

### (3) 반응내용 카테고리의 난

이 난의 기입은 형태수준을 고려하지 않고, 'No'의 난에는 하위 카테고리의 빈도수를, 'total'의 난에는 큰 카테고리의 빈도수를 기입한다. '%'의 난에는 보통 A%(A+Ad)만을 계산하고 필요에 따라서 H, At 등의 %를 내면 된다. 실제에는 이 외의 내용 카테고리의 %를 기입하는 필요가 생기는 예는 거의 없다.

이상의 세 카테고리의 난 중 Total R의 난이 두꺼운 선으로 둘러싸인 곳은 반드시 세 곳 모두가 같은 수임을 유의해야 한다. 만약 이것이 약간의 차이가 생기면 어딘가에 채점이 틀려져 있다는 것이 된다. 모든 카테고리에 있어서 부분류는 물론 R에 아무런 영향을 주지 않는다.

〈표 9-4-1〉 기초정리표(Basic scoring table)

| Location Category | | Main Score + | ± | ∓ | − | nonF | Total | % | Add. |
|---|---|---|---|---|---|---|---|---|---|
| W | W | | | | | | | | |
| | w | | | | | | | | |
| | DW | | | | | | | | |
| D | D | | | | | | | | |
| | d | | | | | | | | |
| Dd | dd | | | | | | | | |
| | di | | | | | | | | |
| | de | | | | | | | | |
| | dr | | | | | | | | |
| S | | | | | | | | | |
| Total R | | | | | | | | | |

| Determinat Category | | Main Score + | ± | ∓ | − | nonF | Total | % | add. |
|---|---|---|---|---|---|---|---|---|---|
| M | ext. | | | | | | | | |
| | flex. | | | | | | | | |
| FM | | | | | | | | | |
| m(m, mF, Fm) | | | | | | | | | |
| k(k, kF, Fk) | | | | | | | | | |
| K(K, KF) | | | | | | | | | |
| FK | | | | | | | | | |
| F | | | | | | | | | |
| c(c, cF) | | | | | | | | | |
| Fc | | | | | | | | | |
| C'(C', C'F, FC') | | | | | | | | | |
| FC | FC | | | | | | | | |
| | F/C | | | | | | | | |
| CF | CF | | | | | | | | |
| | C/F | | | | | | | | |
| | | | | | | | | | |
| SP. C | Cn | | | | | | | | |
| | Cdes | | | | | | | | |
| | Csym | | | | | | | | |
| Total R | | | | | | | | | |

| Content Category | | Main Score No. | Total | % | Add. |
|---|---|---|---|---|---|
| H Hd | H | | | | |
| | (H) | | | | |
| | Hd | | | | |
| | (Hd) | | | | |
| A Ad | A | | | | |
| | (A) | | | | |
| | Ad | | | | |
| | (Ad) | | | | |
| Aobj | | | | | |
| Obj | | | | | |
| Pl | | | | | |
| At | Atb | | | | |
| | Ats | | | | |
| | X-ray | | | | |
| | A.At | | | | |
| Sex | | | | | |
| Anal | | | | | |
| Blood | | | | | |
| Fire | | | | | |
| Cloud | | | | | |
| Smoke | | | | | |
| Lands | | | | | |
| Abst | | | | | |
| Map | | | | | |
| Na | | | | | |
| Food | | | | | |
| | | | | | |
| | | | | | |
| | | | | | |
| | | | | | |
| | | | | | |
| | | | | | |
| | | | | | |
| | | | | | |
| | | | | | |
| Total R | | | | | |

## 2 요약정리표

### (1) Total R

반응의 총 수이며, 주분류의 총 수이기도 하다. 여기에는 I 단계에서 자발적으로 가해진 반응을 1로 계산한다. 이 Total R, 즉 R은 항상 정수로 표시된다.

〈표 9-4-2〉 요약정리표(Summary scoring table)

<table>
<tr><th>R(Total R)</th><th></th><th colspan="2">W:D</th><th></th><th>F:(FK+Fc)</th><th></th></tr>
<tr><td>Rej $\frac{Rej}{Fail}$</td><td></td><td colspan="2">Dm %</td><td></td><td>FC:(CF+C)</td><td></td></tr>
<tr><td>T(Total Time)</td><td></td><td colspan="2">S%</td><td></td><td>$\frac{FC+CF+C}{Fc+c+C'}$</td><td></td></tr>
<tr><td>T/R $\left(\frac{A.V.}{response\ time}\right)$</td><td></td><td colspan="2">W-D-Dd-S</td><td></td><td>FM:M</td><td></td></tr>
<tr><td>T/$R_1$ $\left(\frac{A.V.}{reaction\ time}\right)$</td><td></td><td colspan="2">W:M</td><td></td><td>F%</td><td>/</td></tr>
<tr><td>T/$R_1$ $\left(\frac{A.V.}{non-color}\right)$</td><td></td><td rowspan="3">EB</td><td>$\Sigma C: M$</td><td></td><td>F+%</td><td>/</td></tr>
<tr><td>T/$R_1$ $\left(\frac{A.V.}{color\ card}\right)$</td><td></td><td>Fc+c+C':FM+m</td><td></td><td>A%</td><td></td></tr>
<tr><td>Most Delayed Card & Time</td><td></td><td>$\frac{VIII+IX+X}{R}$</td><td></td><td>P(%)</td><td>(%)</td></tr>
<tr><td>Most Disliked Card</td><td></td><td colspan="2">(H+A) : (Hd+Ad)</td><td></td><td>Content Range</td><td></td></tr>
</table>

### (2) Rej

한 개의 카드에 분류의 대상이 되는 반응이 하나도 나타나지 않을 때 Rej=1이 된다. 따라서 두 개의 카드에 반응이 하나도 없을 때는 Rej=2가 된다. Rej와 Fail의 두 개의 하위 카테고리가 구별되어 있고, 반응이 나타나지 않는 경우에는 두 양식을 모두 사용해야 한다. 즉 '열심히 반응하려고 노력했었지만 답할 수 없었을 때(이것은 Fail로 표한다)'와 '무엇이 보이는 데도 불구하고 답할 수 없었을 때(이것은 Rej로 표한다)'의 두 개이다. 이 실패와 거부의 뉘앙스에 약간의 검사자의 주관적 판단이 작용할 수 있으면 구별해 두는 것이 좋다.

그런데 P 단계에서는 반응을 하지 않고 I 단계에서 겨우 반응을 하게 된 경우도 Rej로 처리한다. 그러나 반대로 P 단계에서 반응한 것이 I 단계에 가서 그것을 부정한 경우에는 Rej로 처리하지 말아야 한다. 그리고 Rej가 생겼을 때에는 그 카드의 번호를 써넣어야 한다.

### (3) T

총 반응시간을 말한다. 즉, 첫 번째 카드를 제시해서 마지막 카드에 반응이 종료하기까지의 시간이다.

### (4) T/R

10장의 카드에 대한 반응종료 시간의 평균이다.

### (5) $T/R_1$

모든 카드에 있어서 시작반응 시간의 평균이다.

### (6) $T/R_1$(non color)

무채색카드(Ⅰ, Ⅳ, Ⅴ, Ⅵ, Ⅶ)에 있어서 시작반응 시간의 평균이다.

### (7) $T/R_1$(color card)

색채카드(Ⅱ, Ⅲ, Ⅷ, Ⅸ, Ⅹ)에 있어서 시작반응 시간의 평균인데, ⑤, ⑥, ⑦에 있어서 평균계산에서는 Rej가 생긴 카드는 제외할 필요가 있다.

### (8) Most delayed card & time

매우 늦은 시작 반응시간을 나타낸 카드의 No와 시간($T/R_1$)을 기입한다.

### (9) Most disliked card

매우 싫어했던 카드의 No.를 기입한다.

### (10) W:D

이것은 (W+W+DW):(D+d)의 비이다. 부반응영역은 제외하여도 좋지만, 가령 W:D = 10:20의 경우, W:D = 1:2로 약분하여도 좋다.

### (11) Dm%

R에 대한 Dd+S의 비이다. 그 계산의 식은 $\frac{Dd+S}{R} \times 100$이다. 이 경우 부분류의 Dd나 S는 포함되지 않는다.

### (12) S%

주 S 반응의 R에 대한 비이다.

### (13) W-D-Dd-S

이 난에는 파악형을 기입한다. 예를 들면, W형, D형, Dd형과 같다.

### (14) W:M

(W+W):M의 비이고, 부분류에는 1/2의 비중을 준다.

### (15) EB(체험형)

① $\Sigma C{:}M$ 은 다음 공식을 써서 계산한다.

$$\Sigma C = \frac{FC + 2CF + 3C}{2}$$

② Fc+c+C':FM+m…… 이것을 상세히 쓰면 Fc+cF+c+FC'+C'F+C':FM+Fm+m가 된다.

③ $\frac{VIII + IX + X}{R}$%……최후의 세 장의 색채카드에 나타난 반응수의 R에 대한 비이다.

### (16) (H+A):(Hd+Ad)

부분류는 빼고 계산해도 된다.

### (17) F:(FK+Fc)

부분류에는 $\frac{1}{2}$의 비중을 둔다.

### (18) FC:(CF+C)

부분류에는 $\frac{1}{2}$의 비중을 둔다.

### (19) $\frac{FC + CF + C}{Fc + c + C'}$

이중, c는 cF와 c를, C'는 FC', C'F, C'를 포함한다. FC+CF+C는 ΣC와는 다르며, 비중을 두지 않는 단순한 합계이다.

### (20) FM:M

부분류에는 $\frac{1}{2}$의 비중을 준다. 약분하지 않고 실제숫자로 나타난다.

### (21) F%

부분류는 무시되고, 다음의 두 가지 계산식을 쓴다.

① $\frac{\text{순수}F\text{반응의 합계}(\Sigma F)}{R} \times 100$

② $\frac{M+FM+Fm+FC+FC'+Fc+FK+Fk+F}{R} \times 100$

### (22) F+%

여기에는 두 가지 계산식이 사용되고 부분류는 어느 경우나 무시된다.

① $\frac{(F+)+(F\pm)}{\Sigma F} \times 100$

② $\frac{(1\text{차적 } F+)+(1\text{차적 } F\pm)}{\Sigma\, 1\text{차적 } F} \times 100$

### (23) A%

(A+Ad)의 R에 대한 비, 부분류는 제외한다.

### (24) P%

P의 빈도와 %

(25) Content range(CR)

내용 카테고리의 종류의 수로 예를 들면 H, Hd, A, Pl을 나타낸 경우, 인간·동물·식물이므로 CR=3이다.

이상 (10)에서 (24)까지의 계산에 있어서, %(R에 대한)의 경우에는 부분류를 제외하고, 나머지 경우에는 부분류에 1/2의 비중을 둔다는 사실을 잊어서는 안 된다. 실제계산의 경우에는 부분류에 1/2의 비중을 주는 것이 복잡해서, 결정인 카테고리에 한해서 이 방법을 쓰고 다른 카테고리에는 생략해도 좋다.

## 3) 구체적인 예시

### 1 피검자 Y에 관한 자료

Y는 28세의 남자이다. 대학에서 영문학을 전공하고 현재는 모 고등학교 교사로 있다. 그의 생활력이나 가족력은 생략하지만, 테스트가 실시되었을 때 그는 소화성 위장질환으로 입원할 필요가 있는 상태이었다. 그러나 정신적으로는 대학졸업 후 약간의 불안신경증으로 괴로워한 이외에는 특기할 만한 것이 없다.

personality 테스트는 여러 가지를 시행하였는데 MMPI에서는 억압증·분열병 등의 항목이 높고, 일반성격검사에서는 정서적 안정감·자신감이 낮으며, 지능검사에서는 지능지수(IQ)가 128이다.

이하의 기술은 피검자 Y와 검사자 사이에 있었던 이야기를 재생한 것으로 지시가 있은 후부터의 것이다.

## 2 자유반응단계(P단계)와 질문단계(I단계)

| 〈자유반응단계〉 | 〈질문단계〉 |
|---|---|
| <카드 I><br>5" ∧두 사람이 서로 손을 잡아당기고 있군요. 대체로 그렇게 보입니다.……카드는 아무렇게나 잡아도 좋습니까?<br>E: 네, 아무렇게 해도 좋습니다. | E: 어디가 두 사람으로 보입니까?<br>S: 양측이, 날개가 달린 천사와 같이 보이는 곳입니다.<br>E: 이 한가운데 부분은?(E는 $D_1$을 가리킨다)<br>S: 그것은 안들어갑니다. |
| ∧ 사람이 두 손을 들고 서 있습니다. 이쪽을 보고 있는 것 같이 보입니다.<br>E: 그밖에 또 무엇이……<br>∨ 왕관이군요, 그것은……(잠시 있다가)……더 이상 아무것도 안보입니다(카드를 돌려준다).<br>1′40″ | S: 이 한가운데 부분입니다.<br>E: 어떤 사람입니까?<br>S: 양복을 입은 여자 같군요.<br>S: 전체의 모양입니다. 튼튼한 상위에 얹어 놓은 것 같군요.<br>E: 튼튼하다고 하는 것은?<br>S: 특별한 뜻은 없고 단지 그 모양의 인상 때문에. |
| * (카드 II~카드 IX까지의 과정은 생략함) | |
| <카드 X><br>11″ ∧토끼의 얼굴 | S: 이것은 매우 닮았군요. 눈도 있고, 색깔도 관계가 있습니다. |
| ∧ 사자가 다리를 웅크리고 울부짖고 있는 모습 | S: 이것도 모양이 매우 닮아 있군요.<br>E: 모양만이 그렇게 보입니까?<br>S: 아마 그런가 봅니다. 그러나 노란색깔은 좀 관계가 있고, 더욱 관계된 것은 갈색입니다. |
| ∧ 옛날의 사또가 말타고 달리는 것처럼 보입니다. 말은 괴상망측한 말입니다. | E: 옛날 사또란 말은?<br>S: 이 모자가 옛날 사또의 모자와 닮아 있기 때문이죠. 또 입고 있는 옷이 그렇습니다.<br>E: 괴상망측한 말이란 것은?<br>S: 다리가 많이 달렸고 말의 눈은 용의 눈처럼 생겼습니다. |
| ∧ 게가 기어가는 것 같이 보입니다. | S: 이것은 분명히 색깔과 모양이 그렇게 생각됩니다. 촉감이 있습니다. 기어가는 모습이 게와 닮았습니다.<br>E: 큰 눈을 가졌다는 것은?<br>S: 이 한가운데 갈색의 점입니다. 너무 불쌍하게 보입니다. |
| < 큰 눈을 가진 두꺼비 | E: 어째서 두꺼비로 생각되었습니까?<br>S: 모양이 그런 것 같기에……<br>E: 어떤 느낌이 듭니까? |
| ∧ 구름……이런 것입니다. 그 밖에는 이제 아무것도 안 보입니다.<br>2′25″<br>(소요 시간 24′20″) | S: 저녁노을같이 생각됩니다. 이 색과 색의 농도 때문에<br>E: 그밖에 문제가 되는 것은?<br>S: 글쎄요, 모양도 약간 관계가 있는 것 같습니다. |

### 3 한계음미단계

E: 여러 가지로 답해 줘서 감사합니다. 마지막으로 앞에서의 질문에 있어서 확인 못한 것이 있는데 다시 물어 보겠습니다.

(여기에서 다시 카드 I 을 제시하고, 차례로 음미해야 할 질문을 던져간다. 이 경우 반드시 모든 카드를 사용할 필요는 없다)

〈카드 I〉

E: 이 그림을 ∧의 위치에서 보아 주십시오. 전체적으로 무엇으로 보입니까?

S: 이것은 나비 또는 박쥐처럼 보입니다.

E: 조금 전에는 왜 말하지 아니하였습니까?

S: 실은, 먼저 번에는 어떤 책에서 이 그림은 나비나 박쥐처럼 보이는 것이 보통이라는 글을 읽었었기 때문에, 더욱 내가 이 테스트에 대해서 알고 있는 것은 이 정도입니다.

E: 이 뒤의 카드에서도 같은 이유로 반응할 것을 그만둔 적이 있습니까?

S: 하나 있습니다. 어디선가 박쥐라고 말할 것을 의식적으로 그만둔 적이 있습니다.

* (카드 II에서 카드 IX까지는 생략함)

〈카드 X〉

E: 옛날의 사또라고 말했었는데 이 방면에 특히 흥미를 가지고 있습니까?

S: (웃는다) 나 같지 않은 반응을 한 것입니다. 우리나라 역사나 문학은 취미가 없고 또한 관심도 가지고 있지 않습니다.

## 4 반응의 분류

〈카드 I〉

① 5″ ∧ DM+(H): 좌우의 $D_2$영역이 결합되어 있기 때문에, 특히 이 결합은 보통으로 볼 수 있는 것이기 때문에 D로서 좋다. 결정인은 형태와 운동의 결합이기 때문에 M이며, 주인공은 천사이며 비현실적 인물이기 때문에 (H)로 한다.

② ∧ DM ± H: 사람이 손을 올리고 있기 때문에 M이며, 이 경우 양복의 모양은 지적하고 있지 않기 때문에 이것만으로 좋다. 인간은 현실의 인물이기 때문에 H로 한다.

〈표 9-5〉 분류표(Y)

| Card No. & No Resp. | | React. T. & Position | | | Location | Determinant | Content | P-O |
|---|---|---|---|---|---|---|---|---|
| I | 1 | 5″ | ∧ | | D | M± | (H) | |
| | 2 | | ∧ | | D | M± | H | |
| | 3 | | ∨ | 1′40″ | W | F± | Obj | |
| II | 1 | 15″ | ∧ | | W | FM±, FC' | A | P |
| | 2 | | ∧ | | S, dd | FC'± | Obj | |
| | 3 | | ∧ | | W | M±, FC | H | P |
| | 4 | | ∧ | 2′16″ | D | FC± | A→Obj | |
| | →5 | | ∧ | | S | Fm± | Obj | |
| III | 1 | 10″ | ∧ | | D | FK± | Ad | |
| | 2 | | ∧ | | W | M+ | H | P |
| | 3 | | ∧ | | S | FM± | A | |
| | 4 | | ∧ | | D | FC+ | Obj | |
| | 5 | | < | 2′24″ | D | FM± | A | |
| IV | 1 | 5″ | ∧ | | W | M±, Fc | H | |
| | 2 | | ∧ | | D→W | Fc±, K | (Ad), CI | |
| | 3 | | < | | D | M+ | H | |
| | 4 | | > | | d | FM± | Ad | |
| V | 1 | 3″ | ∧ | | W | FC'±, FM | A | P |
| | 2 | | ∧ | | dd | FK± | PI | |
| | 3 | | ∧ | | D | M± | H | |
| | 4 | | ∧ | | d | F± | Hd | |
| | 5 | | > | | W | FM±, FC' | A | |

| Card No. & No Resp. | | React. T. & Position | | | Location | Determinant | Content | P-O |
|---|---|---|---|---|---|---|---|---|
| VI | 1 | 7″ | ∧ | | D | F± | (Hd) | |
| | 2 | | ∧ | | D | Fc∓ | Obj | |
| | 3 | | ∧ | | dd | F±→FM | Ad | |
| | 4 | | < | | D | F+ | Obj | |
| | →5 | | ∧ | | W | Fc± | Aobj | P |
| VII | 1 | 7″ | ∧ | | W | M± | H | P |
| | 2 | | ∧ | | D | Fc+→FK | (Ad) | |
| | 3 | | < | | D | F± | (A) | |
| | 4 | | ∨ | | S | F± | Obj | |
| | 5 | | ∧ | 2′20″ | dr | M+, FC', FK, K, m | H, Lds | |
| VIII | 1 | 15″ | > | | D→W | FM+, FK | A, Lds | (P) |
| | 2 | | < | | D | F±→M, Csym | (Hd) | |
| | 3 | | ∧ | | D | FC± | Pl | |
| | 4 | | ∧ | 2′12″ | D | CF | Pl | |
| | 5 | | < | | W | F± | Obj | |
| IX | 1 | 3″ | ∧ | | D | F+ | (Hd) | |
| | 2 | | ∧ | | dr | FK+Csym, m | Fire | |
| | 3 | | < | 1′50″ | D | Fc± | (Ad) | |
| | 4 | | < | | D | Fc± | Ad | |
| X | 1 | 11″ | ∧ | | D | F± | Ad | |
| | 2 | | ∧ | | D | FM±, FC | A | |
| | 3 | | ∧ | | D | M+, FM | H, (A) | |
| | 4 | | ∧ | | D | FM±, FC | A | |
| | 5 | | < | 2′25″ | D | F± | A | |
| | 6 | | ∧ | | D | CF, cF | Cl | |

③ ∨ WF±Obj 1'40": 튼튼하다고 하는 사실에 대해서, 특히 이 경우 m의 분류를 줄 필요는 없고 왕관은 물체이기 때문에 Obj로 한다.

* (카드 Ⅱ~Ⅸ까지 생략)

〈카드 Ⅹ〉

④ 11″∧ DF±Ad: 이 경우 눈의 지적은 특히 Fc로 분류할 필요는 없다.

〈표 9-6〉 기초정리표(X·Y)

| Location Category | | Main Score + | ± | ∓ | − | nonF | Total | % | Add. |
|---|---|---|---|---|---|---|---|---|---|
| W | W | | 6 | | | | 10 | 21 | 2 |
| | W | 1 | 3 | | | | | | |
| | DW | | | | | | | | |
| D | D | 7 | 15 | 1 | | 2 | 29 | 61 | |
| | d | | 2 | | | | | | |
| Dd | dd | | 2 | | | | 4 | 9 | 1 |
| | di | | 1 | | | | | | |
| | de | | | | | | | | |
| | dr | 2 | 1 | | | | | | |
| S | | | 4 | | | | 4 | 9 | |
| Total R | | | | | | | 47 | | |

| Determinat Category | | Main Score + | ± | ∓ | − | nonF | Total | % | add. |
|---|---|---|---|---|---|---|---|---|---|
| M | ext. | 5 | 5 | | | | 10 | | 1 |
| | flex. | | | | | | | | |
| FM | | 1 | 7 | | | | 8 | | 3 |
| m(m, mF, Fm) | | | 1 | | | | 1 | | 2 |
| k(k, kF, Fk) | | | | | | | | | |
| K(K, KF) | | | | | | | | | 2 |
| FK | | 1 | 2 | | | | 3 | | 3 |
| F | | 2 | 10 | | | | 12 | 6 | 26 |
| c(c, cF) | | | | | | | | | 1 |
| Fc | | 1 | 4 | 1 | | | 6 | | 1 |
| C'(C', C'F, FC') | | | 2 | | | | 2 | | 3 |
| FC | FC | | 3 | | | | 3 | | 3 |
| | F/C | | | | | | | | |
| CF | CF | | | | | 2 | 2 | | |
| | C/F | | | | | | | | |
| | | | | | | | | | |
| SP. C | Cn | | | | | | | | |
| | Cdes | | | | | | | | |
| | Csym | | | | | | | 2 | |
| Total R | | | | | | | 47 | | |

| Content Category | | Main Score No. | Total | % | Add. |
|---|---|---|---|---|---|
| H Hd | H | 9 | 14 | | |
| | (H) | 1 | | | |
| | Hd | 1 | | | |
| | (Hd) | 3 | | | |
| A Ad | A | 10 | 19 | | |
| | (A) | 1 | | | |
| | Ad | 5 | | | |
| | (Ad) | 3 | | | |
| Aobj | | | 1 | | |
| Obj | | | 8 | | |
| Pl | | | 3 | | |
| At | Atb | | | | |
| | Ats | | | | |
| | X-ray | | | | |
| | A.At | | | | |
| Sex | | | | | |
| Anal | | | | | |
| Blood | | | | | |
| Fire | | | 1 | | |
| Cloud | | | 1 | | |
| Smoke | | | | | |
| Lands | | | | | |
| Abst | | | | | |
| Map | | | | | |
| Na | | | | | |
| Food | | | | | |
| Total R | | 47 | | | |

⑤ ∧D M+FM H(A): 중심은 사또이기 때문에 M, H가 주분류 되고, FM, (A)는 부분류가 된다. (A)는 괴상망측한 말이라고 한 사실에 대하여 분류된 것이고, 전체로서 비현실적인 인상은 강하지 않기 때문에 H는 그대로 두어도 좋다.

⑥ ∧D FM ± FC A: 이 경우, 결정인으로서는 FM과 FC 중 어느 쪽을 선택할 것인가에 문제된다. 그러나 이 경우에도 일반적인 규칙에 의해서 FM이 선행된다.

⑦ ∧D CF cF Cloud 2′25″: 이 경우에는 피검자의 응답에 따라서 KF보다도 CF, cF쪽이 타당하다고 볼 수 있다. 색채카드라도 그 농도가 문제가 되는 예이다. 농도는 결코 비색채카드만의 문제가 아니란 사실을 시사하고 있다.

〈표 9-7〉 요약정리표(X·Y)

| R(Total R) | 47 | W:D | | 11:29 | F:(FK+Fc) | 12:11 |
|---|---|---|---|---|---|---|
| Rej $\frac{Rej}{Fail}$ | 0 | Dm % | | 18% | FC:(CF+C) | 4.5:2 |
| T(Total Time) | 24′20″ | S% | | 9% | $\frac{FC+CF+C}{Fc+c+C'}$ | 6.5:10.5 |
| T/R $\left(\frac{A.V.}{response\ time}\right)$ | 2′06″ | W-D-Dd-S | | D형 | FM:M | 9.5:10.5 |
| $T/R_1\left(\frac{A.V.}{reaction\ time}\right)$ | 8.0″ | W:M | | 11:10.5 | F% | 26/96 |
| $T/R_1\left(\frac{A.V.}{non-color}\right)$ | 5.4″ | EB | $\Sigma C: M$ | 4.25:10.5 | F+% | 100/98 |
| $T/R_1\left(\frac{A.V.}{color\ card}\right)$ | 10.6″ | | Fc+c+C':FM+m | 10.5:11.5 | A% | 40% |
| Most Delayed Card & Time | II&VIII 15″ | | $\frac{VIII+IX+X}{R}$ | 32% | P(%) | 6 (13%) |
| Most Disliked Card | II | (H+A):(Hd+Ad) | | 21.5:11 | Content Range | 7 |

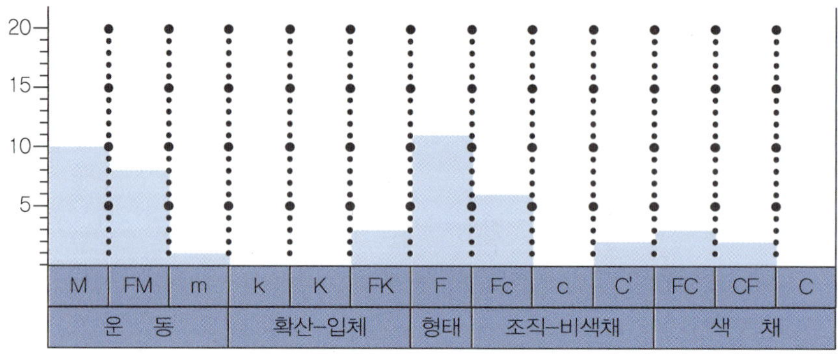


[그림 9-1] 사이코그램(피검자 Y)

⑤ 정리(채점)

이상의 분류에 입각하여 정리용지에 기입해 간다. 정리법에서 말한 바와 같이 기록용지에서 기호화된 것을 일단 '분류 리스트'에 옮겨 쓰고 다시 이것을 '카테고리별 정리용지'에 정리한다. 그 후에고 결정인에 따른 '사이코그램(psychogram)'을 작성한다. <표 9-5>, <표 9-6>, <표 9-7>은 앞에서 받은 피검자 Y의 자료를 정리한 것이다.

## 5 해 석 법

### 1) 해석의 전제

① 해석의 과정

검사자는 우선 자유반응단계에 있어서 피검자로부터 얼마간의 구체적인 반응을 얻는다. 이 반응이 테스트의 기초적인 자료가 된다. 한편 검사의 상황과 검사와 피검자의 관계, 또한 피검자의 검사받는 태도 등도 충분히 관찰하여 기술해 두지 않으면 안 되는 중요한 자료인 것이다.

그리고 질문단계에 있어서는 자유반응단계에서 얻어진 언어적 반응을 정확하게 기호화하기 위해 개개의 반응에 대해서 질문을 해 나간다. 이 단계에 있어서는 얻어진 반응이 블로트의 어디에 관련된 것인가 또는 어떻게 해서 그렇게 보였는가를 질문해 가는 것이 중심이 되겠지만 이와 동시에 피검자의 응답의 방법이나 태도에 유의하여 이것을 기술해 둔다. 이와 같이 하여 얻어진 기초자료는 테스트가 끝난 후 집계하여 각 카테고리별 수량과 카테고리 간의 반응을 계산한다. 여기까지가 해석에 들어가기까지의 준비단계라 하겠다.

해석의 단계는 크게 두 가지 과정으로 생각할 수 있다. 첫 단계는 개개의 카테고리의 의미를 고찰하고 다시 카테고리 간의 비율을 문제로 한다. 즉 경험적 또는 실험적으로 그 타당성이 정확하게 규정되어 있는 해석 가설을 염두에 두고 각 카테고리를 검토해 간다. 가령 M 반응이 많이 나타난다면 상상력이 풍부하다고 추론할 수도 있다. 그러나 많은 M 반응이 존재한다는 특성은 색재반응이나 형대수준이 어떻게 되어 있는가의 문제를 고려치 않고 해석되어서는 안 된다. 그렇기 때문에 여기에서 각 카테고리간의 비율을 고려해야 되는 것이다.

이어서 두 번째 단계에 있어서는 첫째의 해석단계에서 얻어진 단편적인 소견을 어떤 기준으로 종합하지 않으면 안 된다. 그러기 위해서는 personality 이론이나 임상심리학적 이론을 준거로 삼지 않으면 안 된다. 이 종합적 해석의 단계에서는 방법상으로 본다면 크게 두 가지 태도가 있다고 볼 수 있다. 그 하나는 역동적인 종합이며 또 하나는 기계적 종합이다.

전자는 매우 친밀한 해석의 예로써 대표되는 것이며 후자는 기호법(sign approach)으로 대표된다. Rorschach 테스트가 그 진가를 발휘하는 것은 역동적 종합에 의한 personality의 진단이라 할 수 있다. 그러나 이것은 숙련을 요하는 어려운 작업이며 충분한 해석을 내리기까지는 많은 훈련과 경험이 요구된다고 보겠다.

이에 대해서 기계적 종합은 일정한 기초훈련을 받은 사람은 어느 누구나 단 시간 내에 재료를 처리하고 해석할 수 있게 된다. 그리고 이 방법은 심한 주관적 판단에 빠질 염려도 없다. 물론 이 방법은 구체적인 personality상은 분석할 수 없으나 적응수준, 또는 자아의 강도 등을 어떤 척도상으로 서열화할 수가 있다. 실용적인 입장에서 본다면 기호법이 훨씬 필요하다고 보겠다. 가령 심리요법에 의한 성격 변화의 측정이나 정신분열증 또는 동성애 등의 감별진단에는 그 유효성이 크기 때문이다.

## 2 해석의 기초

### (1) 검사 상황

어떤 피검자는 치료를 목적으로 진료소를 찾아 테스트를 받는다. 그 피검자에게는 테스트 상황이 자기의 약점이 드러난다는 불안감을 가지게 되면 기분이 좋지 않은 것이 보통이다. 그러나 자기의 병을 고쳐 보겠다는 동기하에 진단의 장소에 왔다고 생각하고 있기 때문에 테스트 실시에 협력을 해 주고 가능한 한 많은 반응을 나타내게 된다. 또 어떤 피검자에게는 테스트 상황이 경쟁의 장면이 될 수도 있다. 자기가 테스트를 받는 결심을 한 것은 자기의 능력이 타인보다 우수함을 실증하기 위한 것이다. 그리하여 많은 반응을 하면 할수록 우수하다는 판정이 아니라고 생각한 나머지 굉장히 많은 반응을 하게 된다. 그리고 어떤 피검자는 테스트 결과는 자기의 운명을 결정할지도 모른다고 생각하고 있다. 병이라고 진단되면 보상금이라도 받게 된다는 생각에서 될 수 있는 대로 테스트를 빨리 마치려고 애를 쓰기 때문에 그 반응수는 굉장히 작아지기 쉽다.

이와 같이 반응수 하나만 보더라도 그 장면의 태도나 테스트에 임하는 피검자의 동기에 따라서 영향 받음을 알 수 있다. 어떤 피검자는 상상력이 풍부하기 때문에 많은 반응을 하게 되고 어떤 피검자는 상상력이 부족하기 때문에 반응수가 적어진다고 말할 수 있다. 그 사람의 personality에 의한 일반적인 경향이 있다고 할지라도 그것만이 반응수를 결정하는 것은 아닌 것이다.

### (2) 검사자와 피검자의 관계

Rorschach Test는 검사자와 피검자의 두 사람의 대인적 관계에서 진행된다. 피검자가 검사자에게 좋은(또는 나쁜) 인상을 가진 경우, 피검자와 검사자가 친밀관계(또는 서먹서먹한 관계)에 있는 경우, 반대로 검사자가 피검자에게 적의 또는 호의를 가지는 경우 등에 따라 반응수는 변화를 일으킨다. 어린아이는 유순한 여선생이 검사자일 때는 마음을 놓고 즐거운 자세로 많은 반응을 나타내지만, 얼굴을 모르는 남자선생인 경우에는 거의 반응을 하지 않을 수도 있는 것이다.

또 어떤 피검자는 검사자에게 적의를 품고 있는 경우 반응을 전연 하지 않지만, 어떤 피검자는 적의를 느끼면 느낄수록 흥분해서 많은 반응을 한다고 알려져 있다.

이와 같이 테스트 상황에 있어서 대인관계도 블로트에 대한 반응(이 경우는 반응수)에 영향을 주는 것이다. 이와 같은 사실은 결국 피검자가 단지 블로트에 대해서만 반응하는 것이 아니라 블로트를 포함한 검사사태 전체에 대해서 반응하고 있음을 시사해 주는 사실이라고 하겠다.

## 2) 각 카테고리의 해석

### 1 반응영역의 의미성

종합적으로 해석하기 위해서는 먼저 각 카테고리의 개개의 의미를 알고 있지 않으면 안 된다. 그러기 위해서는 개개의 기호가 지니고 있는 독립적인 의미를 알고 있어야 한다. 물론 각 기호는 상호의존적인 것이어서 이를 무시하고서는 효과적인 해석은 불가능하다고 하겠다.

보통 피검자들이 블로트 전체를 보는가, 부분을 보는가의 문제는 피검자에 따라서 전혀 다르다고 보겠다. Rorschach는 전체반응을 많이 나타내는 사람은 W형이고 부분반응을 많이 나타내는 사람은 D형이라고 하는 '파악형'을 제시하고 있다. W:D:Dd의 비율이 보통 어느 정도 나타나고 있는가에 대해서 Klopfer는 다음의 범위를 발표하고 있다.

W% 20～30　　D% 45～55

d% 5～15　　Dd% 0～10

반응영역 카테고리의 개개의 의미성을 설명하면 다음과 같다.

### (1) W

일반적으로 W는 지식이나 지적 통제와 같은 지적 측면에 따라서 영향을 받기 쉬우며 정서적 측면으로부터의 영향은 뚜렷하지는 않다. 연구의 결과에 의하면 성인에 있어서는 W의 수와 IQ와는 정적 상관이 있다고 보고되어 있다. 그리고 W의 수를 많이 나타내는 사람은 연상활동이 풍부하며 종합력이 뛰어나고 지적 활동에 지속성이 있는 사람들이라는 것을 찾아볼 수 있다.

그러나 이 경향이 너무 강할 때는 지적능력은 높다 할지라도 너무 경쟁심이 강해서 야심적이며 대인적인 긴장감이나 요구 수준이 지나치게 높은 사람으로 주목된다.

평균적인 지능의 성인에서는 '박쥐', '나비'와 같은 평범한 반응이 생기고 간혹 한두 개의 우수한 W가 나타날 따름이다. 이에 반하여 미분화상태의 W는 정신연령이 낮은 아동이나 지적 결함자(정신박약, 두뇌외상에 의한 기질성 정신질환에 해당하는 자) 등에 많이 보인다. 그렇지만 IQ가 낮지 않은 분열병(망상형으로서 비교적 이 경향은 적지만)도 찾아볼 수 있다.

이러한 W가 얼마 나타나지 않을 때는 미성숙한 personality 또는 지적인 결함을 생각할 수 있지만, 특히 IQ가 높은 경우에는 분열병 등을 생각해 볼 수도 있다. Klopfer의 연구에 의하면 정상 성인의 W-%가 3.6%인데 비하여 분열병에서는 34.0%가 되어 있어서 이 차이는 0.1%의 위험률에서 유의한 차이가 있었다. W 반응의 출현을 카드별로 본다면 V, I, II, III, IV, VI, VII의 순서(이 순서는 표집방법과 실시방법에 따라 약간 변동될 수도 있다)로 많으며, VIII, IX, X은 적다. 따라서 마지막 3매의 색채카드에 대해서 우수한 W 반응을 나타내는 사람은 매우 높은 지능과 종합력을 가진 자로 예상된다. 이런 사람은 추상적인 사고를 좋아하는 경향이 있는 경우가 많은 것 같다.

### (2) W̸

일반적으로 W와 같이 취급된다. 그런데 보통 두 가지 뜻을 지니고 있다. 하나는 종합적으로 보려고 노력은 하지만 능력이 그 뿐인 것을 나타내며, 또 한 가지는 완전을 좋아하는 버릇이나 자기중심성을 반영하고 있다.

### (3) DW

작화적 전체반응(作話的 全體反應)이라고 불리는데, Rorschach 이래로 지적 결함이나 분열병 등에 나타나는 병적인 기호로 생각해 왔다. 특히 이 기호는 분류상의 곤란한 점에 비추어 잘못하면 D→W나 W- 등과 혼동하기 쉽기 때문에 주의가 요청된다. 이 반응은 정상 성인에게는 그렇게 많지 않고 부분영역이 작을수록 병적인 경향은 커진다. 형태의 파악은 미숙하기 때문에 논리적 비약이 크며 이런 반응은 아동들에게서 보통 볼 수 있다.

### (4) D

이것은 W와 역상관의 관계에 있다. W에서 말한 것과 반대로 생각하면 된다. 우수한 W를 많이 나타내는 사람이 이상적이고 지적인 사람을 반영하는 것이라면, 정확한 D를 많이 나타내는 사람은 종합적·추상적인 것을 보는 데는 관심을 나타내지 않고 사소한 것을 현실적·구체적으로 처리해 가는 능력이 높다고 생각된다. 보통 연구결과에 의하면 D의 파악은 W의 파악보다도 쉽게 이루어진다는 것을 알 수 있다.

### (5) Dd

발달적으로 고찰해 갈 때 Dd 또는 Dd%는 7세 전후부터 증가하여 10세 이후부터는 감소된다. 이 시기의 아동이 특히 Dd를 많이 나타내는 이유는 분명치 않다. 임상적인 연구보고에 의하면 강박신경증이나 망상형 분열병에 비교적 높은 Dd%

가 보인다고 한다.

Dd를 많이 나타내는 사람은 내향적이며 차가운 성질을 갖고 있다고 말하고 있다. 형태수준이 높은 dr를 많이 나타내는 사람은 지적이며 비판적인 경향을 지니고 있지만 이것이 지나칠 때는 다른 사람과의 대인관계가 곤란하며 독단적인 행동을 하기 쉽다고 진단된다. 이것은 또한 강박적인 완전벽의 특징이기도 하다. 이 밖에 형태수준이 낮은 dr를 나타내는 자는 정신박약 또는 경조병자(輕躁病者)가 있다.

### (6) de

침울한 생활태도를 가지고 있으며 자기의 생각을 다른 사람에게 잘 이야기를 하지 않고 다른 사람과의 거리감을 가진 냉정한 사람이 많다.

### (7) di

분열병 또는 분열병질의 사람에게 많이 보인다. 그리고 대인관계에 있어서 과민하고 불안을 가지기 쉬운 사람에게서도 흔히 찾아볼 수 있다. 형태수준이 높은 di는 블로트 농도의 델리킷한 뉘앙스에 민감하지 않으면 보이지 않기 때문에 지적이며 예술적인 감각을 가진 사람을 반영한다.

### (8) dd

사소한 일에도 어찌할 바를 모르는 겁이 많은 사람을 반영하고 있다. 걱정이 많고 통이 좁기 때문에 한정된 영역에 얽매이는 경향을 나타내고 있다.

### (9) S

W, D, Dd가 모든 블로트의 소위 '도형'에 대해서 이루어진 파악이라는 점에 대하여 보통은 그림의 배경으로 지각되고 있는 하얀 간격(공백)을 '도형'으로 보

는 반응이 S이다.

그렇기 때문에 많은 연구자들이 특별한 관심을 가지고 보는 반응영역이기도 하다. S의 진단적 의의는 높이 평가되고 있다. Rorschach를 이에 대해서 다음과 같이 말하고 있다.

S가 하나 이상 있을 때는 문제시해 볼 필요가 있다. 이 반응은 완고한 고집불통의 정상인에게서 가장 많이 나타난다. 때에 따라서는 거부적인 분열병자에게서 많고 간질병환자에게서는 비교적 적다. 이 반응은 결국 어떤 반항적 경향(oppositions tendency)을 생각하게 한다.

Klopfer는 '자기 자신의 생각에 대한 저항'을 반영하는 것이라고 말하고 있다.

## 2 반응결정인의 의미성

### (1) 형태인자

보통 Ink-Blots에 대한 반응이 대부분 넓은 의미에서의 형태반응이란 점은 앞에서 말한 바 있다. 즉, M, FM, FC, FK 등은 모두 넓은 의미로 형태반응인 것이다. 이러한 반응은 전체반응의 80%를 차지할 만큼 반응의 대부분을 차지하고 있다.

F는 순수형태 반응으로 실제 반응수로써 취급하는 경우는 적고 R에 대한 비율, 즉 F%로서 취급된다. 이 F%를 발달적으로 보면 유아기에서는 70%를 넘지만 그 후 10세까지는 60% 전후로 감소되고 어른이 되면 50% 또는 그 이하가 된다. 그러다가 노년기가 되면 다시 상승해 간다.

일반적으로 F%가 높다는 것은 주관적인 인식을 떠나 객관적으로 사물을 인식하는 태도를 반영함과 동시에 상상력이 부족한 또는 감정을 억제하고 있는 사람을 나타내고 있다.

형식적이며 억제적인 냉정한 사람이나 상상력이 적고 개성이 없는 사람 등에 있어서는 F%가 높다. 그리고 노둔급(魯鈍級)의 정신박약·우울증·무감동·무표정의 분열병 등에서는 극히 높은 F%를 나타내고 있다.

또한 F%가 낮을 때에는, 현실을 객관적으로 파악하는 힘이 부족하고 지나칠 정도로서 주관적으로 보는 사람들로 나타나 있다. 상상력이 풍부하고 지능이 높은 사람이 적지 않지만 주관적인 태도가 강하기 때문에 대인관계가 원만치 못하고 정신적으로 불안정한 경우가 많다. 특히 FC < CF인 경우에는 이 경향이 강하다.

냉정을 잃지 않으면서도 풍부한 감수성을 가진 사람은 밸런스가 취해진 적당한 F%를 나타내게 된다.

### (2) 운동인자

발달적으로 볼 때 M은 연령증가와 함께 증가하는 경향이 있다. 10세까지의 아동과 성인 간에는 뚜렷한 차가 나타나지만 정상 성인의 M의 수는 어느 연구에서나 거의 비슷하다. 그러다가 노인이 되면 다시 감소하고 있다. FM도 대체로 M과 같은 경향을 나타내고 있으며 M과 FM과의 비율이 아동에게서는 FM이 뚜렷하게 많지만 성인에 이르게 되면 M이 비교적 우위에 있게 된다.

#### ① M

이 인간운동반응은 Rorschach가 가장 중요시한 인자이다. M 반응이 많은 사람은 행동이 안정되어 있고 정상인에 있어서는 M 반응의 수가 많이 나타날수록 지능의 생산성이나 연상의 풍부성, 새로운 연상을 관계 지을 수 있는 능력이 뛰어남을 나타낸다. 또한 정서적인 상태도 관계가 깊어서 상쾌한 기분은 M의 수를 증가시키며, 의기소침한 기분은 M의 수를 감소시키게 된다. M 반응에 대한 지금까지의 실험적 연구에 의한 성과를 소개하면 다음과 같다.

- 지능: 좋은 형태수준을 가진 M의 출현은 낮은 지능의 존재를 부정하는 것이며 가능한 한 M이 많이 나타난다는 사실은 높은 지능을 말해 주고 있다.
- 상상력: 다른 결정인에 비해 M이 많을수록 그 사람은 그의 세계의 지각을 풍부하게 만들기 위해 자유롭게 구사할 수 있는 상상력을 지니고 있다.
- 내적 안정: M에 의해서 대표되는 상상적 과정은 안정지향적 적응에 크게 이바지된다. 이 과정은 피검자가 긴장상태에 있을 때는 통제되지 않은 충동성을 회피할 수 있게 하는 내적인 수단인 것이다.

- 공감성: 인간의 자태를 블로트에서 찾아보는 능력은 타인과의 좋은 공감적인 관계를 가질 수 있는 능력과 관계를 시사한다.

② FM

동물의 운동으로 표시되는 이 기호는 Klopfer에 의해서 처음으로 제안된 것이다. Rorschach는 이것을 단지 'M경향을 가진 F'라고 말했었는데 Klopfer는 FM과 M의 두 가지로 다르게 분류하고 있다.

FM 반응은 직접적으로 만족을 취해 보려는 충동을 느끼고 있음을 나타내는데 이것은 M과는 달라서, 통찰이나 이해력이 결핍되어 있는 충동성의 경향이다. 이 충동은 본능적인 기초를 가진 또는 유아기에 획득된 것 같은 원시적인 personality에서 유래되고 있다.

충동성이란 것은 생리적인 생명력 또는 탄력성을 나타내는 척도구실을 할 때도 있다. 따라서 FM의 절대수는 이러한 생리적인 활기의 척도라 할 수 있다.

③ m

앞에서의 M이나 FM에 의해서 대표되는 운동은 그 운동을 나타내고 있는 개체의 내부에 그 원동력을 가지고 있어서, 말하자면 대내적인 힘에 의해서 지지되는데 비하여 m에 의해서 나타나는 운동은 내재적·수의적(隨意的)인 것이 아니고 주로 외재적(外在的)인 힘, 즉 중력이나 바람과 같은 물리적·자연적인 힘에 의해서 지지되고 있다.

m을 나타내는 반응은 좌절감이나 긴장을 초래하는 요소로 해석되고 있다. 정상 성인에 있어서 m의 출현은 지적이며 야심적인 사람에게서 찾아보기 쉽다.

### (3) 색채인자

색채반응은 정서적 생활과 특수한 관계가 있다. 즉 색채반응의 가설은 정서에 관한 지표가 된다는 점에서 많은 연구자들이 일치하고 있다.

발달적으로 볼 때 색채반응은 C→CF→FC의 순으로 발달되고 있다.

일반적으로 유아기～학동기에서는 CF + C가 FC에 비해서 우위에 있으며, 성인에서는 FC가 우위에 있다고 보고되어 있다. 색채반응은 노년기에는 크게 감소되고 있음이 뚜렷하다.

Wittenborn의 요인분석적 연구에 의하면 FC가 M과 높은 상관을 가진데 비하여, CF와 C와는 상관이 없다고 나타났다.

① FC: 발달적으로 보아서 비교적 높은 수준에 있는 반응이다. 일정한 형태를 지각하고 색채를 적당하게 판단·통합하는 반응이기 때문에 애정을 상실함이 없이 정서적인 충동을 쉽게 통제할 수 있는 사람으로 해석된다. 이 통제된 감수성은 그 사람이 그 사태의 정서적인 요청에 적절한 감정이나 동작에 의해서 반응하고 있음을 의미하는 것이다.

이 반응을 많이 나타내는 사람은 일반적으로 대인관계를 원만하게 이끌어가는 사람이다. 보통 성인의 경우 FC > CF + C의 관계를 나타내는 것이 바람직하다고 보겠지만 너무 억제된 FC가 많고 CF가 적을 때에는 감정이 의식적으로 지나치게 통제되어 차갑고, 억제된 태도가 보이기 쉽다. 또한 CF·C반응이 보이고 FC가 결여되어 있다는 것도 흥미 깊은 일이다. 또 히스테리와 같은 신경증에 있어서도 FC는 감소되고 CF가 우위를 나타내고 있다. 이것은 정서적 통제가 힘들다는 사실을 반영하는 것이다. 그러나 일상생활 가운데 특히 정서적 표현을 억제하는 습관을 가진 정상인에게는 FC뿐만 아니라 CF나 C 등의 색채반응 모두가 감소된다. 농촌사람이나 육체노동자의 많은 사람이 특히 색채반응의 감소가 인정되고 있다.

FC가 전연 또는 조금밖에 나타나지 않는 신경증환자는 심리요법에 따라 즐겁게 해 주면 FC가 많이 나타나게 된다.

이와 같이 FC는 일반적으로 바람직한 성숙한 적응적인 정서성을 나타내는 것이라고 보면 된다.

② CF: 이 반응은 사회적인 사태의 현실적인 요청에 대해서 통제력이 결핍되어 있더라도 적절히 순수한 정서적 반응을 나타내는 것을 말한다. 좋은 뜻으로는 자발성을 나타내는 것으로도 말할 수 있다. 어떤 의미에서는 정서적

인 통제가 적절하지 못한 것이라고도 말할 수 있다. 그러나 이 반응은 아동에게서는 FC보다도 더 많이 나타나는 것이 보통이다. 이 반응은 성인에게서는 자기중심성 의존성을 표시하는 것으로 연구되고 있다.

③ C: 이것은 정서적 통제의 결여를 반영하고 있는 것으로 생각되어 왔다. 충동성, 폭발성 등 어느 정도의 병적인 경향을 나타내는 기호이다. 이것이 어린이의 반응일 때는 병적으로 볼 수 없지만 성인에게서는 정서적인 통제가 결여된 정신병자 등에 많이 볼 수 있는 반응이다. 미숙한 분류자가 CF를 잘못하여 C로 처리하는 수가 많기 때문에 주의를 요하게 된다. 원래의 진짜 반응은 정상 성인에게는 거의 나타나지 않으며 나타난다고 하더라도 1C 정도이다. 예를 들면 '피'라고 하는 반응에 대해서, CF로 분류되거나 C로 분류되는 일이 있는데, 검사자는 질문을 통해서 이 점을 명백히 해 두지 않으면 안 된다.

④ Cn: 이것은 색채반응 중에서 가장 미분화된 것이며 성인에게 나타난 경우에는 병적인 기호로 보아도 좋다. 이 반응은 색채 이름 부르기에 곤란을 느끼는 유아기에 비교적 많이 생기지만 아동기에서는 거의 사라지는 반응이다. 지적인 결함이 있는 기질성 정신병자나 테스트사태에 충분히 적응할 수 있는 거친 분열병자에게서 찾아볼 수 있는 경우 외에 성인에게 나타나는 수는 없다. 색채는 지적하지 않더라도 어떤 지적인 주석을 가할 Cn으로 분류해서는 안 된다.

⑤ F/C: 이것은 Klopfer의 독특한 분류이다. 이것은 피검자가 자신의 진실된 감정과는 관계없이 정서적 충동에 반응하는 것이다. 이러한 피검자는 자신의 반응을 현실과 잘 통합하지 않고 즉흥적으로 우러나는 감정상태에서 반응하는 것이다. 그리고 이 반응은 사회적 사태에서 현실적인 감정을 무시한 인습적인 행위에 젖어 있는 사람들에게서 흔히 발견되는 반응이다.

⑥ C/F: 이 반응은 F/C와 같이 피검자 자신의 감정에 대해서 본질적인 관계가 없는 듯한 표면적인 태도로 정서적 충격에 대해서 반응하는 것을 말하고 있지만 크게 다른 점은 정서적인 통제의 정도에 있다. 또 C← →F는 F← →C와 똑같은 부자연한 반응이며, 정서적인 통제의 정도에 차이가 있다고

보면 된다. 이것은 사회적 관계가 매우 곤란하다는 사실을 의미한다.

⑦ Cdes: 이 반응을 나타내는 피검자는 정서적 충격을 통제하는 일에 실패하면서도 표면적으로는 지적으로 통제해 보려고 애쓰는 듯한 반응이다. 이 반응은 처음 나타날 때에 한해서 부적응의 기호로 보아야지 보통의 반응이 일어난 뒤에 일어날 때에는 부적응으로 보아서는 안 된다.

⑧ Csym: 이 반응은 Cdes와 유사한 의미를 가지고 있지만 보다 지적이며 예술적인 경향을 띄고 있다. 형태인자가 무시된 CsyM 반응은 분열병환자에 특히 많다.

⑨ FC', C'F, C': 이들 흑백반응의 세 가지 카테고리는 일반적인 색채반응의 FC, CF, C에 대응하는 것으로 생각하면 된다.

### (4) 음영인자

분화된 재질반응 Fc는 조잡하고 미성숙한 사람에게서는 보기 드물고 오히려 여린 감수성을 가진 사람에게 생기기 쉬운 경향이 있다. 섬세한 감수성의 소유자는 상하기 쉬운 마음과 불안감을 갖기 쉽다는 뜻에서 Fc는 불안 경향의 지표로 인정되고 있다.

① FK: 반응은 내적인 노력에 의해서 정서적 불안을 처리하고, 자기 문제를 객관적으로 냉정히 바라봄으로써 그 문제를 자기에게서 떼어버리려고 노력하는 것을 의미한다. 즉 자기내의 자극에도 민감해서 자기 평가를 자주하거나 열등감에 자주 빠지기 때문에 열등감의 지표로 인정되고 있다. FK 반응은 아동기에는 거의 일어나지 않고 있다.

② KF, K: 이 반응은 막연하게 대상이 뚜렷하지 않은 불안을 반영하고 있다. 이 반응을 나타내는 사람은 불안을 느끼면서도 그 불안에 대해서 방위태세를 취하지 못하거나 취하더라도 아무런 도움이 안 되는 행동을 취하는 수가 많다.

③ Fk, kF, k: 반응은 표면에 통제되어 있는 것 같이 보이지만 그 배후에는 정서적인 불안이 있음을 나타낸다. 이 반응을 하는 사람은 지적인 노력에 의해서 불안을 처리하려고 한다.

## 3 반응내용의 의미성

### (1) H

이것은 일반적으로 타인에 대한 관심이나 감수성을 반영하고 있다고 생각되지만 타인을 수용하고 공감을 갖는 능력을 나타내는 것으로 인정되고 있다. H가 많이 나타나는 사람은 대인관계에 있어서 자의식이 과잉적이며 과민함을 말해 주고 있다.

H의 결여는 인간관계를 피하려는 경향과 사회성을 상실하고 있음을 의미한다.

Hd가 H보다도 많은 경우에는 성숙한 대인관계를 갖지 못한 경우가 많다. 이와 같은 관계(H<Hd)는 지적 결함이 있는 경우와 정서적 장애가 있는 경우 등에 나타난다.

### (2) (H)

이것도 H와 같이 타인에 대한 관심이나 감수성을 반영하고 있으며 현실의 대인관계를 피하고 공상적인 세계에 도피하는 경향을 나타내는 반응이다.

(H)가 H보다도 많을 때에는 현실생활에 어떤 부적응을 지니고 있어서 마음이 상하기 쉽고 자기만의 세계에 파묻히고 마는 경향이 있다. 그러나 아동에 있어서 (H)의 출현은 어린이다운 공상의 소산으로 보아야 할 것이다.

### (3) A

가장 많이 나타나는 반응은 이 동물반응이다. 보통 A%로서 해석된다. 즉 정상인의 A%는 25～45의 범위에 나타나고 있다. A%는 판에 박은 듯한 태도(stereotype)의 지표로 생각된다. 불안이나 우울한 기분에 의해서 관념적 내용이 빈곤해지면 A%가 높아지고 정신활동이 풍부하며, 상쾌한 기분에서는 감소한다. 50% 이상의 A%를 보이는 정상인은 상식적이면서 판에 박은 듯한 태도를 가진 사람이며, 내적으로는 어딘지 속이 빈 사람이다. A%가 20% 이하의 사람은 지적인 변화에 뛰어날 수도 있겠지만 때로는 사회적 협동심이 부족하기 쉽다. 지적인 결함이 있는 자에게는 Ad가 많이 나타난다.

(A)는 어린이 같은 공상을 표시하고 이 반응이 어른에게 나타날 때는 현실회피적인 경향이 있다고 볼 수 있다.

### (4) At

이 반응은 많은 연구자에게 특별히 취급되고 있다. 보통 지적 부적응의 감정(열등감의 보상)과 자기의 신체에 의식이 고착되어 있으며, 불안상태 또는 어떤 정신장애의 결과로서 At 반응이 많이 생긴다.

At%는 10% 이하가 바람직하다. 의사나 간호사와 같이 평소에 해부도에 접하는 기회가 많은 사람이라 할지라도 At%는 결코 높지는 않다. 만약 이 경우에 At%가 높게 나타난다면 문제가 된다.

또 At 반응은 뼈의 해부도(bony anatomy)와 근육 또는 내장의 해부도(muscular or visceral anatomy)로 나눈다는 것은 무의미하다. 보통 At는 어떤 불안감을 반영하고 있다고 생각하면 된다.

### (5) Sex

이 반응은 일반적인 테스트 상황에 있어서도 정상인의 피검자에게서는 적게 나타난다. 정상자는 이런 내용을 지각하고 있더라도 표현하지 않는 것이 보통이다. 이 반응의 출현은 어떤 병적인 경향을 반영하는 것으로서 personality 진단에 중요한 의미를 가지고 있다. 예를 들면 성적도착증(性的倒錯症)과 정신병, 특히 분열병에 이 반응이 많이 나타난다.

이 반응은 단지 성관심이 증대되고 있는 결과로서 나타났다고 생각되는 것이 아니고 오히려 상식적인 평범한 태도에서의 이탈을 나타낸 것으로 보아도 좋겠다.

### (6) P

이 반응은 O 반응과 더불어 통계적인 기준(출현빈도)에 의해서 결정되는데 진단상의 중요한 의미를 가지고 있다. 적어도 4, 일반적으로는 5, 또는 그 이상의 P가 보이는 것이 보통이다. 그러나 P%가 높을 때(50% 이상)에는 너무나도 상식적이며 판에 박은 듯한 사고를 가진 사람으로 생각된다. P가 지나치게 적을 때에는 사회적인 협조성이 부족하고 때에 따라서는 자폐적이어서 정상적인 대인관계가 이루어지지 못할 때가 예상된다. 지적 결함, 극도의 불안상태, 현실과의 접촉을 상실한 정신병 등에 있어서는 심한 P의 감소가 발견된다.

### (7) O

이 반응은 피검자의 독창성이나 고유한 관심의 대상을 반영하고 있다. P 반응이 보통으로 나타나면서도 형태수준이 높은 O 반응이 나타나면 그 사람은 충분한 상식을 가지면서도 판에 박은 듯한 사고를 함이 없이 높은 지성과 독창성을 가지고 있는 사람이라고 하겠다.

그리고 높은 형태수준을 가진 O 반응을 많이 나타내면서도 P 반응이 결여되어 있을 때에는 지적이고 독창성이 있다고 하더라도 사회적 협조성이 부족하고 편당적인 사람으로 추정된다. 또한 P 반응이 결여된 자로서 낮은 형태수준을 가진 O 반응을 많이 나타내는 사람은 어떤 정신적 질환을 갖고 있으며 사회에 적응할 수 없는 사람이다. 이와 같은 반응은 그 형태수준을 아울러 고려할 필요가 있다.

## 4 반응수·반응시간 등의 의미성

### (1) R

반응 총수가 적은 사람은, 그 하나하나의 반응이 잘 구성된 전체반응인 경우를 제외하고는 상상력이 매우 부족하리만큼 비생산적이라고 말할 수 있다. 보통 테스트에 비협조적으로 대하거나, 검사자에게 적의를 지니거나, 심하게 방위적이며 억제적이거나, 우울한 기분에 휩싸여 있을 때에는 R은 감소된다. R이 너무 많으면 주의집중력이 강한 야심적인 사람이라고 볼 수 있다. 그리고 형태수준이 낮지 않은 경우, 지적수준이 높은 것이 많다. 정상인에게 있어서는 R은 20~45의 범위 안에 대부분 들어 있다.

### (2) Rej

정상인에게서는 반응 거부가 하나도 안 생기는 것이 보통이다. 카드 Ⅳ, Ⅵ, Ⅸ 등에서 특히 그렇다. 반응이 제일 쉬운 카드 Ⅲ, Ⅳ, Ⅷ 등에서 Rej가 나타나면 어떤 이상(異常)이 존재한다고 볼 수 있다. Rej가 생기는 이유로서는 통각의 곤란, 또는 분열병의 장애와 같은 병의 억제, 검사자에 대한 적의 등으로 알려져 있다. Rej은 반응의 실패와는 구별하여 해석되어야 하기 때문에 피검자의 태도를 잘 관찰해 두어야 한다.

### (3) $T/R_I$

카드의 제시로부터 분류의 대상이 되는 반응이 생기기까지의 시간 이것을 시작 반응시간(reaction time), 즉 $T/R_I$이다. 이것은 또한 전 카드에 대한 $T/R_I$의 평균 $[T/R_{(A\cdot V)}]$, 색채카드(Ⅱ, Ⅲ, Ⅷ, Ⅸ, Ⅹ)에 대해서는 $T/R_I$의 평균 $[T/R_{I(A\cdot V\cdot C)}]$, 비색채카드(Ⅰ, Ⅳ, Ⅴ, Ⅵ, Ⅶ)에 대한 평균 $[T/R_{I(A\cdot V\cdot a)}]$에 대해서 계산된다.

$T/R_{I(A\cdot V)}$는 보통 30 이하이다. 이것이 너무 클 때에는 심적 기능의 저하 또는 방위적·경제적인 태도, 정서적 억제상태를 의심해 볼만하다. <표 9-8>은 카드별 $T/R_I$의 평균치·범위·순위를 표시하고 있는데 이것은 Klopfer가 30명의 정상인의 자료로부터 산출된 통계이다.

〈표 9-8〉 카드시적 반응시간

| 카드 | T/R$_I$(평균치) | 범위 | 순위 |
|---|---|---|---|
| I | 13.3″ | 1″~50″ | 2(1) |
| II | 15.7 | 5~45 | 5(5) |
| III | 12.8 | 4~30 | 1(2) |
| IV | 22.6 | 5~70 | 10(6) |
| V | 15.5 | 3~55 | 6(3) |
| VI | 20.5 | 4~60 | 6(9) |
| VII | 18.0 | 5~50 | 7(8) |
| VIII | 14.5 | 5~45 | 3(4) |
| IX | 20.0 | 5~60 | 8(10) |
| X | 14.8 | 3~35 | 4(7) |

<표 9-8>에서 명시한 바와 같이 카드 Ⅱ, Ⅲ, Ⅷ 등에서 T/$R_I$이 짧아 반응이 쉬운 카드임을 볼 수 있고, 이에 대해 카드 Ⅳ, Ⅵ, Ⅸ 등은 T/$R_I$이 길어서 반응하기 힘든 카드라고 볼 수 있다. 후자의 제 카드는 거부반응이 일어나기 쉬운 카드이기도 하다.

### (4) T/R

카드의 제시로부터 하나의 카드에 반응하는 것이 끝나는 시간, 이것이 반응종료시간(response time), 즉 T/R이다. T/R은 검사자가 어디서 반응을 끊어버리는가에 따라 좌우되기 때문에 피검자의 특성을 직접 반영하는 것이라고 생각해서는 안 된다. 그러나 T/R의 평균치가 크고 동시에 R이 많아진다면 테스트에 흥미를 가지고 협조적이었다고 말할 수 있다. 반면 T/R의 평균치가 크고 R이 적을 때는, 협조적이었다고 할지라도 무의식적인 방어가 작용되고 있었거나 상상력이 부족했기 때문임을 추정할 수 있다. T/R의 평균치가 작고, R도 적을 때는 테스트에 관심을 갖지 않고 거부적이었음을 알 수 있다.

어떤 카드에 대한 T/R이 특히 길 때에는 피검자가 그 카드에 대해서 관심을 갖고 있었거나 또는 어떤 이유에서든 반응이 곤란했있다는 사실임을 알아야 한다.

### 5 형태수준의 의미성

Rorschach는 F+%가 높기 위해서는 ① 주의를 유지하는 능력, ② 형태가 뚜렷한 기억상을 가지고 있을 것, ③ 뚜렷한 기억상을 재생하는 능력, ④ 여러 개의 기억상에서 가장 닮아 있는 것을 선정해 내는 능력이 전제된다고 말하고 있다.

F+%는 지적인 사람에게서는 높게 나오고 정신박약자에게서는 낮게 나온다. 억제상태에서는 높고, 들떠 있는 기분을 가진 상태에서는 낮게 나온다. 즉 F+%가 지적 인자와 정서적 인자의 영향을 받고 있음을 알 수가 있다.

F+,−를 결정하는 제 요인으로서는, 연구결과 보통 자아의 강도·현실음미의 능력·지능·지각의 정확성·지각과정의 통제·충동적 행동의 연기·비판력·억압적 통제, 과거경험의 풍부성·주의지속 능력·주의집중 능력·안정감 등을 들 수가 있다.

F+는 주의 깊고 비충동적으로 반응하고 있음을 반영한다. 또한 긴장상태 하에서도 주관적·정서적 반응을 적절히 통제할 수 있는 능력을 반영하고 있다.

Klopfer에 의하면 형태수준 득점은 지적 요인에 의해서 상승되고, 자아기능의 장애(분열병의 경우)에 의해서 저하된다고 한다. 그리고 평균형태수준은 지적 기능의 현재의 효율성을 나타내며, 형태수준의 최고치는 잠재적인 능력을 나타낸다고 말하고 있는데, 이 점은 더 많은 연구로서 확인될 필요를 갖는다고 하겠다.

## 3) 각 카테고리 간의 비율관계의 해석

각 카테고리 간의 수량적 비율관계의 해석은 <표 9-9>에 제시되어 있는 해석 지표를 고려하여 분석·진단한다.

〈표 9-9〉 각 카테고리 간의 비율관계 해석지표

| | 정상 | 지표 | 해석 |
|---|---|---|---|
| W:D | 1:2 | 지적 효율성 | |
| W:M | 2:1(단 4:2 이상일 때) | 창의적, 잠재력 | W>2M: 지적 욕구수준 높음, 포부수준이 지나치게 높음<br>W<2M: 창의적, 잠재력 있으나 충분히 발휘못함 |
| $\Sigma C$ | 3 | 환경반응성 | 3>$\Sigma$C: 외부환경의 영향에 대한 반응성 둔감<br>3<$\Sigma$C: 외적 정서자극에 대한 통제적 반응 |
| F:(Fk+Fc) | 4:1~4:3 | 감수성, 의존성, 타인에 대한 태도 | 4:1~4:3: 타인에 대한 건전한 태도, 감수성, 의존성이 높지 않다.<br>4:3 이상: 타인에 대한 반응, 애정욕구가 아주 강함<br>4:1 이하: 애정욕구의 거부, 억압, 미숙성, 적응장애 |
| (F+FK+Fc)% | 50~75 | 정서통제성 | 75% 이상: 신경질적, 정서억제력 결여, 정서통제력 결여, 대인관계 적응력 부족 |
| FC:(CF+C) | | 정서통제성 | FC>(CF+C): 감정표현이 세련됨, 정서통제력 높다.<br>FC<(CF+C): 자기중심적, 정서통제가 안 됨, 대인관계 적응 부족, 충동성<br>FC>(CF+C=0): 정서 과잉통제, 대인관계 적응곤란<br>(FC=0)<(CF+C): 정서표출이 저지 안 됨, 자유스러운 정서표현<br>$\Sigma$C>2M이면서 FC<(CF+C)일 때: 외적통제 극히 나쁨, 높은 충동성, 환경적응력 결여, 비행지표 |
| FM:M | 1:2 이상 | 충동성 | FM=2M 이상: 충동수용, 사려성 높다<br>FM>2M: 충동성 지표<br>FM의 두 배>2M: 즉시 만족형, 미숙성<br>한 개 이상 FM<2M 이상: 성숙지표, 만족연기형 |
| (FM+m):M | 1:1 | 충동성 통제 | FM+m이 M의 1.5배 이상: 긴장감, 적응성 부족<br>FM+m ≒ M: 충동성 통제, 정서적 안정(단 m이 1~3개 이하일 때) |
| W:D:Dd:S | | 파악형 | 최적비율: (20:45:5:0)% |
| (VIII+IX+X)/R% | | 외적 자극에 대한 반응성 | 40% 이상: 환경에 의해 자극받음, 민감성<br>30% 이하: 엄격성, 소심, 비판적, 환경 영향에 대한 반응성 결여 |
| Fc+c+C':(FM+m) | | 내향성-외향성 | 전자>후자: 외향성 경향<br>전자<후자: 내향성 경향 |
| Fc+c+C':FC+CF+C | 1:2 | 환경적응도 | 1:2: 환경적응도 높음, 감정 자유로운 표현<br>2:1: 화상입은 사람, 정서위축<br>3:1 이상: 비행지표, 외상적 경험 많다. |
| (H+A):(Hd+Ad) | 2:1 | 비판성정도 | 전자가 후자의 1.5배 이하: 엄격, 비판적, 소심적, 불안성 |
| Psychogram | 전체분산형 | 적응형 | 좌반분형: 상상력 풍부, 내적, 자신에 충실, 주관성<br>중앙형: 합리적, 비정서적, 억압적 통제, 현실비판적<br>우반분형: 외적 환경의 영향하에 있다. 객관성<br>분산형: 조화스런 성격 |
| 내용의 다양성 | | 지능수준 | 우수능력자: H, Hd, A, Ad 이외의 항목이 최소한 25% 반응 |

### 4) 계열분석

#### 1 계열분석(繼列分析, sequence analysis의 방법)

Klopfer에 의해 시도된 계열분석은 각 카테고리별 해석이나 양적 분석이 아니고 카드별로 또 반응별로 분석해 가는 방법이다. 이 분석에 있어서는 각 반응은 Ink-Blots가 갖는 고유한 자극에 대응하여 고찰함과 동시에 그 기록이 역동적인 흐름 가운데 도사리고 있는 의미를 찾아내는 방법이다. 계열분석의 중요성은 어느 누구나 부인 못하지만 아직 표준적인 방법은 확립되어 있지 못하기 때문에 해석에 임하는 자는 자기 나름의 경험이나 이론에 따라서 이를 보충하지 않으면 안 된다. Klopfer가 계열분석에 있어서 특히 유의해야 할 점으로서 다음의 12가지 항목을 들고 있다.

① 각 카드의 블로트가 지니고 있는 반응영역, 반응결정인, 어떤 내용이 반응되기 쉬운가를 잘 알고 또한 외우고 있어야 한다.

② 구성면에 있어서 반응영역의 사용법을 검토한다.

③ 카드에 나타나는 반응수에 주의한다.

④ 블로트 재료에 대한 관계, 반응영역, 내용과의 관계에 있어서 결정인의 사용법을 검토한다.

⑤ 형태수준이 각 카드별로 변화해 가는가를 살펴본다.

⑥ P단계·I단계·한계음미단계, 그리고 테스트가 끝난 뒤 피검자에 의해서 표현된 주석에 주의한다.

⑦ 특정의 카드, 특정의 반응에 관계가 있다고 생각되는 피검자의 행동에 유의한다.

⑧ 각 카드마다 반응시간이 어떻게 변화하고 있는가에 주의하여 반응의 영역, 결정인, 내용과의 관계에 있어서 이것을 검토한다.

⑨ 테스트 수행 중에 있어서의 색채의 역동관계를 색채반응 그 자체만으로서가 아니고, 색채인자에 대한 반응이 모든 면을 고려하면서 검토한다.

⑩ 이와 똑같은 뜻으로 음영의 역동적 관계를 검토한다.

⑪ P단계에서 생긴 반응을 I단계, 또는 한계음미단계에서 생긴 반응과를 비교한다.

⑫ 피검자와 검사자와의 관계를 고려하여 그것이 테스트에 어떤 영향을 미치고 있는가를 고려한다.

이 중 ①에 관한 설명을 보충하기로 한다.

## 2 각 카드의 특징

각 카드의 특징을 알아둔다는 문제는 계열분석에 있어서 불가결의 과제이다. 어떤 반응을 정확히 이해하기 위해서는 마땅히 그 반응이 어느 카드에 나타난 것인가를 알지 않으면 안 된다. 그리고 카드 I부터 X까지의 사이에는 어떤 반응이 어떠한 순서로 나타날 것인가는 카드의 제시 순서에 의해서도 영향을 받고 있다. 따라서 카드 구조 및 지각적 속성상의 제 특성뿐 아니라 시리즈에 있어서의 순서 문제도 동시에 고려하지 않으면 안 된다.

다음에 나오는 카드의 특징에 대한 진술은 이런 원칙에 한해 기술되고 있음을 알고 있기를 바란다.

### (1) 카드 I

세상에 태어나서 생전 처음으로 이와 같은 그림을 보는 소박한 피검자는, 이 카드의 제시에 앞서서 주어진 지시에도 불구하고 도대체 어떻게 답을 해야 될지 망설이게 될는지도 모른다. 또한 그 정도는 아니라 하더라도 많은 피검자에게는 카드 I은 하나의 새로운 경험이라는 뜻에서 어느 정도 불안과 당혹감을 가지기 쉽다. 이런 태도나 표정은 카드 I에서 일어나는 제일 처음의 반응으로서 특히 주목하기 바란다.

이때의 첫째 반응이 생기는 $T/R_I$과 형태질의 입장에서 ① 좋은 반응을 바로 나타내는 경우 ② 빈약한 반응을 즉석에서 표시하는 경우 ③ 좋은 반응을 오랫동안 있다가 나타내는 경우 ④ 빈약한 반응을 오랫동안 있다가 나타내는 경우를 생각해 볼 수 있다.

①의 경우에는 새로운 문제를 합리적이며 구성적인 방식으로 처리하여 어려운 문제라도 쉽게 처리할 수 있다는 확신을 반영하고 있다고 볼 수 있다. ②의 경우에는 충동적인 실천가이어서 되도록이면 빨리 해치워 버리고 말려는 사람에게서 찾아볼 수 있거나 자기가 말한 것이 썩 잘된 것이라고 생각하고 있는 지적 결함자의 경우도 있다. ③의 경우에는 어떤 사태에 들어서기 전에 그것을 차분하게 검토를 하지 않으면 마음이 놓이지 않는 사람, 무슨 일에서나 동작이 느린 사람, 수용과 표현의 과정이 정서적 또는 지적 인자에 의해서 장애가 일어나고 있는 사람 등을 생각할 수 있다. 그리고 ④의 경우는 보통 여러 가지 장애를 지닌 피검자에게 찾아볼 수 있다. 즉 나쁜 반응을 오랫동안 있다가 끝에 나타내는 것이다. 이 카드는 전체로서 보통 '박쥐' 또는 '나비'로 보이는 수가 많은데 이 두 개는 P 반응이다. 그리고 W, S의 영역에 '귀신의 얼굴'을 보는 사람도 많다. 그밖에 $D_1$에 대해서 "사람이 서 있다"하는 반응이 잘 생긴다. 이 H는 여성인 경우가 많다.

대체로 이 카드는 W, D, F, M을 반응하기 쉽다. 이 카드는 채색되어 있지는 않지만 음영반응이 많이 나타나지 않는다.

### (2) 카드 II

여기에서 처음으로 색채(빨강)가 들어 있다. 검사자는 피검자가 색채의 부분을 어떻게 취급하는가를 주의하지 않으면 안 된다. 이 카드에도 전체에 대하여 "두 사람이 춤추고 있다" $D_1$에 대한 '곰'과 같은, P 반응이 있다.

특히 다른 카드에서 M를 나타낸 사람이 여기에서는 M를 표시함이 실패했을 경우에는 색채가 방해적으로 작용했을 것이라고 일단 생각해 보아야 한다.

이 카드의 $D_2$영역은 vagina의 반응이 일어나기 쉬운 곳이다. 대체로 이 카드는 W, D, M, FM을 반응하기 쉽고, 동시에 S 반응이 가장 많이 나타나는 카드이기도 하다.

### (3) 카드 III

카드 II의 경우와 같이 빨간 영역이 존재하고 있지만, 그것은 검은 영역과 완전히 분리되어 있기 때문에 W의 반응이 나타나기 쉽다. 이 카드의 P 반응은 이 W 영역에 대한 '인간'이라는 M 반응이다. 이 반응은 모든 카드 가운데서도 가장 손쉽게 일어나는 M 반응이다. 그렇기 때문에 이 반응이 결여되어 있을 때에는 문제가 된다. 그리고 그 내용이 H가 아니고 (H)나 (A)가 있더라도 대인관계에 원만함이 모자라는 것이 추정될 수 있다. 그리고 이 인간을 어떤 사람은 남자, 어떤 사람은 여자를 보며 또한 그 이유도 여러 가지이다.

### (4) 카드 IV

카드에 가득 차게 옆으로 쫙 펴진 짙은 음영을 지닌 흑색의 블로트는 불안하고 우울한 피검자에게는 매우 자극적인 도형이다. 이 카드는 부친이나 권위자를 상징하고 있다고도 말하고 있다. 카드 VII이 '모친카드'라고 불리는 데에 대하여 이 카드는 '부친카드'라고 불리고 있다. 어쨌든 무겁고, 강하며 어려운 감이 감도는 남성적 인상을 풍기고 있다. 이 카드에는 전체에 대한 '털가죽', $D_1$에 대한 '동물의 머리'라는 P 반응이 존재하지만, 이 털가죽의 반응은 Fc 또는 cF로 본 결정인에 근거를 두는 수가 많으며 카드 IV에 대해서 음영(재질)반응이 일어나기 쉽다.

### (5) 카드 V

이 카드는 반응하기 쉬운 것 중의 하나이다. W에 대한 '박쥐', '나비'가 P 반응이다. 이 카드에 대해서 하나의 반응도 표시하지 않을 때에는 어떤 심적인 장애가 존재하고 있다고 생각된다. 특히 이전의 카드에는 각각 반응을 하다가도 이 카드에 와서 Rej를 나타낼 때에는 문제가 된다. 이 경우 분열병이 의심된다. W 반응이 가장 많이 일어나기 쉬운 카드이다. 이 W는 전혀 단순한 성질을 가진 경우가 많다.

### (6) 카드 VI

음영반응을 쉽게 일으키기 쉬운 카드이다. 따라서 만일 이 카드에 음영반응이 전혀 나타나지 않고, 한계음미에 의해서 확인해 보아도 그것이 부정될 때에는 문제가 있는 것이다. 이 카드에서 보이는 P 반응은 '털가죽'이라는 W 반응이며 이것은 카드 IV의 경우보다는 Fc 또는 cF일 가능성이 크다.

그리고 이 카드에는, $D_2$에 대해서 penis, 중심선 영역에 대해서 vagina가 많이 보이게 된다. 그러나 이들 반응어는 표현하기가 쑥스럽기 때문에 다른 내용으로 바꾸어 버린다. 그 때문에 $T/R_1$이 늦어지기도 한다. 또 '성' 의식에 혼란이 생겨 Rej를 나타내기도 한다.

### (7) 카드 VII

이것은 '모친카드'로 불리는 카드이다. $D_2$ 또는 W에 '인간'의 자태를 보고 특히 대다수의 사람이 이를 여성으로 보고 있다. 카드 IV에 비해서 이 카드는 부드러운 느낌을 주는 것이다.

$D_2$에 대해서 '동물', W에 대해서 '인간'이 P 반응이다. 그리고 이 카드는 불안을 반응하고 있다는 KF, K를 일으키기 쉬우며, 이 카드에 나타나는 기호는 다른 카드에 나타나는 것보다 그 의미가 약하다. 이 같은 하부중앙의 $d_1$ 영역, 또는 그것을 포함하는 주변의 영역이 꼭 vagina로 보일 때가 있다. 똑같은 영역에서 어떤 사람은 건물로 볼 수 있다.

모친 → vagina → 작은 건물, 이 관계에 대해서 정신분석학자는 흥미를 가짐에 틀림없다.

대체로 이 카드는 W, D, KF, M, FM 등을 반응하기 쉽고, 특히 중앙의 S 영역이 반응되기 쉽다.

### (8) 카드 VIII

$D_1$에 대한 '동물'이라는 반응은 대부분의 피검자에 의해서 반응되고 있기 때문에 이 반응이 결여되고 있을 때는 중요한 의미를 가지고 있을는지도 모른다. 우선 이 카드는 처음으로 등장한 다채색(多彩色) 카드임에 주의하지 않으면 안 된다. 이와 같은 색채의 개입이 피검자에게 어떻게 영향을 주는가를 알 필요가 있다. 이것은 $T/R_I$ · 반응수 · 형태수준 · 색채반응의 유무, 그리고 색채반응의 성질을 음미함으로써 추정될 수 있는 것이다.

이 카드의 색채를 FC라는 반응에 통합하는가, FC로 하는가, CF라고 직관하는가에 주의가 요구된다. 외부로부터의 정서적인 충격을 어떻게 처리해 가는가를 이 카드에 대한 반응으로부터 추정되는 때가 많다. 어떤 사람은 색채를 무시하고 어떤 사람은 색채를 형태에 의해서 통합하고, 어떤 사람은 형태를 잊어버릴는지도 모른다.

### (9) 카드 IX

이것은 가장 거부하기 쉬운 카드이며, P 반응이 없는 카드이기도 하다. 이 카드가 곤란한 점은 W 반응이 매우 어렵다는 데 있다. 주홍색 · 심녹색 · 자주색 등 강한 색채에 의해서 세 개로 분할되고 있기 때문에 이것을 무시하고 전체의 형태를 그려본다는 것은 매우 어려운 일이라 하겠다. 이들 색채를 고려하고 있으면 전체는 관심밖에 나기 쉽다. 그리고 카드 VIII의 $D_1$과 같이 쉽게 일정한 반응을 환기시킬 수 있는 부분도 없다. 따라서 이 카드에 좋은 반응을 하는 피검자는 지적 · 정서적 통제가 뛰어난 사람으로 간주된다. 대인관계에 곤란을 느끼는 사람은 $D_4$ 근처에 사람의 얼굴이 가려져 있다고 반응하는 수가 간혹 있다.

### (10) 카드 X

이 카드에는 P 반응은 존재하지 않으며, 이것은 D 영역이 많고 반응이 분산되기 때문이다. 그러나 $D_1$의 '구름', $D_{12}$의 '토끼의 얼굴', $D_{11}$의 '벌레', $D_2$의 '동물'등은 보통으로 볼 수 있는 반응이다. 이 카드에서는 FC가 반응되기 쉽고 FC를 하나도 나타내지 않는 피검자는 이 카드를 사용해서 FC의 한계음미를 하면 된다. 그러나 W 반응을 해보려는 피검자는 이 카드에 당혹하게 되고, 좋은 W 반응은 함부로 나타나지 않는다.

### 5) 종합적 해석

#### 1 체험형(Erlebnistypus; experience balance)

결정인자를 총괄적·도식적으로 표현하고 있는 사이코그램(psychogram)을 보면, 좌반분에 집중하는 형, 우반부에 집중하는 형, 중앙에 집중된 형, 좌우 균등하게 분산하는 형 등이 있음을 찾아볼 수 있다. 좌반부에 집중하는 형은 블로트에 객관적으로 존재하지 않는 운동감을 느끼고 있다는 점에서 상상력이 풍부한 사람임을 말해 주고 있다. 이와 같은 사람은 외적인 현실을 자기 나름대로 재구성하는 경향이 강하다.

그리고 우반부에 집중되는 형은, 색채나 농도와 같은 블로트의 객관적 속성을 사용하기 위해 반응하고 있어서 외적 현실에 따라 반응하는 사람임을 말해 준다. 이런 사람은 외적 현실을 자기 나름으로 재구성하는 일이 없이 외적 현실을 그대로 받아들여 그것에 자기를 적응시켜가는 경향이 있다.

그리고 중앙에 집중하고 있는 형은, 억압적인 통제가 뛰어난 사람이라는 것을 반영하고 있어서 지각이 제한되어 있다고 말할 수 있다. 이 형의 사람은, 현실에 대하는 자유스럽고 부드러운 태도가 결여되어 있다.

전체적으로 분산되어 있는 형은 내적인 자질이나 외적인 감수성이 풍부한 personality를 지닌 사람으로 보아도 좋다. 매우 조화로운 personality를 가진 사람은 이 형에 속하는 사람이 많다.

이와 같은 사이코그램을 읽는 방법은, 원래 Rorschach의 '체험형'의 구상에서 비롯된 것이다. 그는 운동인자(M)와 색채인자(ΣC)와의 상호관계가, 어떤 피검자가 내면적인 일을 한다는 내면적 요소와, 외계에 눈길을 돌린다는 외향적 요소와의 관계를 나타내고 있다고 생각한 것이다. 그는 이것을 '체험형'이라고 부르고 있으며 다음의 네 가지 유형으로 나누었다.

### (1) 내향적 체험형(Introversiver erlebnistypus)

이것은 M 반응 우위의 형($M > \Sigma C$)이며 잘 분화된 지능, 보다 창의적인 능력, 보다 풍부한 내면적 생활, 안정된 정서성, 현실에 대한 순응의 부족, 안정된 운동성 등의 특징을 가진다.

### (2) 외향적 체험형(Extratersiver erlebnistypus)

이것은 ΣC 우위의 형($M < \Sigma C$)이다. 모방적인 능력, 상식적인 태도, 불안정한 정서적 특성, 현실에 잘 순응하는 태도, 불안정한 운동성을 특징으로 한다. 전자가 '생각하는 사람'이라면 이것은 '행하는 사람'이다.

### (3) 양빈적 체험형(Koartierter erlebnistypus)

M과 ΣC가 다 같이 크게 감퇴되고 F 반응이 우위에 있는 형(극단의 경우에는 $OM : O\Sigma C$)이다. 내적으로 공허하고, 제한되고 억제된 감수성 등의 특징을 반영한다.

### (4) 양향적(兩向的) 체험형(Ambiaequaler erlebnistypus)

많은 M과 ΣC를 나타내는 형($Mx \fallingdotseq \Sigma Cx$로 표현된다)이다. M과 ΣC는 균형을 지니고 있다. 창조성, 주체성과 더불어 총명한 모방능력과 정서적으로 사람을 끄는 뜻한 능력 등, 천성을 타고난 정상인에게서 찾아볼 수 있다. 그러나 강박신경증에도 이 형을 나타내는 사람들이 있다.

그는 또한 이밖에도 체험형과 생활, 지능, 기분전환, 성격, 그리고 정서성 재능과의 관계에 대해서도 논하고 있다.

## 2 지적인 측면의 평가

Rorschach Test에 의해서 파악되는 지능은 지능검사에 의해서 평가되는 지능과는 다르다고 생각할 수 있다. 그것은 전자가 구조화되어 있지 않은 검사이고, 후자는 구조화된 검사임을 생각하면 이해될 것이다. Klopfer에 의하면 Rorschach Test란 피검자의 지적 소질(intellectual capacity)과 지적 효율(intellectual efficiency)의 수준을 평가하는 것이라고 말하고 있다.

### (1) F+%

이것은 블로트를 얼마나 정확히 주의 깊게 파악하고 있는가에 대한 지표이다. 지능의 평가에 있어서 가장 유력한 절차가 되고 있다. F+%, 즉 형태수준이 높다는 사실은 블로트를 정확히 파악하고 있는가, 좋은 명세화가 나타나고 있는가, 또는 블로트의 각 부분을 조화 있게 결합하고 있는가에 따라서 현실을 이와 같은 방법으로 처리할 수 있는 능력을 반영하는 것으로 가정되어 있다.

정상 성인에게서는 일반적으로 F+%는 70 이상의 수치를 보인다고 되어 있다. 그러나 여기에서 특히 주의를 해야 할 점은 IQ가 120 이상 되는 자가 F+%는 70을 넘지 못하는 경우도 있다는 경우이다. 이것을 간단히 양 검사의 차이로 돌리기엔 너무 이르다고 보겠다. 이런 사람의 반응을 분석해 보면 F+%는 일반적으로 낮지만 반드시 한두 개의 우수한 형태수준을 나타내는 반응을 가지고 있을 때가 많다. 이것은 지적 소질은 높지만 어떤 이유로 인해서 지적 효율이 저하되어 있다고 보아야 한다.

따라서 해석에 있어서도 F+%뿐 아니라 개개의 반응의 형태수준에 주의를 기울여야 할 필요가 있다. 또 F+%가 매우 높다고 하더라도 반응의 대다수가 단순한 평범반응으로 나타났을 때에는 높은 지능의 지표로서는 볼 수 없다. 그것은 낮은 지능이 아니라는 사실을 실증하는 외에는 아무 것도 시사하지 않는다.

### (2) M 반응의 양과 질

평균 또는 그 이상의 지능을 가진 사람은 일반적으로 적어도 세 개 이상의 M을 나타낸다. M 반응이 가리키는 상상력이나 공감성은 뛰어난 지적 소질을 필요로 하는 것이다. 그러나 수학에 뛰어난 논리적인 사고의 소유자에게서 M 반응이 적은 사람도 있다.

이것은 너무 상세하게 정확성을 따지게 되면 운동을 억제하는 결과를 초래하게 된다고 생각된다. 운동을 시인하기 위해서는 어느 정도 비약을 허용할 수 있는 융통성이 없어서는 안 된다.

그리고 M 반응의 질은 지능의 평가와 밀접한 관계를 지니고 있다. 질의 문제는 M의 형태수준과 M의 내용을 나누어서 고찰함이 좋다. 높은 형태수준을 가진 M 반응을 많이 나타내는 사람이 우수한 지능을 가지고 있다는 점은 명백한 사실이다. 그러나 형태가 완전치 못한 M 반응을 나타낼 때에는 정신박약이나 정신분열병을 의심할 수도 있다. 그리고 M의 내용에 있어서는 정서적인 M 반응(사람이 서 있다)은 지능과는 별로 상관을 갖지 못하고 있으나, 활동적인 M 반응은 지능과 높은 상관을 가진 것으로 연구되어 있다.

### (3) 전체반응의 양과 질

W 반응의 양이 지능과 어떤 관계가 있는가를 논하고 있는 연구가 많다. 보통 W 반응의 양이 많은 것만으로는 지능이 높다고 말할 수는 없다. 좋은 형태수준의 W 반응이 많은 경우에 비로소 높은 지능의 존재를 추정하는 일이 가능한 것이다. 특히 지적 소질이 뛰어난 사람은 어떤 이유로 F+%가 저하되더라도 잘 구성되고 명세화가 잘 된 W 반응이 몇 개 나타나게 마련이다.

이에 반하여 형태수준이 낮은 W 반응을 많이 나타내는 사람은 지적장애를 가지고 있다고 생각할 수 있다. D 반응의 형태수준은, W 반응만큼 지능과의 관련이 없는 것 같으나 좋은 D 반응은 우수한 지능을 반영하고 있는 일이 있다. 그리고 좋은 W 반응을 거의 나타나지 않는다고 해서 바로 지능이 낮다고 말해서는 안 된다.

### (4) 독창반응의 양과 질

O(독창) 반응은 통계적으로 결정하기 어렵기 때문에 숙련된 해석자가 주로 경험적인 입장에서 처리될 수밖에 없으며, 우수한 형태수준을 가지고 O 반응을 나타내는 일은 우수한 지적 소질의 존재를 의미하고 있다. 그러나 O 반응을 나타내는 사람은 지적장애를 가지고 있는 경우가 많다. 같은 O 반응이라도 기묘하게 부조화로운 결합을 나타내는 경우에는 지적장애라기보다는, 자폐적인 사고의 소유자임을 반영한다고 생각하면 된다. 평균적인 지능에 있어서는 일반적으로 O 반응은 약간밖에 나타나지 않는다.

### (5) 내용의 다양성

Rorchach 도판은 동물의 모양으로 보이기 쉬우며 보통 사람들은 높은 A%를 나타낸다. 이에 대하여 지식이 풍부하고 지적으로 뛰어난 사람은 변화무쌍한 반응내용을 나타내며 A%는 높지 않다. 또한 A%가 70을 넘어설 만큼 높아져 있다면 관념내용이 부족하며 판에 박은 듯한 상식적 사고밖에 모르는 사람으로 생각할 수 있으며, A%가 50 이하가 되는 것이 바람직하다. 또한 그 이상이 된 사람에게서 지능이 뛰어난 사람을 별로 찾아볼 수 있다.

그러나 A%가 낮다고 해서 곧 지능이 좋음을 의미하지는 않는다. 예를 들면 동물 이외의 내용에 반응이 집중되어 있는 경우이다. 결국 지능이 뛰어나면 반응내용은 어느 정도의 변화와 다양성을 가지고 있기 마련이다.

이상의 인자 외에도 시작반응 시간·반응 총수·반응의 표현양식 등 지적 측면에 관련이 있는 제 인자가 있다. 그러기 때문에 이들 제 인자를 상호 관계 지어서 지적 소질과 지적 효율을 평가하지 않으면 안 된다.

## 3 정서적 측면의 평가

Rorschach Test는 정서적 측면을 평가하려고 할 때 적어도 두 가지 방향이 있다. 그 하나는 기호나 구체적인 반응내용으로부터 정서의 성질이나 내용을 문제로 하는 방식이고, 다른 하나는 정서적 통제(emotional control)를 문제로 하는 방식이다.

### (1) 정서의 성질과 내용

우울한 기분일 때에는 모든 것이 회색빛깔로 가라앉은 듯이 보이는 일은 어느 누구나 경험하는 일이다. 이 소박한 원리는 Rorschach 반응으로부터 피검자의 정서상태를 추측하는 경우에는 당연히 적용될 성질의 것이다.

또한 DeVos의 정서상징법이 있는데, 예를 들면 강한 불안감 때문에 몸부림치는 환자는 무섭고 불쾌한 뉘앙스를 반응으로 나타내고, 강한 적의를 품고 있는 사람은 투쟁적인 장면을 블로트 가운데서 느끼게 된다는 것이다. 반대로 불안감을 가지면서도 그것을 반응으로 표현하지 않는 사람은 그리 많지 않다. 또한 불안을 가지면서도 그것을 반응상으로 직접 표현하거나 참거나 하는데 피검자의 언어적 표현능력이나 정서적 표현의 억제로서 그 정도나 성질 등에 의존되어 있다고 생각된다.

또한 반응상으로는 공격적인 감정이 많이 투영되고 있는데 비하여 현실의 생활에서는 오히려 초연한 태도를 취하고 있는 경우가 있다.

반응내용의 정서적 뉘앙스의 분석을 통해 피검자의 불안·적의·의존·신체적 관심·쾌, 불쾌감 등의 성질과 강도를 추측할 수가 있다. 이와 동시에 기호를 통해서 색채반응에 의해서 표시된 쾌적함 또는 적극적인 감정, 회색 또는 흑색에 의해서 표시되는 우울한 감정을 알 수가 있다. 가령, FC + CF + C:Fc + cF + C'의 비가 보통 2:1의 관계를 나타내는데, 반대로 1:2의 비를 나타낼 때에는 억제적 또는 우울한 기분에 휩싸여 있다고 생각할 수가 있다. 그리고 전자가 우위이고 후자가 결여되어 있다가 다시 FC가 결여되어 CF + C가 우위로 나타낼 때에는 자유스러운 감정적 표현이 엿보이고 쾌적한 기분상태에 있다고 볼 수 있다. 물론 이 경우 CF 반응이 특히 불쾌한 내용을 포함하고 있는 것이라면 별도의 해석을 하지 않으면 안 된다.

### (2) 정서의 통제

Klopfer는 통제의 방식을 다음과 같이 세 가지로 나누었다.

#### ① 외적 통제(Outer control)

외적 통제라는 것은 외면의 행동이나 표현을 조절하고 통제하는 것을 말한다. 블로트의 색채는 피검자의 눈에 띄기 쉬운 외적인 자극이며, 그 의미에서 색채반응은 외적 통제의 지표가 된다. 가령 FC : CF + C의 비는 전자가 우위에 있으면 사회적으로 세련된 정서적 표현이 가능하다고 볼 수 있다. 이에 반하여 후자가 우위에 있다면 자기중심적이어서 통제가 안 되는 표현의 경향이 나타나게 된다.

그리고 FC뿐이고 CF + C가 결여되어 있으면 정서의 억제가 지나쳐서 원만한 인간관계를 가지기에 힘들 것으로 생각된다.

형태수준(F+%)이 낮고, $\Sigma C > 2M$이며, CF + C + FC일 것 같으면 외적 통제는 극히 나쁜 상태에 있다고 생각해도 좋다. 이 경우에 사소한 정서적 충격에 대해서도 충동적으로 반응한다고 볼 수 있다.

#### ② 내적 통제(Inner control)

내적 통제란 외면행동을 잘 조절하기 위해 필요한 행위를 통제하여 정서자극에 대처할 수 있게 하는 내적인 자질이며, 이 지표는 주로 M 반응이다.

M 반응이 많을수록 이 내적인 자질은 풍부하게 보이지만, M 반응이 지나치게 많거나 비현실적인 내용을 가진 M 반응이 우위에 있게 될 때에는 내폐적으로 움츠러드는 경향이 강하고 적응적이라고는 볼 수 없다.

#### ③ 억압적 통제(Constricted of repressive control)

내적인 상상활동이나 외적인 자극에 대한 반응성도 함께 억제 당해 자아를 제한하여 현실에 적응해 보려고 하는 통제이다.

따라서 운동·색채·농도의 인자는 사용되지 않고 F 반응이 우위에 있게 된다.

특히 F%가 60을 넘을 때는 억압적 통제가 우위에 있다고 보아도 좋다. F%가 높고 형태수준이 양호한 사람은 현실을 냉정히 객관적으로 파악하는 능력을 가지고 있지만, 감정을 표현하거나 자유스런 공상을 즐기는 등의 일은 억제하고 만다. 그리고 F%<20의 수치를 나타내는 사람은 현실을 그대로 바라볼 수 있는 힘이 없으며 주관적으로 크게 착색해서 바라보는 경향이 강하다. 특히 좋은 M, FK, Fc, FC' 등의 통제인자가 적을 때는 이 경향이 더욱 커진다.

## 4 검사보고서의 작성

이상과 같이 각 척도별 및 비율관계별 해석이 이루어지면 최종적으로 종합적 해석과 진단을 실시해야 하는 바, 그 양식은 다음과 같다.

〈표 9-10〉 Rorschach 반응의 척도별 해석 항목

| 반응별 해석 | | 비율관계별 해석 | |
|---|---|---|---|
| R | | W:D | |
| W% | | W:M | |
| S% | | ΣC:M | |
| F% | | M:(FM+m) | |
| (FK+F+Fc)% | | F:(FK+Fc) | |
| M% | | FC:(CF+C) | |
| H% | | FM:M | |
| A% | | (FM+m):M | |
| P | | (VIII+IX+X/R)% | |
| O | | 유채색:무채색반응 | |
| Dd% | | (Fc+c+C'):(FM+m) | |
| ΣC | | (H+A):(Hd+Ad) | |
| At | | 내용범위(CR) | |
| Sex | | 기타 비율 | |
| 기타 반응 | | | |

〈표 9-11〉 종합적 해석 및 진단

| | | 종합적 진단 |
|---|---|---|
| 1. 지적능력 수준 | | |
| 2. 정서안정성 | | |
| 3. 환경적응성 | | |
| 4. 욕구·충동억제 및 통제력 | | |
| 5. 대인관계 | | |
| 6. 외향-내향성 | | |
| 7. 비행·일탈가능성 | | |
| 8. Psychogram | | |

# Chapter 10 TAT

## 1 TAT 도판의 구성 내용

TAT 도판은 31매의 그림으로 구성되어 있고 각 도판은 크기가 9.2 × 10.95cm 크기의 흰 카드 위에 그려져 있으며 31매의 그림 가운데 11매는 성인 남녀 및 소년, 소녀의 모든 피검자에게 공통적으로 적용되는 것이나, 그 나머지는 성인 남자용이 9매, 성인 여자용이 9매, 소년용이 9매, 소녀용이 9매로 각각 구분되어져 있다. 이리하여 각 피검자는 누구나 각각 20매의 그림을 보도록 되어 있다. 그리고 각 도판의 뒷면에는 숫자와 알파벳 문자가 적혀져 있는데 각 숫자는 도판의 제시순서를 나타내고 알파벳 문자는 그 도판이 적용되는 피검자의 성별과 연령수준을 나타내는 것이다.

① 공용도판: 모든 피검자에게 공통적으로 적용되는 도판으로서 도판 1, 2, 4, 5, 10, 11, 14, 15, 16, 19, 20의 11매이며, 이 가운데 도판 16은 전혀 그림이 없는 백지도판이다.

② 남자 공용도판: 성인남자(M)와 소년(B) 피검자에게 한해서 적용되는 도판으로서 도판 3BM, 6BM, 7BM, 8BM, 9BM, 17BM, 18BM의 7매가 있다.

③ 여자 공용도판: 성인여자(F)와 소녀(G) 피검자에게 한해서 적용되는 도판으로서 도판 3GF, 6GF, 7GF, 8GF, 9GF, 17GF, 18GF의 7매가 있다.

④ 성인 공용도판: 성인남자(M)와 성인여자(F) 피검자에게 한해서 적용되는 도판으로 도판 13MF가 있다.

⑤ 소년·소녀 공용도판: 소년(B)과 소녀(G) 피검자에게만 적용되는 도판으로서 도판 12BG가 있다.
⑥ 성인남자 전용도판: 성인남자(M) 피검자에게만 적용되는 도판으로서 도판 12M이 있다.
⑦ 성인여자 전용도판: 성인여자(F) 피검자에게만 적용되는 도판으로서 도판 12F가 있다.
⑧ 소년 전용도판: 소년(B) 피검자에게만 적용되는 도판으로서 13B가 있다.
⑨ 소녀 전용도판: 소녀(G) 피검자에게만 적용되는 도판 13G가 있다.

그러나 TAT는 이와 같이 각각 20매의 그림을 2회로 나누어 실시하도록 되어 있으나 경우에 따라서는 그림의 매수를 줄여서 간편하게 9~12매의 그림으로서도 실시되고 있다. 가장 유용한 도판으로서 성인용으로는 도판 1, 2, 3BM, 4, 6BM, 7BM, 8BM, 10, 12M, 13MF, 18GF의 11매이고, 아동용으로서는 1, 2, 3BM, 4, 6BM, 7BM, 7GF, 8BM, 10, 12M, 13MF, 16, 18GF의 13매 등이 주로 사용되며, 전체적으로 1, 2, 3BM, 4, 6BM, 7BM, 8BM, 13BM의 8매를 가장 중요시하고 있다. 그리고 필요에 따라서는 몇 장의 도판만을 활용하는 경우도 있다.

31매의 도판의 그림 내용은 다음과 같다.

[ 1 ]

[ 2 ]

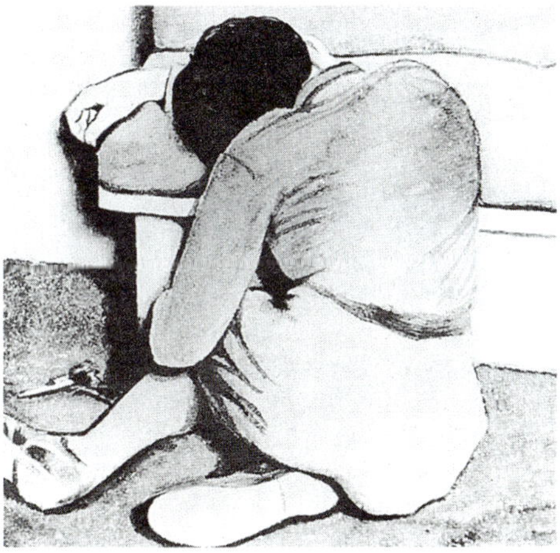

[ 3BM ]

[ 3GF ]

[ 4 ]

[ 5 ]

[ 6BM ]

[ 6GF ]

[ 7BM ]

[ 7GF ]

[ 8BM ]

[ 8GF ]

[ 9BM ]

[ 9GF ]

[ 10 ]

[ 11 ]

[ 12M ]

[ 12F ]

[ 12BG ]

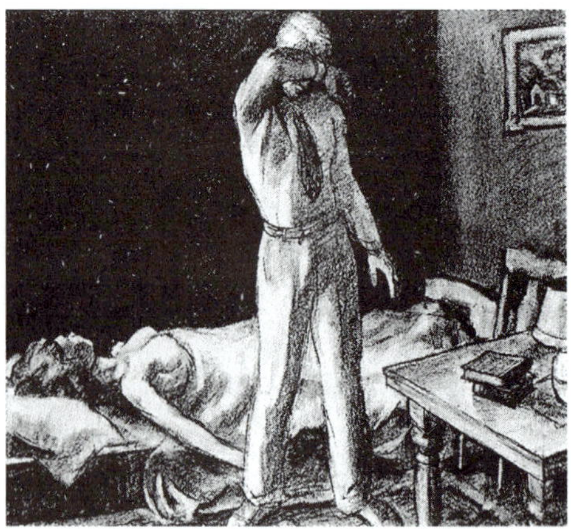

[ 13MF ]

[13B]

[13G]

[14]

[15]

[16]

[ 17BM ]

[ 17GF ]

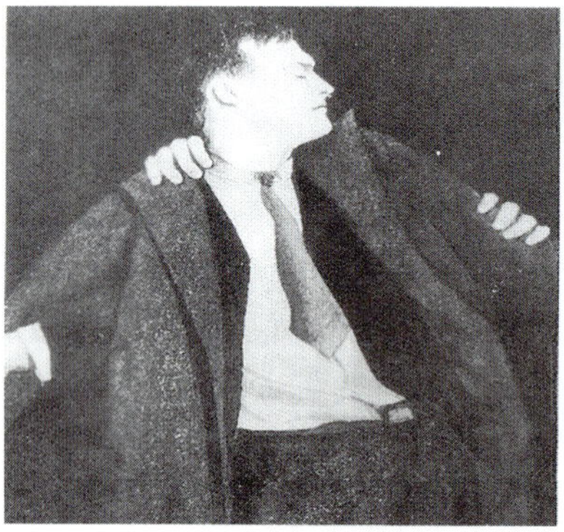
[ 18BM ]

[ 18GF ]

[ 19 ]

[ 20 ]

# 2 TAT 검사 절차와 방법

## 1) 실시시기와 검사장면

### 1 실시시기

TAT는 1일 간격으로 매회 1시간 정도로 해서 2회에 걸쳐 실시하며, 1회는 도판 #1에서 도판 #10까지 그리고 2회에는 도판 #11에서 도판 #20까지 2회로 나누어 실시하는 것이 원칙이며, 이는 피검자로 하여금 피로도를 최소한으로 줄임으로써 반응의 효율성을 최대한으로 높이고자 하는 데 있다. 그러나 필요에 따라서는 몇 장의 도판만을 골라서 실시할 수도 있다.

### 2 검사장면

실시자는 검사실시에 앞서 피검자가 안정감을 가지고 자유롭게 반응할 수 있는 분위기를 조성해야 한다. 그리고 좌석배치는 검사실시 중 실시자와 검사자가 다 같이 도판을 볼 수 있는 안락한 배치라야 한다.

### 3 검사자료

TAT의 실시에 필요한 자료는 다음과 같다.

① TAT 도판은 피검자의 성별 및 연령수준에 비추어 적합한 20매의 도판을 선정해서 순서대로 엎어둔다.

② 피검자의 반응을 기록하는 데 필요한 용지와 필기용구, 또는 녹음기 같은 반응 기록장치

③ 피검자의 반응을 분석하고 수검행동을 관찰, 기록하는 데 필요한 반응분석 용지

④ 초침이 있는 보통시계나 소리가 나지 않는 스톱워치

## 2) 피검자에 대한 지시내용

### 1 첫 번째 검사 시의 지시내용

도판 #1～도판 #10까지의 제1계열 도판을 실시하는 데 필요한 지시내용은 다음과 같다.

"이것은 일종의 상상력 검사입니다. 이제 몇 장의 그림을 한 번에 한 장씩 보여줄 터이니 그것을 보고 될 수 있는 대로 마음대로 이야기를 만들어 보세요. 어떻게 해서 그림에 보이는 그러한 사태가 일어나게 되었으며, 지금 무슨 일이 일어나고 있으며 그 장면에 나타나는 인물들의 감정과 생각은 어떠하며, 그리고 앞으로 그 일은 어떻게 되겠습니까? 마음속에 떠오르는 생각을 이야기해 보세요. 10장에 대해 50분 정도의 시간을 줄 터이니 대략 한 카드에 5분 정도로 이야기해 보세요. 여기에 첫 번째 그림이 있습니다."

### 2 두 번째 검사 시의 지시내용

제2계열 도판, 즉 도판 #11～도판 #20을 실시하는 데 필요한 지시내용은 다음과 같다.

"오늘도 지난번과 꼭 같습니다. 오직 이번에는 여러분의 상상의 날개만 펼치면 됩니다. 앞서 말한 10가지의 이야기는 대단히 훌륭했어요. 그러나 단지 너무 일상생활의 사실에 얽매인 감이 있더군요. 이제 일상 보편적인 이야기보다는 오직 상상의 날개를 펴서 마치 신비롭고, 괴상한 이야기라든가 혹은 재미있는 우화를 만들어 이야기를 해 보세요. 여기 첫 번째 그림이 있습니다."

### 3 백지도판에 대한 지시내용

한편 도판 #16은 다른 도판처럼 그림이 그려져 있지 않고 백지로 되어 있으므로 특별한 다음과 같은 지시내용이 필요하게 된다.

"이것은 아무것도 안 그려져 있는 백지입니다. 이 백지 위에 무엇이라도 좋으니 마음에 떠오르는 그림을 새겨 보세요. 눈을 감고 생각해도 좋습니다. 그래서 지금까지 보아왔던 다른 카드와 마찬가지로 어떠한 사람이 나타나서 무슨 일을 하고 있는 장면을 상상해 보십시오. 무엇(어떤 것)을 했지요? 지금 당신이 생각해 낸 것을 먼저 이야기해 주십시오. 무엇이지요? 그러면 그것을 가지고 지금까지 해왔던 것과 꼭 같은 방식으로 그 그림을 가지고 현재·과거·미래에 관해서 이야기합시다."

### 3) 검사반응에 대한 질문

#### 1 중도질문

중도질문이란 이야기의 전개과정에서 행하는 질문으로서 이야기의 미비점을 보충 확인하기 위한 것이다. 이야기 도중의 중도질문은 최소한으로 사용하되 "그래서 어떻게 되었지?"하는 정도로 그쳐야 한다. 이야기의 미비점을 보충, 보완하기 위해서 행할 수 있는 질문은 대체로 다음과 같은 것이다.

① 이야기의 전개과정에서 과거·현재·미래의 내용이 빠졌을 경우
② 이야기 속 인물의 성별이 불확실한 경우

#### 2 종료질문

중도질문은 아주 어려운 것이기 때문에 초보자로서는 종료질문만 활용하는 것이 좋다. 종료질문은 피검자가 20매의 전 도판을 다 마친 다음 실시한다. 종료질문에 포함되는 내용은 대체로 다음과 같이 요약할 수 있다.

① 이야기의 내용 가운데 미비한 점, 해석상 곤란한 점, 또는 이야기 전개의 모순 당착점 등
② 이야기를 전개함으로써 피검자가 피로를 느끼지 않았는가의 여부
③ 이야기를 하다가 중도에 권태감을 느끼지 않았는가의 여부

④ 이야기 중에서 특별히 자기의 과거 경험이나 영화·소설을 기억하게 되었는지, 또는 만약 그런 일이 있었다면 자기의 경험이나, 영화·소설의 내용은 어떠한 것이었는가를 물어 본다.

### 4) 반응기록

#### 1 이야기 내용의 기록

피검자의 공상의 내용, 즉 그림에 대한 이야기 내용은 곧 분석과 해석의 기본 단위가 되는 것이므로 피검자가 말한 이야기 내용은 그대로 빠짐없이 말의 의미나 뉘앙스를 살려서 그대로 생생하게 기록해야 한다. 반응의 기록은 속기록의 방법 외 녹음기 이용도 가능하다.

#### 2 반응시간의 기록

반응시간을 기록함에 있어 실시자는 각 그림을 제시하고서부터 피검자가 처음 이야기를 꺼낼 때까지의 시간, 즉 초발 반응시간, 이야기를 끝낼 때까지의 전체 반응시간 및 이야기 도중의 휴식시간 등을 기록하는 것이 원칙이다.

#### 3 피검자의 행동 관찰기록

검사실시 중에 관찰해야 할 수검자의 태도나 행동에는 대체로 다음과 같은 것이 포함된다.

① 검사에 대한 태도: 피검자가 기분을 내서 열심히 흥미를 갖고 검사에 임하고 있느냐 혹은 기분을 잡쳐, 흥미 없이 아무렇게나 검사를 받고 있는지, 또는 자신을 갖고 이야기하고 있는지 아니면 주저하면서 불안하고 부끄러워하고 있는지의 여부를 관찰한다.

② 검사 중의 표정: 검사를 실시하는 과정에서 피검자가 웃는다던가, 수치심에 차 있다거나, 혐오감을 느끼고 있는지의 여부를 주의한다.
③ 수반행동: 손으로 무엇을 만지작거리거나, 발로 비벼대는 행위 등을 관찰한다.
④ 이야기하는 방식: 긴장, 초조, 불안하다거나, 이야기 도중에 중단이 심하거나 침묵 등이 있는지를 관찰한다.
⑤ 검사에 기인한 결과: 검사를 받음으로써 권태나 피로를 느끼는지의 여부 등을 관찰한다.

## 3 검사결과의 분석법: 욕구-압력 관계의 분석

이는 TAT 그림에 대한 피검자의 이야기 속에 투사된 주인공의 욕구와 압력의 관계를 분석함으로써 피검자의 personality의 내용과 구조를 분석 진단하고자 하는 것으로서 Murray의 personality 이론에 기초하고 있다.

### 1) 주된 분석요인

#### 1 주인공

TAT 이야기를 분석하는 제일 첫 단계는 주인공(hero)을 선택하는 것이다. 일반적으로 피검자는 주인공을 동일시하는 것으로 생각되고 있다. 그러므로 주인공에게 강요되는 압력은 피검자에게 영향을 미치는 압력과 같고, 주인공의 욕구는 피검자의 욕구와 같으며 주인공이 야기하는 대상, 활동 및 감정은 피검자에 의해서 야기되는 것과 동일한 것임을 가정할 수 있다. TAT 이야기 중의 주인공은 다음 요인들 중의 일부 또는 그 복합에 의해서 밝혀낼 수가 있다.
① 피검자가 맨 처음으로 이야기에 등장시킨 인물
② 이야기 전체를 통해서 피검자의 주의를 집중시킨 인물

③ 중요한 행동의 주동적 위치에 있는 인물

## 2 주인공의 행동: 욕구

TAT의 분석은 이야기 속에 나타나는 주인공의 행동과 활동에 세심한 주의를 기울인다는 것이 무엇보다 중요하며, 이것을 통해서 피검자의 욕구와 동기를 추측, 평가할 수 있는 것이다. TAT란 주제통각 검사로서 주제(thema)의 분석을 기본으로 하고 있으며, 주제의 설정은 곧 개인이 갖고 있는 욕구와 압력의 관계에서 나오는 것이다. 다시 말하면 주제는 개체와 환경과의 상호작용에서 나오는 것이며, 여기서 개체의 행동이 곧 욕구이고 환경의 자극이 곧 압력인 것이다.

### (1) 욕구의 유형

1930년대 하버드 심리상담소에서 자세한 조사연구를 한 후에 Murray는 인간행동에 기본이 되는 장기발생적(생리학적인) 욕구와 심리발생적(비생리학적인) 욕구의 목록을 제시했다. 심리발생적 욕구는 그의 이론에서 중요한 부분을 차지하는 데 그 예는 <표 10-1>에 나타나 있다. Murray의 이론에서 모든 욕구의 표기는 항상 소문자 'n'에 의해, 예컨대 'n Dominance(지배욕구)'로 나타내고 있다.

〈표 10-1〉 Murray의 욕구 목록

| 욕구 | 정의 혹은 행동 예 |
|---|---|
| A. 외적 사상의 욕구 | |
| (1) n Ach<br>(Achievement: 성취) | 노력과 인내로써 어떤 중요한 일을 하는 것, 곤란한 일을 극복하고 무엇인가 중요한 일을 수행하며 보다 높은 수준에 도달하려는 것으로 행동 속에 야망이 나타난다. |
| (2) n Acq<br>(Acquisition: 획득)<br>• 사회적 획득(social)<br>• 반사회적 획득(asocial) | 재산 소유를 위해 일하거나 어떤 가치 있는 목적을 얻기 위해 노력하는 것이다.<br>훔치거나, 탈취, 착취, 위조하는 것. |
| (3) n Cha<br>(Change, Travel, & Adventure: 변화, 여행, 모험) | 침착하지 못하고 언제나 움직이는 것, 새로운 경치나 지역을 찾아다니며, 모험을 추구하거나 이상하고 아름다운 먼 나라를 여행하는 꿈을 꾸기도 하고, 여행, 탐험, 보물 찾기를 하는 것. |

| 욕구 | 정의 혹은 행동 예 |
|---|---|
| (4) n Cog<br>(Cognizance: 인지) | 호기심을 가지거나 무엇을 열심히 응시하고 있는 것. 알고 싶은 문제를 물어보고 관찰, 연구, 시험해 보며 어떤 일을 조사·탐색·탐정하는 것. |
| (5) n Cons<br>(Construction: 구성) | 정리, 정돈, 청결, 배열, 조직, 건축 어떤 것을 창조해 내는 것. |
| (6) n Cnt<br>(Counteraction: 만회) | 자존심을 다시 얻기 위해 애를 쓰는 것. 큰 장애를 극복하기 위해 다시 노력함으로써 실패를 보상하고 창피를 없애고, 불명예, 공포, 열등감을 씻고 자만과 자기존중을 유지하려는 것. |
| (7) n Ext<br>(Exitance & Dissipitation: 흥분과 탕진) | 여러 가지 방법으로 정서적인 흥분을 찾는 것으로서 여행을 하고, 도박을 하고, 경마, 투기 등도 포함된다. |
| (8) n Nut<br>(Nutriance: 식음) | 음식과 음료를 찾고 즐기는 것으로 배고픔과 갈증을 느끼는 것이다. 음료수나 약물을 마시고, 먹는 것이나 마시는 것과 관계된 일을 하는 것. |
| (9) n Pas<br>(Passivity: 부동) | 평온, 안이, 휴식, 수면을 즐기고, 드러누워 있는 것. 무력감을 느끼고 거의 혹은 전혀 노력하지 않는 것. 누워서 아무것도 하지 않고 무관심, 무감동하게 빈둥빈둥 지내는 것. |
| (10) n Play<br>(Play: 유희) | 놀이를 하거나 즐겁게 시간을 보내고 파티에 가는 것. 농담을 하고, 웃고, 재미있게 이야기하는 것. |
| (11) n Ret<br>(Retention: 확실) | 사물을 보관하고, 빌려 주기를 꺼리며, 도둑맞지 않도록 지키고, 남의 눈에 띄지 않도록 숨기는 것. 물건을 저장, 수집, 수선, 보호하는 것. 절약하고 검소하게 하는 것. |
| (12) n Sen<br>(Sentinence: 관능)<br>• 향락적(Epicurean)<br>• 심미적(Aesthetic) | 안락, 안일, 안이, 쾌락 좋은 음식과 술을 추구하는 것.<br>음악, 미술, 예술, 문화 등 미적 쾌감을 추구하고 창작, 서예, 저작의 즐거움을 추구하고 자연의 신비로움과 감각적인 면에 민감해지는 것. |
| (13) n Nud<br>(Understanding: 이해) | 무엇인가 배우기 위해 독서를 하고, 문제를 해결하기 위해 사고, 반성, 사색하는 것. 지혜를 얻기 위해 경험을 추구하는 것. |
| B. 대인관계의 욕구 | |
| (14) n Aff<br>(Affiliation: 친화)<br>• 우의적(Associative)<br>i) 집중적(Focal)<br>ii) 확산적(Diffuse)<br>• 정서적(Emotional) | 우의적인 관계를 유지, 확보하는 것.<br>몇몇 친구(들)과 사귀기를 좋아하고, 우의를 유지하고, 같이 일하거나 놀이를 하는 것. 어떤 사람에 대해서 강한 우정을 느끼는 것.<br>모든 사람을 다 좋아하고, 사교성이 있고, 집단 또는 무리와 더불어 일하거나 놀이하는 것.<br>강한 애정, 동정, 존경에 의해서 다른 사람에게 얽매여 있는 것. 사랑에 빠지고, 결혼을 하고 신의를 유지하는 것. |

| 욕구 | 정의 혹은 행동 예 |
|---|---|
| (15) n Agg<br>(Aggression: 공격) | |
| • 정서적·언어적<br>(Emotional, verbal) | 화를 내거나 사람을 미워하는 것(말로 표현되지 않은 감정까지 포함). 언쟁을 버리는 것. 저주, 비평, 증상, 모략, 견책, 비방, 조소하는 것. 공공연하게 개인 또는 집단에 대해서 공격적 언행을 하는 것. |
| • 신체적·사회적<br>(Physical social) | 자기방어나 자기가 사랑하는 사람을 위해 투쟁하고 살해하는 것. 싸움터에서 자기 조국에서 우방을 위해 싸우는 것. 비행을 처벌하는 것. |
| • 신체적·반사회적<br>(Physical, asocial) | 범죄적 공격, 불법으로 사람을 구속, 공격, 상해, 살해하는 것. |
| • 파괴(Destruction) | 동물을 공격하고 살해하는 것. 물리적인 대상물을 부수고, 파손시키고, 불태우고, 파괴하는 것. |
| (16) n Dom<br>(Dominance: 지배) | 다른 사람의 행동에 영향을 미치려 하는 것. 명령적인 지위를 위해 노력하는 것. 지도하고, 운용하고, 지배하는 것. 남을 설득시키려고 논쟁하는 것. 반대 의견을 억제하는 것. |
| (17) n Exp<br>(Exposition: 전달) | 소식을 알리고, 뉴스를 전하고, 설명하는 것. 해설, 강의, 보도하는 것. |
| (18) n Nur<br>(Nurturance: 양육) | 행동으로 동정을 표시하고, 남을 위로하고 불쌍히 여기는 것. 친절하고, 타인의 감정을 염려해 주는 것. 연로자, 연소자, 환자, 약자의 실망, 비판, 위험을 동정, 위로, 위험, 간호, 보호해 주고 먹을 것을 주거나 금품을 주거나 조력하는 것. |
| (19) n Ree<br>(Recognition & Exhibition: 승인과 자기과시) | 찬사, 칭찬, 위신, 명성을 찾고, 타인의 인정과 승인을 즐기는 것. 자랑하고, 남의 주의를 끌고, 과장된 언행, 허영, 화려한 복장, 기묘한 행위 등으로 남의 주목을 끄는 것. |
| (20) n Rej<br>(Rejection: 거부) | 경멸, 비난을 하거나 또는 행동으로 멸시를 나타내는 것. 자기의 관심과는 다른 사상, 인물, 직업 또는 생각을 멀리 하는 것. |
| (21) n Sex<br>(Sex: 성) | 이성의 친구를 찾고 즐기는 것. 손을 잡고 키스를 하는 것. |
| (22) n Suc<br>(Succorance: 구조) | 도움이나 동정을 추구하는 것. 남에게 격려, 지지, 보호, 염려를 기대하고, 동정, 선물받기를 즐기는 것. |
| (23) n Sup<br>(Superiority: 우월) | 성취의 욕구(n Ach)와 승인의 욕구(n Rec)로 구성된 것. |
| (24) n Sim<br>(Similiance: 유사) | 감정이입(empathy), 모방 혹은 본을 받는 것. 다른 사람에게 자신을 동일시하고 남과 동의하고 믿는 것. |
| (25) n Con<br>(Contrariance: 불일치) | 남과 달리 행동하고 싶고, 비인습적인 견해를 취하고, 독특하고, 반대의 입장을 취하는 것. |

| 욕구 | 정의 혹은 행동 예 |
|---|---|
| C. 압력배제의 욕구 | |
| (26) n Aba<br>(Abasement: 굴종) | 비난이나 처벌을 피하거나 고통이나 죽음을 피하기 위해서 마지못해서 따르는 것. 모욕, 상해, 견책, 처벌에 맹종하고 무저항적으로 패배하는 것. |
| (27) n Aut<br>(Autonomy: 자율)<br>• 자유(Freedom)<br><br>• 저항(Resistance)<br><br>• 반사회적(Asocial) | <br><br>구속이나 속박의 지역으로부터 도피, 회피하는 것. 감금지역에서 도피하고, 감옥을 탈출하는 것. 집을 뛰쳐나오고, 학교를 그만두는 것.<br>강요에 저항하는 것. 자기에게 요구된 일을 거부하거나 하지 않는 것. 상관의 판단에 이의·반박하는 것. 순종하지 않고, 권위에 저항하는 것.<br>도덕적·사회적 규범을 벗어난 짓을 하는 것. 허위, 사기, 도박, 폭음, 매음, 도벽이 아닌 범죄를 저지르는 것. |
| (28) n Blam<br>(Blam-avoidance: 비난회피) | 불명예, 비난, 처벌을 두려워하고 잘못을 삼가고 비인습적이고 비판받을 일을 시키려는 유혹을 배제하는 것. |
| (29) n Def<br>(Deference: 경복)<br>• 복종(Compliance)<br><br>• 존경(Respect) | <br><br>동료의 선망, 암시, 권유에 부합하는 것. 기쁘게 하려고 애쓰고, 명령에 재빨리 동의, 협조하는 것.<br>행동으로 칭찬과 존경을 표시하는 것. 영웅숭배, 남의 강점과 재질을 인정하고, 훌륭한 업적을 칭찬하는 것. |
| (30) n Harm<br>(Harm-avoidance: 재난회피) | 싸움이나 신체적 위협을 피하기 위해서 공포, 불안, 염려, 신체적 약점을 보이는 것. |
| (31) n Dfd<br>(Defence: 방어) | 공격, 비난, 비평으로부터 자기 자신을 방어하는 것. 비행, 실패, 창피를 숨기거나 정당화시키는 것. |
| (32) n Inf<br>(Inf-avoidance: 굴종회피) | 굴욕, 타인의 경멸, 조소, 자기의 굴욕적인 실패와 패배를 회피하는 것. 거절 당할까봐 구혼을 회피하고 낙제가 겁이 나서 시험을 포기하는 것. |
| (33) n Sec<br>(Seclution: 은둔) | 승인의 욕구(n Rec)와 반대되는 것으로 간주되나 그 자체 독립적인 변인으로 보기는 어렵다. |
| (34) n Inv<br>(Inviolacy: 불가침) | 자존심의 손상과 박탈을 방지하고 좋은 평판을 유지하고 비평을 최소한으로 듣고, 심리적 거리감을 유지하려 하는 것. |
| (35) n Nox<br>(Nox-avoidance: 해독회피) | 불쾌한 감각, 용납될 수 없는 광경, 소리, 냄새, 맛을 거부, 배척하는 것. 음식물을 내뱉고, 구토하고, 소화불량으로 고통을 받고, 어떤 음식물을 거절하는 것이 특히 이에 해당된다. |

어떤 성격이론이든 해결해야 하는 가장 중요한 과업의 하나는 인간이 어떻게 다른 인간과 근본적으로 차이가 나는가를 설명하는 것이다. Murray는 그 차이는 욕구의 차이에 있다고 본다. 왜냐하면 그의 욕구 목록은 단순히 모든 인간이 모든 욕구를 같은 정도로서 경험한다는 것을 의미하지 않기 때문이다.

그의 이론에 따르면 어떤 사람은 그의 일생 동안 어떤 욕구를 결코 경험해 보지 못할 수도 있는 반면 다른 어떤 사람의 행위는 같은 욕구에 의해 계속적으로 지배될 수 있다고 본다. 어떤 특별한 한 가지 욕구나 한 세트의 욕구에 매료되고 나머지 욕구는 잘 나타내지 않는 사람이 있는 반면, 어떤 사람은 비교적 짧은 생활기간 내에 욕구의 전 영역을 경험할 수도 있다.

### (2) 욕구의 상호관계

Murray의 이론에서는 욕구들 사이에 역동적인 상호작용이 끊임없이 있다고 본다. 이 이론에서 인간은 결코 정적인 실체가 아니다. 인간 내부 세계는 욕구들 사이의 계속적인 협동과 갈등이 그 특징이다.

#### ① 우위성(prepotency)의 원리

Murray의 관점에서 보면 욕구들은 우위성, 즉 긴급성의 계층에 따라 배열된다. Murray는 만약 우위성 욕구가 충족되지 않는다면 그것은 최대의 긴급성을 가지고 전면에 떠올린다고 주장했다. 예를 들어, 신체적인 위협을 피하기 위한 욕구는 양호욕구보다 더욱 강력하다(즉 우위성이 더 크다). 결국 욕구란 인간의 생존추구 과정에서 상대적인 중요성의 견지에 따라 서열이 정해진다. 그 서열은 인간자체의 특성에 의해서라기보다 오히려 욕구의 특성에 의해 결정된다.

#### ② 융합(fusion)의 원리

이것은 한 행동의 수정과정에서 동시에 둘 혹은 그 이상의 욕구가 충족되는 것을 말한다. 예컨대 어떤 사람이 단일 활동을 통하여 친화욕구와 양호욕구를 동시에 충족할 수가 있다. 즉 사회 부인클럽이나 병원 자원봉사 활동을 하는 것이 그 예이다. 따라서 융합이라는 의미는 두 개의 욕구가 동일하게 되는 것을 의미하는 것이 아니며 오히려 서로 보충되어서 같은 행위에 의해 이 욕구가 모두 충족되는 것을 의미한다.

③ 종속(subsidiation)의 원리

이것은 욕구의 상호작용을 지배하는 Murray의 또 다른 원리이다. 기본적으로 이 원리는 어떤 욕구가 비교적 덜 강력한 욕구의 충족을 통해서만 만족되는 것을 말한다. 간단히 말해서, 종속적 욕구는 다른 욕구를 만족시키는 데 기여한다. 예로서 교수를 끊임없이 찬양하고 복종하는 학생을 생각해 보라(공경욕구). 종속적인 공경욕구를 통하여 그 학생은 실제로는 숨겨진 성취욕구, 즉 'A' 학점을 받기 위해 시도하는 것인지도 모르는 것이다. 이런 방법으로 교수에게 대하는 모든 학생이 물론 전부 그런 동기를 가진 것은 아니다. 어떤 교수는 실제로 찬양받을 만한 자격이 있다.

④ 갈등(conflict)의 원리

동등한 힘을 가진 욕구들은 흔히 서로 다른 것과 갈등의 상태에 있을 수 있으며 그로 인해 긴장을 초래한다. Murray는 많은 인간의 불행과 신경증적인 행동은 바로 이와 같은 내적 갈등의 직접적 결과라고 믿었다.

### 3 환경자극: 압력

TAT 이야기 가운데 서술된 환경은 그 행동이 일어나는 일반적인 환경과 특수 환경 자극의 성질에 비추어 분석되며, 일반적인 환경은 다음과 같은 측면에 비추어 설명할 수 있다.

① 환경이 주인공의 발달을 촉진하는가 또는 방해하는가?

② 주인공이 환경을 적당하다고 보는가 또는 부적당하다고 보는가?

③ 주인공이 환경과 조화하고 있는가 또는 대립하고 있는가?

④ 주인공이 환경을 만족스럽게 생각하고 있는가 또는 불만을 느끼고 있는가?

이상과 같은 것이 환경의 일반적인 측면을 분석하는 데 검사자가 검토해야 할 질문이다. 이와 같이 일반적인 환경의 성질과 현황이 밝혀지면, 다음에는 주인공에게 작용하고 있는 특수한 환경요인(앞에서 서술된 Murray의 욕구 압력 이론 참조)에 주위의 초점을 돌리게 된다.

Murray는 그의 이론에서 압력의 알파 측면과 베타 측면을 중요한 것으로 각기 구분했다. 알파 압력(alpha press)은 인간, 사물, 사건 등과 같이 현실적으로 실제 존재하는 것을 나타낸다. 예를 들어 알파 공격압력은 '실제로 자기의 환경 속에 자기에게 모함을 하고 적대시하는 사람이 있다는 것을 반영한다.' 반면 베타 압력(beta press)은 '개인이 주관적으로 지각하거나 경험한 환경을 나타낸다.' 따라서 베타 공격압력은 개인이 그를 둘러싸고 있는 환경 속에서 적의를 보는 것을 의미한다. Murray에 따르면 베타 압력이란 개인이 느끼고 해석하고 반응하는 것이므로 이것이 인간행위에 더욱 큰 영향을 미친다고 보았다.

균형이 잘 된 개인에게는 알파 압력과 베타 압력 간의 일치가 잘 되어 있다. 즉 자신이 보는 것이 곧 믿는 것이다. 반면 두 형태의 압력 간에 심한 불일치가 생기면 망상적인 사고를 하는 결과를 가져올 수 있다. 예를 들어 편집증이 있는 환자는 알파 공격압력에 상응하는 것이 없는 데에도 베타 공격압력을 많이 경험한다. 그리하여 그런 환자는 피해망상을 나타내어 사실이 아닌데도 불구하고 사람들이 자기를 모함하려고 날뛴다는 생각을 한다.

이와 같은 두 가지 기본적인 압력측면을 떠나서 Murray는 인간생활의 중대한 영향원으로 볼 수 있는 여러 구체적 압력의 용어 목록을 개발했다. Murray가 제시한 시종일관하게 철저하고 세분화된 그리고 방대한 압력목록들은 <표 10-2>와 같다. 공격압력(p Aggression)에서처럼 압력 앞에 소문자 'p'를 붙였다.

〈표 10-2〉 Murray의 압력 목록

| 압력 | 정의 혹은 행동 예 |
|---|---|
| A. 일반적 환경자극 | |
| B. 특수환경자극(압력) | |
| a. 인적 압력 | |
| (1) p Acq<br>(Acquisition: 획득) | 타인이 주인공의 금품이나 재산을 박탈하기를 원하고, 주인공을 강탈, 착취하는 것. 또는 사업상의 경쟁자가 주인공의 경제적 안전을 위협하는 것. |
| (2) p Aff<br>(Affiliation: 친화)<br>• 우의적(Associative)<br>• 정서적(Emotional) | 주인공이 한 사람 또는 그 이상의 친구나 사교적인 동료를 갖는 것. 또는 뜻이 같은 집단의 성원이 되는 것.<br>타인(부모, 형제, 친척)이 자기에게 끌리는 것. 주인공이 결혼하는 것. |
| (3) p Agg<br>(Aggression: 공격)<br>• 정서적·언어적 (Emotional, verbal)<br>• 물리적·사회적 (Physical, social)<br>• 물리적·반사회적 (Physical, asocial)<br>• 파괴(Destruction) | 누군가가 자기에게 화를 내거나, 그를 미워하는 것. 자기가 저주, 비판, 경시, 무시, 멸시, 조소당하는 것.<br>자기가 잘못을 저지르고 다른 인물이 자신을 방어하거나 자기를 보복, 추적, 투옥, 살해하는 것.<br>범죄자나 갱이 자기를 모독, 상해, 살해하는 것.<br>자기의 소유물이 손상, 파손되는 것. |
| (4) p Cog<br>(Cognization: 인지): | 타인이 자기와 자기가 하는 일에 호기심을 갖고, 주시하는 것. |
| (5) p Defs<br>(Deference: 경복)<br>• 복종(Compliance)<br>• 존경(Respect) | 개인이나 집단이 기꺼이 자기의 지도나 요구를 따르는 것.<br>자기가 집단이나 개인의 찬사를 받는 것. |
| (6) p Dom<br>(Dominance: 지배)<br>• 강제(Coercion)<br>• 억제(Restraint)<br>• 권유(Inducement) | 다른 사람이 자기에게 어떤 일을 하도록 강요하는 것.<br>타인이 자기의 하는 일을 제지하려는 것. 자기가 규제, 금지, 제지당하는 것.<br>타인이 자기로 하여금 무슨 일을 하도록 하거나, 또는 간청, 부드러운 설득, 격려, 현명한 재치나 유혹에 의해서 무슨 일을 못하도록 하는 것. |
| (7) p Exa<br>(Example: 모범)<br>• 좋은 영향 (Good influence)<br>• 나쁜 영향 (Bad influence) | 개인, 집단이 건설적인 방향으로 자기에게 영향을 미치는 것.<br>자기가 근친자의 영향으로 범죄를 저지르거나 또는 무모하거나 무책임한 사람의 암시나 유인을 따름으로써 자신의 행동이나 이상의 수준이 약화되는 것. |
| (8) p Exp<br>(Exposition: 진달) | 타인이 자기에게 무엇을 이야기, 설명, 해설, 교시하는 것. |

| 압력 | 정의 혹은 행동 예 |
|---|---|
| (9) p Nur<br>(Nurturance: 양육) | 타인이 자기를 교육, 격려, 보호, 염려해 주는 것. 주인공이 동정, 위로 규율을 받는 것. |
| (10) p Rej<br>(Rejection: 거부) | 타인이 자기를 거부, 경멸, 자존심, 손상, 비난하거나 버리는 것. |
| (11) p Ret<br>(Retention: 확보) | 타인이 자기가 원하는 것을 소유하고서, 그것을 주인공에게 주거나 빌려주기를 거절하는 것. |
| (12) p Sex<br>(Sex: 성) | 이성이 자기를 사랑하거나 자기가 애정의 유혹에 빠지고, 자기가 결혼을 하는 것. |
| (13) p Suc<br>(Succorance: 구조) | 타인이 자기로부터 도움, 보호, 동정을 추구하는 것. |
| (14) p Grt<br>(Gratuity: 보상) | 숙명적으로 태어날 때부터 인종, 국가, 계급, 가계, 경제적으로 남의 숭배를 받는 것. |
| (15) p Fam<br>(Family Insupport: 가정불화) | 가정의 안정과 화목이 결여되어 느끼는 압력. |
| (16) p Rival<br>(Rival: 경쟁) | 애정의 욕구나 승인의 요구를 좌절시키는 부모나 형제, 타인의 등장. |
| (17) p Bs<br>(Birth or Siblint: 형제출산) | 1~6세 사이에 동생이 태어남으로써 생기는 동생에 대한 호기심, 경쟁심, 공격심. |
| (18) p Dom-Nurt<br>(Dominance-Nurturance: 지배-양육)<br>• 부모의 자아 이상주의 (Ego idealism)<br>• 과잉 염려 | 부모들이 자기가 일생동안 달성하지 못한 점을 자녀들에게 부가시키는 것.<br>부모가 사회적, 물리적, 경제적, 직업적으로 달성하지 못한 목표, 즉 자아이상(Ego ideal)을 자녀들이 달성토록 하는 것.<br>부모의 아동에 대한 지나친 염려. |
| (19) p Agg-Dom<br>(Aggression-Dominance: 공격-지배)<br>• 구타(Striking)<br>• 구금(Restraint) | 벌을 주거나 벌에 대한 위협, 억제, 강압적인 행동, 구타, 구속.<br>어린이에 대한 매질과 수족절단의 위협.<br>감금 또는 부모에 의한 강제적인 행동제한. |
| (20) p Decp<br>(Deception or Betrayal: 사기 또는 배신) | 성인이 거짓말이나 사기로 인해서 생기는 어린이의 의심, 불신, 조소 등. |
| b. 환경의 압력<br>자기의 행동에 영향을 미치는 환경내에서의 무생물적 대상의 압력을 말한다. 그리고 이는 'Cathexes', '상징주의(symolism)', '욕구'에 나타난 내용에 비추어 평가한다. | |
| (21) p Dis<br>(Disaster: 재해) | 지진, 폭풍, 천재지변 등의 자연적 재해, 화재, 교통사고, 전쟁 등의 불의의 사고, 미친 개에 물리는 것 등. |

| 압력 | 정의 혹은 행동 예 |
|---|---|
| (22) p Luck<br>(Luck: 운명) | 자기의 행복이 무엇에 기인하고 있는지 불분명하고 '불운'이나 '행운'을 표현하거나 제비뽑기 등의 경우. |
| (23) p Affl<br>(Afflication: 불행) | 자기 자신의 질환, 결핍, 실패의 불행이 아니라 자기의 환경에서 일어난 불행을 말한다. |
| (24) p Lack<br>(Lack: 결여)<br>• 영양(Nourishment)<br>• 소유(Posession)<br>• 우정(Companionship) | 목적 결핍, 빈곤, 자기가 가진 욕구대상의 상실.<br>가난, 질병 등으로 음식물을 충분히 공급받지 못하는 경우.<br>어린이가 장난감이 하나도 없거나 박탈된 경우.<br>같이 놀던 친구의 이별이나 죽음. |
| (25) p Danger<br>(Danger or misfortune: 위험)<br>• 물질의 결핍<br>• 물<br>• 고독, 어두움<br>• 좋지 못한 기후조건<br>• 기타 | 자연으로부터 오는 물리적인 위험과 불행.<br>공포를 느끼는 불안정한 지면, 빙판, 좁은 다리, 높은 곳, 광장 등.<br>물에 빠질 위험성이 있는 환경.<br>숲 속에서 길을 잃거나 고립된 경우.<br>폭풍이 불거나 번개, 천둥, 바람, 혹서, 혹한으로 인한 압력.<br>화재, 차량사고와 충돌, 동물로 인한 피해. |
| (26) p Variety<br>(다양성) | 환경이 변화가 없고 생활이 무미건조함으로써 받게 되는 영향. |
| c. 내적압력 | |
| (27) p Death(죽음) | 자기의 죽음. |
| (28) p Illness(질환) | 자기의 질환으로서 신경과민, 호흡, 심장병, 위, 소아마비, 경련 등. |
| (29) p Frustration(좌절) | 자기의 행동에서 일어나고 있거나 일어나리라고 예상되는 욕구좌절. |
| (30) p Guilt(죄) | 자기의 범법행위나 비행에 대한 죄악감 또는 종교적·도덕적 죄의식의 자각. 불량소년에게 있어서는 이 압력의 유무가 진단상 특히 중요한 의미를 갖는다. |
| (31) p Physical Inadequacy<br>(신체부적절) | 신체적 부적감. |
| (32) p Inferiority<br>(심리부적절) | 정신능력, IQ, 학업부진 등의 심리적 부적감. |
| (33) p Operation(수술) | 수술에 대한 불안, 공포, 압력. |
| (34) p Infericrity(열등감) | 개인이 느끼는 신체적, 사회적, 정신적 열등감. |
| d. 사회적 힘, 압력 및 이념<br>인간의 행동은 사회적 힘이나, 압력, 또는 이념에 의해서 결정되는 수가 많다. | |

## 4 Cathexes

피검자의 욕구에 대한 중용한 자료는 그 주인공을 유인하거나 멀리하는 사물, 활동, 인물, 또는 관념을 살펴봄으로써 얻어질 수 있다. Cathexes란 '감정과 의미를 가진 관념의 대상 또는 원천'이라는 의미를 가진 개념으로서 주인공에게 쾌의 감정을 일으키는 정적(正的) Cathexes와 불쾌의 감정을 자아내는 부적(負的) Cathexes로 나뉜다. 그리고 여기서 정적인 Cathexes는 주인공의 욕구를 일으키는 대상이 되고, 부적인 Cathexes는 압력의 원천이 되는 것이므로 이것을 일일이 기록할 필요는 없는 것으로 보고 있다. Cathexes를 그 대상에 따라 나누어 보면 다음과 같다.

### (1) 사물(Objects)

- 정적: 그는 악기점에서 바이올린을 보고서 사고 싶은 감정이 들었다.
- 부적: 그는 권총을 보기만 해도 소름이 끼쳐서, 더 이상 참을 수 없어 달아나 버렸다.

### (2) 활동(Activities)

- 정적: 그는 창 밖에서 아이들이 축구를 하는 것을 보았다. 그래서 어떻게 하면 자기도 거기에 나가 같이 놀 수 있을까 생각하고 있다.
- 부적: 수술 광경이 너무나 불안해서 그는 의사가 되지 않기로 결심했다.

### (3) 인물(People)

- 정적: 그 카운슬러가 너무나 친절하고 점잖은 사람같이 보여서 그는 문제를 갖고 그에게 달려가고 싶은 생각이 들었다.
- 부적: 그 여자가 너무나 권세를 부렸기 때문에 그는 다시는 그 여자를 만나지 않기로 결심했다.

### (4) 관념(Ideas)

- 정적: 그는 민주주의의 수호를 위한 대열에 끼어들었다.
- 부적: 그는 의장이 국수주의의 장점에 대해서 하는 연설을 듣자 곧 회의실을 빠져 나왔다.

## 5 내적 상태

TAT 이야기 속에서 주인공이 경험하는 내적 상태는 기쁨, 의기양양, 행복, 흥분, 갈등, 회의, 실의, 염세, 비애, 비탄 등이며 이를 크게 행복·갈등·비판의 세 가지로 나눌 수 있다.

## 6 해결행동의 양식

주인공이 환경적인 힘에 자극되었거나 자극받고 있을 때는 주인공이 반응하는 표현의 통로를 면밀히 고찰해야 한다. 특히 검사자는 표현의 강도와 행동이 표현되는 수준에 주의를 기울여야 한다. 주인공의 행동이 표현되는 수준을 면밀히 검토함으로써 피검자의 personality의 어떤 요인이 외형적인 수준이며, 어떤 요인이 내재적 수준인가에 대한 중요한 단서를 포착할 수 있다. 행동의 표현방식 내지 행동표출 수준은 공상수준, 전 행동수준인 사고수준, 금지 행동수준 및 행동수준(능동-수동적 행동, 외향-내향적 행동, 몸짓 등) 등으로 분석된다.

## 7 결 과

이야기의 결론도 검토되어야 하는데 결과가 행복인지 불행인지, 성공인지 실패인지, 주인공의 문제는 해결되었는지, 욕구가 충족되었는지, 또는 갈등상태가 그대로 지속되고 있는지(결과의 부정)를 분석해야 한다.

## 2) 부가 분석요인

### 1 수검태도

수검 중에 피검자가 나타내는 행동은 객관적 자극, 즉 그림에 대해서 피검자가 이야기를 전개하는 과정에서 나타내는 일련의 감정, 감흥, 불안 등의 직접적인 결과로 생각될 수 있는 것으로서 진단상 중요한 의미를 가진다. TAT 기록의 분석과 아울러 관찰, 평가, 분석되어야 할 수검태도상의 주된 분석 내용으로서는 수검 중의 행동(주저, 안절부절못함, 웃음, 피로, 땀 흘리기, 무릎 비비기 등), 검사자에 대한 태도(협조, 반항, 거부, 정정 등), 특정도판에 대한 태도(검사거부, 지나치게 길거나 짧은 이야기 등), 및 반응시간(초발 반응시간, 이야기 서술시간, 휴식시간 등)을 들 수 있다.

### 2 지시사항의 준수 여부

피검자는 이야기 가운데서 과거·현재·미래의 세 가지의 시간적 요소를 포함시키도록 지시받고 있다. 지시 사항을 엄격히 고수하고 있는 반응을 한다면 이는 피검자의 완고성(rigidity)을 반영하는 것으로 볼 수 있고, 시간관계의 순서를 거의 언급하지 않으면서도 묵시적으로는 원만하고 자연스럽게 순서를 지키고 있다면 이는 피검자의 창의성, 독창성 능력, 또는 정서의 통제를 나타내는 것으로 볼 수 있다. 또한 구체적이고 기술적인 접근방식에서 나타나는 바와 같이 시간의 순서에 대한 언급이 전적으로 결여되어 있다는 것은 다음 요인의 일부 또는 그 결함을 시사하는 것으로 보인다. 즉 편협한 시간 전망, 불안, 낮은 지능수준, 조직력의 부족 등이다.

## 3 피검자 이야기 및 그림의 관계

### (1) 그림과 이야기의 관계

이야기의 내용이 그림에 너무 접근하게 되면 이는 그림의 기술이나 그림 속의 사물의 나열에 불과하게 되며, 반면에 이야기 내용이 그림과 멀리 떨어질수록 그림 속에 없는 이야기가 등장하거나 그림의 객관적인 모습을 잃고 왜곡된다.

### (2) 피검자와 그림의 관계

피검자와 그림의 관계는 그림에서 너무 떨어지게 되면 주관적인 감정의 기술에 불과하게 되고 그림에 접근할수록 그림의 비평에 불과하게 된다. 즉, 이는 독백, 감상, 그림의 비평으로 나타난다.

### (3) 피검자와 이야기의 관계

이야기 내용이 너무 피검자와 밀접한 것이 되면 이는 개인적인 이야기가 되기 마련이며, 반대로 피검자가 이야기에 접근하면 꿈이나 영화의 이야기가 된다.

## 4 지각 내용

피검자가 그림의 객관적인 특징을 활용하고 있느냐의 여부를 밝힘으로써 유의미한 자료를 얻을 수 있다. 임상적인 경험에 의하면 그림의 요소에 대한 피검자의 이용과 해석은 다음 요인의 일부 또는 결합으로 구성된다. 즉 지능수준, 현실과의 접촉 정도, 및 여러 가지 요소의 강도이다. 이에 관련해서 면밀히 검토되어야 할 요인들은 ① 생략, ② 첨가, ③ 왜곡, ④ 특정 부분에 대한 세심한 주의 등이다.

### 5 언어서술 양식

지능이 우수한 피검자일수록 지능이 낮은 사람에 비해 형용사, 부사, 다음절어, 복문을 많이 사용하기 마련이다. 무기력하고, 무감동하고, 복잡한 사람의 이야기 가운데는 피동적인 동사가 많이 나온다. 형용사를 지나치게 많이 사용한다는 것은 불안정감, 우유부단, 합리화의 경향을 나타내며, '이와 같이', '아마', '어쩌면' 같은 부사를 지나치게 많이 쓴다는 것은 흔히 고도의 강박적 회의를 나타내는 수가 많다.

## 4 분석결과의 정리

TAT 기록의 분석결과를 정리하는 데 사용되는 것은 <표 10-3>과 같은 개인기록용지이다. 이를 활용함으로써 결과의 분석, 사례의 요약, 및 해석에 많은 도움이 된다.

## 5 해석의 방법

해석이란 한 마디로 분석자료와 관찰, 조사자료를 종합적으로 음미함으로써 피검자와 personality의 이미지를 구성하는 것을 말하며, 자료의 종합에는 그림의 성질과 통각의 성질을 비교, 종합하는 종적인 종합과 욕구, 압력 등의 주요 내용이나 문제 영역을 밝히는 횡적인 종합이 있다. 그러나 가장 많이 사용하는 방법은 욕구-압력 관계의 분석해석법이다.

## 1) 종합적 해석

### 1 일반적 절차

해석은 몇 가지 단계로 나누어 볼 수 있으나 전술한 자료에 따라 얻어진 자료를 바탕으로 피검자의 완전하고 유의미한 personality의 상(像)을 구성하는 첫 단계가 바로 증상분석(syndrome analysis)인 것이다.

〈표 10-3〉 개인기록용지

| 도판 No. | | 1 | 2 | 3 | 4 | 5 | 6 | … | 18 | 19 | 20 | 왼쪽 난에 기입되는 기록 예 |
|---|---|---|---|---|---|---|---|---|---|---|---|---|
| 주인공 | | | | | | | | | | | | 아버지, 친구, 애인…… |
| 욕구 | 유형 | | | | | | | | | | | 공격, 거부, 방어… |
| | 대상 | | | | | | | | | | | 아버지, 동생, 실패 |
| | 수준 | | | | | | | | | | | 현실, 공상 |
| 압력 | 유형 | | | | | | | | | | | 결여, 공격, 거부, 성취…… |
| | 대상 | | | | | | | | | | | 부인, 학업, 친구 |
| | 수준 | | | | | | | | | | | 공상 |
| 내적상태 | | | | | | | | | | | | 노여움, 불안, 비애, 공포 |
| 해결 행동의 양식 | | | | | | | | | | | | 수동적, 금지, 불명 |
| 결과 | | | | | | | | | | | | 불행, 성공, 실패, 부정 |
| 언어 서술양식 | 언어 | | | | | | | | | | | 회의, 자폐적 |
| | 서술 | | | | | | | | | | | 불확실 |
| 지각내용 | | | | | | | | | | | | 생략(권총), 첨가(극장), 왜곡(여인), 세부강조 |
| 그림과 이야기 및 피험자의 관계 | 그림·이야기 | | | | | | | | | | | 생략, 첨가, 세부강조, 왜곡 |
| | 그림·피험자 | | | | | | | | | | | 감상, 비판, 독백 |
| | 이야기·피험자 | | | | | | | | | | | 신변소설적, 개인적 |
| 시간 전망 | 현재 | | | | | | | | | | | 결여 |
| | 과거 | | | | | | | | | | | 결여, 현재접근 |
| | 미래 | | | | | | | | | | | 결여 |
| 수검태도 | | | | | | | | | | | | 반항적 |
| 반응시간 | | | | | | | | | | | | 20′4″- |
| 비고 | | | | | | | | | | | | 거부 |

① 욕구, 압력, Cathexes의 대상 등에 선행되어 있는 여러 가지 조건
② 이들 요인들이 표현되고 있는 상도
③ 이에 따른 결과나 귀결

증상분석이란 피검자의 personality의 여러 가지 요인들이 서로 어떻게 관계되어 있고 또 서로 어떻게 영향을 미치고 있는가를 밝히기 위하여 TAT 기록을 분석하는 것이다. 특히 어떤 이야기 속에 욕구, 압력, Cathexes의 대상 등이 나타나고 있다면, 검사자는 다음과 같은 점에 비추어 그 이야기 내용을 검토해야 한다.

어떤 유의미한 요인이 내포된 한 이야기에 대해서 이러한 절차가 이루어졌다면, 그 다음에는 이와 동일한 요인이 다른 이야기 속에서도 나타나고 있는지 여부를 주의해야 한다. 따라서, 이와 같은 분석을 전 이야기에 모두 적용할 수 있는 것이다. 이렇게 해서 얻어진 새로운 자료는 그러한 요인이 나타난 다른 이야기에서 얻어진 자료와 비교, 대조해야 한다. 이렇게 끊임없이 검토에 검토를 거듭함으로써 검사자는 분석과 해석의 과정에서 세운 여러 가지 가설을 수용 혹은 거부해 나갈 수 있는 것이다. 일반적으로는 최소한 두 가지 이상의 이야기 가운데서 얻어진 자료가 아니면, 어떠한 가설도 수용될 수 없다.

## 2 구체적 사례

다음의 예는 종합적 해석이 어떻게 이루어지는가를 실증해 주고 있다. 이 예는 우리가 피검자의 이야기 가운데서 특정 인물을 어떻게 선택하며, 또 그에 대한 피검자의 관심과 반응이 어떠한가를 연구하는 방법을 잘 예시해 주고 있다.

### (1) 여러 도판의 반응 사례

- 도판 #1: 약간 지치고 싫증을 느끼며 바이올린을 바라보고 있는 소년. 아마 부모가 바이올린 교습을 받도록 강요한 것 같이 보이는 구먼…… 만약 그에게 연주하도록 강요한 것이 그의 어머니였다면, 아마 그렇겠지만 아마도 그는 아버지께 여쭈어 연습을 면할 수 있는 방안을 모색하려 하고 있으며 ……아버지에게 가서 그러한 요구를 하고 있다. 아마 아버지께서는 그를 타이르고 그것이 시간낭비가 아니라는 점을 설득할 것이다. 그는 또한 어머니께도 말하겠다고 이야기했으나, 어쨌든 아마 그는 양친 모두에게서, 또 어머

니로부터도 이야기를 들었다. 아마 연습을 계속하지 않는다면 권유나 처벌을 하겠다고, 그가 연습을 거절한 것은 이번이 처음이 아니며, 또 마지막도 아닐 것이다. 그러나 결국 그는 언제나 연습하러 가고 만다.

- 도판 #2: 우리는 우리들 앞에 있는 사람들의 얼굴표정으로 볼 때 의견불화의 장면을 보고 있다. 두 여자가 자기에게 제안한 요구를 남자는 부정했음이 분명하다. 아마 여인은 그의 어머니이고 소녀는 그와 결혼하기를 바라고 있는 여자인 것 같다. 그는 농사일과 자유로운 생활에 더 흥미가 있는 것 같다.
- 도판 #3: 무슨 일인가 슬프게 흐느끼고 있는 젊은 청년. 그는 어디로 가고 싶어 하고 있으나 부모가 거절했다. 그는 이 문제로 너무나 상심하여 죽어버릴까 하는 생각을 하고 있다.
- 도판 #6: 우리는 방안에 조용히 서 있는 한 남자와 그의 어머니를 보고 있다. 남자는 그 여자의 아들일 것이다. 그가 분명히 무슨 일을 저질러서 그 어머니를 몹시 불쾌하게 했다. 분명히 그는 무마하려 하고 있다. ……그의 설명과 사과가 아직 받아들여지지 않고 있다. 그는 자기 어머니를 만족시킬 수 있는 다른 도리를 생각해 내고 있다. 얼마동안 계속 그렇게 하면 그가 다시는 그러지 않는다는 조건으로 결국은 어머니께서 물러설 것이다.
- 도판 #7: 아주 중대한 문제에 직면하고 있는 두 사람. 그 중 젊은 사람은 해답을 알지 못하는 것 같이 보인다. 그들은 오랫동안 생각하고 있으며 아주 도움이 되는 것 같이 보인다. 늙은이는 젊은이를 응시하고 있다. 늙은이가 적극적으로 참여하지 않았기 때문에 그 문제는 해결되지 않고 있다.

### (2) 종합적 해석사례

이상의 자료를 통해서 볼 때 피검자는 분명히 자기 어머니를 권위적이고 비타협적인 인물(도판 #1, 도판 #2, 도판 #3, 도판 #6)로 생각하고 있으며, 어머니께서는 아들을 지배해서 자기 혼자 살아가기를 바라게 해 놓았다(도판 #1, 도판 #2, 도판 #6). 반면에 그의 아버지는 그가 곤란한 점이 있으면 찾게 되는 인물이다(도판 #1). 그러나 아들이 바라는 만큼 아버지가 강력하고 현명한 인물이 못되기 때문에 부자 관계에도 흠이 있다(도판 #1, 도판 #7). 아들의 소망과는 달리 아버지는 구순적이지만 약하고 그렇게 현명하지가 못하다(도판 #1, 도판 #7).

## 2) 도판별 해석

### 1 도판 #9BM의 반응과 해석 사례

| TAT 반응 | 분석 및 해석 |
|---|---|
| 음, 여기는 한 무리의 사람들이 들판에서 휴식을 하고 있죠. 그들은 햇볕을 피해서 모자로 얼굴을 비스듬히 가리고 있으며, 어떤 일정한 계획도 보이지 않군요. 글쎄, 그들은 그저 쉬고 있으며, 편안히 쉬고 있고 특별히 생각하는 것이라고는 하나도 없어요. | 여기 이야기는 수동성을 상당히 내포하고 있다. 보통 정열적인 사람은 사람들이 어떤 일을 하기 위해서 일어나고 있다는 것을 결론을 내린다. 이러한 것이 여기에서는 나타나지 않고 있다. '계획'에 관해 앞에서 얻어진 자료와 비추어 볼 때 이러한 계획들은 모두가 환상적일 뿐이며, 그는 그것을 하고자 하나 그의 수동성 때문에 그렇게 하지 못하고 있음을 시사하고 있다. 비록 8번째, 9번째 이야기는 간단하기는 하지만 다른 이야기에서 관찰된 것보다 사고과정에 있어서의 혼란이 훨씬 적다는 점을 주목해야 한다. |
| ◎진단: 피검자는 그의 계획이 주로 공상수준에서 맴돌고 있는 수동적인 사람이다. | |

### 2 도판 #11의 반응과 해석 사례

| TAT 반응 | 분석 및 해석 |
|---|---|
| 음, 이 그림은 저기 다리가 있고 어떤 험준한 산맥의 꼭대기인 것 같은데, 누군가가 달려가고 있는 것 같군요. 평범한 걸음걸이로 걷기에는 너무 벅차지만, 팔을 흔들고 있는 것 같군요. 떨어진 몇 개의 바위들이 있는 것 같고, 역시 저기, 저기 언덕 옆에 있는 어떤 동굴에서 유사 이전의 괴물이 다가오는 있는 것 같군요. | |
| 결과는 아마 죽음이거나 또는 자유일 것입니다. | 여기서도 이분적인 것에 주의를 기울일 필요가 있다. 결과는 단순히 죽음이냐 삶이냐가 아니라 죽음이냐 자유이냐다. 이것은 피검자가 현재 위축된 환경에서 결핍되어 있는 자유에 집착하고 있다는 중요한 사실을 시사하는 것이다. |
| ◎진단: 피검자는 위협적인 환경과 그의 본능적 행동으로부터 달아나고 있다. 그는 그가 지금 누리고 있는 것보다 더 많은 자유를 찾고 있지만 그가 자신의 목표를 달성할 것인지는 극히 의심스럽다. | |

### 3) Masserman과 Balken의 지수법

지수법은 형식적 해석법에 해당된다. 형식적 해석은 내용해석과 대조적인 것으로서 원칙적인 구별은 되나 그 한계는 반드시 명확한 것은 아니다. TAT의 분석 가운데 주인공의 역동적인 내용을 포착하고 욕구, 압력, 감정상태를 분석하고, 거기에서 일정의 경향을 분석하려는 입장을 내용분석이라고 한다. 한편, 형식적 해석은 피검자가 TAT를 실시할 때에 이야기하는 태도, 이야기의 구조적 특징, 언어 특징, 이야기의 표현양식 등을 잡고 이것을 해석해 가는 방법이다.

#### 1 지수산출법

(1)

$$\text{V-A 계수} = \frac{\text{동사(Verb)의 총수}}{\text{형용사(Adjective)의 총수}}$$

V-A 계수가 높으면 공상이 끊임없이 역동적이고, 극적인 피검자의 리비도적 긴장과 불안을 나타낸다.

(2)

$$\text{P-N 계수} = \frac{\text{가능성, 개연성의 표현(Positive, 긍정적)}}{\text{불가능성, 비개연성의 표현(Negative, 부정적)}}$$

표면적으로 감정의 평정을 갖고 있다고 볼 수도 있으나 심하면 전환성 히스테리라고도 볼 수 있다.

(3)

$$\text{C-U 계수} = \frac{\text{확실성의 표현(Certainty)}}{\text{불확실성의 표현(Uncertainty)}}$$

(4)

$$\text{Q-C계수} = \frac{\text{조건부 긍정의 표현(Qualification)}}{\text{확실성의 표현(Certainty)}}$$

심하면 자신이 없거나, 자기비판, 소심적인, 강박적인 경향을 보인다.

## 2 증후군별 특징

위와 같은 분석 항목에 의해서 J. H. Masserman과 E. R. Balken은 정신신경증의 특징을 진단하는 것에 어느 정도의 성과를 올릴 수가 있었던 것으로 밝히고 있으며, 각 증후군에 비추어 이 방법이 갖는 임상적 의미를 다음과 같이 보고하고 있다.

### (1) 전환성 히스테리

평균어휘수(AV)는 비교적 높고, V-A 계수는 낮다. 서술에 있어 힘은 없으나 과장되는 수가 많다. C-U 계수, Q-C 계수는 낮다. P-N 계수는 높다. 등가성 또는 동요를 나타내는 표현의 수와 특수표현의 수가 극단으로 낮다. 1인칭을 잘 쓰지 않고 주인공을 동일시하지 않는다.

히스테리의 심리적 구조는 명백히 나타난다. 즉 성적 욕구의 억압, 공격을 신체적 증상으로 전이시켜 버리거나 충동의 도피구를 발견해서 표면적으로 평정을 유지하고 있다. 이러한 충동적 욕구를 가짐으로써 죄악감이나 불안 때문에 1인칭을 쓰지 않고 동일시하지 않는다. 그러므로 검사자에 대한 질문이 많아진다. 수검장면에서의 대인관계, 즉 피검자와 검사자와의 관계가 잘 성립되지 않는다.

### (2) 불안상태

전환성 히스테리와 비교해서 V-A 계수가 높고, 이야기가 극적이고, 강박적이다. 갈등을 해결하려는 노력이 높고, 그래서 불확실한 표현도 많다. 막연한 표현의 수가 많다. 그림 속의 인물과 동일시하는 일이 많다. 이것은 환자의 불안이 신체적 증상으로 전환할 수도 없고 강박신경증 환자와 같이 자기의 관념이나 습관에 얽매여 불안을 해소할 수 없음을 말한다. 그러므로 A-V 계수가 낮아진다. 검사자에 대한 태도도 해결할 수 없는 갈등에 지나지 않는다. 그러나 어떤 환자는 불안을 해소하는 방법을 모르기 때문에 그 불안이 얼굴에 표현된다. 이렇게 불안이 얼굴에 잘 표출되는 것은 이야기 내용이 불안에 관계되는 말이 많이 나온다는 신경증의 이론에 근거해서 많은 시사를 받을 수 있다.

### (3) 강박신경증

불안신경증과 유사한 점이 많다. 강박적인 표현이 제일 많다. 왜냐하면 Q-C 계수가 높고, 특수한 표현이 많고, P-N 계수, C-U 계수는 낮기 때문이다. 이것은 환자의 태도나 분명하지 않은 이유를 변명하려는 경향으로 본다. 고로 V-A 계수는 굉장히 낮다.

강박적 불안은 갈등해결이 가능하나 불안신경증은 갈등해결이 불가능하다. 그러나 한편 임상적인 징후와의 비교를 예상하고 만들어진 언어특성의 분석 항목은 형식해석의 입장에서 볼 때 그 범위가 좁은 것 같다. 따라서 오늘날 대부분의 TAT 연구자는 내용 해석 외에 형식분석적 해석을 병용해서 활용하고 있는 것이다.

## 6 보고서 작성

보고서 작성에는 다음 두 가지 부가요인이 또한 영향을 미친다. 이론적 관점은 별문제라고 하더라도 보고서가 전달될 대상이 또한 보고서 작성양식에 영향을 미친다. 자기 자신의 전문적 성장을 위해 작성하는 것과 학술보고서 등이 다르고 의견을 같이하는 자기 동료들에게 보내는 것과 서로 의견을 달리하는 사람들을 위해 작성하는 보고서 간에는 차이가 있다.

또한 보고서 작성의 목적에 따라서도 차이가 있다. 예컨대, 어떤 특정 요인의 탐색을 목적으로 하느냐, 몇몇 요인의 탐색에 초점을 두느냐 혹은 연구가 목적이냐에 따라서는 차이가 있다. 요컨대, personality에 대한 자신의 이론적 접근방식, 보고서의 전달 대상 및 보고서의 작성 목적이 최종보고서의 작성 방식에 영향을 미치는 것이다. 따라서 검사자는 이러한 점을 자료의 통합문제 뿐만 아니라 TAT 기록의 분석과 해석과정에 있어서도 깊이 염두에 두어야 할 것이다.

보고서 양식은 일정한 것이 없으나 <표 10-4>와 같은 양식이 사용되고 있다.

사례사 난은 출생 후 현재까지의 주요 행동이나 사건들을 기록하는 바 특히 발달사적 관점에서 현재 피검사자의 요구·압력 관계에 영향을 미칠 수 있는 근거를 밝히는 데 도움을 줄 수 있는 내용의 서술이어야 한다(예: 신체적 질환이나 장애, 학교, 직업, 결혼, 대인관계 등 생활적응과 관련된 과거 생활사).

〈표 10-4〉 **TAT 개인검사 결과 보고서**

<table>
<tr><td>성 명</td><td>연 령 세</td><td>성별(남 여)</td></tr>
<tr><td>교육정도</td><td colspan="2">직 업</td></tr>
<tr><td>실시일자 20 년 월 일</td><td colspan="2">실 시 자</td></tr>
<tr><td>주 소</td><td colspan="2">해 석 자</td></tr>
<tr><td colspan="3">사 례</td></tr>
<tr><td colspan="3">TAT 분석결과의 요약</td></tr>
<tr><td colspan="3">해 석</td></tr>
<tr><td colspan="3">비 고</td></tr>
</table>

Chapter

# 11 B G T

## 1 BGT 도판의 구성내용

Bender가 사용한 BGT 도형은 모두 9장으로 도형 A와 도형 1에서 도형 8까지의 명칭이 붙어 있다. 이 도형은 앞에서도 밝힌 바와 같이 Wertheimer가 지각에 대한 형태심리학적 법칙을 예시하기 위해 고안한 것을 빌린 것이다. 각 도형의 모양은 다음 [그림 11-1]과 같다.

도형 A는 원과 접촉한 사각형, 도형 1은 12개의 점, 도형 2는 3개원의 11개열, 도형 3은 제일 왼쪽에서 1개, 3개, 5개, 7개의 점이 대칭을 이루고 있는 것, 도형 4는 사각형의 오른쪽 끝에 종 모양의 곡선이 접촉된 것, 도형 5는 19개의 점으로 된 곡선에 7개의 점으로 된 깃이 달린 것, 도형 6은 두 개의 곡선이 교차되고 도형 7과 8은 모두 2개의 6각형으로 이룩된 도형이다.

이들 도형은 [그림 11-1]과 같이 11.1 × 10.4cm 크기의 카드에 각각 1개씩 그린 9장의 카드가 1세트인 BGT를 이루고 있다.

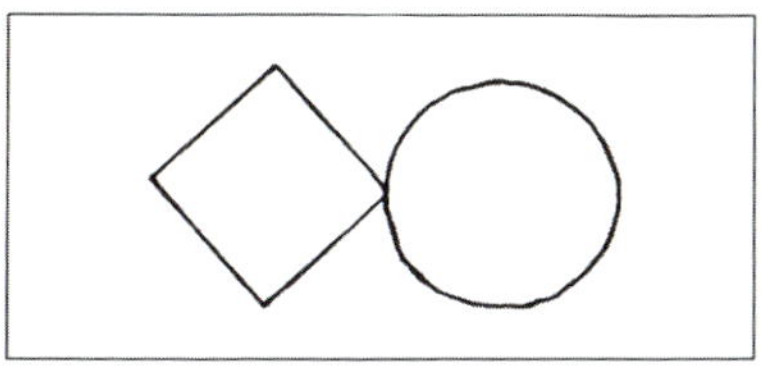

[도형 A]

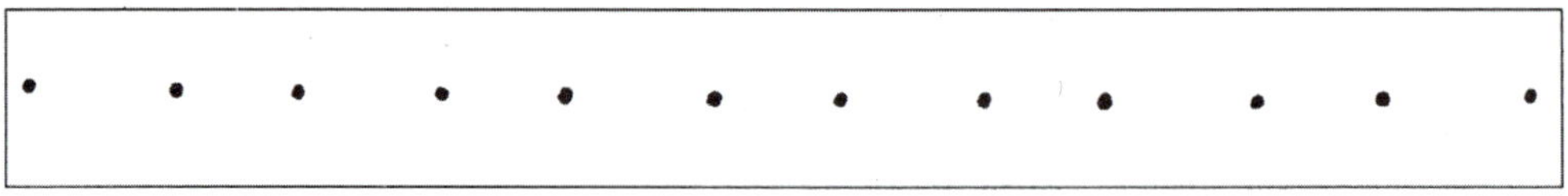

[ 도형 1 ]

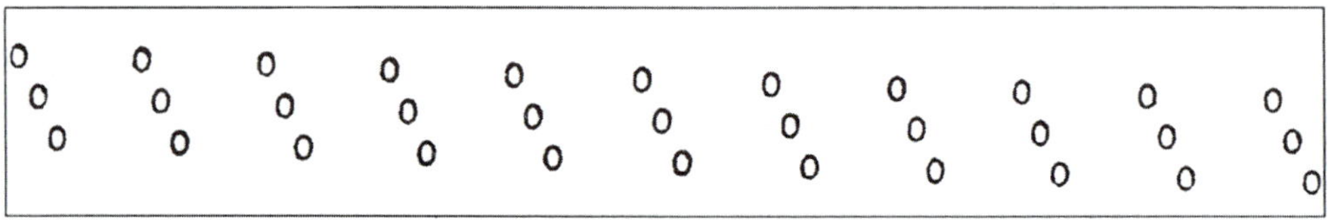

[ 도형 2 ]

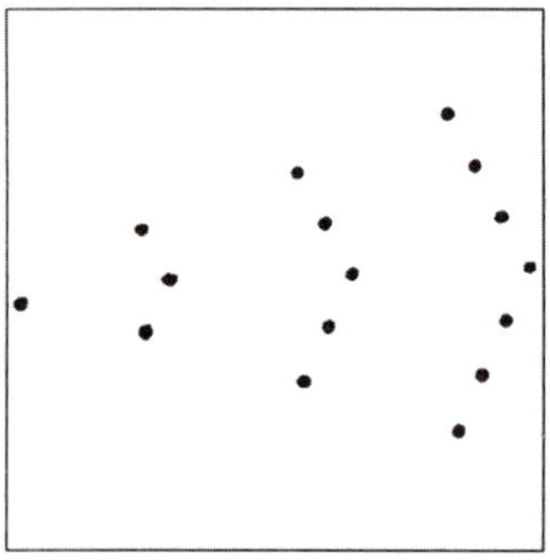

[ 도형 3 ]

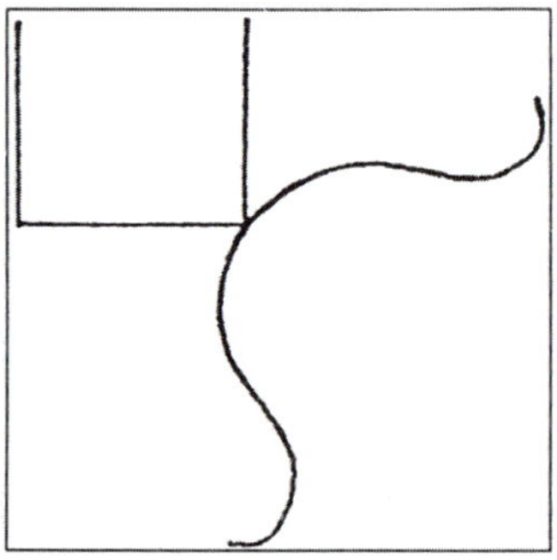

[ 도형 4 ]

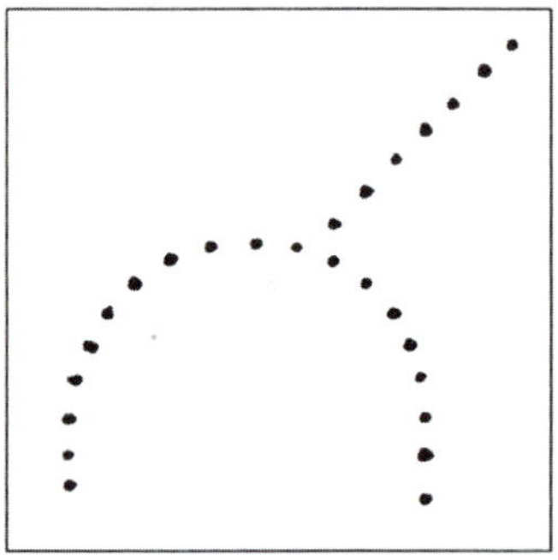

[ 도형 5 ]

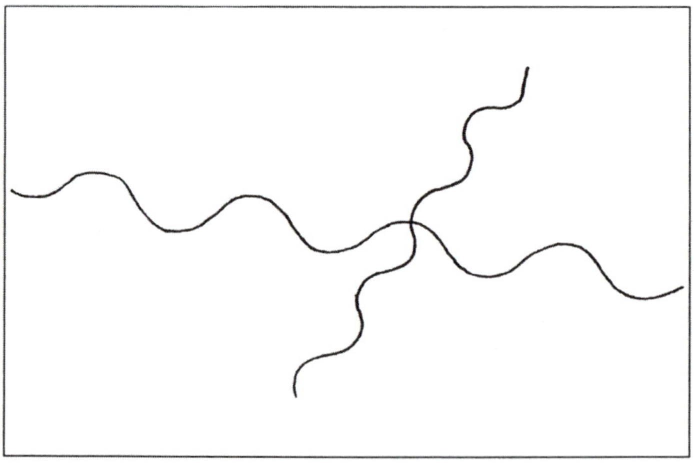

[ 도형 6 ]

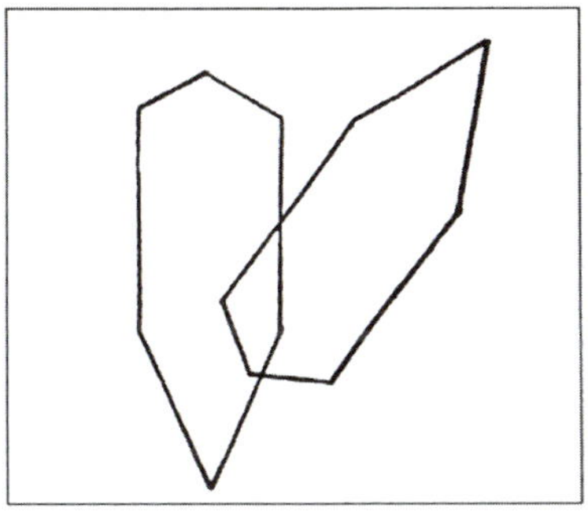

[도형 7]

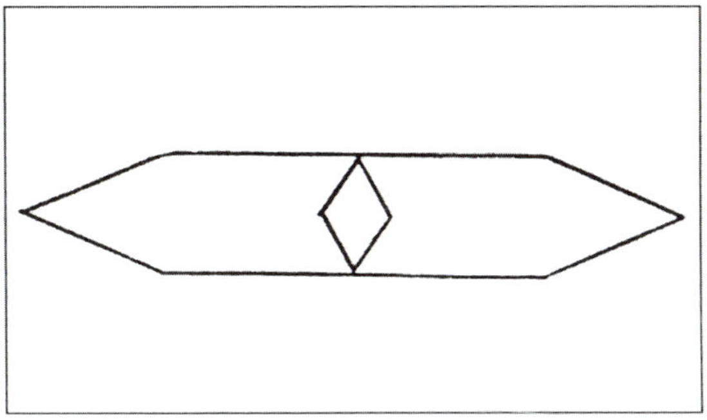

[도형 8]

[그림 11-1] 각 도형의 모양

## 2 검사의 실시방법

### 1) 실시방법

검사는 BGT 도형묘사에 방해가 되지 않는 방에서 개별적으로 실시한다. 표면에 흠집이 없는 미끄러운 책상 앞에 피검자를 앉게 한 다음 21.59 × 27.94cm의 백지와 지우개 달린 뾰족한 연필을 준다. 그리고 피검자에게 9장의 도형을 묘사한다는 것을 분명히 말해 주어야 한다. 이 지시가 대단히 중요한 이유는 그렇게 해야만 피검자가 도형의 크기와 배열을 알 수 있기 때문이다. 도형배열의 순서도 아울러 채점되는 것이다.

또 하나의 중요한 지시는 스케치를 하지 말고 단선으로 그리도록 하는 것이다. 특히 이 지시는 그림 공부를 한 사람에게는 대단히 중요하다. 그림에 익숙한 사람에게 이런 지시 없이 마음대로 그리도록 하면 애써 그 자극도형을 정확히 재생하려고 스케치할 것이다.

지시가 너무 딱딱해서는 안 되고 대체로 다음과 같이 말한다. '여기 당신이 그릴 9장의 간단한 그림이 있습니다. 스케치하지 말고 자 같은 것도 쓰지 말고 이

종이에 그립니다. 이 도형들을 한 장씩 보여주겠습니다. 이 검사에는 시간제한은 없습니다.'

피검자는 종종 스케치에 대한 질문을 하는데 그때는 스케치를 설명해 주지만 그 외의 실제적이고 구체적인 질문에 대해선 피검자의 판단에 맡겨버린다. 예를 들면 '이 점들을 세어야 합니까?'라고 질문할 때 검사자는 '알아서 하시오' 또는 '마음대로 하시오'라고만 답하고, 그 밖에 지우개를 써도 좋은지, 백지의 앞뒤에 다 그려도 좋은지 또는 종이를 한 장 더 사용해도 좋은지 등에 대한 질문에도 마찬가지로 답변하며, 종이가 더 필요할 때에는 미리 준비해둔 종이를 더 준다. 그러나 자라든지 그 외 도형묘사의 보조도구는 사용하지 못하게 한다.

9장의 도형에는 [그림 11-1]과 같은 순서로 이면에 번호가 기재되어 있으며 언제나 순서에 따라 제시해야 한다. 지시나 질문응답이 끝나면 도형 A를 제시하고 다른 도형은 순서대로 엎어둔다. 그 다음 도형 A가 완성되면 도형 1부터 순서대로 제시하면 된다. 소요되는 시간은 채점 항목에서 제외된다. 그러나 검사자들의 경험에 의하면 정상인은 대개 5분 정도 소요되고 환자들은 평균 10분 정도이나 어떤 환자는 거의 30분이나 소요된다고 한다.

### 2) Pascal-Suttell식 채점법

Bender가 연구한 채점법을 크게 개선한 Pascal-Suttell식 채점법은 표준화되고 수량화된 것으로 주로 성인용으로 가장 많이 사용되고 있는 대표적인 채점법이다. 이 방법은 채점 항목과 규준 작성의 절차는 이론적이라기보다 거의 전적으로 경험적이며 정신질환자와 정상인의 BGT 그림을 비교함으로써 이루어졌다. 즉, 일반적으로 이상행동자의 그림이 정상인의 그림에 비해서 자극도형으로부터의 이탈이 심하다는 것을 바탕으로 양 집단을 변별할 수 있는 것을 채점 항목으로 채용하였다.

Pascal-Suttell식 채점법에서 도형 A는 채점되지 않고 연습용으로 사용하게 되어 있으며 도형 1부터 채점한다. 채점은 비교적 간단하며 Bender 도형의 그림에 나타나는 오류, 즉 이탈을 채점하도록 되어 있다. 그런데 채점 항목이 미리 정해져 있기 때문에 이 항목에 따라 채점해 나가면 된다.

도형 1부터 그림에 채점할 항목이 있는지 없는지 검토한다. 그래서 도형 1의 항목 1(수평이 되어 있지 않을 경우)에서 이탈이 있으면 2점으로 채점한다. 이렇게 해서 각 도형과 전체구도에 대한 항목들이 체크되고 전체 채점이 얻어진다. 채점할 일탈 내용이 없을 때에는 자동적으로 1점으로 기록된다. 채점은 원칙적으로 최저요강에 따른 채점규준표 <표 11-1>을 사용하여 각 도형별 그리고 전체구도(configuration)에 대해 항목별로 채점하고 그 항목에 부가되어 있는 부하 점수를 모두 합산하면 그것이 소점의 총점이 된다.

이렇게 해서 산출된 소점을 교육 정도에 따라 규준표, 즉 <표 11-2>와 <표 11-3>에 의거 변환점, 즉 표준점수(T점수)로 환산하면 되는 것이다. 이 채점법도 전적으로 객관적인 것은 아니며 채점자의 주관적인 판단에 의거하도록 되어 있다. 따라서 채점과정에서 의심스러운 점이 있으면 채점하지 않는 것을 원칙으로 하고 있다.

## 3 채점절차와 방법

Pascal과 Suttell의 채점기준표(Score sheet)는 <표 11-1>과 같다.

### 1) 각 도형별 채점의 구체적 기준

#### 1 도형 1

1. 21개의 점이 수평이 되어 있지 않을 경우 ······ 2점으로 채점
2. 점, 봉선, 원의 모양이 2개 이상 있을 경우 ······ 3점
3. 전체가 봉선으로 그려진 경우 ······ 2점
4. 전체가 원으로 그려진 경우 ······ 8점
5. 점의 수가 14개 이상, 10개 이하인 경우 ······ 각 2점
6. 두 줄로 그려진 경우 ······ 8점
7. 가중묘사 ······ 2점
8. 반복시행 ······ 각 3점
9. 경사 또는 회전 ······ 8점
10. 6개 이하의 점 ······ 8점

#### 2 도형 2

1. 수평이 일그러진 경우 ······ 2점
2. 원 대신 점 또는 봉선 ······ 3점
3. 원이 잘 안 된 경우 ······ 3점
4. 세로줄이 바르지 못한 경우 ······ 5점
5. 원의 접촉 ······ 5점

〈표 11-1〉 **채점기준표**

성명 ____________ 연령 ____________ 성별 ____________

교육정도 ________ IQ ______ 진단 ____________

| 도형 1 | 도형 4 | 도형 7 |
|---|---|---|
| 1. 파선(2) ____ | 1. 비대칭(3) ____ | 1. 각 변의 불연접(8) ____ |
| 2. 점·봉선·원(3) ____ | 2. 곡선불연속(4) ____ | 2. 여분의 각(3) ____ |
| 3. 봉선(2) ____ | 3. 중앙 이탈된 곡선(1) ____ | 3. 각의 결여(3) ____ |
| 4. 원(8) ____ | 4. 꼬인 곡선(4) ____ | 4. 불필요한 점·봉선(3) ____ |
| 5. 점수(각 2) ____ | 5. 곡선의 접촉(8) ____ | 5. 이중선(각 1) ____ |
| 6. 2행(8) ____ | 6. 곡선회전(3) ____ | 6. 떨린 선(4) ____ |
| 7. 가중묘사(2) ____ | 7. 불필요한 선(8) ____ | 7. 왜곡(각 8) ____ |
| 8. 반복시행(각 3) ____ | 8. 떨린 선(4) ____ | 8. 보조선(2) ____ |
| 9. 회전(8) ____ | 9. 왜곡(8) ____ | 9. 가중묘사(각 3) ____ |
| 10. 6개 이하의 점(8) ____ | 10. 보조선(2) ____ | 10. 회전(8) ____ |
| 총점 ____ | 11. 반복시행(각 3) ____ | 11. 도형결여(8) ____ |
| | 12. 회전(8) ____ | 총점 ____ |
| | 13. 도형결여(8) ____ | |
| | 총점 ____ | |
| **도형 2** | **도형 5** | **도형 8** |
| 1. 파선(2) ____ | 1. 비대칭(3) ____ | 1. 각 변의 불연접(8) ____ |
| 2. 봉선 또는 점(3) ____ | 2. 점·선·원(3) ____ | 2. 여분의 각(3) ____ |
| 3. 잘못된 원(3) ____ | 3. 봉선(2) ____ | 3. 각의 결여(3) ____ |
| 4. 고르지 못한 종열(5) ____ | 4. 원(8) ____ | 4. 불필요한 점·봉선(3) ____ |
| 5. 원의 접촉(5) ____ | 5. 잘못된 깃(2) ____ | 5. 이중선(각 1) ____ |
| 6. 잘못된 경사(3) ____ | 6. 깃의 회전(3) ____ | 6. 떨린 선(4) ____ |
| 7. 열수(각 2) ____ | 7. 점수(2) ____ | 7. 왜곡(각 8) ____ |
| 8. 군화(8) ____ | 8. 왜곡(8) ____ | 8. 보조선(2) ____ |
| 9. 보조선(2) ____ | 9. 보조선(2) ____ | 9. 가중묘사(2) ____ |
| 10. 가중묘사(2) ____ | 10. 가중묘사(2) ____ | 10. 반복시행(각 3) ____ |
| 11. 반복시행(각 3) ____ | 11. 반복시행(각 3) ____ | 11. 회전(8) ____ |
| 12. 회전(8) ____ | 12. 회전(8) ____ | 12. 도형결여(8) ____ |
| 13. 도형결여(8) ____ | 13. 도형결여(8) ____ | 총점 ____ |
| 총점 ____ | 총점 ____ | |
| **도형 3** ____ | **도형 6** ____ | **전체구도** ____ |
| 1. 비대칭(3) ____ | 1. 비대칭(3) ____ | 1. A의 위치(2) ____ |
| 2. 점·봉선·원(3) ____ | 2. 각화(2) ____ | 2. 중첩(각 2) ____ |
| 3. 봉선(2) ____ | 3. 교차점(각 2) ____ | 3. 편포(3) ____ |
| 4. 원(8) ____ | 4. 여분의 파선(8) ____ | 4. 구획선(8) ____ |
| 5. 점수(2) ____ | 5. 이중선(각 1) ____ | 5. 순서(2) ____ |
| 6. 여분의 날개(8) ____ | 6. 불필요한 선(8) ____ | 6. 무질서(8) ____ |
| 7. 무딘 각(8) ____ | 7. 떨린 파선(4) ____ | 7. 상대적 크기(8) ____ |
| 8. 왜곡(8) ____ | 8. 왜곡(8) ____ | 총점 ____ |
| 9. 보조선(2) ____ | 9. 보조선(2) ____ | **도형합계** |
| 10. 가중묘사(2) ____ | 10. 가중묘사(2) ____ | 1. 5. ____ |
| 11. 반복시행(각 3) ____ | 11. 반복시행(각 3) ____ | 2. 6. ____ |
| 12. 회전(8) ____ | 12. 회전(8) ____ | 3. 7. ____ |
| 13. 도형결여(8) ____ | 13. 도형결여(8) ____ | 4. 8. ____ |
| 총점 ____ | 총점 ____ | 구도 ____ |
| | | 소점합계 ________ T점수 ______ |

6. 경사방향이 잘못된 경우 ······························ 3점
7. 열 수가 9개 이하, 13개 이상인 경우 ······························ 각 2점
8. 군화(전체가 하나의 모양으로, 여러 개의 군화)된 경우 ········· 8점
9. 보조선 사용 ······························ 2점
10. 가중묘사 ······························ 2점
11. 반복시행 ······························ 각 3점
12. 경사 또는 회전 ······························ 8점
13. 원형결여(11열을 6열 이하, 3행을 2행으로) ······························ 8점

도형 1과 도형 2의 구체적 기준과 같이 도형 3~8 역시 <표 11-1>의 채점기준표에 의해 채점하면 된다.

## 2) 전체구도의 채점기준

### 1 도형 A의 위치

도형 A가 용지의 하단에서 2/3의 범위 안에 그려져 있을 때 채점한다. 용지의 상단에서 7.6cm 정도 떨어졌을 경우이며 용지를 바로 세웠든 옆으로 세웠든 관계없으며 또한 도형 A가 좌측이나 우측 또는 중앙 어느 곳에 있든 상관없다.

### 2 도형들의 중첩(Overlapping of the designs) - 각 2점

한 그림의 선이 다른 그림의 선과 교차되었거나 다른 그림 속에 들어간 경우이다. 그리고 그림과 그림을 구별하기 위해 경계선을 그어 놓고 그 경계선이 교차될 때도 채점한다. 중첩이 생길 때마다 2점씩 가산한다.

### 3 도형의 편포 - 2점

그림들을 위쪽, 아래쪽, 왼쪽, 오른쪽, 한가운데 어느 쪽이든 관계없이 용지의 약 1/2에 그렸을 때 채점한다.

### 4 구획선의 사용 - 8점

그림과 그림을 경계 짓기 위해 구획선을 사용한 것이 단 하나라도 있으면 채점한다.

### 5 도형배열의 순서 - 2점

도형을 배열할 때 1개 내지 2개의 도형이 논리적인 순서에서 이탈될 때 채점한다. 이것은 항목 6(무질서)과는 다르므로 주의를 요한다.

다음의 채점의 예에서 (9)의 5는 화살표가 된 도형이 논리적 순서에서 이탈된 것이다. 채점기준 항목 5에서 도형 8은 도형 7 다음의 여백이 있음에도 불구하고 순서를 이탈한 것이다.

### 6 배열의 무질서 - 8점

도형의 배열순이 아주 무질서할 때 채점한다. 그러나 의심스러운 것이라든지 어느 정도의 순서가 있다고 보이면 채점하지 않는다.

### 7 배열의 상대적 크기 - 8점

각 도형의 크기가 아주 다양할 때 채점한다. 도형 중의 단 하나라도 지나치게 작거나 클 때도 채점되나 의심스러울 때는 채점하지 않는다.

### 3) 채점의 예

#### 1 도형 1(몇 개의 기준에 한해 예시함)

1. (<표 11-1>의 채점기준 번호): 수평이 되어 있지 않을 경우 (2점)

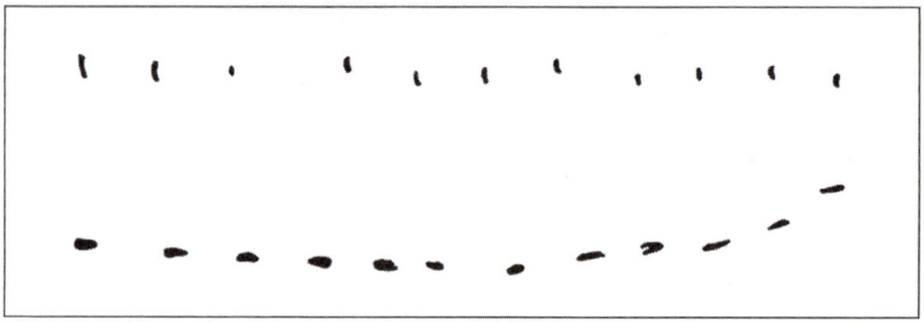

2. 점, 봉선, 원의 모양이 2개 이상 있을 경우 (3점)

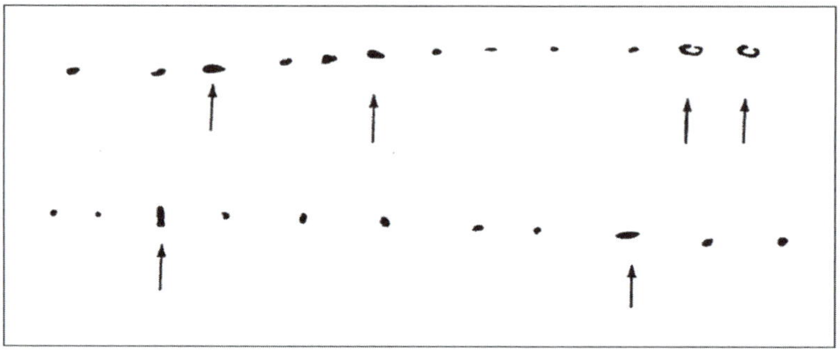

3. 전체가 봉선으로 그려진 경우 (2점)

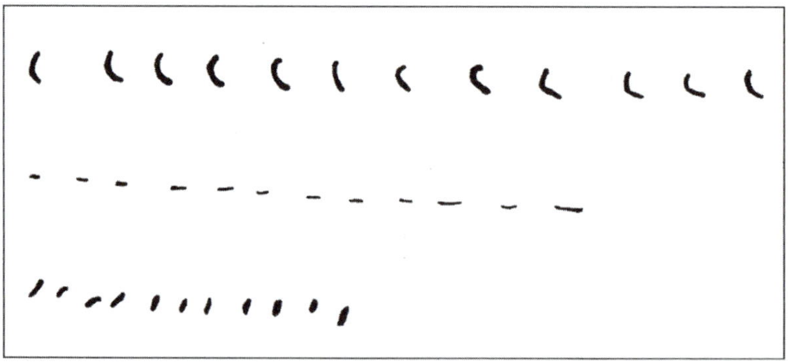

4. 전체가 원으로 그려진 경우 (8점)

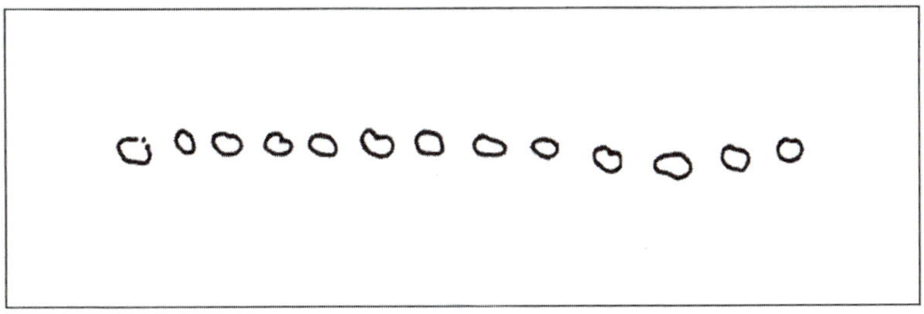

## 2 도형 2(몇 개의 기준에 한해 예시함)

8. 군화된 경우 (8점)

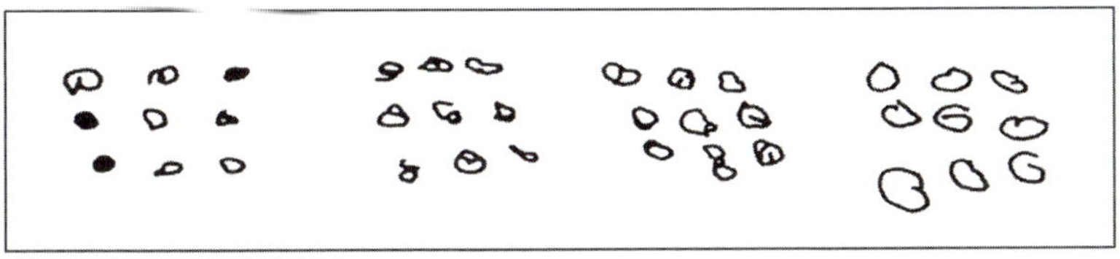

9. 보조선 사용 (2점)

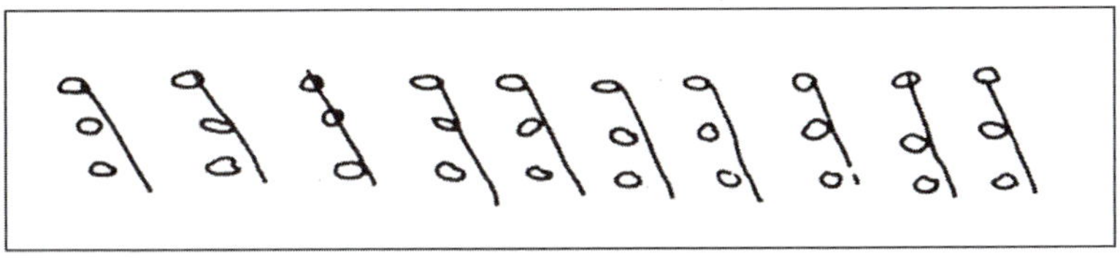

10. 가중묘사 (2점)

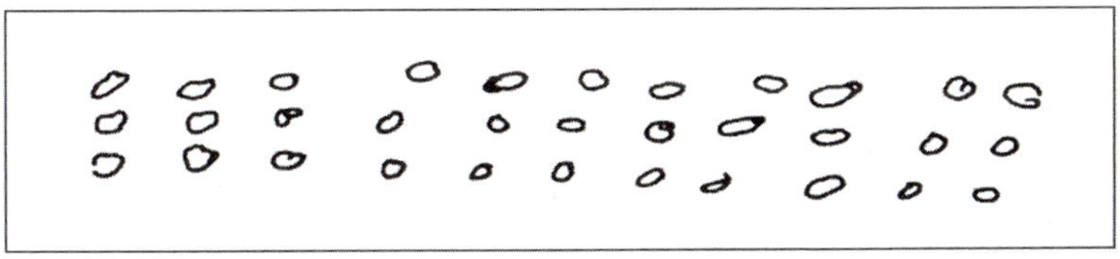

## 3 도형 3(몇 개의 기준에 한해 예시함)

8. 형태가 왜곡된 경우 (8점)

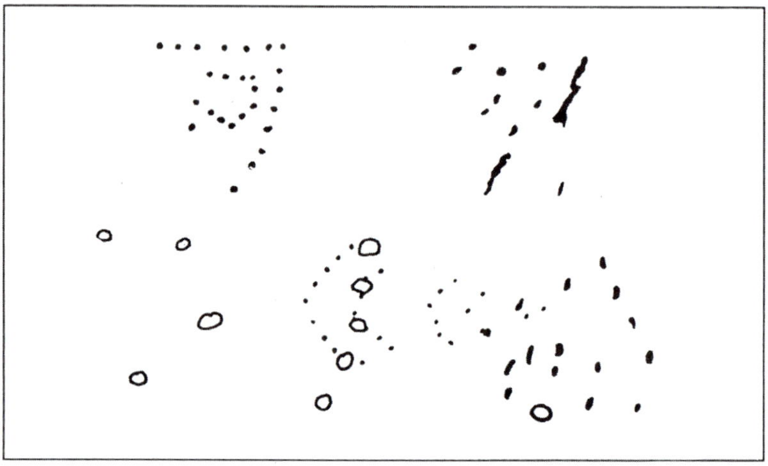

9. 보조선 사용 (2점)

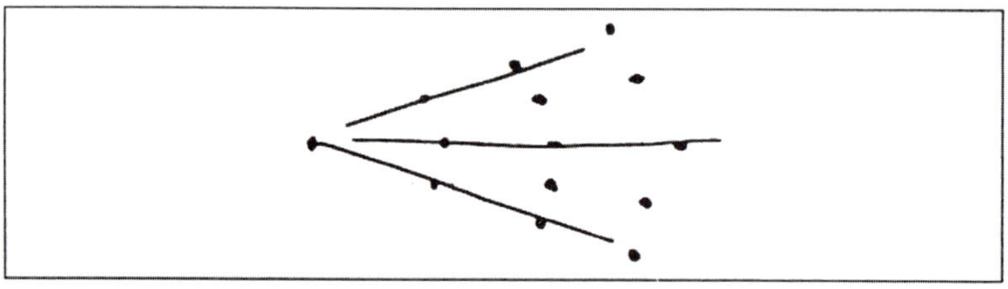

## 4 도형 4(몇 개의 기준에 한해 예시함)

1. 곡선의 비대칭 (3점)

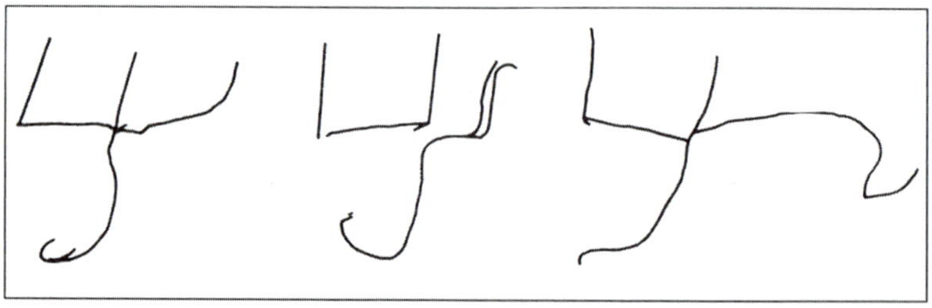

6. 곡선과 사각이 중첩되거나 떨어졌을 경우 (8점)

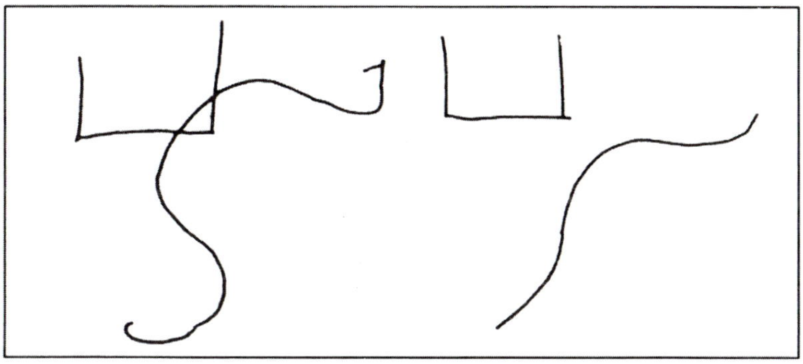

## 5 도형 5(몇 개의 기준에 한해 예시함)

1. 곡선의 비대칭 (3점)

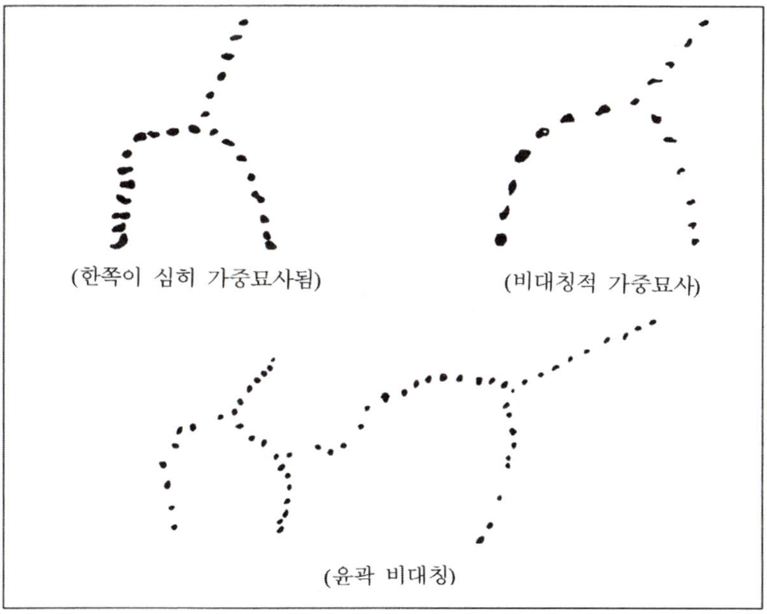

2. 점, 봉원, 원의 모양이 2개 이상 있을 경우 (3점)

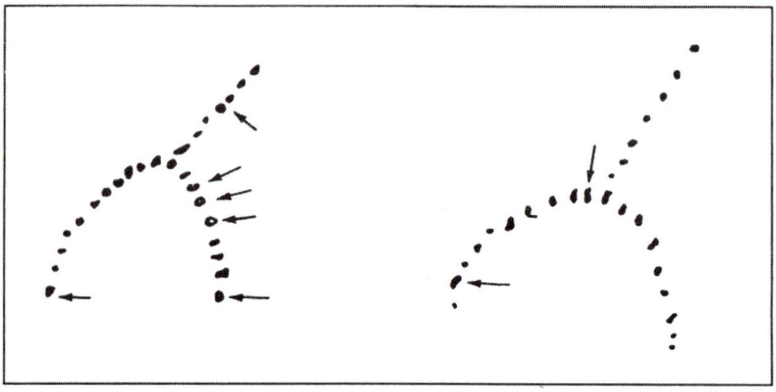

4. 전체가 원으로 그려진 경우 (8점)

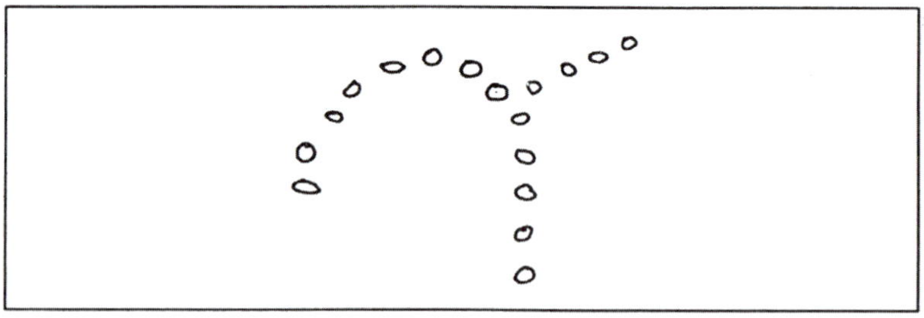

## 6 도형 6(몇 개의 기준에 한해 예시함)

1. 비대칭 (3점)

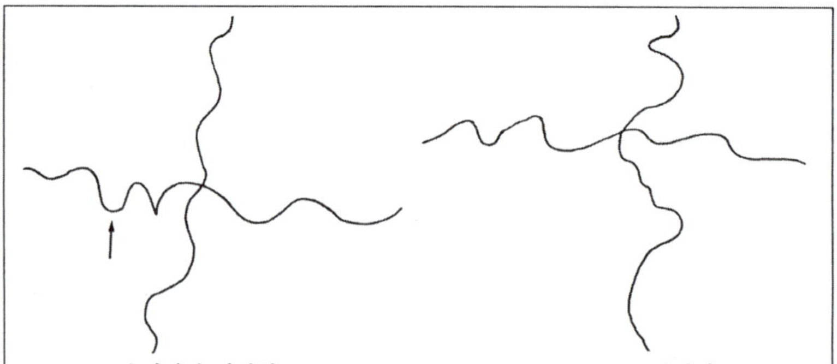

(수평선의 비대칭) (수직선의 비대칭)

8. 도형의 왜곡 (8점)

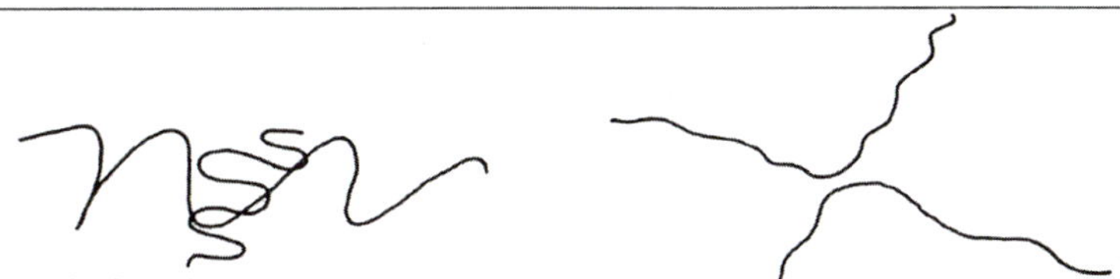

(수직 및 수평선이 크게 왜곡되어 없음)

(수직 및 수평선이 직선화되었고 교차하지도 않음)

13. 도형의 부분결여 (8점)

(한 개의 선이 완전히 없어짐)

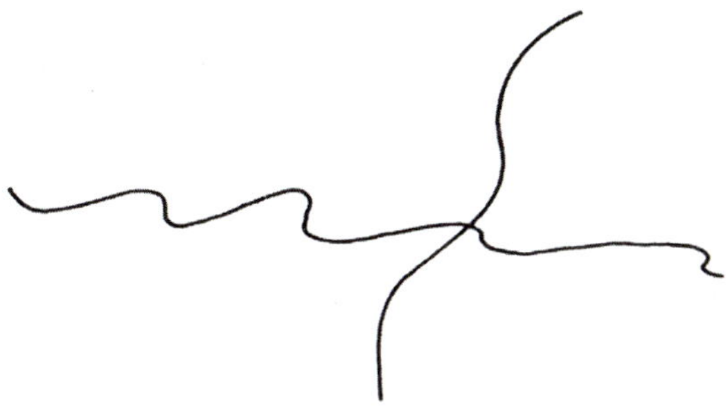

(한 개의 파선이 반 정도 없어짐)

## 7 도형 7(몇 개의 기준에 한해 예시함)

1. 각 변의 불연접 (8점)

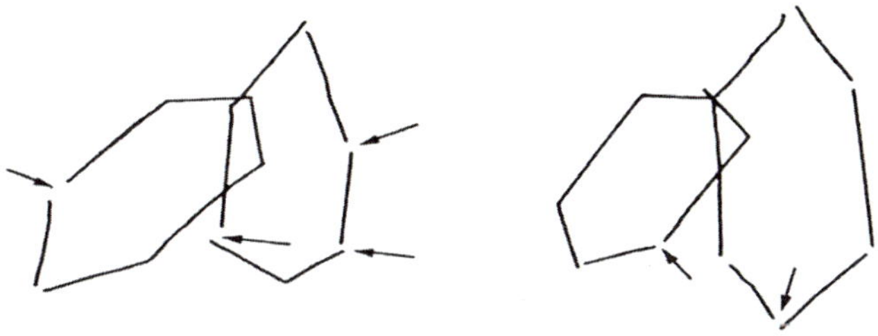

9. 가중묘사 (각 3점)

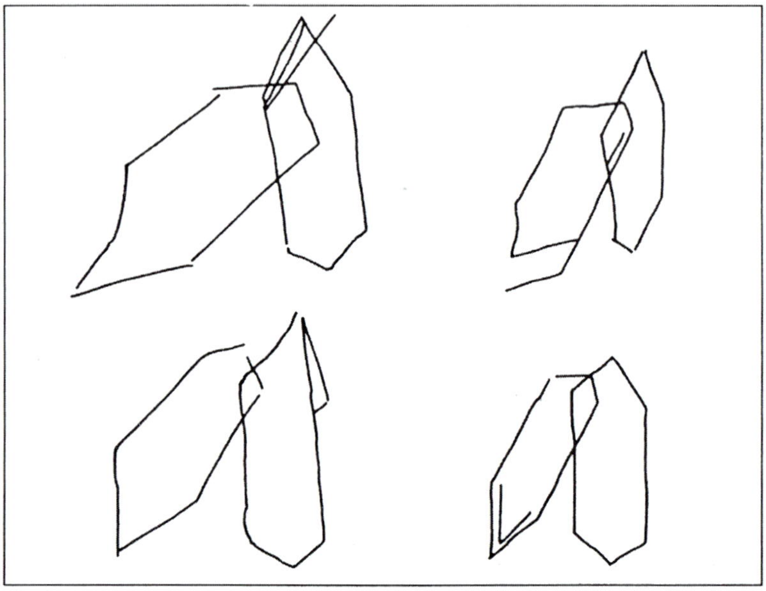

## 8 도형 8(몇 개의 기준에 한해 예시함)

1. 각 변의 불연접 (8점)

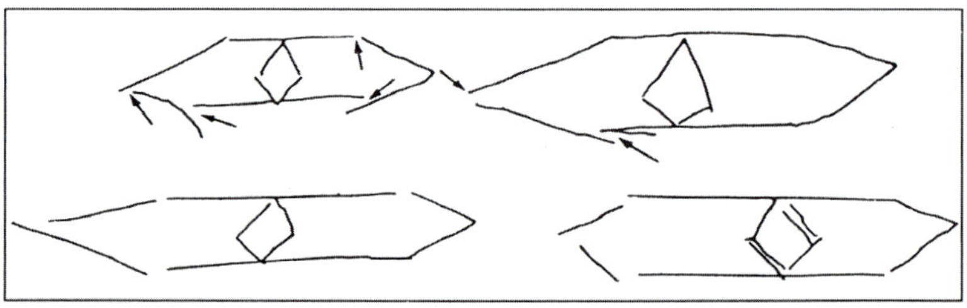

6. 선의 떨림 (4점)

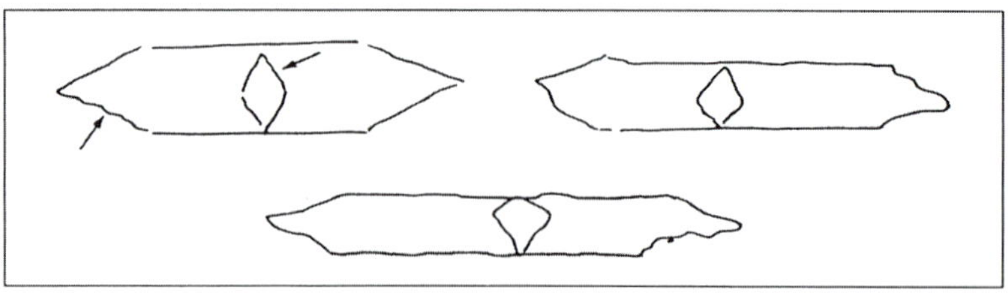

7. 도형의 왜곡 (8점)

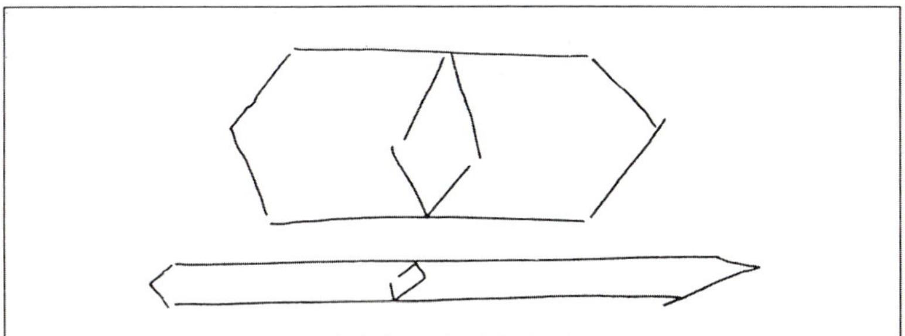

(길이와 폭의 비율이 왜곡)

## 9 전체구도(몇 개의 기준에 한해 예시함)

3. 도형의 편포 (3점)

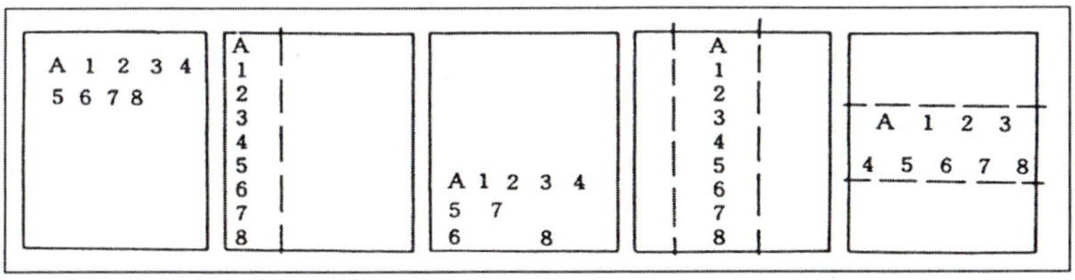

4. 구획선의 사용 (8점)

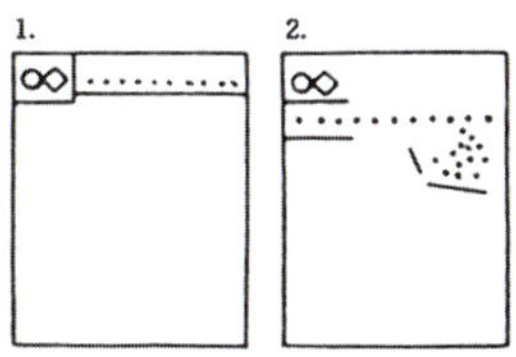

5. 도형배열의 순서 (2점)

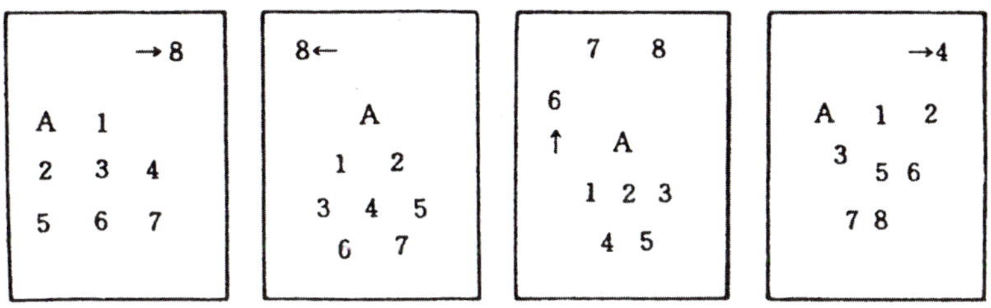

6. 배열의 무질서 (8점)

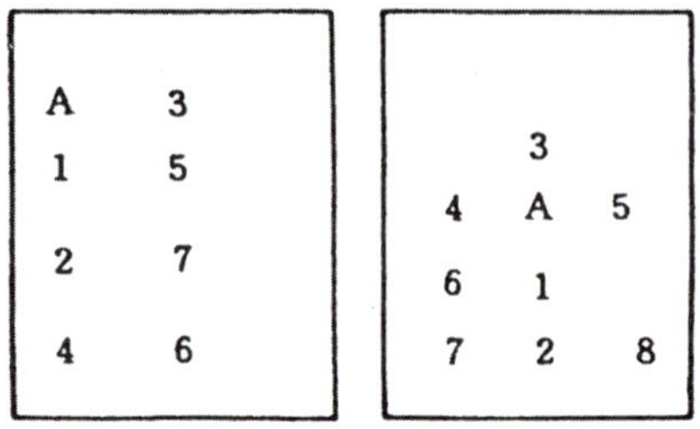


7. 상대적 크기 (8점)

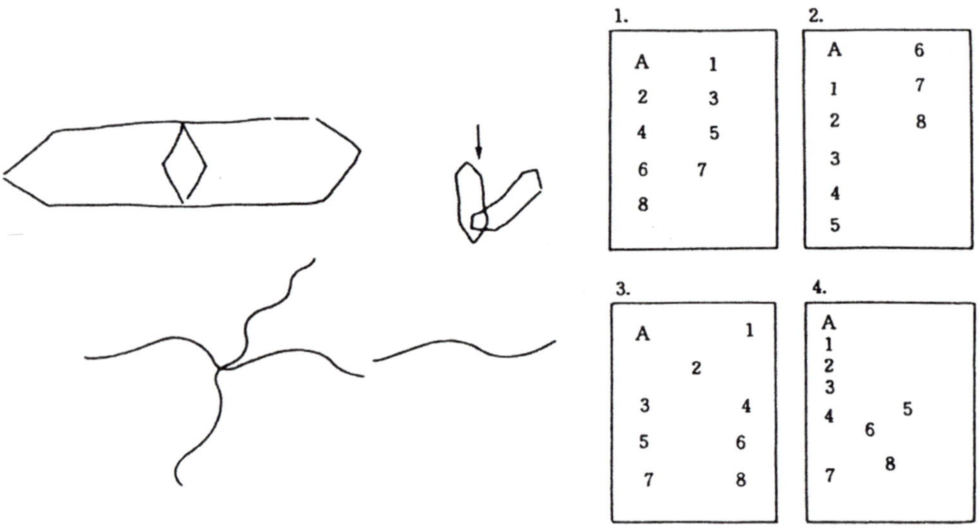


## 4 규준표

1년 이상 중등교육을 받은 사람의 규준표와 1년 이상 대학교육을 받은 사람의 규준표

〈표 11-2〉 1년 이상 중등교육을 받은 사람의 T점수

| 대상연령: 15~20세 Z=(X-18.0)/9.4 T=10Z+50 | |
|---|---|
| 소점 | T점수 |
| 1 | 32 |
| 2 | 33 |
| 3 | 34 |
| 4 | 35 |
| 5 | 36 |
| 6 | 37 |
| 7 | 38 |
| 8 | 39 |
| 9 | 40 |
| 10 | 41 |
| 11 | 43 |
| 12 | 44 |
| 13 | 45 |
| 14 | 46 |
| 15 | 47 |
| 16 | 48 |
| 17 | 49 |
| 18 | 50 |
| 19 | 51 |
| 20 | 52 |
| 21 | 53 |
| 22 | 54 |
| 23 | 55 |
| 24 | 56 |
| 25 | 57 |
| 26 | 59 |
| 27 | 60 |
| 28 | 61 |
| 29 | 62 |
| 30 | 63 |
| 31 | 64 |
| 32 | 65 |
| 33 | 66 |
| 34 | 67 |
| 35 | 68 |
| 36 | 69 |
| 37 | 70 |
| 38 | 71 |
| 39 | 72 |
| 40 | 73 |
| 41 | 74 |
| 42 | 75 |
| 43 | 77 |
| 44 | 78 |
| 45 | 79 |
| 46 | 80 |
| 47 | 81 |
| 48 | 82 |
| 49 | 83 |
| 50 | 84 |
| 51 | 85 |
| 52 | 86 |
| 53 | 87 |
| 54 | 88 |
| 55 | 89 |
| 56 | 90 |
| 57 | 91 |
| 58 | 92 |
| 59 | 93 |
| 60 | 95 |

〈표 11-3〉 1년 이상 대학교육을 받은 사람의 T점수

| 대상연령: 15~20세 Z=(X-12.7)/8.8 T=10Z+50 | |
|---|---|
| 소점 | T점수 |
| 1 | 37 |
| 2 | 38 |
| 3 | 39 |
| 4 | 40 |
| 5 | 41 |
| 6 | 43 |
| 7 | 45 |
| 8 | 46 |
| 9 | 47 |
| 10 | 48 |
| 11 | 49 |
| 12 | 50 |
| 13 | 51 |
| 14 | 52 |
| 15 | 53 |
| 16 | 54 |
| 17 | 55 |
| 18 | 56 |
| 19 | 57 |
| 20 | 58 |
| 21 | 59 |
| 22 | 60 |
| 23 | 61 |
| 24 | 62 |
| 25 | 63 |
| 26 | 64 |
| 27 | 65 |
| 28 | 66 |
| 29 | 68 |
| 30 | 69 |
| 31 | 70 |
| 32 | 71 |
| 33 | 72 |
| 34 | 73 |
| 35 | 74 |
| 36 | 75 |
| 37 | 76 |
| 38 | 77 |
| 39 | 78 |
| 40 | 80 |
| 41 | 81 |
| 42 | 82 |
| 43 | 83 |
| 44 | 84 |
| 45 | 85 |
| 46 | 86 |
| 47 | 87 |
| 48 | 88 |
| 49 | 90 |
| 50 | 91 |
| 51 | 92 |
| 52 | 93 |
| 53 | 94 |
| 54 | 95 |
| 55 | 97 |
| 56 | 98 |
| 57 | 99 |
| 58 | 100 |
| 59 | 101 |
| 60 | 102 |

## 5 Koppitz의 아동용 BGT

### 1) 실시와 채점 방법

가로 21.59cm 세로 27.94cm의 용지 2매와 고무 달린 연필(#2)이 놓여 있는 반듯한 책상 앞에 피검자를 편안히 앉히고 라포(rapport)가 형성된 뒤 BGT 도판을 제시하면서 다음과 같이 말한다. '여기 9장의 그림이 그려진 카드가 있는데 이것을 종이에 그리는 것입니다. 자, 여기 첫 번째 그림이 있습니다. 시작합니다, 꼭 그대로 그립니다.' 아동이 그릴 수 있도록 용지의 위치를 바로 놓은 다음 첫 번째 카드인 도형을 용지의 위쪽에 바로 놓아준다. 그리고는 아무런 주석도 하지 않고 검사행동을 관찰 기록한다. 물론 제한시간은 없다. 한 도형을 다 그리면 그 도형을 엎어두고 다음 도형을 제시해서 9매의 도형을 순서대로 묘사하도록 한다.

만일 아동이 점의 수나 크기 등에 대해 질문을 하면 '그 그림에 있는 것과 될 수 있는 대로 똑같이 보이도록 그리시오.'라고만 답한다. 절대로 지운다든지 반복 시행하는 일을 격려하거나 꾸짖어서는 안 된다. 그러나 도형 5의 점의 수를 헤아리는 경우에는 못하게 하여야 한다. 왜냐하면 시간이 너무 걸리고 또 그것이 무슨 별다른 정보를 제공해 주지 못하기 때문이라고 한다. 그래서 만일 아동이 도형의 점을 헤아린다면 '점의 수를 헤아릴 필요는 없어요. 그 그림과 모양이 같이 보이도록 그리시오.'라고 일러준다. 그런데도 불구하고 점을 계속 헤아린다면 진단적인 의미가 있다. 대체로 이런 아동은 완전벽이 있거나 강박적이다. 그리고 아동이 용지의 대부분을 다 채우고 도형 8을 그려 넣기 위해 회전한 때는 도형의 회전으로 생각해서는 안 된다는 점을 주의해야 한다.

용지는 아동이 원하는 대로 1장을 쓰든 2장을 쓰든 관계없다. 만일 아동이 준비된 2장을 다 쓰고 더 요구할 때는 아무 말 없이 그대로 준다. 그리고 시간제한은 없지만 검사에 소요된 시간을 기록해 두는 것이 필요한데, 그것은 너무 오래 끌든가 빨리 끝내는 것이 진단상의 의미를 갖기 때문이다.

피로한 아동은 묘사에 최선을 다할 수 없음은 물론이다. 만일 아동이 너무 서

둘렀다든지 최대한의 성적이라 할 수 없을 때는 다른 용지에 그 도형을 새로 묘사해도 좋다고 일러준다. 만일 새로 묘사된 도형이 최고의 성적이라 생각된다면 그런 과정을 기입해 두어야 한다.

모든 채점 항목은 1점 아니면 0점이다. 즉 채점 항목의 유무로 채점된다. 명확한 이탈만 채점하고 의심스러운 경우는 채점하지 않는다. 이 채점법은 세밀한 운동의 통제가 아직 미성숙된 어린 아동을 대상으로 고안되었으므로 미세한 이탈은 무시한다. 모든 점수는 총점으로 계산하여 규준자료의 총점과 비교하도록 되어 있다.

## 2) 아동용 BGT 채점 항목

〈표 11-4〉 아동용 BGT의 채점 항목

| 채점 항목 | | |
|---|---|---|
| 도형 A | 도형 3 | 도형 6 |
| 1a 형태의 왜곡<br>2b 불균형<br>2 회전<br>3 비통합 | 10 점 대신 원<br>11 회전<br>12a 형태의 상실<br>12b 점 대신 선 | 18a 곡선의 각화<br>18b 직선<br>19 비통합<br>20 고집 |
| 도형 1 | 도형 4 | 도형 7 |
| 4 점 대신 원<br>5 회전<br>6 고집 | 13 회전<br>14 교차점<br>15 비통합 | 21a 불균형<br>21b 부정확한 각<br>22 회전<br>23 비통합 |
| 도형 2 | 도형 5 | 도형 8 |
| 7 회전<br>8 원의 과부족<br>9 고집 | 15 점 대신 원<br>16 회전<br>17a 형태의 상실<br>17b 점 대신 선 | 24 부정확한 각<br>25 회전 |

## 3) 규준점수

### 1 학년별 규준

학년별 규준(평균 득점, 표준편차) 자료는 <표 11-5>와 같다.

〈표 11-5〉 학년에 따른 BGT 득점평균 분포

| 학년시작 | N | 연령평균 | 득점평균 | 표준편차 | plus/minus SD |
|---|---|---|---|---|---|
| 유치원 | 38 | 5~4 | 13.5 | 3.61 | 9.9에서 17.1 |
| 1학년 | 153 | 6~5 | 8.1 | 4.41 | 4.0에서 12.2 |
| 2학년 | 141 | 7~5 | 4.7 | 3.18 | 1.5에서 7.93 |
| 3학년 | 40 | 8~7 | 2.2 | 2.03 | .2에서 4.2 |
| 4학년 | 39 | 9~8 | 1.5 | 1.88 | .0에서 3.4 |

위 규준자료는 ① 동일 연령 아동의 득점, ② 시각-운동지각의 성숙이 동일 수준에 있는 다른 아동의 득점, ③ 같은 학년에 있는 다른 아동의 득점을 서로 비교해 볼 수 있다. 예를 들어 5세 8개월 아동의 득점이 5라면, ① 같은 연령의 득점평균에서 1표준편차 상위에 있다. 즉 같은 연령군에서 85 Percentle 이상이어서 우수하다고 볼 수 있다. ② 시각-운동지각의 성숙 수준의 7세 아동의 수준에 있으며, ③ 2학년 초의 아동점수와 유사하다. 또 가령 7세 2개월 된 아동의 BGT 득점이 8이라고 한다면 ① 그의 득점은 평균에서 1편차 하위에 있고 같은 연령군에 대해 16 Percentle에 속해 득점이 낮으며, ② 그의 시각-운동지각의 성숙은 6세 아동의 수준에 머물러 있고, ③ 1학년 초의 아동득점과 같다고 해석할 수 있는 것이다.

### 2 연령별, 성별 규준

〈표 11-6〉 규준집단의 연령과 성별에 따른 BGT 총점평균

| 연령(세) | 남성 | 여성 | 전체 | 표준편차 | plus/minus SD |
|---|---|---|---|---|---|
| 5 | 14.3 | 13.0 | 13.6 | 3.61 | 10.0에서 17.2 |
| 5.5 | 10.0 | 9.3 | 9.8 | 3.72 | 6.1에서 13.5 |
| 6 | 8.3 | 8.6 | 8.4 | 4.12 | 4.5에서 12.5 |
| 6.5 | 6.2 | 6.6 | 6.4 | 3.76 | 2.6에서 10.2 |
| 7 | 5.3 | 4.4 | 4.8 | 3.61 | 1.2에서 8.4 |
| 7.5 | 4.9 | 4.2 | 4.7 | 3.34 | 1.4에서 8.0 |
| 8 | 3.9 | 3.6 | 3.7 | 3.60 | .1에서 7.3 |
| 8.5 | 2.6 | 2.4 | 2.5 | 3.03 | .0에서 5.5 |
| 9 | 1.6 | 1.8 | 1.7 | 1.76 | .0에서 3.5 |
| 9.5 | 1.5 | 1.7 | 1.6 | 1.69 | .0에서 3.3 |
| 10 | 1.5 | 1.5 | 1.6 | 1.67 | .0에서 3.3 |
| 10.5 | 1.4 | 1.5 | 1.5 | 2.10 | .0에서 3.6 |

## 6 구체적인 사례

1. 정상적인 20세 남자 대학생의 BGT 반응

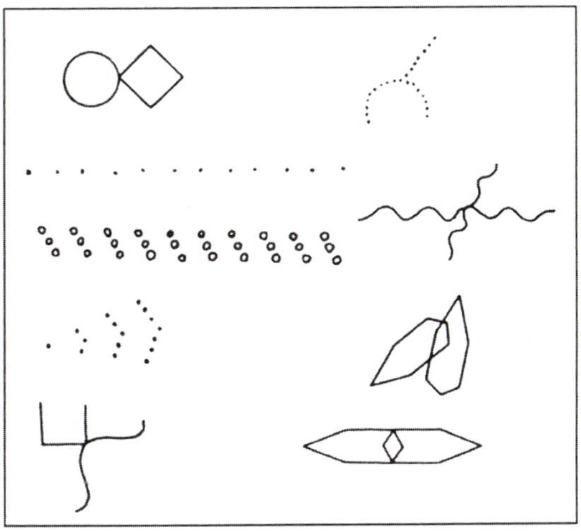

2. 35세된 남자 정신분열증 환자의 BGT 반응

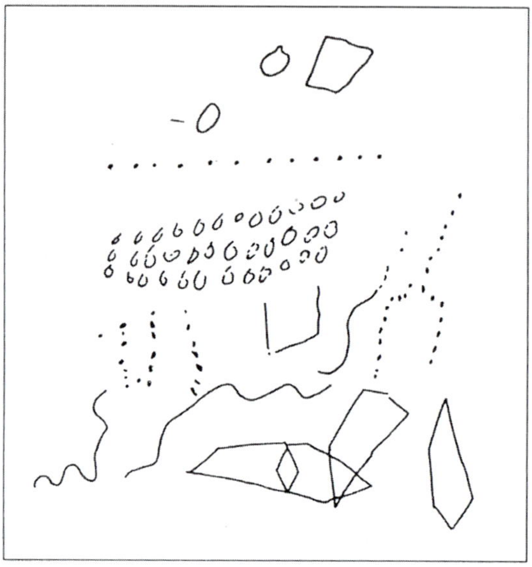

3. 6세된 남자 아동의 BGT 반응

Chapter

# 12 HTP 묘화 검사법

## 1 HTP 묘화 검사의 실시법

### 1) 검사의 특징

E. E. Hammer는 그의 저서 『The Clinical Application of Projective Drawings (1958)』에서 사람의 얼굴, 어깨, 몸의 근육의 움직임은 사람의 감정을 그대로 나타내는 것으로서 그것을 숨기려고 해도 숨겨지지 않는 것처럼 그려진 그림의 크기, 선의 강약, 그려진 그림의 위치, 원근, 대칭, 음영 등 표현의 양상에 따라 그런 사람의 심리를 파악할 수 있다고 주장하고 있다. 그려진 그림의 내용을 보더라도, 거기에 그려진 인물(P: Person)의 자세, 얼굴의 표정, 복장, 액세서리, 그리고 집(H: House)을 그린다면 굴뚝, 창문, 현관, 나무(T: Tree)를 그리면 줄기, 가지, 뿌리 등이 어떻게 그려지고 있는가, 그 특징을 살펴보면 그 그림을 그린 사람의 심리를 알 수 있다고 한다.

#### 1 검사의 발달

HTP Drawing Test는 1948년 J. N. Buck에 의해서 처음으로 제창되었으며 Hammer에 의해서 크게 발전된 검사로써 피검자에게 집, 나무, 인물화 등 3개의 그림을 그리게 하는 검사이다.

### 2 검사의 기본 가정

집, 나무, 인물 등 3개 주제는 누구든지 어떤 연령의 남녀노소를 막론하고 어떠한 주제보다 친밀감이 있고 주제는 솔직하고 자유로운 언어로 표현할 수 있다. 따라서 HTP 묘사를 통하여 피검자의 성격의 단면을 분석할 수 있고 환경과의 상호작용 양상을 파악할 수 있다. 즉 HTP 묘화 같은 자유화는 자신의 환경에 대한 적응적 태도, 무의식적인 감정과 갈등을 파악하는 데 크게 도움을 줄 수 있다.

### 2) 실시 절차

용지 4매, HB연필 2개, 지우개 1개를 준비하였다가 집, 나무, 인물화 등을 차례로 마음대로 그리도록 피검자에게 도화지 한 장씩을 내어준다.

자신과 반대되는 이성을 그린 사람에게는 용지를 한 장 더 주어 같은 동성의 인물화를 그리도록 한다. 그리고 집, 나무, 인물 등은 각각의 도화지 전체를 이용해서 그리도록 지시하여야 하며 인물은 팔다리를 다 갖춘 인물 그림을 그리도록 지시한다. HTP 한 장 한 장 끝날 때마다 소요시간을 기록해 둔다.

## 2 형식분석과 Hammer 식 해석법

### 1) 계열성

표현의 계속과정, 즉 계열성(sequence)을 찾아볼 때 거기에 그린 자의 심리를 알 수 있다. 처음에 그려진 인물이 어깨를 움츠린 사람이었는데 그것을 지우고 새로이 어깨가 쫙 벌어진 그림을 그렸다면 그 사람은 열등감을 가진 자이며 이를 보상하기 위한 노력으로 해석된다.

하나의 그림에 있어서 그 묘사과정을 살펴봄과 동시에 한 그림에서 다음의 그림으로 그려 나가는 그 계열성을 찾아보는 일도 필요하다.

HTP(집, 나무, 인물)를 그리게 했을 때 집은 잘 그리고 나무 그림에선 피로한 인상을 주고, 사람을 그리게 될 때엔 머리만 그리고 말 때에는 우울증을 나타내는 사람으로 보아도 좋다. 어떤 사람은 처음엔 발을 그리고, 다음엔 머리, 다음엔 무릎, 다음엔 다리를 그리는 사람도 있다. 이런 사람은 마음속의 혼란 및 부조화를 나타내는 것으로 볼 수 있다. 이와 같이 차차 그려 가는 그림의 변화는 심리과정의 변화를 나타낸다.

### 2) 그림의 크기

그림에 나타난 인물의 크기(size)는 자신감의 정도를 나타낸다. Hammer는 400명의 흑인과 백인 아이들에게 HTP를 그리게 하여 공격욕구와 욕구불만이 정도를 연구한 결과 흑인 아동의 입장에선 백인의 세계는 실망, 좌절, 그리고 공격의 대상이었다. 인물 대부분이 무기를 지니지 않았지만 넓은 어깨, 커다란 공격적인 손가락과 주먹을 가지고, 날카로운 이빨을 가진 그림이 많았다고 한다. 큰 도화지에 작게 그려진 인물은 열등감, 불안, 자기억제 또는 의존적인 태도를 나타내는 것으로 진단된다.

### 3) 화필의 압력

Aschler와 Hattwick의 연구에 의하면 강한 선을 그리는 자는 적극적인 사람이며, 약한 선을 그리는 자는 억제·억압적인 사람이라고 한다. Hammer에 의하면 공포를 가진 신경증자, 만성분열증자, 진행성 긴장병의 환자는 선이 약하며, 이에 비해 간질, 뇌장애자는 강하게 그리고 우울증을 가진 자는 자신이 없는 약한 선으로 그린다고 한다.

### 4) 그림의 위치

화면 중앙에 그리는 사람은 자신감 있는 자기중심적인 사람이며, 다른 사람에 비해 감정적으로 행동하는 사람이고, 중앙에서 멀리 떨어진 곳에 그리는 자는 자기통제력이 없는 의존적인 사람이다. 중심보다 오른쪽 부분에 많이 그리는 자는 안정되고 통제적인 사람이며 욕구나 충동의 만족을 연기하고 정서적인 만족보다 지적인 만족을 추구하는 자이다. 왼쪽에 많이 그리는 사람은 강박적이며 자기 욕구와 충동에 의한 정서적 만족을 구하는 자이다. 또한 오른쪽형은 내향성이며, 왼쪽형은 외향성이다. 도화지 상부 쪽에 그리는 자는 노력가이며 현실적이기보다는 공상적이며 비사교적이다. 하부에 그리는 자는 우울하지만 야무진 근성을 가진 자이다.

### 5) 대칭성

좌우 대칭성(symmetry)이 결여된 자는 안정감을 상실한 자이며, 지나치게 대칭적인 그림을 그린 자는 감정통제의 강박 증상을 나타낸다. 감정통제가 잘되고 보통 사람의 경우엔 25% 정도가 대칭적으로 그리며 우울증 환자의 경우엔 60%가 지나치게 대칭적이다.

### 6) 운 동

그림 중 걷고, 달리고, 새가 날고, 나무 가지가 흔들리는 등 운동표현은 우울증, 정신박약, 갈등이 많은 사람, 융통성이 없는 경우엔 운동표현이 나타나지 않으며 재능 있고 능동적·활동적인 사람의 경우엔 운동표현이 많다.

### 7) 세 부

지나칠 정도로 세밀한 부분을 그리는 자는 정서적으로 혼란되고 강박적인 사람으로 진단한다. 강박적인 사람은 조그만 돌멩이 하나, 책상다리 하나하나를 세밀하게 그린다. 반면 세부묘사가 너무 없는 자는 공허감, 또는 우울한 성격을 나타내는 것으로 해석된다.

## 3 내용분석과 해석법

### 1) 집 그림(H)

#### 1 지붕 묘사

지붕은 정신생활의 영역을 상징한다.

① 지붕이 크고 집의 타 부분이 작은 집을 그리는 자는 과도한 공상경향, 대인관계는 후퇴적 경향을 나타낸다.

② 지붕인지 선인지 지붕의 높이가 없는 집을 그리는 자는 정신박약자에게 많다.

③ 지붕의 선을 강하게 표시하는 자는 공상적 경향이 많으며 자기 방어적이며 불안신경증 환자에게서 많이 찾아볼 수 있다.

④ 또한 지붕의 선이 약한 그림은 자기의 통제가 약함을 의미한다.

⑤ 지붕의 기왓장을 하나하나의 선을 면밀하게 그리는 자는 강박적인 자에게 많다.

⑥ 지붕이 파괴되거나 금이 간 사람은 자기 통제력이 억압당하고 있는 것을 의미한다.

#### 2 벽 묘사

벽의 선은 자아의 강도와 관계있다. 붕괴되어가는 벽을 그리거나 벽의 경계와 선이 약한 자는 자아의 약화를 말하고 벽의 경계와 선 등이 강한 그림은 자신의 통제를 의식적으로 잘하려고 노력함을 의미한다.

① 벽의 지면의 선을 특히 강조할 경우는 현실 수준의 불안을 의미한다.
② 벽의 한 쪽 면과 다른 면이 적절한 결합이 되어 있지 않으면 기질증 환자로 의심해 보아야 하며 원시적 충동을 통제 못한다.
③ 벽의 면에 아무것도 그리지 않은 그림은 현실성의 도피적 사고, 우울, 대인관계 등 결핍이 심하고 정신분열적인 반응으로 의심해야 한다.

### 3 출입문 묘사

환경과의 적극적, 직접적인 상호작용을 뜻하며 대인관계의 태도를 뜻한다.
① 작은 출입문은 대인관계, 사회성의 결핍과 무력감, 현실도피를 뜻한다. 큰 경우는 적극적인 사회성을 뜻한다.
② 출입문의 열쇠 등 장식의 장치를 확실히 강조하는 경우에는 의심이 많거나 방어적인 감수성을 나타낸다.
③ 출입문을 특별히 강조하는 것은 타인에 대한 의존심과 적극적인 대인관계를 바란다.
④ 출입문을 측면에 그렸을 경우는 도피적 경향이며 신중성을 나타낸다.
⑤ 출입문을 최후에 그리며 특히 강조할 경우에는 대인관계가 소극적이고 현실도피적 경향으로 보아야 한다.

### 4 창문 묘사

집의 창문은 인간의 눈과 같은 것으로 출입문보다 적극적인 것은 아니지만 환경과의 수동적 접촉을 뜻한다.
① 가옥화에 창문을 그리지 않은 사람은 외계의 접촉을 피하고 퇴영적 경향과 때로는 적의적이다.
② 출입문과 창문을 그리지 않는 자는 정신분열증으로 보아야 하며 주의 깊게 관찰이 요망된다.
③ 출입문을 특별히 강조하고 커튼을 강조하는 자는 강박경향이 심한 자이다.

④ 3각형의 문은 여성적 성기의 고착과 과도한 관심의 표현이기도 하다.

⑤ 2층 등 고층건물 특히 수십 층의 고층건물을 강조하는 자는 망상분열증으로 의심해야 한다.

⑥ 2층 건물을 그렸을 경우 2층에는 문이 있고 1층에는 문이 없는 자는 적의적 감정과 현실도피성을 의미하고 2층에 문이 없고 1층에만 문이 있을 경우 구체적 현실과 공상적 생활 간의 차이를 나타낸다는 것이다.

## 5 굴뚝과 연기묘사

가옥화에 굴뚝을 그리지 않는 것이 보통인데, 특히 굴뚝을 강조하는 것은 친밀힌 인간관게를 뜻한다. 남근의 상징과도 관계가 있다.

① 굴뚝이 똑바로 세워져 있지 않고 경사지게 그려진 것은 자신의 성에 대한 부적절감의 표현이다.

② 작은 굴뚝은 거세 불안과 성의 무능력 등을 의미하고 굴뚝이 벽으로부터 통해 있는 것을 노출시켰을 경우에는 성에 대한 노출경향을 나타낸다.

③ 많은 굴뚝을 그리는 사람은 남근에 대한 상징 이외에 친밀한 대인 관계를 가지고 싶은 욕구를 뜻한다.

④ 굴뚝에 많은 탁한 연기를 그렸을 경우 피험자의 긴장과 가정에 대한 갈등의 정서혼란을 뜻한다.

⑤ 연기가 강풍에 의하여 날려져 있는 것은 환경의 압력에 대한 감정의 표시이다.

## 6 기타 묘사

① 방: 통상적인 인간관계의 경험을 나타내고, 어린이나 강박적인 사람에게서 나타난다.

② 나무의 숲과 먼 산: 산 속의 작은 집은 도피, 안정을 희구, 숲 속에 집 등을 그리는 사람은 방어적 인간, 숲과 인간을 난잡하게 그리는 사람은 불안한 사람이다. 정원에 꽃 등을 그리는 사람도 불안한 사람이다.

## 2) 나무 그림(T)

### 1 나무줄기 묘사

나무의 줄기는 수목의 중심이고 성격의 기본적인 요소에 해당되며 피검자의 감정을 나타낸다.

① 매우 큰 나무줄기는 환경에 대하여 적극적으로 행동하며 현실 또는 공상적이든 공격적이든 적극성을 의미한다.
② 작은 나무줄기는 자아의 무력감과 결단성이 없는 자신감 결여를 뜻한다. 또한 부적절한 만족추구를 통제할 수 없는 때로는 기질장애의 존재를 의심받는다.
③ 나무줄기가 위로 올라가지 못하고 수평방향인 것은 외계의 압력을 느껴 성취 욕구를 상실, 표면적인 복종 적응상태를 뜻한다.
④ 나무의 줄기가 수양버들 같이 나무줄기와 가지가 휘어지는 것은 현실로부터 도피, 후퇴, 자폐, 퇴행을 뜻한다.
⑤ 부러진 나무줄기를 그렸으면 피검자 통제선을 넘어선 압력감을 뜻하고 번개에 맞아 부러진 나무는 범죄자나 정신질환자에게서 많다.

### 2 나뭇가지 묘사

나뭇가지는 주어진 환경으로부터 어떤 만족이나 무엇을 성취하려는 것을 의미하며 피검자 자신이 지닌 능력, 가능성, 순응성을 나타내고 있다.

① 선으로 그린 것 중에 그 선이 나무기둥, 줄기를 정확하게 그리지 않은 것은 무력감, 자아약화 등을 뜻하고 또한 기질적 장애나 심한 외상의 경험이 있다고 보아진다.
② 나무줄기에 잘 조화된 가지의 그림은 피검자가 환경에 적응할 능력이 자신 스스로가 높다는 것을 나타내고 있고 잘 조화되지 못한 것은 스스로 낮다는 것을 나타낸다.

③ 가지의 끝이 줄기에 따라 궁상으로 그려진 가지는 공격적인 표현이고 가지의 끝이 원가지의 굵기보다 굵을 경우는 성격적으로 무분별한 사람들에게서 나타난다.

④ 가지가 말랐거나 부러진 가지는 심적으로 외상 경험이 있는 것을 나타내고, 무력감, 위화감, 수동적인 것을 나타낸다. 마른 그림을 그린 사람은 예후가 좋지 못하다.

⑤ 위로 뻗은 무성한 나뭇가지는 공상적이긴 하나 희망적·활동적·정열적이며, 반면에 밑으로 늘어진 나뭇가지는(수양버들) 소극적·무력감·비활동적·퇴영적인 것을 뜻한다.

### 3 나뭇잎 묘사

나뭇잎은 나무줄기나 나뭇가지 위에 그리는 것이 보통이다. 나뭇잎을 나무줄기나 가지에 비유하여 해석해야 한다.

① 나무줄기와 가지는 길고 큰데 비하여 나뭇잎이 작은 것은 유아나 노인에게 많다하여 이것이 성인의 경우 표현되었을 때에는 정신적·신경증적 퇴행을 고려해야 한다.

② 반면에 나무줄기나 가지가 짧은데 비해 나뭇잎이 무성하고 큰 그림은 희망적인 대망과 정열적인 것을 의미한다.

③ 나무줄기나 가지가 지나치게 작은데 비하여 나뭇잎을 지나치게 크게 그린 것은 만족의 과도한 욕구로서 성격의 평형이 깨어져 불안한 자로 보아야 한다.

④ 나뭇잎의 모양이 직선적이고 각이 난 그림은 성격이 완고한 관계로 외계에의 순응에 곤란이 있다.

⑤ 나뭇잎이 둥근 유동적인 그림은 사교적이고 명랑한 성격이다. 그러나 나뭇잎의 둥근 끝이 나무줄기 밑으로 쳐져 있는 것은 의지박약, 결단이 늦고 감정의 안정성이 결여되기 쉽다.

### 4 나무뿌리의 묘사

나무뿌리는 나무 전체를 받치고 있는 것이므로 피검자의 현실 지배력에 관한 관심의 표현으로서 해석된다.

① 지나친 뿌리의 강조는 자신이 결핍되어 있으며 불안감에 대한 반응이고 정신분열증, 기질장애 등으로 의심해 보아야 한다. 뿌리의 강조는 정신박약에 많이 나타난다.

② 나무의 줄기에 비해 큰 뿌리는 현실 적응에 크게 장애가 있음을 말한다.

③ 마른 나무뿌리, 마른나무 줄기에 붙어 있는 마른 나뭇가지는 유아기부터의 경험과 연관 짓는 우울한 감정의 표시이다.

④ 통상 수목화는 뿌리를 크게 강조 않는 것이 보통인데 비하여 지나친 뿌리의 강조는 자아현실과 관계에 관심이 많음을 뜻한다. 나무가 넘어질까 염려한 결과이다.

### 5 기타 묘사

#### (1) 지면의 선

수목화에 지면 표시반응이 많으면 이것은 불안감정의 표시이고 지면이 용지의 하한선에 표시되어 있는 경우는 더욱 불안하고, 우울 감정이 높거나 대인관계의 미약함을 나타낸다.

#### (2) 고 목

무력감, 분열증, 자아불안(성범죄자), 죄의식 등을 나타낸다.

### 3) 인물화(P)

피검자가 그리는 인물화는 첫째, 자기 신체상 또는 자기의 이상상, 둘째, 자기와의 관계가 있는 사람들과 인간 일반에 대한 것을 어떻게 지각하고 있느냐를 나타낸다.

#### 1 머리 묘사

① 큰머리: 지적 욕구가 강하든지 정신작용의 중요성을 무의식으로 강조하는 사람 또는 적극적이고 공상적인 욕구 등을 상징하는 것으로 보아진다.

② 머리가 지나치게 큰 것: 머리가 동체보다 큰 것은 대뇌수술을 받은 자 등 두통에 민감한 사람, 기질장애자, 정신박약자, 편집증적 자아확대의 표현으로 그려진다.

③ 머리가 작은 사람: 강박적 경향이 있는 자로 지적 통제를 부정하려는 경향이 있다. 즉 스스로 복잡하고 골치가 아픈 일이나 죄악감의 원천을 부정하려는 자, 지적 무력감이 있는 자이다.

④ 옆머리: 자신을 혼란시키는 공상, 환각, 강박관념은 통제하고자 노력하는 자이다.

#### 2 얼굴 묘사

얼굴은 신체 중에 가장 눈에 띄는 부분이고 접촉하는 중심이며 현실과 여하히 접촉하느냐를 나타낸다. 따라서 얼굴 표정은 생략되어 있는 그림은 대인관계의 알력을 피하고 표면적인 적의를 숨기자는 것이다.

① 얼굴의 표정을 생략한 것은 정상인에게도 나타나지만 대체로 현실적 후퇴를 의미하며 겁이 많은 사람들이다.

② 얼굴에 눈과 코 등을 그리지 않고 공백을 그대로 두는 경우는 성에 대하여 명확한 개념이 없다든지 아니면 갈등을 나타내는 것으로 수의를 요한다.

### 3 입과 입술 묘사

입은 의존적·관능적·색정적 만족을 주는 것으로 구순기적 의미를 지닌다.

① 큰 입, 특별한 형태의 입, 지우개로 지운 입, 강한 선으로 강조한 입은 유아기로 퇴행한 피검자에서 많이 나타나며 또한 구순기에 고착한 알코올중독자나 우울한 사람에게 많다. 더욱이 입을 특별하게 강조하는 자는 구순적 공격의 충동에서 불안을 느끼는 사람으로 해석된다.

② 치아를 그리는 입은 유아나 정신박약자에게 생기기 쉽고 이것이 청년이나 성인에게 나타나는 것은 구순적 욕구의 긴장과 충동을 나타내고 정신분열증이나 히스테리 환자에게서 많이 볼 수 있다.

③ 혀를 보이는 입은 피검자의 관심이 입에 집중되어 구순색정의 존재를 시사한다.

④ 큰 입이 반원형으로 강조된 것은 비판적·공격적이고 입술을 약간 벌린 반원형은 의존적 욕구를 뜻한다.

⑤ 웃는 얼굴의 큰 입은 부적절한 애정의 표시이다.

⑥ 입을 그리지 않은 것은 외계와의 교류에 필요한 구순활동에 갈등이 있다는 것이고 퇴행적인 것을 의미한다. 또 죄악감일 경우도 입을 생략한다.

### 4 턱 묘사

턱은 피검자의 의지의 강도를 나타낸다. 턱을 강조하는 것은 사회적 우위를 추구하여 지배욕을 가지고 때로는 강한 충동과 공격적 경향을 나타낸다.

① 옆얼굴에 턱이 강조되어 있는 것은 자아의 약화, 결단성 없는, 책임감에 대한 두려움 등의 보상으로 보아야 하고, 반면 턱의 강조가 없는 것은 사회적 장면에 무력감을 시사하는 것이다.

② 의존적인 남성이 여성상을 그리고 턱을 강조한다.

### 5 눈 묘사

눈은 인간의 내면생활을 나타낸다.

① 감고 있는 눈은 공상의 세계에 깊이 들어가서 자기애가 강하며, 외계와의 차단을 뜻하고 자발성을 잃은 상태라고 생각된다.

② 눈이 강조되어 있음은 외계에 자신을 나타내려는 것이고 현실적이고 적극적이다.

③ 너무 큰 눈은 경계심, 시기심과 관련이 있다.

④ 모자나 안경으로 숨겨져 있는 그림의 눈은 불쾌한 자극으로부터 도피욕구와 때로는 외계를 의심하는 심정을 나타낸다.

⑤ 작은 눈은 자기애적이며 외부와의 접촉회피이다.

⑥ 남성상에 속눈썹을 강조하는 것은 동성애적 경향을 나타낸다. 눈을 그리고 동공을 안 그린 것은 갈등이 많은 것이다.

### 6 눈썹 묘사

잘 정리된 눈썹은 피검자의 세련성을 의미하고 있으며 눈썹이 위로 뻗쳐 올라간 것은 미숙과 자기 통제가 어렵고 거만성을 뜻한다.

### 7 귀 묘사

귀는 비교적 수동적인 기관이다. 귀는 여성의 경우 머리카락의 형에 따라 숨겨지고 유아의 그림에서는 생략되는 경우가 많다.

① 귀를 강조하는 것은 피검자가 귀에 대한 과민성을 나타내는 것이다.

② 귀를 특별히 크게 강조하는 경우는 의혹, 불신 등 망상적인 사람이나 동성애적 경향의 갈등을 뜻한다.

## 8 모발 묘사

모발의 강조는 남성 충동의 지표이므로 자신에게 성적 부적절감의 의문이 있으면 더욱 모발을 강조하는 경향이다.

① 두발을 파도물결처럼 정중하게 매력적으로 그리는 것은 성적 비행의 염원이고 농도 짙게 강조함은 성적 불안을 의미한다.

② 수염도 남성적임을 의미하며 분열성 성격에선 남근의 상징으로 인식한다.

## 9 코 묘사

통상 코는 남근의 상징으로 인물화에서도 그렇게 해석된다.

① 길고 적절한 코는 성적 강도와 관련이 있다.

② 코의 지나친 강조는 성적으로 약한 것에 대한 보상을 나타낸다. 어떤 특수한 형태의 코는 성적 열등감, 성적 불능, 동성애, 거세공포를 뜻한다.

③ 코를 그리기 곤란한 사람은 거세공포, 남향성의 거부, 동성애적 가능성을 뜻한다.

④ 콧구멍을 강조하는 그림은 공격성이 강하고, 넓고 퍼진 코는 거절과 경멸을 나타낸다.

## 10 목 묘사

목은 머리와 몸통을 분리시키고 연결하는 것으로서 지적 영역과 충동영역을 연결하는 기관이다. 그러므로 아동의 그림에는 목이 없는 것이 많다.

① 굵고 짧은 목은 지성보다 충동적이고 완고한 성격이다.

② 가늘고 긴 목은 분열성 성격, 정신분열증 성격이다.

③ 목이 없는 그림은 충동통제가 안 되는 아동, 정신박약, 퇴행, 미숙, 자기애적 경향이며, 옆얼굴에 목이 없는 것도 통제성 결핍이다.

## 11 유방 묘사

남성인 피검자가 여성상에 유방을 강조하는 것은 의존욕구와 성충동의 결합을 나타냄을 뜻한다.

① 유방을 그리는데 다시 그리고 음영을 그리거나 부가적인 선을 강조하는 것은 정신적·성적으로 미성숙한 남성 또는 구순적 의존욕구를 나타낸다.

② 남성이 여성의 유방을 그리는 것은 당연하지만 만일 그렇지 않은 것은 청년기의 반항이며 어머니와 같이 되기 싫다는 욕구를 뜻한다.

③ 유방이 밑으로 쳐져 있는 것은 모친상을 뜻하고, 동그랗게 그려져 있는 것은 젊은 여성상이다. 흉부가 강조되어 있으면 강한 지배적 모친상을 뜻한다.

④ 여성이 큰 유방과 골반을 강조한 것은 생산적·지배적인 모친상에 대한 자기 동일시를 뜻한다.

## 12 어깨 묘사

어깨는 체격과 체력을 나타내며 남성적인 힘의 상징이다.

① 넓은 어깨를 강조하는 것은 남성적이고 힘이 강한 욕구의 표시이며 자기의 존재를 과시하려는 현시성을 의미한다.

② 일반적으로 비행청소년, 폭력범들이 넓은 어깨를 그리며 이것을 통하여 힘의 현시 욕구를 나타낸다.

③ 또한 넓은 어깨를 그리는 자 중에는 자신의 불안성을 나타내기도 한다.

④ 여성이 넓은 어깨를 그리는 것은 남성에 대한 항의를 뜻한다.

⑤ 작은 어깨의 그림은 열등감의 표시이다.

## 13 엉덩이 묘사

① 엉덩이의 강조는 정신적으로 성적 발달의 미숙을 의미하며 특히 남성의 경우에는 동성애적 경향이 있다.

② 여성이 여성상에 엉덩이를 강조함은 여성적인 의식을 나타내는 것이나 남성의 상에 엉덩이를 강조한 것은 남성에 대한 항의를 뜻한다.

## 14 허리 묘사

① 허리는 상부인 등과 하부인 다리의 접선부위로서 남성은 신체적인 힘의 강한 충동을 나타내고 또한 성적기능을 시사하는 부위이다.
② 허리의 선을 지나치게 강조하거나 무시하거나 하는 것은 성충동에 대한 표현과 통제와의 사이에서 갈등을 뜻한다.
③ 그 갈등을 간접적으로 합리화하고 미학적으로 자기를 표현하기 위하여 벨트, 혁대 등을 그린다.
④ 지나치게 가늘게 그린 허리는 미적인 것보다 성장하는 것을 저항하는 심리이다.
⑤ 허리 크기는 머리의 2~3배 크기가 보통이며, 이에 비하여 크거나 작은 경우 자신의 불안을 의미한다.
⑥ 어른의 경우 허리가 나타나지 않고 손발이 나타난 사람은 신체적 이미지를 상실한 사람, 정신분열증, 정신박약자에게서 많이 나타난다.
⑦ 작은 허리는 자신의 신체적 충동을 부인, 열등감이 많은 사람이다.

## 15 팔 묘사

팔은 자아에 대한 발달, 사회적인 순응, 보호, 방어, 공격적 측면을 나타낸다.
① 팔이 몸으로부터 떨어져서 밖으로 뻗은 팔은 환경에 대하여 공격적인 욕구를 나타낸다.
② 팔이 몸에 붙어 있는 경우는 수동적이고 방어적인 감정을 표시한다.
③ 딱 붙어 있는 손을 강조할 경우 외상이 있을 가능성이 있다.
④ 두 손을 앞으로 합쳐 있을 경우에는 적개심, 의심을 뜻한다.
⑤ 팔을 뒤로 안 보이게 그리는 것은 교류와 타협이 안 되고 공격적·적의적이다.

⑥ 팔을 그리지 않을 경우는 정신분열증이나 우울증 증후를 나타내는 것이며 죄악감에서 그리지 않는다.

⑦ 팔에 근육을 강조한 긴 팔은 자신의 환경에 대하여 무엇인가 달성하고 획득하고자 하는 감정의 표시이다.

⑧ 팔이 짧으면 무력감을 나타내며 충동에 대한 통제가 어렵고 성격적 결함을 뜻한다.

## 16 손 묘사

대인관계의 적응성을 나타낸다.

① 뚜렷한 모양을 나타내지 않고 이상하고 불명한 손은 사회에 대한 접촉이나 생산적 문제에 자신이 결핍되어 있다.

② 뒤로 얹은 손(열중쉬어)은 공격적이고 대인관계의 적응이 곤란하며 도피적 태도가 강하다.

③ 주머니 속에 넣은 손은 도피성을 나타낸다. 자위행위에 대한 태도 표시, 비행청소년에게 종종 나타나는 현상이다.

④ 손을 전혀 그리지 않을 경우는 자신의 무력감, 자세공포증, 신경증을 뜻하는 현실 거부적 성격을 나타낸다.

⑤ 손을 크게 그리는 것은 사교적, 잘 하고자 하는 강한 욕구를 표시하며, 성적 접근이 두려워서 방어하는 태도이다.

## 17 손가락 묘사

환경에의 직접적 적응을 표시한다.

① 성인의 경우 손의 윤곽보다 손가락부터 하나하나 그렸을 경우 아동기로 퇴행한 것으로 보아야 한다.

② 성인이 손가락을 자세히 강조(음영 등)한 그림은 도벽, 자위행위에 대한 죄악감을 나타낸 것이다.

③ 손톱을 구체적으로 표시한 것은 공격적·망상적인 태도를 뜻한다.
④ 강한 주먹은 공격적·적의적이다.
⑤ 어린이가 강한 주먹을 그렸을 경우 아버지에 대한 감정이 나쁘다.
⑥ 손과 팔을 위로 올린 그림은 현저한 반항심을 표시하는 것으로 비행청소년의 경우 비교적 많이 나타난다.

## 18 다 리

대인관계에 대한 의도, 가능성에 대한 상태를 나타낸다.
① 묘사가 좋은 경우: 성격의 안정성을 의미한다.
② 바지 밑으로 발을 표시 안할 경우: 우울, 의지가 소침한 사람, 정신적·성적으로 미숙하거나 거세적 공포가 있을 경우 흔히 나타난다.
③ 허약하고 가늘고 작으며 불안정한 다리: 노인성, 자아 쇠약의 감정을 나타낸다.
④ 가는 다리를 강조(음영 등으로): 성적 쇠약함이나 동성애 표시이다.
⑤ 과도하게 가는 다리: 그린 사람이 남자일 경우는 여성적인 강박적인 감정을 나타낸 것이다.
⑥ 안으로 꼬인 다리: 성적 접근을 방어하는 태도의 표시이다.

## 19 발가락

① 발가락 하나하나가 보일 경우: 병적인 공격성을 나타내고 정신분열증적 경향성을 나타낸다.
② 과도한 발가락, 손가락 강조: 공격성의 표시로서 망상분열증인 사람에게서 많이 나타낸다.

## 20 의 복

의복은 자기 신체에 대한 자기의식이 강한 것으로 해석되며 대인관계나 사회성에 대한 도덕적인 표현이다.

① 의복을 그리지 않고 나체상을 그리거나, 성기를 그리는 것은 정신분열증이거나 아니면 성적 갈등, 사회에 대한 반항 등을 뜻하며 자기중심적, 성적 부적응 등을 뜻한다.

② 의복을 평범하게 표시하지 않고 지나치게 강조하고 장식으로 꾸미는 것은 자기애적·사회애적 경향을 말하고 사회로부터 인정을 받고 싶어 하는 현시적 욕구의 표시이다.

③ 의복에 별로 신경 쓰지 않고 허술한 의복을 그리는 것은 현실적 도피나 공상세계를 추구하는 경향의 표시이다.

## 21 단 추

단추는 젖꼭지의 상징으로서 모친에 대한 의존욕구라고 한다. 지나치게 강조한 단추, 7개 이상 그리는 단추 등은 의존적이며, 유치하며, 무력감을 뜻하고 구순단계로 퇴행, 고착하는 것을 뜻하며 소매단추 등 부분적으로 강조한 단추는 자기중심적 강박적 경향을 나타낸다.

## 22 호주머니

단추와 같이 주머니의 강조는 유아적 의존적인 것이다.

① 특수한 형태의 주머니 강조는 정신질병적 적응의 증후로서 유아기적 애정의 표시이다. 물질의 결핍에 관계있는 것이며 때로는 죄악감, 자위를 뜻한다.

② 그러나 의복이 있을 장소에 가볍게 그린 것은 일일이 의존적이라 할 수 없으며 자아 확장과 성숙의 상징이기도 하다. 호주머니의 강조는 모친에의 의존 갈등이다.

## 23 넥타이

넥타이의 강조는 청년기의 묘화에 많이 나타나며 남성적 기질 또는 성과 관계가 많다.

① 작은 넥타이의 강조는 성적 무력감을 뜻한다.

② 넥타이에 진한 그림자를 그리는 것은 성적 부적응을 뜻한다.

③ 지나치게 강조한 넥타이는 성적인 부적응의 과잉 보상이고 성적으로 공격적인 사람이다.

④ 나비형 넥타이는 성적인 공격성과 성의 관심도 표시이다.

## 24 신발(구두)

신발은 성적 충동의 상징이며 신의 끈, 구멍 등의 강조는 강박적인 성격 또는 여성적 상징의 표현이다.

Chapter

# 13 Baum 검사

## 1 Baum 검사의 특징

1949년에 스위스의 K. Koch가 독일어로 '바움테스-정신진단학적 보조수단으로서의 『나무 그림검사』(Der Baum Test: Der Baumzeichenversuch als Psychodiagnostisches Hilfsmittel)'란 책자를 간행하였고, 1952년에는 그 자신에 의한 영역판(The Tree Test: The tree drawing test as an aid in psychodiagnosis)이 출간된 이래로 널리 보급되기 시작하였다.

이 Baum 검사, 즉 나무그리기 검사에 의한 검사 장면은 매우 편리하다. 피검자는 묘화능력을 알아보기 위한 검사로 생각하기 쉽기 때문에 검사에 대한 편견을 갖지 않는다. 묘화능력을 보기 위한 검사란 점에선 아무런 도움이 안 된다. 나무를 그린다는 것을 기술적인 입장에서 볼 때는 매우 어려운 작업이다. 많은 진단기법이 그 목적이 어디에 있는지 잘 모르기 때문에 피검자는 자연히 불신의 눈으로 바라보기 쉽지만 이 Baum 묘화법에선 그런 것이 없다. 주어진 과제가 미리 설정되어 있지도 않고, 어떤 방법으로 피검자의 의식적 비판(conscious, criticism)을 가능한 제거시키고자 하는 의도하는 바도 없기 때문에 이 검사는 피검자의 그림을 통한 자발적인 표현을 충분히 기대할 수 있다는 점에서 매우 유효하다.

## 2 검사 방법

그림그리기 용지의 크기는 A4규격(210mm × 297mm)이며, 묘화에 사용할 도구는 중 정도의 부드러운 4B연필 하나와 지우개가 필요하다. 이 검사에선 색채는 사용하지 않는다. 피검자의 거부적 반응은 거의 일어나지 않는다. 간혹 거부하는 사례가 있을 수 있다. 그림그리기에 소질이 없다는 이유로 거부하는 경우에는 능력검사가 아니란 점을 강조한다. 시간제한은 없다.

• 지시의 형식

"열매가 있는 나무를 될 수 있는대로 잘 그려 보세요. 그림은 용지의 공간을 전부 사용해서 그리시오."

• 변형

그림이 엉망이고 크게 부자연스럽거나 또는 다른 관점에서 검토할 필요가 있는 경우엔 2회 이상 검사를 되풀이한다. 이 경우의 지시는 다음과 같다.

"먼저 그린 그림은 틀렸습니다. 열매가 있는 나무를 다시 한 번 그려보세요." 만약 나무 위쪽 부분이 잎만 무성한 경우엔 "가지가 있는 열매가 있는 나무를 그려보세요."라고 지시한다.

## 3 해석 규준

Baum Test는 Hammer의 HTP 묘화 검사법과 그 분석기법이나 해석법에 있어서 유사한 점이 많지만 Baum Test의 분석법이 더 복잡하고 그 기준이 다양하다고 하겠다.

[그림 13-1]은 학교공포증이 있는 아동이 그린 것으로서 왼쪽 위 구석진 곳에 나무를 그리고 있다. 방관자적 입장, 회피적 공간 속에 자신의 위치를 나타내고 있다. [그림 13-2]는 파괴형(hebephrenic) 정신분열증 환자가 그린 나무이다. 대인관계에 무관심하고 상황의 변화에 무관심하며 감정표출도 단순화되고 있다.

[그림 13-1]

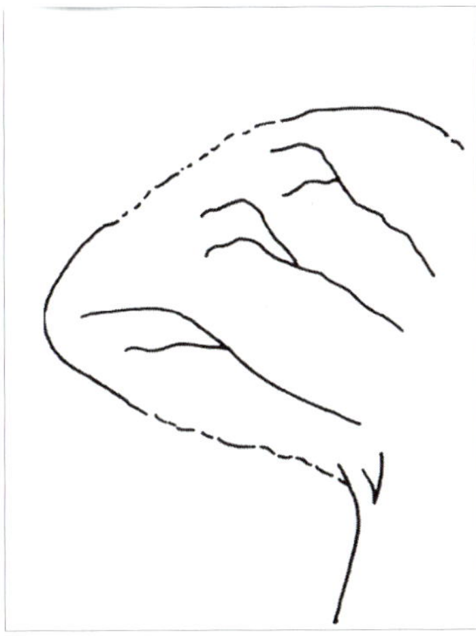

[그림 13-2]

이 그림은 Koch식, 즉 공간도식의 입장에서 해석한다면, 오른쪽은 외계이며 미래성을 나타낸다. 이 환자가 대인접촉을 피해서, 외계에 관심을 나타내지 않는 상태상과 이 공간상징이 갖는 의미가 완전히 일치되고 있다.

Baum Test의 해석법을 약술하면 다음과 같다.

## 1) 나무그림의 검토체계

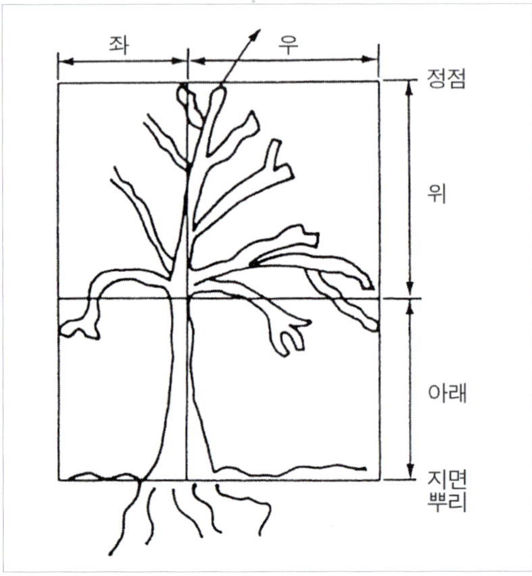


줄기를 중심으로 볼 때 오른쪽으로 나뭇가지가 많이 뻗었느냐, 아니면 왼쪽으로 더 많이 뻗어 있느냐, 가지가 수양버들가지처럼 밑쪽으로 많이 뻗어 있느냐, 줄기의 방향이 우향쪽인가 좌향쪽인가, 줄기의 높이와 굵기의 비율 등을 검토한다.

[그림 13-3]

## 2) 공간상징

나무축을 중심으로 나무줄기가 오른쪽으로 뻗어 있으면 외향성, 왼쪽으로 뻗어 있으면 내향성으로 평가된다(나무줄기는 원래 밑에서 위로 뻗는다). 나무 줄기선이 밑쪽으로 많이 향했으면(수양버들가지처럼) 도피적 경향을 나타낸다. 일반적으로 왼쪽의 강조는 내향성, 주관성, 자폐성, 사려성, 거부, 용의주도, 사소한 것을 걱정하는 성격을 나타내는 것으로 해석된다. 이에 반해 오른쪽의 강조는 자기확대, 자신감, 성취욕구, 외향성, 몽상, 미래성, 주의집중력의 결핍, 충동성을 나타낸다.

다음 그림부터는 각 그림에 대한 진단 해석의 지표로 고려될 수 있는 내용만을 간단히 열거하기로 한다.

## 3) 뿌　리

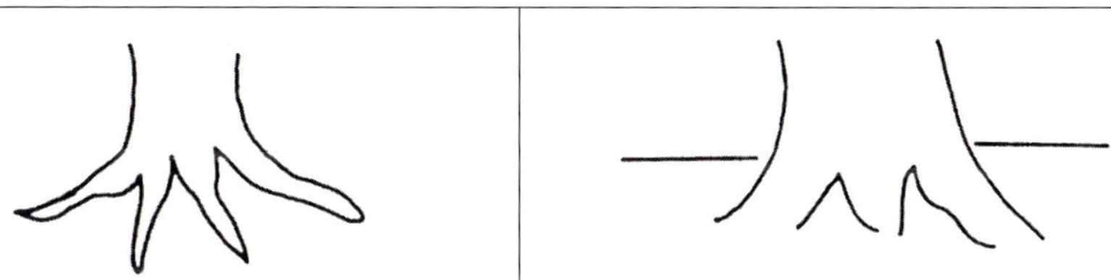

| 파동성, 원시성<br>나태, 충동성<br>고착, 고지식 | 정체성<br>억제(학습 그 밖의 곤란)<br>미숙성, 보수적, 의존적 |
|---|---|

[그림 13-4]

## 4) T형의 줄기

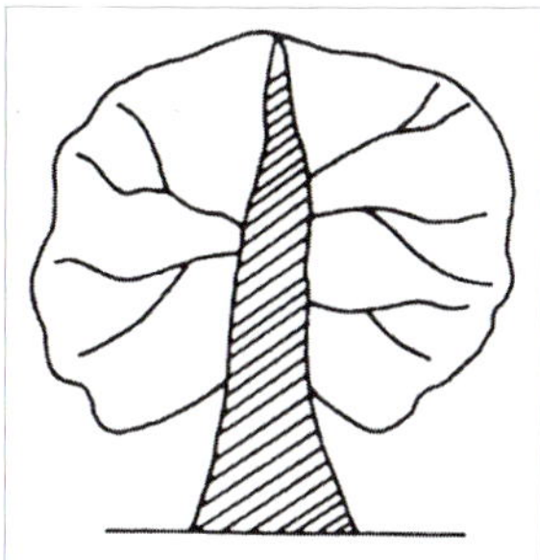

퇴행경향
이론보다 실행가
손을 쓰는 능력, 실행능력
열심
활동적, 근면성
강열성
추진력

[그림 13-5]

## 5) 줄기의 밑부분

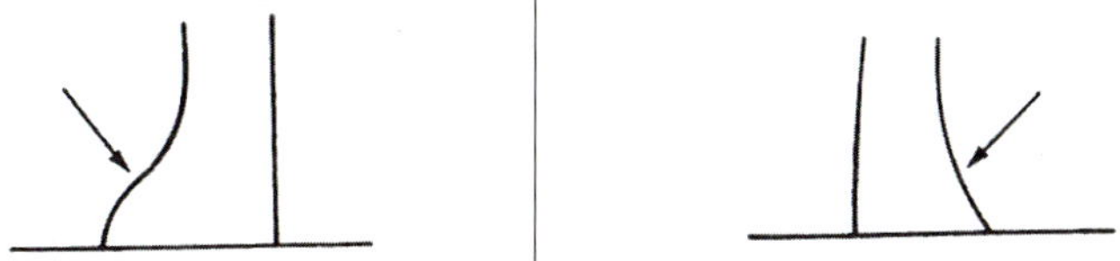

| (위쪽 부분이 곡선형) 과거에의 고착,<br>모친과의 관련성, 억제 | (오른쪽 부분이 곡선형) 권위에 대한 불안, 불신,<br>경계, 상대에 대한 저항, 비협조심 |
|---|---|

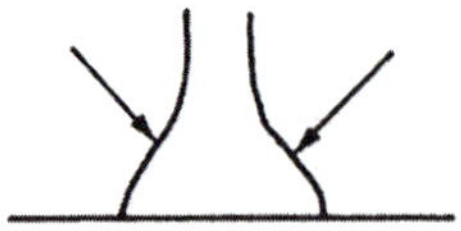

(좌우가 곡선형) 학습 곤란(특히 뿌리가 붙어 있을 때) 이해력 부족, 사고저해, 발달 지체, 우둔

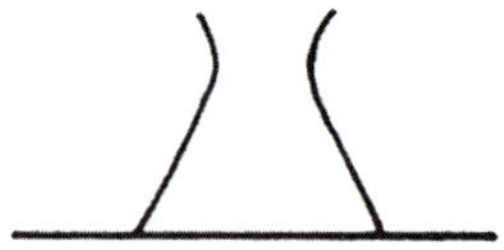

이론가, 이기보다 오히려 실행가, 실제적인 사람, 구체적, 시각적

[그림 13-6]

## 6) 음영표현

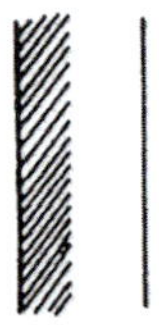

내향적인 경향, 억제적, 민감성, 무뚝뚝, 탄력성 부족, 부자유

접촉능력, 적응의욕

[그림 13-7]

## 7) 줄기의 윤곽

〈짧은 선으로 된 불연속 가지선〉

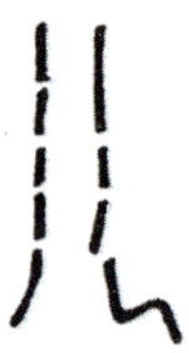

충동적
신경질적, 민감
폭발성 흥분
내향적

[그림 13-8-1]

〈왼쪽의 불규칙선〉

억제적
심리적 외상체험
내적으로 약함

[그림 13-8-2]

〈오른쪽의 불규칙선〉

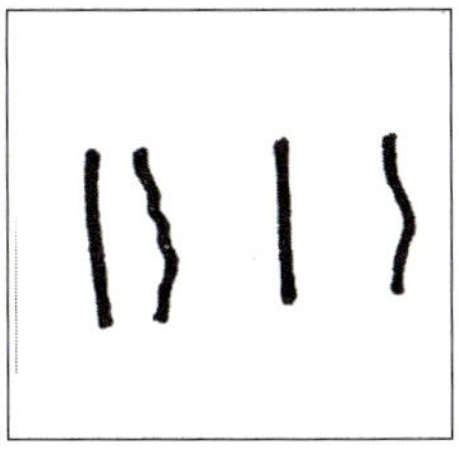

적응곤란
갈등
발달장애
질병체험
심리적
외상체험

[그림 13-8-3]

〈물결의 선〉

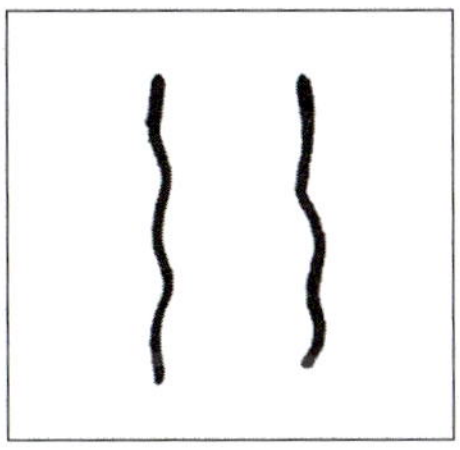

쾌활
활동적
적응적

[그림 13-8-4]

〈산만한 선〉

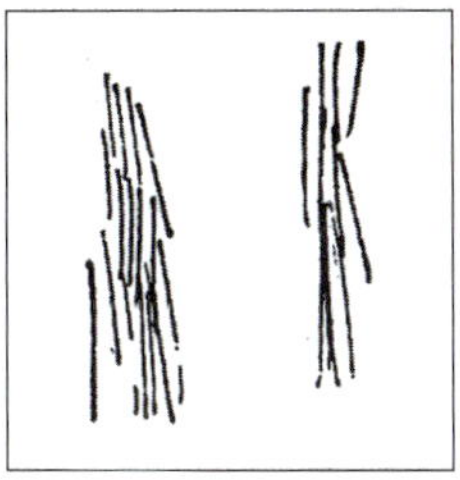

감수성 강함
감성적
공감성 풍부
성격결함
쉽게 동일시함

[그림 13-8-5]

## 8) 줄기 껍질

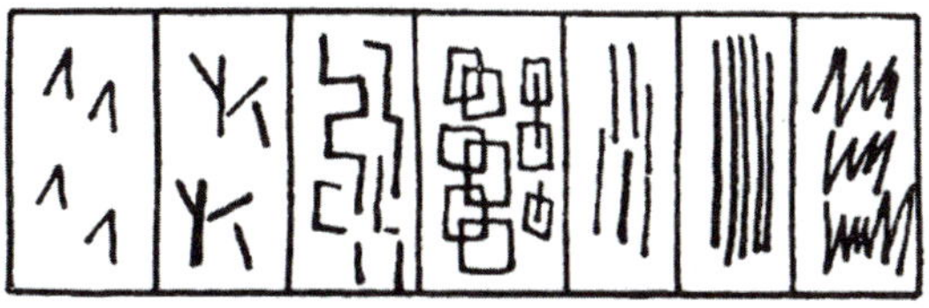

날카로움
비판적
민감성
감수성
폭력성
화 잘 내는
거친

[그림 13-9]

### 9) 똑바른 평행스런 줄기(균제)

모범적, 의욕적, 객관성, 모방성, 확실한 생각, 바른 아동과 같은 점이 있음

[그림 13-10]

### 10) 줄기의 길이와 관(冠)부의 크기

〈짧은 줄기, 큰 관부〉

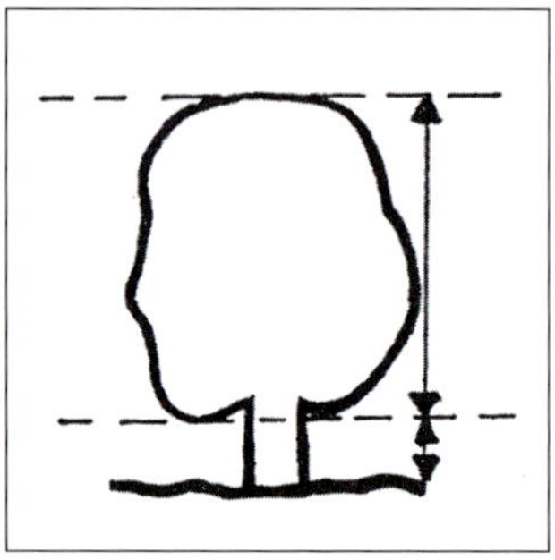

자신
완성에의 욕구
야심적
자기집착
자기상찬
정열적, 열광적
열사

[그림 13-11-1]

〈긴 줄기, 작은 관부〉

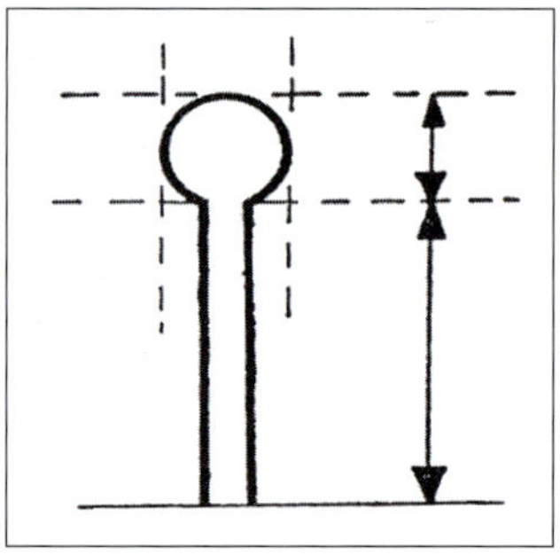

발달지체
정신박약
유아성,
퇴행적 태도

[그림 13-11-2]

〈꽈리 모양의 관부〉

활동성
융통
사교성
쾌활
인내심 결여
지속성 결여
결속성

[그림 13-11-3]

〈난잡한 선으로 된 관부〉

생산성
충동성
집중력 결여
활동성
안정성 결여
의지 약함
계획성 결여

[그림 13-11-4]

〈음영으로 표현된 관부〉

수동적, 몽상적
우울
현실성 결여,
무관심
신경질적
명확성 결여
쾌락추구형

[그림 13-11-5]

## 11) 줄기 밑쪽으로 늘어진 관부

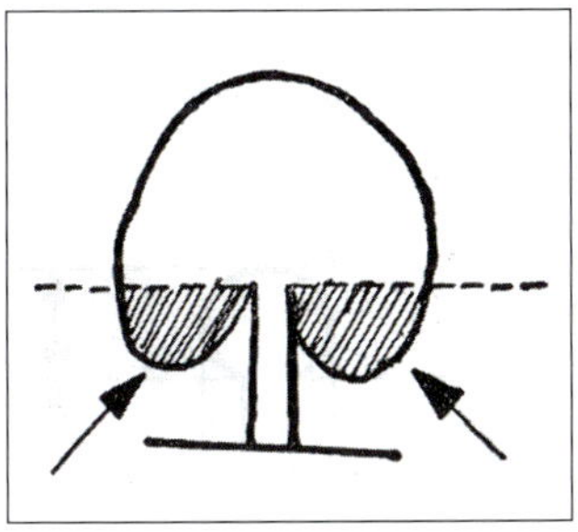

정서적 둔감
약한 의지
창조성 결여
공격성 결여
우유부단

[그림 13-12]

## 12) 관부 밑에 줄기 낮은 쪽으로 나온 가지

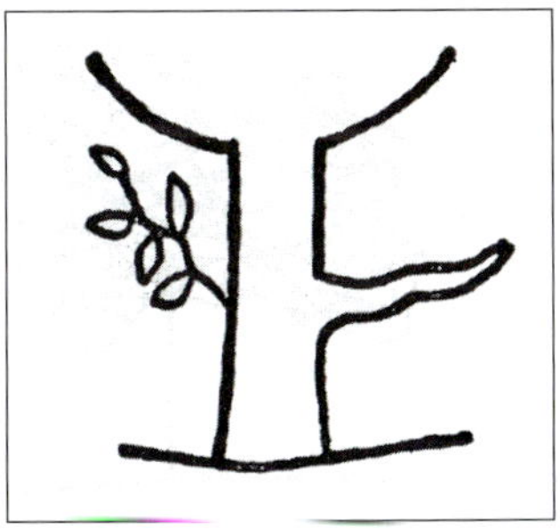

퇴행적
유아적
특출행동
부분적 발달 억제

[그림 13-13]

### 13) 공이나 구름형의 관부

활기 없는
에너지 결여
과장성
낙천적
공상적
집중력 결여
현실생활을 두려워함

[그림 13-14]

### 14) 가지의 중심

〈중심으로 향하는 (구심적)〉

집중력
활력성
결단력 있는
독립의식
만족, 조화
융통성 결여

[그림 13-15]

〈중심으로 향하는 (원심적)〉

공격성
충동성
적극성
근면, 열심
주도성
적응적 경향
외향성
방어적
거부적

[그림 13-16]

### 15) 가지의 모양

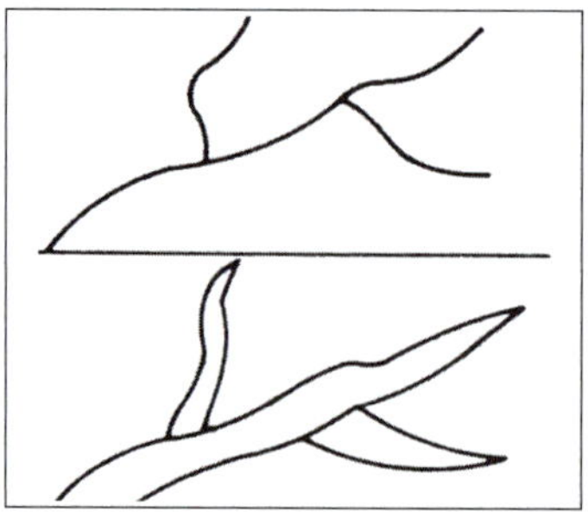

(한 가닥의 선으로 된 가지)
- 아동기 이후의 경우: 지능, 성격면에서 가벼운 발달지체
- 신경증의 환자인 경우: 퇴행의 징후

(두 가닥의 선으로 된 가지)
성숙

[그림 13-17]

## 16) 가늘고 복잡하게 뻗은 가지망

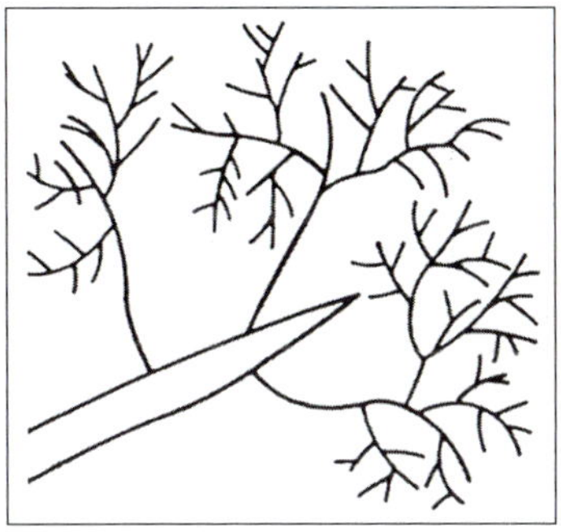

감수성이 강함, 민감성, 인상에 크게 지배받는 사람, 개방성

- 가지의 끝부분이 날카로운 경우: 비판적, 공격적, 풍부한 감수성
- 줄기나 가지 끝이 구부러졌거나 일정치 않을 경우: 정신박약, 발달지체

[그림 13-18]

## 17) 잎

외계의 관찰능력, 쾌활, 관능적, 극화나 표현을 즐기는, 시야가 좁은, 인정을 받고 싶은 욕구, 원기 있는 어린이와 같은 세계관

[그림 13-19]

## 18) 떨어지는 잎

감수성
감정의 미묘
산만함
자기를 간단히 표현
곧 발산하는
선물 주고 싶은

[그림 13-20]

## 19) 무늬형 가지

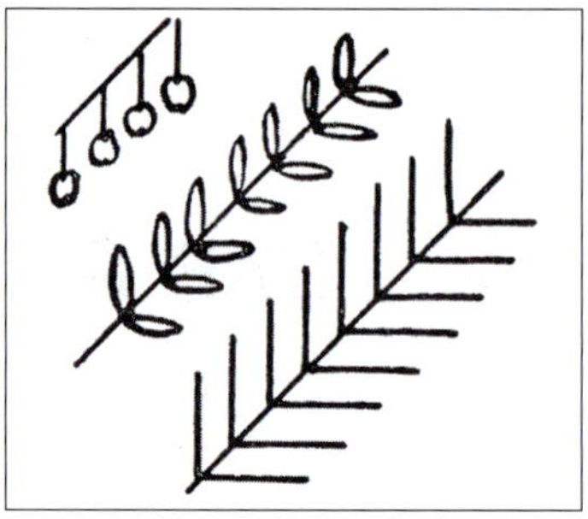

정신박약
발달지체
시야가 좁은
재능 결핍
자기표현 결여
원시적

[그림 13-21]

## 20) 떨어진 열매, 떨어지는 열매

상실
무엇인가 희생하는
무엇인가 포기하는
집중력 결여
감수성
사고나 감정을 쉽게
발산하는 명각성

[그림 13-22]

## 21) 꽃

자기찬미 고착
지속성 결여
역사적인 것 둔감
자기과시적
끈기 결여
현재의 순간에 관심

[그림 13-23]

## 22) 열매

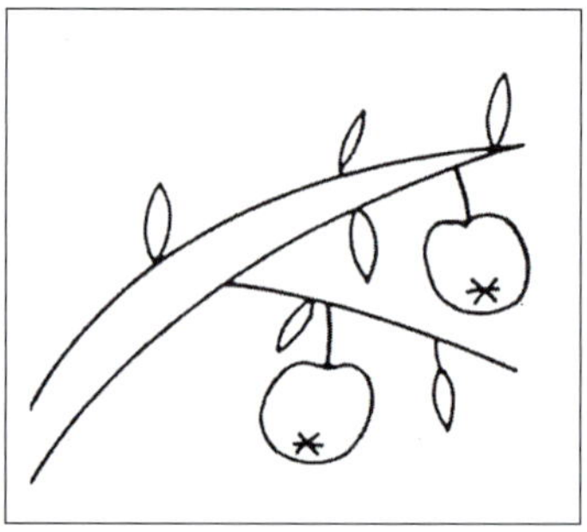

자기의 능력 과시, 성숙, 지속성의 결여,
완성욕, 낙천주의, 높은 보수를 바라는
(직업선택 시) 부자가 되고 싶은, 성급함
(기다리지 못하는)

[그림 13-24]

# Chapter 14 DAP 검사

## 1 DAP의 특징

자유로이 그려진 남녀 각각의 인물화상을 바탕으로 성격을 진단하기 위한 목적으로 1949년에 K. Machovre가 『인물화에 성격투사』란 저서를 간행하면서부터 DAP(Draw a Person) 검사가 세상에 보급되기 시작하였다.

미국에선 임상심리학자들이 애용하는 Rorschach Test, TAT 다음으로 많이 이용되고 있다. 근래 와서는 F. L. Goodenough가 개발한 DAM(Draw a Man) 검사(남성상만 그림)가 보급되고 있기도 하다.

Machovre는 인물화 예컨대, 팔을 묘사시켰을 때 그 팔의 묘사가 천차만별(팔짱을 낀다든가 그냥 옆으로 내려뜨리든가 등 뒤로 감추던가)이라는 점에 주목하여 그림의 크기, 위치, 획의 강도 등을 성격진단의 자료로 의미가 있음을 강조하면서 이러한 '상징적 언어'를 해독하기 위한 여러 해의 노력 끝에 그녀는 '신체 심상(body image)의 투사'라는 기본적 가정을 확립하였다. 이 가정의 바탕에는 전제가 있는 바, 즉 성격은 진공 속에서 발달하는 것이 아니라 신체의 운동, 느낌, 생각을 통하여 이루어진다는 것이다. 따라서 신체 심상은 자기애(self-regard), 자아상(self-image)의 복잡한 반영으로 보는 것이다. Machovre는 "투사된 신체 심상은 피검자의 충동, 불안, 갈등, 보상 등을 반영하며, 그려진 인물은 바로 그 사람이며 종이는 환경을 의미한다."고 주장하고 있다.

일반적 용어로 표현한다면, 인물을 그린다고 하는 것은 일정한 환경 속에서 삭용하는 자아(self) 또는 신체를 표현해 주는 것이다. 여기에서 표현되는 것은 이른바 신체 이미지(body image)라 하겠다.

그림의 형식적 특징 및 구조적 특징으로 볼 수 있는 운동 및 표현적 측면은, 그림의 내용 속에 해명하기 어렵게 짜여 들어가 있다. 그리고 그림 속에 에너지의 분배를 볼 수 있는데 생략, 선의 흔들림, 원근법, 강조, 지운 곳, 그늘지게 한 것 등은 그 그림을 그린 사람이 부여한 것이기 때문에, 이 그림 속에서 우리는 갈등의 위치 같은 것을 볼 수 있다.

따라서 인물화 검사 분석 요인으로는 그림의 크기, 선의 압력, 그림의 위치, 제목, 그림 자세, 배경, 정확성, 완전도와 세부, 대칭, 선의 강조, 원근법, 비율, 그늘, 강조점, 지운 것 등을 들 수 있다. 같은 정도로 중요한 것은 그림의 내용이다. 즉, 몸의 일부분으로 되어 있는 옷, 즉 액세서리 등은 얼굴의 표정이나 그림의 색조와 함께 아주 기능적으로 중요한 의미를 갖는다.

## 2 검사 방법

검사자는 피검자에게 지우개가 딸린 연한 연필과 16절지 크기의 백지 두 장을 주고, “사람을 그려라.”고 지시하는 것이다. 아주 어린아이들에게는 “누구의 그림이든지 마음대로 그려라.”라고 지시하는 것이 좋을 것이다. 그렇게 해서도 잘 지시가 이해되지 않을 때에는 “남자 아이나 여자 아이의 그림을 그려라.”라고 지시하는 것이 좋을 것이다.

어떻게 지시를 하든지, 지시를 할 수 있는 대로 너무 특별나게 구체적으로 하지 말 것이다. 만일 피검자가 자기는 그림을 잘 그리지 못한다든지, 자기는 재간이 없다고 말할 때에는 그림을 잘 그리고 못 그리고는 아무 상관이 없다고 하는 것을 설명해 주어야 한다. 왜냐하면 우리가 알고 싶은 것은 다만 그 사람이 무엇을 하고 있느냐 하는 점이다. 만일 피검자가 머리만 그리고는 다 되었다고 할 때에는 머리만 그리지 말고 몸 전체를 그리라고 지시할 것이다. 그리고 그의 반응을 기록해 두는 것이 좋을 것이다. 몸 전체를 그리라고 하면 설명해 주는 것 이외에는 질문에 대한 답을 너무 분명히 구체적으로 대답하지 말고 그저 "너 좋도록 또는 네 마음대로 그려라."라고만 대답해야 한다.

그림을 한 장 다 그리면 다른 백지에다가 처음 그림의 반대 성(性)의 그림을 그리도록 지시한다. 처음에 남자를 그렸으면 다음은 여자 그림을, 처음에 여자 그림을 그렸다면 다음은 남자 그림을 그리게 한다.

그런데 실시에 있어서 한 가지 선택의 여지가 있는 것은, 그림 그리기가 다 끝나고 난 뒤에 몇 가지 질문을 해도 좋다는 점이다. 다음 <표 14-1>은 어린아이들에게 사용할 보충질문지이고, <표 14-2>는 어른들을 위한 질문지이다.

〈표 14-1〉 아동용 보충질문지

<table>
<tr><td>이름</td><td colspan="2">생년월일　　년　　월　　일생</td></tr>
<tr><td>검사날짜</td><td>학년</td><td>남　　여</td></tr>
<tr><td colspan="3">* 당신이 그린 사람을 연극이나 동화의 주인공이라고 생각하고, 될 수 있는 대로 다음 질문 모두에 대답을 해 주세요.<br><br>1. 이 사람은 지금 무엇을 하고 있지요?<br>2. 이 사람 나이는 얼마나 됩니까?<br>3. 이 사람은 결혼했습니까?<br>4. 어린아이가 있습니까? (남자아이입니까? 여자아이입니까?)<br>5. 이 사람 직업은 무엇입니까?<br>6. (학교에 다니면) 몇 학년에 다니고 있습니까?<br>7. 이 사람 소원은 무엇입니까?<br>8. 얼마나 머리가 좋습니까?<br>9. 얼마나 건강합니까?<br>10. 얼마나 잘 생겼습니까?<br>11. 몸의 제일 나쁜 곳은 어디입니까?<br>12. 몸의 제일 좋은 곳은 어디입니까?<br>13. 얼마나 행복한 사람입니까?<br>14. 무슨 걱정이 있습니까?<br>15. 어떤 때 화를 냅니까?<br>16. 어떤 성질이 있습니까?<br>17. 어떤 나쁜 습관을 가지고 있습니까?<br>18. 좋은 점은 무엇입니까?<br>19. 친구가 많습니까? (자기보다 나이가 많습니까? 자기보다 어립니까?)<br>20. 사람들이 이 사람을 뭐라고 합니까?<br>21. 가족들과는 얼마나 즐겁게 지냅니까?<br>22. 학교를 얼마나 좋아합니까?<br>23. 사내아이(또는 여자아이)들과 얼마나 자주 놀러 나갑니까?<br>24. 재미있어 하는 때는 언제입니까?<br>25. 결혼할 것입니까?<br>26. 언제(몇 살 때) 결혼할 것입니까?<br>27. 어떤 사람하고 결혼할까요?<br>28. 세 가지 소망이 있다면 무엇일까요?<br>29. 이 그림의 사람을 보면 누구 생각이 납니까?<br>30. 이 그림의 사람처럼 되기를 바랍니까?<br>31. 그 밖에 이야기하고 싶은 것은 없습니까?</td></tr>
</table>

〈표 14-2〉 성인용 보충질문지

| 이름 | 연령 | 날짜 | 남　　여 |
|---|---|---|---|
| 문제 | | 진단 | |
| 인물화에 대한 소견과 절차: | | | |

연상: 인물화의 주인공이 소설이나 연극의 주인공이라 생각하고 이야기를 만드시오.

1. 그 사람은 지금 무엇을 하고 있지요?
2. 그 사람 나이는 얼마나 됩니까?
3. 그 사람은 결혼했습니까?
4. 어린아이는 몇이나 됩니까?
5. 그 사람은 누구와 살고 있습니까?
6. 그 사람은 아버지를 좋아합니까? 어머니를 좋아합니까?
7. 그 사람은 누이나 형제가 있습니까?
8. 그 사람 직업은 무엇입니까?
9. 그 사람은 학교는 어디까지 다녔습니까?
10. 그의 소원은 무엇입니까?
11. 그 사람은 얼마나 머리가 좋습니까?
12. 그 사람은 얼마나 힘이 셉니까?
13. 그 사람은 얼마나 건강합니까?
14. 그 사람은 얼마나 잘 생겼습니까?
15. 그 사람 몸에서 가장 뛰어난 곳은 어디입니까?
16. 그 사람 신체 중에서 가장 나쁜 곳은 어디입니까?
17. 그 사람은 신경질적인 편입니까?
18. 그 사람이 항상 생각하고 있는 것은 무엇입니까?
19. 그 사람이 가장 화를 잘 내는 일은 무엇입니까?
20. 그 사람이 무서워하는 것은 무엇입니까?
21. 그 사람이 슬퍼하는 것은 무엇입니까?
22. 그 사람이 품고 있는 세 가지 소원은 무엇입니까?
23. 그 사람의 장점은 무엇입니까?
24. 그 사람의 단점은 무엇입니까?
25. 그 사람은 여러 사람과 같이 있기를 좋아합니까? 또 혼자 있기를 좋아합니까?
26. 다른 사람들이 이 사람에 대해서 무엇이라고 이야기를 하고 있습니까?
27. 그 사람은 의심이 많은 사람입니까?
28. 그 사람은 자기 부인(여자면 남편, 미혼자면 부모)과 어떻게 지내고 있습니까?
29. 별거하거나 이혼한 적이 있습니까?
30. 다른 여자(또는 남자)와 놀아본 적이 있습니까?
31. 그의 아내(또는 남편)가 놀아본 적이 있습니까?
32. 그의 부인(남편)과의 성생활을 어떻게 느끼고 있었습니까?
33. 최초의 성경험은 언제 가졌습니까?
34. 사랑하는 여자(또는 여자면 남자)가 있습니까?
35. (미혼자만) 결혼할 생각을 가졌습니까?
36. 어떤 여자(남자)를 좋아합니까?
37. 동성애를 한 경험이 있습니까?
38. 자위행위(수음)는 얼마나 자주합니까?
39. 그 일에 대해서 어떻게 생각하고 있습니까?
40. 그 사람을 보면 누구 생각을 하게 됩니까?
41. 당신도 그 사람처럼 되고 싶습니까?

피검자에게 직접 묻는 사항

1. 당신 몸 중 가장 나쁜 부분이 어디입니까?
2. 당신 몸 중 가장 좋은 부분은 어디입니까?
3. 당신의 좋은 점은 무엇입니까?
4. 당신의 나쁜 점은 무엇입니까?

[주의] 모든 질문은 피검자의 연령과 남녀에 따라 거기에 맞도록 물을 것. 임상적인 가치가 있는 대답을 재차 확인해서 정확하게 파악할 것. 인물화의 애매한 곳과 옷 입은 것 중 의심나는 곳을 표시해 두었다가 물어볼 것. 주인공에게 주어진 어떤 특징이 자기의 경우에도 들어 맞는지를 물어볼 것. 이 마지막 질문이 퍽 유익한 것이다.

이와 같은 질문지 답변 내용은 인물화 검사의 본질적인 부분에 속하지 않는다. 그러나 그 피검자에 대해 가치 있는 직접적인 임상적 정보를 얻을 수가 있는 것이다. 그리고 이것으로 검사자는 그림으로 나타난 반응의 타당성에 대한 검토를 할 수가 있다. 대개는 그림 그 자체는 언어적 설명과는 별도로 해석하는 것이다. 다른 보충설명과는 관계없이 분석되기도 한다.

## 3 해석 규준

### 1) 그림의 형식

#### 1 그림의 순서

| 인물화 | 해석 |
|---|---|
| ① 남·여 그림을 각각 두 장 그리게 할 때 동성의 인물화를 먼저 그린다. | • 자신과 동일시 |
| ② 남·여 그림 중 이성의 그림을 먼저 그린다. | • 성격장애(동성애 등)<br>• 의존성<br>• 대인관계 장애, 현실도피 |
| ③ 맨 나중에 머리를 그린 것<br>④ 다리와 손을 먼저 그린 것 | • 자아의 약화 |

### 2 그림의 크기

| | |
|---|---|
| ① 종이 크기에 비해 인물의 크기가 매우 작은 그림 | • 열등감, 자아부적절감, 무력감<br>• 자신감, 공격성 |
| ② 종이 크기에 비해 인물의 크기가 매우 큰 그림 | • 이상적 자아상반영 |

### 3 그림의 위치

| | |
|---|---|
| ① 중앙 위편 | • 긴장감, 자신감 부족 |
| ② 중앙 아래편 | • 비관적, 억압적 |
| ③ 왼편 | • 내성적, 여성적 |
| ④ 오른편 | • 적대적, 남성적 |
| ⑤ 중앙 | • 자율적, 낙천적, 안정 |

## 2) 그림의 내용

| | |
|---|---|
| ① 남자 피검자가 남자 그림은 작고 여자 그림을 크게 그린 것. | • 성정체감(gender identity)의 약화 |
| ② 여자 피검자가 남자 그림은 크게, 여자 그림은 작게 그린 것. | • 수동적, 의존적 |
| ③ 동적, 움직임이 있는 그림 | • 진보적, 지적, 적극성 |
| ④ 정적, 움직임이 없는 그림 | • 억압적, 자폐적, 소극성 자신감 결여 |
| ⑤ 누워 있는 그림 | • 정서적 장애, 충동성 결여 |
| ⑥ 로보트, 인형그림 | • 정신분열증 후 |

## 3) 그림의 선

| | |
|---|---|
| ① 강한 선 | • 의욕적, 적극적 |
| ② 약하고 희미한 선 | • 약한 에너지 수준, 소극적 |
| ③ 선의 강약 혼합 | • 불안정, 충동적 |
| ④ 수평적인 선 | • 무력감, 여성적 |
| ⑤ 수직선 | • 남성적, 자기주장, 활동성 |
| ⑥ 음영 | • 불안감 |
| ⑦ 단번에 그어져 있는 선 | • 안정성, 지구력 |
| ⑧ 짧고 방향이 바뀌는 선 | • 불안감, 지속성의 결여 |

## 4) 인물화의 신체부위

| | |
|---|---|
| ① 머리나 얼굴이 다른 부위에 비해 큰 그림 | • 공격성, 학업부진, 권위, 지적 열망, 두통 |
| ② 머리나 얼굴이 작은 그림 | • 강박신경증, 지적 무능력, 죄악감 |
| ③ 큰 눈 | • 공격성 |
| ④ 작은 눈 | • 외부환경에 둔감 |
| ⑤ 감은 눈 | • 신체적 자기애 |
| ⑥ 퉁방울 눈 | • 성적충동, 공포 |
| ⑦ 눈동자의 생략 | • 자기중심적, 히스테리가 심한 사람 |
| ⑧ 귀의 모양, 위치, 크기가 이상한 그림 | • 정신병리적 현상 |
| ⑨ 강하고 큰 코 | • 남성적, 자기주장, 성적 열등감 |
| ⑩ 코에 그늘 또는 지우거나 잘라버린 그림 | • 성적 갈등 |
| ⑪ 수염 그린 것 | • 남성 정체감의 약화 |
| ⑫ 직선적 입 | • 언어적 공격성 |
| ⑬ 타원형의 입 | • 의존성 |
| ⑭ 치아를 크게 그린 그림 | • 공격적 가학적 |
| ⑮ 큰 눈과 눈썹 그린 것 | • 동성애 |
| ⑯ 턱을 크게 그린 것 | • 충동성, 공격성 |
| ⑰ 큰 귀 | • 청각장애, 타인의 비판에 신경 쓰는 |
| ⑱ 가늘고 긴 목 | • 소화장애 |
| ⑲ 짧은 목 | • 감정통제가 안 된 자 |
| ⑳ 좁은 몸통 | • 열등감, 충동성 |
| ㉑ 팔과 다리가 가늘다 | • 열등감 |
| ㉒ 넓게 벌린 팔 | • 강함, 공격적, 적극적 |
| ㉓ 너무 긴 팔 | • 야심가 |
| ㉔ 몸통에 밀착한 팔 | • 방어적, 소극적 |
| ㉕ 큰 주먹 | • 공격성 |
| ㉖ 호주머니에 넣은 손 | • 죄악감, 현실도피 |
| ㉗ 손톱 | • 강박증 |
| ㉘ 교차된 다리 | • 성적 방어 |
| ㉙ 길이가 다른 다리 | • 충동성 |
| ㉚ 큰 발 | • 안정욕구 |
| ㉛ 작은 발 | • 의존성 |
| ㉜ 발가락 강조 | • 억압적, 적대적 |
| ㉝ 여성의 가슴을 특히 강조 | • 의존적 욕구 |

# Chapter 15 S C T

## 1 검사의 특징

문장완성 검사(SCT: Sentence Completion Test)는 연상검사(association test)의 응용으로서 발전한 것이다. 처음에는 Galton에 의해 자유연상법(free association test)이 연구되고, W. Wundt와 J. M. Cattell에 의해 다시 단어연상법(word association test)으로 발전하였고 이어 Kräepelin과 Jung의 임상적 연구에 이어 D. Rapaport와 그의 동료들의 연구에 의해 단어연상법이 투사법으로서의 성격진단의 유효한 방법으로 확립되었다. 그 후 단어연상법은 다시 문장완성법으로 더욱 발전하게 되었고 그 대표적인 검사는 WUSCT(Washington University Sentence Completion Test)이다. 이 검사는 미완성의 비교적 짧은 문장(예컨대, "나는 자주 사람들로부터……" 등)을 제시하여 공백부분을 연상하되, 자기 자신의 이야기로 자유롭게 써넣게 함으로써 하나의 문장으로 완성시키는 검사법이다.

## 2 검사 방법

검사의 형식은 제작자에 따라 여러 가지인 바 특히 자극어의 종류나 수에 있어 차이가 많다. 그러나 짧은 단어나 구가 주어지고 피검사자가 이것을 자유롭게 문장으로 완성시킨다는 점에서는 동일하다.

검사자는 실시방법을 설명하면서 다음과 같은 점을 강조해야 한다.

① 답에는 정답, 오답이 없다. 생각나는 것을 쓸 것
② 글씨쓰기, 글짓기 시험이 아니므로 글씨나, 문장의 좋고 나쁨을 걱정하지 말 것
③ 주어진 어구를 보고 제일 먼저 생각나는 것을 쓸 것
④ 주어진 어구를 보고도 생각이 안 나는 경우에는 번호에 0을 치고 다음으로 넘어가서 글짓기를 하고, 최후에 완성시킬 것
⑤ 시간에 제한은 없으나 너무 오래 걸리지 않도록 빨리빨리 쓸 것
⑥ 볼펜이나 연필로 쓰되, 지울 때는 두 줄로 긋고, 다음 빈 공간에 쓸 것

검사지에 예문을 두어서는 안 되며 검사시간은 30개의 자극어로 약 30~40분 정도면 족하다.

자극어는 일반적으로 개인의 신체, 신념, 의욕, 희망, 갈등, 경험, 감정, 태도, 욕구 그리고 가족관계, 교우관계, 직장동료관계 등 대인관계나 사회적 관계에 속한 내용들이 선정된다.

## 3 해석 방법

### 1) 반응유형

SCT에서 흔히 찾아볼 수 있는 각 반응유형은 다음과 같다.

① 고집형: 내용의 변화가 적고, 특정의 대상이나 욕구를 고집하며 반복이 많은 자(인성의 경직성, 흥미의 거짓임을 나타냄)
② 감정단(短) 반응형: 짤막한 감정적 어휘로 반응하는 자(저지능이거나 감정통제가 되지 않음)

③ 장황형: 장황하게 빽빽하게 적어 넣는 자(신경증적인 사람이나 강박경향이 있다)
④ 자기중심형: 어느 문항이고 자기중심의 주제로 바꿔버리는 자(미숙한 사람에 잘 나타난다)
⑤ 허위반응형: 도덕적인 반응으로 시종하는 자(자기를 잘 보이게 하려는 방어태도의 출현)
⑥ 공상반응형: 비현실적인 생각이나 공상을 말하는 자(도피적인 인성이거나 검사에 대한 방어적 태도)
⑦ 모순형: 검사 전체에 모순이 보이는 자(무의식중의 갈등)
⑧ 반문(反問)형: 확실히 결정짓지 못한다(권위에 대한 반항의 표현).
⑨ 은닉형: "말할 수 없다."와 같은 반응(자기 방어적 태도)
⑩ 거부형: 반발(방어적 태도)
⑪ 병적 반응형: 망상(정신분열증)

## 2) 해석 방법

### 1 해석의 준거

검사결과의 해석은 일반적으로 성격적 요인으로써 ① 지적능력 측면, ② 정의적 측면, ③ 가치 지향적 측면, ④ 정신역동적 측면에 대해서, 또 결정적 요인으로서, ⑤ 신체적 요인, ⑥ 가정적·성장적 요인, ⑦ 대인적·사회적 요인에 대해서 이루어지며, 그 분석을 통해 그 개인의 성격이나 적응상태 등을 이해하게 된다.

### 2 유의 사항

① 전술한 반응형도 문장의 내용과 함께 해석의 의거점으로 활용되며, 특히 형식 분석은 의미가 없다.

② 짧게 그리고 자유롭게 표현된 문장에는 감춰진 의미가 중요한 단서가 되어 있는 일이 많기 때문에 수량적 평가는 의미가 없다.

③ 전체를 통해 잘 읽어 보고, 일관된 특징, 표현상의 모순, 미묘한 감정, 각 영역에서의 방향성, 타인에게 비춰지는 자기의 모습, 진기한 반응, 이해하기 어려운 반응 등을 추려본다.

# PART IV 작업검사

CHAPTER 16 • Kräepelin 검사

# Chapter 16 Kräepelin 검사

## 1 검사의 특징

인간의 작업과정에는 그 개인의 성격의 영향이 반영된다고 보고 있다. 작업검사법(performance test)은 피검자에게 일정한 작업을 시켜, 그 성적이나 작업태도 등의 분석에 의해 성격특징을 알아내고자 하는 것이다. 이 검사방법 중 가장 대표적인 것은 E. Kräepelin에 의해 1902년에 제창된 Kräepelin test이다.

Kräepelin은 인간의 정신·신체적 작업의 경과가 일정한 법칙에 따라 진행할 것이라는 가설하에, 작업경과의 형태, 형태를 규정하는 정신적 인자, 개인차에 의한 출현형태, 내적·외적인 특수 조건에 의한 변화 등에 대하여 연구하였다. 그 중의 하나가 '연속가산작업'이다.

연속가산작업이란 한 자리의 숫자가 많이 나열되어 있는 행렬에서 좌우 이웃간의 두 숫자를 덧셈해 그 답의 끝자리 숫자만을 두 숫자의 사이 아래쪽에 기록하기를 계속해나가는 단순한 작업이다. 피검자에게 먼저 15분간 매 1분마다 행을 바꿔가면서 덧셈 작업을 하고 5분 휴식을 취한 다음 또 15분간 똑같은 작업을 반복한다. 이렇게 하여 얻은 1분간마다의 작업량을 단위로 횡축에, 또한 검사시간을 종축으로 잡아 [그림 16-1]과 같이 곡선을 작성한다.

이 작업 곡선에서 곡선의 형을 보고 작업량, 곡선형, 의지노력, 휴식효과, 오류량 등을 분석하여 성격을 판단한다.

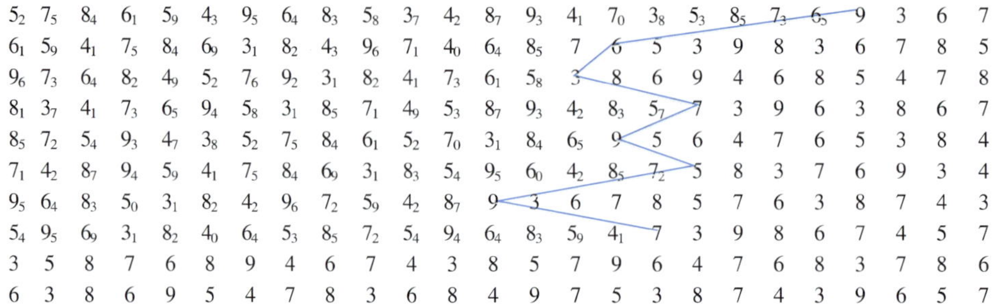

[그림 16-1] Kräepelin 검사의 작업곡선 예

## 2 기본 가설

개인의 작업곡선은 각양각색이며, 명확한 개인차를 나타내고 있는데, 정상인의 경우 평균곡선을 그려보면, 전반 15분에서는 작업개시 처음 제1분이 가장 높고 점차 하강하다가 중간 부분에서 다시 회복하여 상승하는 'U'자형 곡선을 나타내고, 후반 15분에서는 후반기의 작업량 전체가 전반기의 작업량보다 많고, 또 처음 제1분의 작업량이 전후반 전체 행 중에서 가장 높이 치솟다가 하강하면서 한 번 파상을 이루고 점차 감소하는 형태를 보이고 있다. 그런데 어떠한 장애가 있는 경우에는 그 장애에 상응한 일정한 이상형(異常型)이 나타난다.

### 1) 작업곡선에 미치는 기본요인

작업곡선에 미치는 기본요인은 다음과 같다.

① 의지긴장: 의지가 긴장하면 작업능률이 오른다. 정상 건강인에서는 처음 제1분째에 '초두노력'이라는 형태로 나타나고, 작업의 마지막 부분에 가까워지면 '종말노력'이라는 형태로 나타난다.

② 흥분: 작업이 계속되고 있으면 관련되는 여러 가지 기능이 흥분하여 작업량이 증가한다.

③ 숙달: 흥분이 일시적인 것인데 대하여 숙달은 보다 지속적이다. 흥분은 휴식에 의하여 쇠퇴해가는 데 대하여 숙달은 장시간 남는다. 그런, 정신박약자와 같은 정신결함자에게는 숙달이 생기지 않으며 따라서 정상 건강인에게서 보이는 '휴식효과'가 나타나지 않는다.

④ 연습: 숙달이 축적되어 그 효과가 쌓여간다. 연습은 서서히 작업량을 증가시켜 어느 일정수준까지는 항상 상승하고는 고원현상을 이룬다.

⑤ 피로: 심신의 피로는 당연한 것으로 작업능률을 저하시킨다. 그러나 휴식에 의하여 어느 정도까지 회복하여 '휴식효과'를 보게 된다.

### 2) 작업과정에 미치는 정신적 요인

① 먼저 의지긴장이 초두노력을 나타낸다.

② 이어서 흥분이 의욕상승이라는 모습으로 이어진다.

③ 서서히 작업에 숙달되어 강력한 긴장을 갖지 않아도 작업이 원활하게 진행하게 된다.

④ 그러나 이렇게 하는 동안에 피로가 축적되어 의지긴장의 해제와 함께 작업능률이 약간 저하된다.

⑤ 피로의 증가에도 불구하고 연습효과가 높아지고 또 종말노력으로서의 의지긴장이 첨가되어 작업량이 점차 증가된다.

⑥ 휴식효과에 의하여 피로가 일단 회복하고, 동시에 연습효과와 초두노력에 의하여 전체 작업 중 가장 높은 작업능률을 나타낸다.

⑦ 그러나 의지긴장의 해제와 함께 작업량이 감소하고 피로의 축적이 빠른 속도로 진행한다.

⑧ 작업량 감소에 대하여 일시적인 흥분과 의지 노력이 이를 보충하려고 하나, 최대 작업량까지에는 이르지 못한다.

⑨ 마음은 간절하나 여의치 못하고 점차적으로 작업량이 감소하면서 마지막으로 진행한다.

⑩ 작기는 하나 종말노력의 모습을 보이면서 검사를 마친다.

이러한 작업과정은 정상 건강인의 것에 대한 고찰인데 모든 사람에게 동시에 각각의 인자가 작용하는 것은 아니고 대다수 정상 건강인의 평균적인 것으로 생각한 경우이다. 그러나 정신적인 장애가 있는 사람에게서는 이러한 인자가 없다든지 또는 이상하게 증강되리라는 것이 쉽게 생각되면, 그러한 이상상태와 특정한 장애를 관련지을 수 있을 것으로 생각된다.

## 3 검사 방법

피검사자가 검사자의 신호를 알아들을 수 있는 상황이면 수백 명이 동시에 받을 수 있다. 단 피검사자 30명당, 1명의 검사보조자를 두는 것이 좋다. 실시 순서는 다음과 같다.

① 연필 세 자루를 가졌는지 확인한다. 볼펜, 샤프, 지우개 등은 안 된다.

② 용지를 배부하고 인적사항을 기입시킨다.

③ 수검방법을 설명한다.

제1행의 왼쪽에서부터 단단위 숫자 2개를 합하여 그 답의 단단위(끝의 한 자리 숫자: 0~9)를 두 숫자 사이 아래편에 적어 넣는다. 정확하게 1분되었을 때 '다음 줄'이라고 구령한다(1분이란 사실은 피검사자에게 알리지 않는다). 구령이 떨어지면 즉시 다음 행의 가장 왼쪽으로 가서 덧셈을 시작한다. 행을 띄우지 않도록 주의하되, 만약 띄었을 때는 상관하지 않고 그대로 계속한다.

작업은 빨리하고 틀리지 않게 하되 답이 틀린 것을 알았을 때에는 즉시 가로줄 하나를 긋고 그 위에 정답을 적어 넣는다. 오답 지우는 시간은 가능한 한 짧아야 한다. 지우개는 쓰지 않는다.

④ 연습란에서 연습시킨다. 연습란 제1행은 처음부터 끝까지 천천히 시켜 덧셈의 모든 경우를 익히게 하고, 제2행부터는 행 바꾸기의 구령과 행끝 남은 구령 '다음 줄, 그만! 연필 놓고'를 연습시킨다. 제2행부터의 연습시간은 행

당 15초 또는 20초가 좋다.

⑤ 본 검사는 연습이 끝난 후 1~2분 후에 한다.

⑥ 전반기 검사는 15분이다. 매 1분마다 '다음 줄' 구령을 한다.

⑦ 휴식은 5분이다. 4분 40초 시점에서 후반기 검사에 대한 준비를 시킨다.

⑧ 휴식 5분 정각에 후반기 검사를 시작한다. 요령은 전반기와 같다.

⑨ 검사 종료 후 검사시 겪었던 신체적·정신적 느꼈던 점을 기록하게 한다. 이는 판정 시의 참고 사항이 된다.

⑩ 검사자가 시간 계측을 잘못하여 정각 1분에서 1~2초 초과하였을 때는 65초 또는 70초 시점에서 '다음 줄' 구령을 하고, 다음 행의 검사시간은 55초 또는 50초가 아니고 그대로 1분으로 한다. 검사종료 후에 5초 또는 10초 초과분을 해당행의 작업량에 비례하여 감산한다.

## 4 검사결과의 채점

### 1) 검사결과의 정리

먼저 검사지를 점검한다. 답이 누락된 곳은 붉은 펜으로 삼각형 표시를 하고, 오답은 동그라미를 친다. 답의 누락이 없는 경우에는 최종 숫자에 붉은 점을 찍는다. 답의 누락이 있는 경우에는 누락된 수만큼 감한 곳에 점을 찍고 검사지 우측란에 작업량, 오답량, 누락량을 기록한다. 오답은 작업량에 포함시키고 또 별도로 계산한다. 행의 누락이 있는 경우에는 다음 줄의 정리 결과를 앞 행에 당겨서 점을 찍고 기록한다. 전반기에서 15개의 점이 찍히면 붉은 사인펜을 사용하여 차례로 선을 그어 곡선을 만든다. 후반기 작업검사 내용도 전반기와 같은 요령으로 곡선을 만든다.

### 2) 채점 방법

① 전반기 각 행의 작업량, 오류량, 누락량을 각각 합산하여 기록하고 평균작업량은 소수점 첫째 자리까지, 오류율은 소수점 둘째 자리까지 계산하여 기록한다. 후반기 검사도 동일한 요령으로 정리한다.

② 전반기 평균작업량을 기준으로 후반기 작업량의 백분율(후기 증감률)을 단 단위까지 계산하여 기록한다.

③ 전반기 평균 오류량, 후반기 평균 오류량을 소수점 첫째 자리까지 계산한다. 후반기도 동일하게 한다.

④ 전반기의 최대작업량과 최소작업량의 차를 계산한다. 후반기도 동일하게 한다.

⑤ 제1분의 작업량을 평균작업량으로 나누어 소수점 둘째 자리까지 계산한다. 전반기와 후반기로 나누어 계산한다.

⑥ 작업량의 차이를 평균작업량으로 나누어 소수점 둘째 자리까지 계산한다.

⑦ 'V'자형 함몰의 빈도를 계산한다. 앞뒤 작업량과를 고려하여 평균 진폭의 1.5배 이상의 것으로 쐐기형이어야 한다.

## 5 해석 방법

### 1) 수량적 해석

작업량의 판정은 5단계로 평정한다. 평정의 기준은 후반기 평균작업량에 의한다.

〈표 16-1〉 작업량 수준별 기준(성인)

| 작업량수준 | E | D | C | B | A |
|---|---|---|---|---|---|
| 평균작업량 | 14.9% 이하 | 15.0~29.9 | 30.0~44.9 | 45.0~69.9 | 70.0 이상 |
| 분포 | 5% | 25% | 40% | 25% | 5% |

미성년자의 판정은 연령에 따른 작업량의 차이가 많으므로 16세 미만에서는 연령 감소에 따른 작업량 감소를 감안해야 한다.

〈표 16-2〉 **연령별 후기 평균작업량**

| 연령(세) | 남 | | 여 | |
|---|---|---|---|---|
| | 평균작업량 | SD | 평균작업량 | SD |
| 17 | 56.3 | 10.31 | 49.6 | 10.82 |
| 16 | 53.7 | 11.67 | 50.0 | 9.75 |
| 15 | 49.2 | 12.33 | 51.6 | 11.25 |
| 14 | 48.7 | 12.50 | 47.5 | 11.30 |
| 13 | 39.6 | 12.25 | 41.8 | 11.78 |
| 12 | 31.4 | 13.06 | 31.4 | 10.29 |

지능과 작업량의 관계는 지능이 비교적 높은데도 작업량이 낮은 자(D 단계)는 성격상의 결함 또는 이상이 있는 자가 많고 동시에 후기증감률(휴식효과율)이 낮은 자가 많다. D단계에서 후기증감률이 적은 자는 지적장애뿐 아니라 정서면에서도 장애가 있는 경우가 많다.

## 2) 질적 해석

### 1 정형성 경향

전후기를 통하여 작업곡선의 밑바탕을 흐르는 주된 경향을 기본경향이라 하는데 정형성 기본경향에 있어서도 성인과 미성년과의 사이에 차이가 보인다. 성별에 의한 차이는 없다.

### (1) 성 인

전반기에서는 초두가 높게 시작하여 파동을 그리면서 점차적으로 하강하다가 중앙부에서 최저에 이르고, 다시 상승하여 종말부에 이르러 끝난다. 종말부의 상승 정도는 초두를 넘지 않는다. 전체적으로 볼 때 'U'자형을 보인다. 최저점이 초두부 또는 종말부에 있는 것은 정형성 기본경향에서 제외된다. 후반기에서는 제1분 작업량이 전체를 통하여 가장 높게 시작하여 일단 급강하하였다가 제3~5분만에 약간 상승하거나 정체하고는 중앙부, 종말부 쪽으로 파동을 그리며 하강한다. 전체적으로 볼 때 '좌상우하'의 느낌을 준다.

### (2) 미성년

16세 이상은 성인과 같은 기본 경향을 보이며, 12~15세는 성인에 준하는 경향을 보인다.

## 2 비정형성 경향

① 작위형: 작업량을 조작하는 불성실한 태도의 징표이다. 수평선, 사선, 규칙적 변화, 구령불복, 임의로 써넣기로 구분된다.
② 돌발형: 초두부 이외에서의 급격한 돌출을 말한다. 폭발성 기질 소유자에 많이 있는 형이다.
③ 의지이완형: 동요가 적고 하강을 거듭한다. 극도의 피로 시에 나타난다.
④ 의지결여형: 작업량이 적고 평탄한 경향을 보인다. 검사 거부 태도가 검사실시 중에 여실히 나타난다.
⑤ 의지해소형: 곡선에 갑작스런 함몰이 나타난 것, 순간적 기능장애, 긴장의 갑작스런 붕괴로 본다.
⑥ 통각동요형: 격심한 동요의 반복이 보인다. 정서불안, 의지장애의 징표이다.
⑦ 파상형: 통각동요의 정도보다 낮은 동요의 반복이 보인다.

⑧ 저능형: 작업량이 극히 적고 수평적 경향을 보이며 지적결함·주의산만의 징표이다.

⑨ 오류형: 탈제지 현상이 있음을 알리는 것으로 오답의 분포양상에 따라 다음과 같이 구분한다.

ⓐ 산재성: 오답이 여기저기 흩어져 발생, 전체 작업량의 3% 미만은 무방하나 5% 이상이면 비정형성이 심한 것으로 보아야 한다.

ⓑ 집중성: 오답이 한 자리에 집중하는 것이다. 돌출부 위에 집중성 오류형이 있으면 정신기능에 심각한 문제성이 있음을 알리는 징표가 된다.

ⓒ 시간 증가성: 검사시간의 경과에 따라 오답이 폭증하는 것이다. 정신기능에 심각한 문제성이 있음을 알리며, 상승형과 겹칠 때는 극심한 비정형성으로 보아야 한다.

ⓓ 단절성 오답: 오답이 단절적으로 생기는 경우이다. 산재성 오류형보다 비정형성이 강하다.

ⓔ 특정성: 특정 숫자의 덧셈만을 틀리는 것이다. 고착관념이 있음을 암시하는 것으로 일반적으로 오류율이 높지 않다.

P A R T

# V 심리검사의 척도구성법

CHAPTER 17 • 척도구성법

# Chapter 17 척도구성법

심리검사의 방법은 질문지법이나 면접법 등 여러 가지 방법이 있겠으나 대체로 다음과 같이 분류된다.

① 직접적 행동을 관찰하는 방법

② 생활사적 문서의 분석에 의한 방법

㉠ 자서전

㉡ 사례기록

㉢ 편지

㉣ 자기 또는 회상기

③ 구두면접법에 의한 측정

④ 질문지법에 의한 태도 측정

⑤ 척도에 의한 태도 측정

㉠ Bogardus의 사회적 거리척도(社會的 距離尺度, Social-distance scale)

㉡ Thurstone의 등현간격법(等現間隔法, Method of equal appearing intervals)

㉢ Likert의 누적평정법(累積評定法, Method of summated rating)

㉣ Guttman의 척도분석법(尺度分析法, Method of scale analysis)

㉤ Lazarsfeld의 잠재구조분석(潛在構造分析, Latent structure analysis)

㉥ Osgood의 의미판별법(意味判別法, Semantic differential technique, SD法)

⑥ Projective test에 의한 방법

여기에서는 다섯 번째의 질문지법에 의한 척도구성에 한해서 설명하고자 한다.

보통 질문지로써 태도를 측정하는 경우에는 항상 그 작성상의 논리성에 대하여 불안감을 갖지 않을 수 없다. "이러이러한 질문문이기 때문에 이러한 결과가 나온 것이지, 다른 질문문에서는 다른 결과가 나올 것이 아닌가?"라는 불안인 것이다. 또 동일문제에 대한 태도를 측정하기 위하여 몇 개의 질문지를 나누어 실시할 때 그것들을 종합적·전체적으로 취급해야 할 필요성을 느낄 때가 많다. 그러나 그러한 질문항목을 하나로 결합하는 논리적 체계는 보통의 질문지 작성 절차상으로는 기대하기 곤란하다. 개개의 질문문에 논리적인 안정성을 부여하고 몇 개의 질문을 하나의 전체로 통합할 수 있는 논리적 체계를 바란다는 것은 당연한 관점인 것이다. 검사척도란 이러한 요구에 부응하기 위해 마련된 것이다.

## 1 Thurstone의 방법

이것은 일명 등현간격법(等現間隔法, Method of euqul appearing intervals)이라고 부르고 있다. 1929년 L. L. Thurstone에 의해서 발표되어 그 후 확립된 한 개의 검사척도이다. 이것은 다음의 절차에 의해서 척도화되었다.

### 1) 척도구성의 절차

#### 1 의견의 수립

어떤 특정의 문제에 대한 의견을 가능한 한 많이 수집한다. 보통 그 수는 100~150개이다. 수집된 의견 중 사실(fact)을 서술한 것(즉 의견이 아닌 것), 내용이 맞지 않는 것, 표현이 복잡해서 이해하기 곤란한 것, 어구나 말투가 지나치게 학술적·전문적인 것 등 의견의 찬부를 물어보는 데에 부적절한 것들을 제외시킨다. 가능한 한 세세한 의견이 반영되도록 노력한다.

## 2 판정자 그룹의 구성

여기에서 판정자라는 것은 태도측정을 해 본 적이 있는 전문가를 말한다. 그러나 이와 같은 사람은 그리 많지 않기 때문에 그 문제에 관하여 바람직한 의견인지 아니면 바람직한 의견이 아닌지를 단계적으로 식별하여 평정을 할 수 있는 사람이면 좋다. 단 그 경우에 자기가 갖고 있는 의견과 혼동됨이 없이 객관적으로 판단할 수 있는 사람에 한해야 한다. 보통 대학교육 이상을 받았거나 심리학·교육학·사회학 전공자가 바람직하며 인원수는 30～50명이 되어야 한다.

## 3 판정자의 의견분류

판정자 한 사람 한 사람은 1에서 수집된 하나하나의 의견에 대해서 그 의견이 주제에 관하여 바람직한 의견인지 아닌지를 몇 단계로 나누어 평정하게 된다. 이때에 의견 하나하나는 각각 1장의 카드에 미리 인쇄해 두는 것이 좋다. 한편 11장의 카드를 준비하여 거기에 각각 A, B, C, ……, K라고 기입한 카드를 첨부하여 배부한다. A의 카드에는 "A에 가까울수록 ～의 가치를 가장 높이 평가하고 있음을 나타낸다", F의 카드에는 "F에 가까울수록 중립적 의견을 나타낸다", K의 카드에는 "K에 가까울수록 ～의 가치를 가장 낮게 평가하고 있음을 나타낸다"라고 쓰여 있고, 다른 카드에는 B, C, D, E, F, G……의 문자가 쓰여 있을 뿐이다. 그런 후에 분류자에게 다음 지시가 주어진다. 다음의 예에 있어서는 분류해야 할 의견이 130개인 경우이다.

**분류자에 대한 지시**

① 여기에 130장의 카드가 있습니다. 각각 그 속에는 ～의 가치에 관한 의견이 1개씩 진술되어 있습니다. 이들 의견은 여러 사람으로부터 모은 것입니다.
② 이들 카드를 11단계로 분류하여 주십시오.
③ 별도로 A, B, C, D, E, F, G, H, I, J, K가 기록된 11장의 카드를 배부하겠으니, 우선 이 11장을 알파벳순으로 나란히 펴 주십시오. A라고 쓰인 카드 위에 130개의 의견 중, ～의 가치를 가장 높이 평가하고 있는 의견이라고 생각되는 것을 골라서 두고, K의 카드 위에

는, ~을 가장 경시하고 있는 의견이라고 생각되는 것을, 또 F의 카드 위에는 중립적인 의견을 두어 주십시오. 그 밖의 문자의 카드 위에는, 각 카드에 쓰인 의견의 평가 정도에 따라 같은 방법으로 나란히 펼쳐 주십시오.

④ 결국 귀하는, 최고 A에서 최저 K를 포함한 11단계에 130개의 의견을 순서대로 나란히 펼쳐 놓는 셈이 됩니다.

⑤ 각 카드에 분류하는 의견 카드를 같은 수만큼씩 두어 통일하려고 해서는 안 됩니다. 의견 카드는 각 단계에 평균적으로 분산되는 것은 아닙니다.

⑥ 제일 처음에, 의견카드를 한 번 읽어 보시고, 그 후에 닥치는 대로 한 개씩 뽑아서 분류하는 쪽이 쉬울 것입니다.

⑦ 45분 쯤이면 전부 분류됩니다.

## 2) 척도구성법

### 1 척도와 다의성(多義性)의 계산

앞서 3에 의해 각각의 의견에 30~50개(판정자 수만큼)의 태도치가 주어지고 있지만 여기에서 척도치와 의견차의 비율(Thurstone은 이것을 다의성<objective criterion of ambiguity>이라고 부르고 있다)을 계산하게 된다. 척도치는 평균치도 좋지만 일반적으로 중앙치(median)로 나타낸다. 의견차의 비율은 표준편차가 좋지만 보통 사분편차(quartile deviation)로 나타내고 있다.

지금 척도치의 계산과 의견차의 비율의 계산방법을 구체적으로 예시하면 다음과 같다.

의견: 교회는 사람에게 행복감을 주게 된다.

이 의견에 대한 판정자 그룹의 판단 결과는 다음과 같이 나타났다고 하자(판정자는 50명).

〈표 17-1〉 어떤 의견에 대한 판정자의 판정빈도의 분포

| 빈도수 \ 단계 | ← 긍정적이며 바람직한 의견 | | | | | | | | | | 바람직하지 못한 부정적 의견→ |
|---|---|---|---|---|---|---|---|---|---|---|---|
| | 1 | 2 | 3 | 4 | 5 | 6 | 7 | 8 | 9 | 10 | 11 |
| | A | B | C | D | E | F | G | H | I | J | K |
| 판정빈도 | 8 | 20 | 14 | 5 | 2 | 0 | 1 | 0 | 0 | 0 | 0 |
| 누적빈도 | 8 | 28 | 42 | 47 | 49 | 49 | 50 | 50 | 50 | 50 | 50(명) |

중앙치 $Mdn = L.L + \left(\frac{\frac{N}{2} - fc}{f}\right) i = 1.5 + \frac{\frac{50}{2} - 8}{20} \times 1$

$= 1.5 + 0.85 = 2.35$

4분편차 $Q = \frac{Q_3 - Q_1}{2}$

$$Q_3 = L.L + \left(\frac{\frac{3}{4}N - fc}{f}\right) \times i = 2.5 + \frac{37.5 - 28}{14} \times 1 = 3.178$$

$$Q_1 = L.L + \left(\frac{\frac{1}{4}N - fc}{f}\right) \times i = 1.5 + \frac{12.5 - 8}{20} \times 1 = 1.725$$

$\therefore Q = 0.726$

결국 "교회는 사람에게 행복감을 주게 된다"라는 의견은 "교회에 대한 태도"를 구성하는 척도의 한 항목으로서 척도치 2.35, 다의성의 지표로서 0.726을 가지는 셈이다.

## 2 척도의 구성

척도를 구성하는 항목은 20~30개 정도가 좋다. 그 때문에 우선, 다의성의 수치가 큰 것(의견차의 비율이 큰 것, 즉 사분편차의 값이 큰 것)을 우선 버린다. 버리는 규준은 없지만 40~50개 항목이 남을 정도의 규준을 정하는 것이 실제적이다. 다음에는 끝으로 남을 20~30개 항목이 되도록 하면 등간격의 척도치를 갖게 한다.

Thurstone은 인간의 태도는 본래 복합적인 것이어서 일반적인 태도형으로서는 측정될 수 없으나 특정의 차원에 입각할 때는 그 차원에 관한 한 극단적인 의견으로부터 반대되는 극단의 의견에 이르기까지 어디엔가 각자의 태도를 못 박을 수 있다고 생각한 것이다.

각자의 태도를 태도연속체의 어디엔가 못 박아 그 위치를 파악하게 되면 사람들의 태도를 순위나 거리(또는 간격)로서 비교할 수 있게 된다. 문제는 척도의 단위인 것이다. 다수의 의견을 모으고 이것을 전문가에게 판정시켜 보면 그 평정치는 결코 무질서하게 분포되어 있지 않고 어떤 값의 근처에 높은 확률적 밀도로 분포되기 마련이다. 그 대표치를 척도치로 정하게 되면 타당성 있는 척도치가 될 것이다. 그러나 등간격으로 펼친 의견을 모아서 척도를 만들면 일정한 단위를 가진 동간척도가 된다고 생각한 것이다.

Thurstone법의 출현은 세상에 나온 이래로 의견측정의 역사에 있어서 획기적인 이정표 구실을 했다. 이 법이 나오기까지는, 태도는 각 연구자의 주관에 의해서 작성된 질문지에 의해서 측정하는 것에 불과하였다.

### 3) Thurstone법에 의한 척도구성의 예

이제 Thurstone법을 사용한 테스트의 일례를 다음에 제시해 보겠다.

Thurstone이 작성한 「교회에 대한 태도」의 척도(일부)

다음에 진술된 글들 중 교회에 대해서 귀하의 심정을 나타냈다고 생각되는 것에는 모두 ○표를 하여 주십시오. 어느 항목이나 귀하 자신의 교회에 대한 경험에 입각해서 해석해 주십시오.

1. 교회의 가르침은 전연 형식적이어서 아무런 사회적 의의가 없다고 생각된다.(8.3)
2. 교회의 예배는 나에게 영감(inspiration)을 불어 넣어 주며 다음 주일 동안 나의 최선의 생활을 위한 도움이 된다.(1.7)
3. 교회의 예배는 즐겁고 격려적이다.(2.3)
4. 교회에 가면 음악이 즐거운 예배를 갖게 한다.(4.0)
5. 나는 종교를 지지하지만, 교회에는 거의 안 간다.(5.4)
6. 교회는 사회나 개인에게 아무런 이익을 못준다고 생각한다.(10.5)
7. 교회의 멤버(member)가 되는 것은 최선의 생활을 하기 위해서는 마땅히 본질적 조건이라고 생각한다.(1.5)

8. 교회의 온정주의적·자선주의적 태도는 나의 취미와는 전연 맞지 않는다.(8.2)
9. 교회에 다니는 것은 그 국민의 덕성의 좋은 지표라고 생각한다.(2.6)
10. 나는 이따금씩 교회와 종교의 필요성을 느끼면서 때때로 그것을 의심한다.(5.6)
11. 교회는 원래 건전한 것이지만, 그 일부 신자들 때문에 오명을 듣게 되었다고 생각한다.(3.9)
12. 교회는 사회의 기생충이라고 생각한다.(11.0)
13. 교회에서는 베풀어주는 은총의 대가로서 너무 많은 돈을 요구한다고 나는 생각한다.(7.5)
14. 나는 교회와 그 가르침에 어린 시절부터 믿어 왔기 때문에 그것들을 믿는다.(4.8)

*(　) 속의 숫자는 척도치로서 조사표에는 표시되어 있지 않다. (　) 속은 척도치, 즉 중앙치를 표기한 것임.

## 2 Likert의 방법

### 1) 척도구성의 절차

이 방법은 리카트법(Likert method) 또는 누적평정법(method of summated rating)으로 불리고 있는데 Thurstone법보다 뒤에 나타났다. R. Likert는 새로운 척도구성의 절차를 발표했는데 그것은 다음과 같다.

① 보통의 질문지 조사와 같이 어떤 주제에 관하여 몇 가지 의견(20~30개 정도)에 각기 '대단히 찬성', '약간 찬성', '보통', '약간 반대', '절대 반대'라는 5단계 평정선택지를 첨부한 조사표를 작성한다. 물론 몇 가지 의견의 타당성이나 어법(wording)에 대해서는 사전에 충분히 검토되어 있지 않으면 안 된다. Thurstone법과 같은 선택 규준은 없고, 보통의 설문조사 작성과 똑같은 것이다.

② 조사를 실시한다. 이 경우 피조사자에게 각 항목에 대해서 자기의 의견에 가장 적합한 1개의 선택지를 뽑게 한다.

③ 그 반응분포를 기초로 해서 시그마치법($\sigma$치법: 정규분포곡선의 수표 이용법)을 사용하여 각 선택지에 득점을 매긴다.

④ 개인의 태도치의 총득점을 구한다. 구하는 방법은 개인이 골라 뽑은 선택지에 앞에서 말한 점수가 첨부되어 있기 때문에 그것을 그대로 사용하면 된다.

⑤ 총득점에 따라서 개인에 순위가 정해진다. 이것을 기초로 해서 내적 일관성의 검토가 이루어진다. 그 다음에 이 규준을 충족시킨 항목이 Likert 척도를 구성하는 의견 항목이 되는 것이다.

이상이 Likert법에 의한 태도척도 구성의 절차이다. 비교적 간단한 것이나 조금 복잡한 것이 있다면 시그마치법에 의하여 반응카테고리의 수치를 매기는 것과 내적 일관성의 검토이다.

### 2) 표준편차법의 적용

Likert는 태도치를 적당한 단위를 취함으로써 평균은 0, 표준편차(시그마) 1을 가진 가우스 분포(Gaussian curve; 정규분포곡선<Normal distribution curve>), 즉 단위정규곡선(unit normal curve; N = 1, M = 0, $\sigma = 1$의 곡선)을 가정하고 있었다. 따라서 태도치의 분포는

$$f(x) = \frac{1}{\sqrt{2\pi}} e^{\frac{z^2}{2}}$$ (이 공식은 단위정규곡선을 나타내는 것이다.)

에 따라서 생각하게 된다.

가령 의견의 반응이 $x_1 x_2 x_3 x_4$라는 점수가 주어졌을 때, $-\infty$에서 $x_1$까지의 면적은 '절대 반대', $x_1 \sim x_2$까지의 면적은 '약간 반대' ……를 주장한 사람의 상대빈도를 나타낸 것이라 하자.

조사의 결과 어떤 의견에 대한 찬성, 반대의 상대빈도가 [그림 17-1]의 곡선과 같이 나타났다면

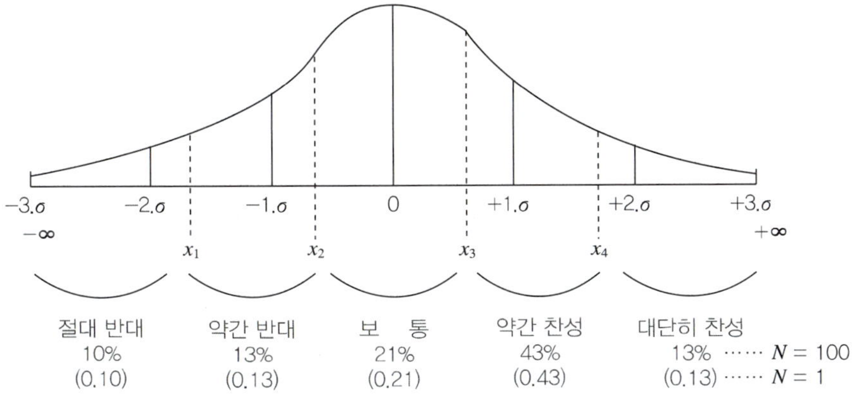


**[그림 17-1] 시그마치법의 해설**

절대 반대 $\int_{-\infty}^{x_1} f(x)dx = 0.10$

약간 반대 $\int_{x_1}^{x_2} f(x)dx = 0.13$

보통 $\int_{x_2}^{x_3} f(x)dx = 0.21$

약간 찬성 $\int_{x_3}^{x_4} f(x)dx = 0.43$

대단히 찬성 $\int_{x_1}^{\infty} f(x)dx = 0.13$

이 된다.

시그마치법이란 평균치를 그 상대빈도로서 나누어 준 것이기 때문에 예를 들면, '약간 반대'의 선택지에 척도치는 다음과 같이 구해진다.

$$\frac{\int_{x_1}^{x_2} xf(x)dx}{\int_{x_1}^{x_2} f(x)dx} = \frac{f(x_1) - f(x_2)}{\int_{x_1}^{x_2} f(x)dx}$$

이것을 구체적으로 계산하는 절차를 제시하면 <표 17-2>와 같다.

D난, E난의 수치는 어느 통계학 책에나 책 끝에 수록되어 있는 정상 분포곡선 수표(N = 1, M = 0, $\sigma$ = 1)에서 B난과 C난의 각 숫자를 수표의 큰 부분의 면적란(area in larger portion) 또는 작은 부분의 면적란(area in smaller portion), 소위 수표에서의 B나 C 면적란에서 같은 숫자를 찾아 이들 수치에 대응하는 y의 값(수표 맨 끝줄난에 있는 y값, ordinate at $\frac{x}{\sigma}$)을 찾아서 적어 넣은 것이다(보통 0.5 이상의 수치는 B 면적, 0.5 미만은 C 면적을 찾으면 됨).

〈표 17-2〉 **Likert가 작성한 국제주의 척도 중의 질문항목 16개에 대한 척도치의 계산**

| | A | B | C | D | E | F | G | H |
|---|---|---|---|---|---|---|---|---|
| | 각 카테고리의 반응 빈도 (비율) | 각 카테고리의 맨아래까지의 누적빈도 (비율) | 각 카테고리의 맨위까지의 누적 빈도 (비율) | B난에 대응하는 y의 값 | C난에 대응하는 y의 값 | E−D | $\frac{F}{A}$ | 1.76을 보태어 10배 |
| 대단히 찬성 | 0.13 | 0.87 | 1.00 | 0.211 | 0.000 | 0.211 | 1.63 | 34 |
| 약간 찬성 | 0.43 | 0.44 | 0.87 | 0.394 | 0.211 | 0.183 | 0.43 | 22 |
| 보 통 | 0.21 | 0.23 | 0.44 | 0.304 | 0.394 | -0.090 | -0.43 | 13 |
| 약간 반대 | 0.13 | 0.10 | 0.23 | 0.176 | 0.304 | -0.128 | -0.99 | 8 |
| 절대 반대 | 0.10 | 0.00 | 0.10 | 0.000 | 0.176 | -0.176 | -1.76 | 0 |

G난은 F난(이 난의 수치는 평균치를 뜻하고 있다)을 A난의 수치로 나누어 준 것으로서 반응카테고리의 시그마치이다. 그런데 G난의 값에 마이너스 부호가 들어 있기 때문에 이 마이너스 부호를 없애 줌과 동시에 '절대 반대'의 시그마치를 0으로 환산하려면 G난의 각 수치에 1.76을 더해서 10배해 주면 H난과 같이 되며, 이것이 반응카테고리의 득점이 된다.

그런데 위와 같이 '대단히 찬성은 34점' 하는 식으로 22점, 13점, 8점, 0점의 비중배열을 달리하는 일이 반드시 필요한 일인가가 문제시된다.

원래 태도치의 정상분포의 가정에는 특정의 근거가 없는 것이기 때문에, 간단히 절대 반대 = 0, 약간 반대 = 1, 보통 = 2, 약간 찬성 = 3, 대단히 찬성 = 4라고 득점화시키면 어떻게 될까? Likert 자신도 궁금해서 이 간편법과 시그마치법과의 상관(correlation)을 내고 있지만, 결과는 의외로 0.99 정도로 극히 높은 상관이 있음이 증명되고 있다(<표 17-3> 참조).

〈표 17-3〉 시그마치법에 의한 득점과 1~5 점수법에 의한 득점과의 상관계수

| 실험집단 | 인원 | 국제주의에 대한 태도 시그마치법대 1~5 점수법 | 시그마치법대 1~7 점수법 |
|---|---|---|---|
| A | 30 | 0.991 | - |
| B | 32 | 0.995 | - |
| C | 33 | 0.995 | 0.997 |

이 결과가 알려진 이후로는 시그마치법은 현재는 거의 사용되지 않고 각 카테고리에는 간편한 5, 4, 3, 2, 1의 평점부여가 사용되고 있다. 따라서 조사평가에 있어서도 Likert법에 의해서 척도를 구성하려고 할 때에도 각각의 카테고리에 부여한 수치를 일일이 시그마치법에 의해 계산할 필요는 없고 '대단히 찬성', '약간 찬성'……에 5, 4, 3, 2, 1점을 부여하면 좋은 것이다.

### 3) 신뢰도 검증

이것은 Likert법의 이론적 근거를 제시해 주는 것으로서 Likert법의 특징이다. 가장 엄밀한 방법은 다음의 절차를 포함한다.

(1) 총 득점의 순위대로 피조사자를 배열하여 1위, 3위, 5위……, 2위, 4위, 6위, ……와 같이 홀수·짝수별로 피조사자를 두 그룹으로 나눈다.

(2) 그 중에서 임의로 한 개의 그룹을 취하고 여기서 상위 25%(G group) 하위 25%(P group) 수가 적은 경우에는 비율을 더 올려도 좋다의 피조사자를 골라 뽑는다.

(3) G, P 분석을 행한다. 즉 G, P 각각의 그룹별로 각 항목별 평균점수와 표준편차를 산출한다.

(4) G, P 두 그룹의 평균치의 차의 검정을 각 항목별로 행한다. 그리하여 평균치의 차가 예상을 뒤엎거나 또는 유의차(有意差)가 없는 항목은 뺀나.

(5) 다음에는, 각 문항분석에 사용되지 않은 다른 1개의 그룹을 취하여 다음과 같이 신뢰도계수(correlation coefficient)를 구한다.

① 우선 총 득점의 표준편차 $\sigma$와 각 항목의 $p_i$, $q_i$를 산출하여

$$\gamma_x = \frac{n}{n-1}\left(\frac{\sigma^2 - \sum_{i=1}^{n} p_i q_i}{\sigma^2}\right) = \frac{n}{n-1}\left(1 - \frac{\sum_{i=1}^{n} p_i q_i}{\sigma^2}\right)$$

(단, $n$은 항목수, $p_i$는 각 항목의 정답비율, $q_i$는 각 항목의 오답비율, 즉 $q_i = 1 - p_i$)

에 따라서 신뢰도계수를 구한다.

이 공식은 Kuder-Richardson의 제 20공식으로 호칭되고 있다. 일명 내적 일관도법(internal consistency method)에 의한 산출법이라고 부른다.

② 다음에 (4)까지의 절차에 의해서 삭제된 항목 이외의(즉, 나머지의) 항목에 대해서 ①과 똑같은 절차로 $\gamma_y$를 구한다.

③ $\gamma_x > \gamma_y$이면 항목 삭제를 결정한다. $\gamma_x > \gamma_y$이면 항목 삭제를 일단 보류한다. 이 경우에는 그런 항목을 그룹별로 척도를 구성하려고 하면 grouping에 문제가 있기 때문에 이를 재검토하지 않으면 안 된다(그러나 이와 같은 경우는 별로 나타나지 않는다).

반면 이러한 '보류'가 발생하지 않았다고 한다면 (4)까지의 절차에서 끊어 항목 삭제를 결정하고 남는 항목으로서 Likert 척도를 구성하면 된다. 결국 각 개인의 태도치는 마지막 남은 항목들에게서 얻어진 득점의 총점이 된다.

실제로는 (4)까지의 절차만으로 작업을 끝내고 척도를 구성하여 개인의 태도치를 산출하고 있는 조사의 경우가 많다.

또 평균치의 차의 검정은 복잡하기 때문에 $x^2$ 검정(chi-square method)으로 대용하는 경우도 있다. $x^2$ 검정으로서 항목의 취사선택을 행하더라도 결과에 미치는 영향은 별로 크지 않기 때문이다.

Likert법은 Thurstone법에 비하면 절차가 간단하기 때문에 사용빈도수가 많다. 특히 Thurstone법처럼 척도구성과 본 조사의 절차 사이에 일어나는 모순 등은 나타나지 않는다. Likert법의 단점은 태도치가 태도 연속체 위에 충분히 흩어져 있

지 않고 긍정, 부정의 양 극단에 분열되는 경향이 있는 점이다. 그리고 조사 후에 척도가 완성된다는 점에서 상대척도이기 때문에 복수집단에게 동일의 조사를 실시한 경우 척도치 그 자체가 집단에 따라 변화하게 된다. 이 때문에 집단 간 비교가 합리적으로 되지 않는다는 결점을 가지고 있다. Thurstone법은 절대척도이기 때문에 이런 걱정은 없다.

## 3 Guttman의 방법

### 1) 척도구성의 특징

제2차 세계대전 후 새로운 태도측정이 몇 가지 출현되었는데, 그 대표적인 것이 L. Guttman의 척도법인 척도분석법(scale method)이다.

Guttman법의 특징은 태도반응을 전체적 구조 가운데서 파악하려는 데 있으며, Likert법과 비교하면, 전체와 각 항목과의 관련이 매우 명확하고 포괄적이며 구조적인 점이 특징이다. 또한 "척도에 쓰인 몇 개의 항목은 무수한 질문항목(집단)의 샘플에 불과하다"라고 하는 인식에서 출발하여 그러한 제한된 가운데서 어떻게 하면 객관성 있는 척도를 구성해 볼까 하는 입장을 취하고 있는 것이 특징적인 것이다. 또 하나의 특징은 심리측정이 종래 비판되어온 지나칠 정도의 수량화를 시정하여 어디까지나 서열척도(ordinal scale)로서 측정의 목적을 충분히 달성하려고 하는 데 특징이 있다. 즉, 양적 분석에서 질적 분석에로의 전환을 시도한 것이다. 그러므로 태도측정에 있어서 획기적인 방법이라 말할 수 있다.

### 2) 척도반응형의 분석

Guttman 척도를 설명하기 위해 다음의 예를 들고자 한다. 지금 어떤 수학 시험에 나음과 같은 일련의 문제가 출제되있다고 하자.

[문제] 다음 □ 속에 바른 해답을 써 넣어라.

(a) $\int \sin x \quad dx =$ □

(b) $2x1 = 0 \quad x =$ □

(c) $5 \times 3 - 1 =$ □

앞의 문제에 대한 피검자의 해답을 분석하게 되면 다음의 네 가지 유형이 나타날 수가 있다.

| | a 문제정답 | b 문제정답 | c 문제정답 | a 문제오답 | b 문제오답 | c 문제오답 |
|---|---|---|---|---|---|---|
| 유형 1 | ○ | ○ | ○ | | | |
| 유형 2 | | ○ | ○ | × | | |
| 유형 3 | | | ○ | × | × | |
| 유형 4 | | | | × | × | × |

※ ○는 정답, ×는 오답

즉, 전(全) 문제 정답(형), b와 c는 정답이고, a는 오답인 형, c는 정답이고 a와 b가 오답인 형, 전(全) 문제 오답형의 네 가지 유형이다. 물론 이론상으로는 a는 정답, b와 c가 오답인 형이 나타날 수 있다. 결국 앞에서의 네 가지 유형과는 달리 이론적으로 다음의 네 가지 형이 나타날 것으로 예상할 수도 있다.

| | a 문제정답 | b 문제정답 | c 문제정답 | a 문제오답 | b 문제오답 | c 문제오답 |
|---|---|---|---|---|---|---|
| 유형 1 | ○ | | | | × | × |
| 유형 2 | ○ | ○ | | | | × |
| 유형 3 | ○ | | ○ | | × | |
| 유형 4 | | ○ | | × | | × |

그러나 우연한 사고가 일어나지 않는 한 이와 같은 해답형은 일반적으로 일어날 수가 없다. 왜냐하면 그것은 a, b, c문제의 난이도(item difficulty)에 관하여 명확한 단계적인 차가 있기 때문이다. 따라서 피조사자는 학력차에 따라서 명백하

게 네 가지 유형으로 구별되어 집단적으로 서열이 붙게 되는 것이다.

반면, 지금까지는 문제를 중심으로 고찰했지마는 이번에는 앞의 결과를 피조사자를 중심으로 나타낸다면 <표 17-4>와 같이 될 것이다.

단 피조사자는 총 득점의 상위에서부터 서열을 매겼다고 본다.

〈표 17-4〉 개인별로 본 반응

| 반응 / 피조사자 | a 문제 | | b 문제 | | c 문제 | |
|---|---|---|---|---|---|---|
| | 정답 | 오답 | 정답 | 오답 | 정답 | 오답 |
| 1 | ○ | | ○ | | ○ | |
| 2 | ○ | | ○ | | ○ | |
| 3 | ○ | | ○ | | ○ | |
| 4 | ○ | | ○ | | ○ | |
| 5 | | × | ○ | | ○ | |
| 6 | | × | ○ | | ○ | |
| 7 | | × | ○ | | ○ | |
| 8 | | × | ○ | | ○ | |
| 9 | | × | ○ | | ○ | |
| 10 | | × | | × | ○ | |
| 11 | | × | | × | ○ | |
| 12 | | × | | × | ○ | |
| 13 | | × | | × | ○ | |
| 14 | | × | | × | ○ | |
| 15 | | × | | × | ○ | |
| 16 | | × | | × | ○ | |
| 17 | | × | | × | | × |
| 18 | | × | | × | | × |
| 19 | | × | | × | | × |
| 20 | | × | | × | | × |

놀랍게도 4번까지의 피조사자는 고등학교 졸업 이상의 사람으로 유추된다. 5~9번은 중학 1년~고등학교 학급학년, 10~16번은 초등학교생, 17~20번의 해당자는 취학 전의 유아라고 말할 수 있을 것이다. 이 테스트의 특징은 어떤 사람의 총 득점이 알려지면 그 사람의 반응형을 알게 된다는 사실이다. 가령 '두 문제가

정답이다'라고 어떤 피조사자가 답을 하였다면 그 사람은 'a는 오답이고 b, c는 정답의 형인 사람'임을 정확하게 그 형을 추측할 수 있을 것이다.

세 문제 중 하필이면 두 문제만 정답이라고 한 것은 처음 문제 a는 너무 어려워서 모르겠고 b, c 문제는 쉬우니까 이 두 문제는 정답에 자신이 있기 때문에 두 문제는 정답이라고 답한 것이다.

### 3) 재현성의 분석

총 득점에서 그 반응패턴(pattern)을 분석할 수 있는 것을 재현성(reproducibility)이라고 부른다면 앞의 문제 군(群)에는 재현성이 완전히 갖추어져 있다고 보겠다. 반대로 재현성이 완전하다면 그 테스트의 논리성은 확보되었다고 Guttman은 정의하고 있다. 결국 일련의 질문항목(또는 테스트 문제)은 1개의 척도를 구성하고 있다고 생각하고 있는 셈이다. 앞에서의 수학문제처럼 인간의 태도에 관한 태도측정에 있어서도 이와 같은 확실한 척도가 주어진다면 태도척도로서 극히 유효한 것이라 말할 수 있다. Guttman척도란 이 문제를 충족시킨 척도인 것이다.

그러나 태도측정은 수학의 학력을 측정하는 경우와는 같지가 않다. A의 항목에 대해서 진보적인 의견을 나타내기 때문에 B의 항목에 대해서도 진보적 의견을 나타내리라고 생각했는데 의외로 강한 보수적 의견을 나타내는 경우도 적지 않을 것이다.

즉, <표 17-4>와 같은 모양으로는 잘 안 되는 것이다.

그런데 Guttman은 척도를 세 종류로 나누고 있다.

① 완전척도(perfect scale): 100% 재현성을 가진 것(즉 설정된 패턴에서 이탈하는 반응이 한 개도 없는 척도)

② 준척도(quasi scale): 재현성 계수가 90% 이상의 것(즉 설정된 패턴에서 이탈하는 반응이 10% 이하인 척도)

③ 비척도형(non-scale type): 그 이상 이탈이 나타나는 것

태도측정 척도에서는 물론 완전척도를 만들기 곤란해서 약간의 이탈을 내포한 준척도로서 만족할 수밖에 없는데, 이 준척도까지도 나타내기가 힘들다. 그런데 이때 이탈의 정도를 나타내는 지수를 재현성계수(coefficient of reproducibility)라고 하며, 그 공식은 다음과 같다.

$$\text{재현성계수} = 1 - \frac{1}{R}\sum_{i=1}^{R}\frac{n_i}{n}$$

$n$ = 피검자수
$n_1$ = 항목 $i$에 있어서 정해진 패턴에서 이탈한 피검자수
$R$ = 항목수

이탈수의 계산은 척도작성자가 설정한 패턴에서 이탈된 반응을 헤아려 가면 된다.

만약 재현성 계수가 0.90 이상이 되지 않을 때에는 '대단히 찬성'과 '약간 찬성'의 두 카테고리를 묶어 그냥 '찬성'으로 하고, '약간 반대'와 '절대 반대'를 묶어 '반대'의 카테고리로 조작을 하면 이탈은 매우 적어져서 재현성계수가 90% 이상이 되기 쉽다. 이런 조작을 통해서도 재현성계수가 90%를 넘지 않을 때에는 이탈이 심한 어떤 질문항목은 제외시키면 된다.

약간의 질문항목을 제외했는데도 불구하고 지수가 90%를 넘지 않을 경우에는 비척도형(non scale type)으로써 판단하여 척도화를 포기해야 한다.

그런데 카테고리의 통합이나 질문항목의 제외를 행하게 되면 피조사자의 득점이나 순위가 변하게 된다. 지수계산도 새로운 득점과 순위로 고친 후에 하지 않으면 안 된다.

그리고 Guttman의 척도는 재현성계수가 90%를 넘는 사실만으로서는 충분치 않고 다음 규준도 충족되어야 한다.

① 반응의 범위: 한 개의 질문에 대해서 응답반응이 한 곳으로 쏠리지 않아야 된다(50:50이 좋고 90:10, 또는 80:20이 되지 않도록 한다).

② 오답의 형: 상정된 패턴에서 이탈되고 이탈반응은 랜덤하게 출현해야 한다(이탈반응이 연속적으로 나타나면 안 된다).

③ 항목수와 카테고리수: 질문 문항 수는 적어도 10개 이상이어야 한다. 또 그 질문 문 중에는 몇 개의 질문에 한해서 회답카테고리가 3개 이상 있을 필요가 있다.

그리고 Guttman 척도의 작성에는 보통 100명 정도의 반응이 추출되어 행해지고 있다.

## 4 Osgood의 SD법

### 1) SD법의 특징과 실시방법

Osgood의 SD법, 즉 의미판별법(semantic differential technique[SD기법], C. Osgood, G. Suci 및 P. Tannenbaum, 1967)은 포괄적이며 귀중한 심리측정방법으로서 특정 개념의 심리적 의미를 분석하여 의미공간(semantic space)상의 위치로 표현하는 측정방법이다.

사람들은 평상시 대화 중 서로 개념들에 대하여 의견을 나타내고 있으나, 그것이 의미하는 바는 제각각 다를 수 있다. 사람에 따라 다른 의미를 가지는 개념들의 의미를 분석하여 그것을 '의미공간'에 나타내 보려는 것이 의미판별법이다. SD법의 많은 용법 중에서, 이 책에서 고찰하려고 하는 것은 일반화된 7단계 평정식 측정법이다. 이 방법에 의한 측정법은 검사자가 문제 삼고 있는 태도와 관계가 있는 일군의 양극적인 형용사의 짝으로 구성된다.

개념……………………………………………………………………

형용사 X ____ : ____ : ____ : ____ : ____ : ____ : ____ : 형용사 Y

1 2 3 4 5 6 7

척도의 위치는 다음과 같이 정의된다.

(1) 대단히

(2) 상당히

(3) 약간

(4) X도 Y도 아니다; X와 Y가 비슷하다.

(5) 약간 Y

(6) 상당히 Y

(7) 대단히 Y

피검자들은 지정되어 있는 개념에 대한 자신의 태도에 따라서, 위와 같은 척도 상에 표시를 한다. Osgood은 일반적인 태도의 측정을 위해서는 그가 '평가적'이라고 부르고 있는 형용사군을 사용하도록 권하고 있다. 평가적 형용사의 짝의 예는, '좋다-나쁘다', '아름답다-추하다', '깨끗하다-더럽다', '유익하다-해롭다' 등이다.

이 방법은 거의 모든 개념에 적용할 수 있다. 예컨대, 국어과 교사는 극이나 시나 수필이나 또는 셰익스피어의 희곡 등에 대하여 일반화된 태도를 알아보려고 할 것이다. 이런 경우에는, 동일한 형용사의 짝을 기입한 평정용지를 사용하여, 여러 개념을 각각 평정시키면 된다. 예컨대, '북극지방'이란 개념은 다음과 같은 SD척도에 의하여 측정된다.

북극지방

| | | | | | | | | |
|---|---|---|---|---|---|---|---|---|
| 1. 추한 | ____ : | ____ : | ____ : | ____ : | ____ : | ____ : | ____ : | 아름다운 |
| 2. 변화하기 쉬운 | ____ : | ____ : | ____ : | ____ : | ____ : | ____ : | ____ : | 변화하기 어려운 |
| 3. 바람이 센 | ____ : | ____ : | ____ : | ____ : | ____ : | ____ : | ____ : | 고요한 |
| 4. 생소한 | ____ : | ____ : | ____ : | ____ : | ____ : | ____ : | ____ : | 친숙한 |
| 5. 탐색된 | ____ : | ____ : | ____ : | ____ : | ____ : | ____ : | ____ : | 미탐색된 |
| 6. 유순한 | ____ : | ____ : | ____ : | ____ : | ____ : | ____ : | ____ : | 거친 |
| 7. 좋은 | ____ : | ____ : | ____ : | ____ : | ____ : | ____ : | ____ : | 나쁜 |
| 8. 황폐한 | ____ : | ____ : | ____ : | ____ : | ____ : | ____ : | ____ : | 사람이 사는 |
| 9. 사나운 | ____ : | ____ : | ____ : | ____ : | ____ : | ____ : | ____ : | 부드러운 |
| 10. 살기 좋은 | ____ : | ____ : | ____ : | ____ : | ____ : | ____ : | ____ : | 살기 어려운 |

이 방법을 사용하면, 개념 간의 차이, 척도 간의 차이, 개인 간의 차이 등을 쉽게 밝힐 수 있다.

Osgood 등은 3차원의 의미공간을 생각하고 있다. 즉, 평가차원(evaluative factor), 능력차원(potency factor), 활동차원(activity factor)이 각각 독립된 X, Y, Z 축을 이루는 3차원의 의미공간을 구성한다.

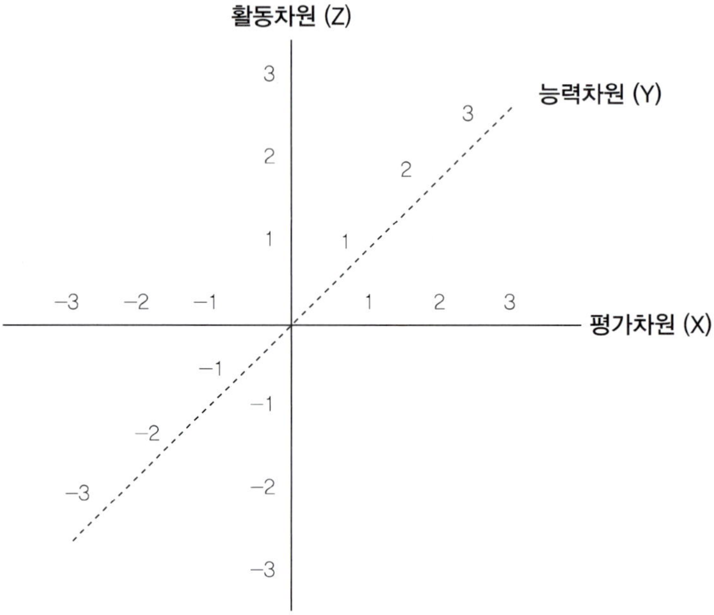


[그림 17-2] 3차원의 의미공간

예컨대, '교사'란 개념이 X = 0, Y = +2, Z = -2의 위치에 있다면 교사={0, +2, -2}에 자리 잡고 있다. 이것은 평가적 관점에서 보면 중간이고, 능력차원에서 보면 높은 능력이 있고, 활동차원에서 보면 활동성이 별로 없다고 할 수 있다.

의미판별에 사용되는 형용사군은 <표 17-5>와 같다.

〈표 17-5〉 의미판별에 사용되는 형용사군의 예

| | |
|---|---|
| 평가차원 | 좋은-나쁜, 깨끗한-더러운, 밝은-어두운, 귀한-천한, 중요한-하찮은, 진실된-거짓된, 친절한-불친절한, 새로운-낡은, 유쾌한-불쾌한 |
| 능력차원 | 큰-작은, 강인한-허약한, 높은-낮은, 유능한-무능한, 무거운-가벼운, 깊은-얕은, 굵은-가는, 똑똑한-어리석은 |
| 활동차원 | 빠른-느린, 능동적-수동적, 적극적-소극적, 예민한-둔감한, 뜨거운-차가운, 복잡한-단순한, 남성적-여성적, 진취적-보수적 |

## 2) 의미판별방법

### 1 평균치에 의거한 분석

다음 <표 17-6>은 어떤 학생의 의미판별 자료이다.

〈표 17-6〉 피검자의 척도반응

| 형용사군 \ 개념 | A | B | C | D | E |
|---|---|---|---|---|---|
| 1 | 6 | 2 | 6 | 5 | 3 |
| 2 | 5 | 2 | 5 | 5 | 2 |
| 3 | 6 | 1 | 4 | 6 | 2 |
| 4 | 7 | 1 | 5 | 6 | 3 |
| 5 | 5 | 3 | 5 | 7 | 1 |
| 6 | 6 | 2 | 7 | 7 | 2 |
| 평균 | 5.83 | 1.83 | 5.33 | 6.00 | 2.17 |

위의 <표 17-6>에서 보면 A·C·D가 하나의 군집을 이루고 있고, B·E가 또 하나의 군집을 이루고 있다. 여기서는 단일 차원의 평가척도만 사용했으나 다른 차원의 척도를 함께 사용했다면 개념의 의미를 자세히 알 수 있을 것이다.

또한 의미분석 척도의 평균치를 토대로 프로파일을 그려서 집단 간의 반응결과를 비교할 수도 있다.

다음 [그림 17-3]은 교사의 개념에 대한 의미분석 결과를 남녀 학생들의 집단별 평균점수를 나타낸 것이다.

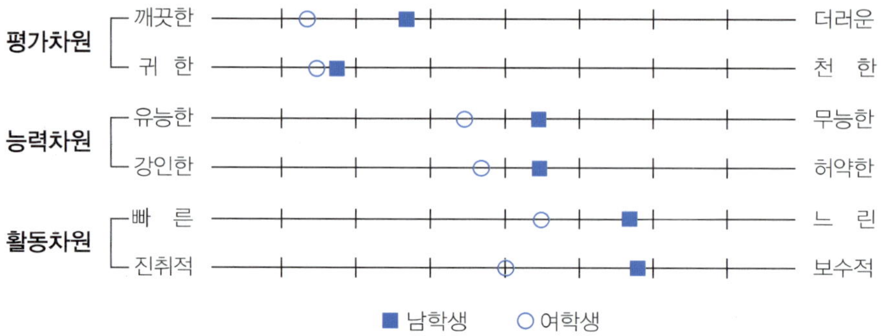


[그림 17-3] 의미분석 프로파일

위의 [그림 17-3]에서는 교사의 개념에 대하여 여학생들이 남학생들보다 더 긍정적으로 지각하고 있으며, 평가차원에서는 남녀 학생 모두 매우 긍정적으로 생각하고 있으나, 능력차원에서는 보통으로, 활동차원에서는 약간 부정적으로 지각하고 있음을 알 수 있다.

## 2 거리군집분석법

거리군집분석은 의미공간에서 개념들이 서로 얼마나 가까이 또는 멀리 떨어져 있는가를 알아보기 위하여 개념 간의 거리를 측정하는 방법이다. 두 개념 사이를 알아보는 방법으로는 적률 상관계수가 있으나 절대적인 거리를 나타내 주지 않기 때문에 Osgood은 D통계치라는 간단한 측정방법을 고안했다.

$$D_{ij} = \sqrt{\Sigma D_{ij}^2}$$

이때 $D_{ij} = \sqrt{\Sigma D_{ij}^2} = \sqrt{\Sigma (X_i - X_j)^2}$ 공식에 따라 다음과 같이 계산할 수 있다.

$D_{AB} = \sqrt{(6-2)^2 + (5-2)^2 + (6-1)^1 + (7-1)^2 + (5-3)^2 + (6-2)^2} = \sqrt{106} = 10.30$

이 공식에서 $D_{ij}$는 두 개념 $i$와 $j$ 사이의 직선거리를 뜻한다.

평균치 계산에서 사용한 예에서 모든 개념 간의 D통계치를 계산하면 <표 17-7>과 같다.

〈표 17-7〉 **D통계치의 예**

| 피검사자 | 개념 | A | B | C | D | E |
|---|---|---|---|---|---|---|
| 학생 1 | A | | 10.30 | 3.00 | 2.69 | 9.06 |
| | B | 10.30 | | 8.89 | 10.44 | 3.16 |
| | C | 3.00 | 8.89 | | 3.16 | 8.19 |
| | D | 2.65 | 10.44 | 3.16 | | 9.95 |
| | E | 9.06 | 3.16 | 8.19 | 9.95 | |
| 학생 2 | A | | 8.49 | 3.32 | 3.32 | 9.11 |
| | B | 8.49 | | 7.42 | 7.07 | 2.45 |
| | C | 3.32 | 7.42 | | 4.12 | 8.19 |
| | D | 3.32 | 7.07 | 4.12 | | 7.87 |
| | E | 9.11 | 2.45 | 8.19 | 7.87 | |

군집의 발견은 평균치에 의거하는 방법처럼 D통계치, 즉 개념 간의 거리에 의존해서 분석하면 된다.

PART

# VI 집단 내의 인간관계 진단법

CHAPTER 18 • 사회성 측정법

Chapter

# 18 사회성 측정법

## 1 사회성 측정법의 특징

### 1) 사회성 측정법의 장단점

#### ① 사회성 측정법의 정의

사회성 측정법(sociometry)이란 1932년에 미국의 J. L. Moreno에 의해 창안된 방법으로서, 집단 내의 인간관계 양상이나 집단구조를 분석 측정하려는 검사기법이다.

즉, 인간끼리 서로 좋아하는(attraction) 현상이나 서로 싫어하는(repulsion) 현상의 형태나 강도에 초점을 두고 개인의 집단 내 지위나 집단구조를 측정하고 평가하는 방법이다. 따라서 넓게는 지역사회 간의 사회적 거리척도(social distance scale) 또는 지역사회의 각종 조직체의 생태학적 지수의 측정법까지를 포함시키기도 한다.

Moreno에 의하면 사람에게는 자발성과 창조성이 어느 누구에게나 깃들어 있기 때문에 이것이 사회적 발전의 강력한 추진력으로써 사용된다는 것이다. 개인은 단지 주어진 지위에서 관습적으로 주어진 역할을 기계적으로 수행하는 것이 아니고, 거기에 스스로 우러나오는 자발성과 창조성을 결합시켜서 끊임없이 새로운 역할의 창조를 행하고 사회를 진보 발전시켜 나가는 것이다.

그런데 인간의 행동은 말할 것도 없이 사회적 행동이고, 행동에는 다른 집단구성원의 존재가 전제가 되고 있다. 사람은 결코 제멋대로 행동할 수는 없다. 즉,

그의 자발성이나 창조성도 일방적인 관계에서 나타나는 것이 아니고 어디까지나 집단 안에 존재하는 어떤 틀이나 규준 속에서 발휘되어지는 것이다. 즉, 집단의 인간관계나 창조성이나 자발성의 신장에 중요한 관계를 갖고 있다.

그러면 집단이 어떤 관계에 있을 때에 그의 창조성과 자발성이 보다 충분히 발휘되는 것일까? Moreno에 의하면 집단의 구성이 그들 자신의 선택에 의해서 이루어진 것일 때 가장 창조적인 것이 될 수 있다는 것이다.

Sociometry란 개개인이 자기의 자발성과 창조성을 충분히 살릴 수 있는 인간관계를 구성하는 것을 목적으로 한 심리측정의 한 가지 기술이다. 물론 한 사람의 성원에게 바람직한 인간관계가 그대로 다른 집단구성원에게도 바람직한 인간관계가 된다는 보장은 없다. 거기에 sociometry의 한계가 있지만 어디까지나 집단 내에서 왕따 당하는 사람의 발견이나 해결을 위해서 크게 도움이 되는 기술의 하나인 것이다.

Sociometry의 유용성은 다음과 같다.

① 소집단 편성에 유용한 자료를 제공해 준다.
② 집단의 심리학적 구조의 분석이 가능하다.
③ 집단의 응집도를 측정한다.
④ 집단 내 인간관계의 연구에 도움이 된다.
⑤ 집단 내 커뮤니케이션의 네트워크(network) 분석이 가능하다.
⑥ 지도자와 추종자의 관계의 분석에 도움이 된다.
⑦ 집단 내의 고립자 등의 사회적인 부적응 진단에 도움이 된다.
⑧ 집단구성원의 사회적 태도나 소집단의 편견이나 차별관의 분석에 도움이 된다.
⑨ 집단구성원 개개인의 personality 분석에 유용하다.
⑩ 집단지도의 방법 등을 더욱 향상시킨다.

## 2 사회성 측정법의 장단점

### (1) 장점

① Sociometry는 각종의 행동조사에 적용할 수가 있다. 즉, 집단(학급, 군대내무반, 회사 등 조직체) 내의 사회적 적응, 집단 내 구성원 간의 인간관계, 집단 내의 분위기 측정 등에 많은 도움을 받을 수 있다.

② Sociometry는 쉽게 작성해서 짧은 시간에 실시할 수 있다는 점에서 검사자들에게 효용이 큰 방법이 된다. 이 검사는 간단하게는 5~6분, 길어도 10분 이내면 실시할 수가 있다. 즉, 피조사자의 시간 부담이 적은 것이 큰 이점이다.

③ 이 방법은 융통성이 크기 때문에 목적에 따라 쉽게 조정해서 실시할 수가 있다. 실제로 조사상태에 따라 적절한 조절을 하는 것이 이 방법의 나낭한 활용법이 된다. 그러므로 피검사자의 사정에 쉽게 맞추어 조사된다는 이점은 다른 방법에서는 찾아보기 힘든 장점이다.

④ Sociometry는 여러 가지 구체적인 목적의 수단으로 쓰일 수 있다. Sociometry의 질문지를 적절히 작성하면 한번 실시한 결과를 두 가지 목적에 활용할 수가 있다. 즉, 어떤 집단의 현재의 사회적 집단구조를 진단 파악함과 동시에 그 집단의 재구조화, 재구성을 하는 기초로 병용할 수 있고, 동일한 sociometry 용지를 집단구조의 개선을 위한 처치의 효과 검증을 하는 데도 쓸 수 있다.

⑤ Sociometry는 사전 준비 없이 검사자가 쉽게 작성할 수 있는 것이기 때문에 용지와 프린트 비용 이외에는 별로 드는 경비가 없다. 따라서 경비가 넉넉하지 못한 검사자들의 입장에 있어서 매우 적은 경비로 보람 있는 평가를 해낼 수도 있는 것이다.

### (2) 단점

① 인간관계나 집단의 구조는 늘 유동성을 갖고 있는 데도 불구하고 sociometry는 결과의 해석에 있어서 고정된 현실적 관계로 생각하기 쉽다.

Sociometry는 성원들이 소망하는 잠재적인 사회적 구조의 형태를 나타낼 뿐이지 곧 그것이 현실적인 사회적 관계를 나타내는 것은 아닌 것이다. 즉, 변화하는 사회적 과정(social process)의 어느 모습을 고정성을 띤 것으로 해석해서는 안 되는 것이다.

그러나 실제로는 이런 해석상의 오류를 범하고 있는 예가 많다.

② Sociometry의 질문 기준 여하에 따라서는 측정과정에 있어서 기존 인간관계를 파괴시킬 가능성이 없지 않다. 가령 부정적 기준을 사용한 질문은 오히려 인간관계, 즉 반발·배척·혐오 등의 관계를 의식적으로 선택하게 됨에 따라 일상생활에 있어서는 뚜렷하지 않고 막연한 상태의 반발이나 적대관계가 부정적 기준의 사용으로 말미암아 의식적으로 음미해 보는 순간 또는 분위기를 인위적으로 조장하는 셈이 된다.

③ Sociometry는 단 한번만의 실시로서는 진행 중인 사회적 관계의 한 단면만을 분석할 수 있는 것에 지나지 않기 때문에 주기적인 실시가 요청된다. 그렇다고 그 집단의 구조나 인간관계 파악을 위해 sociometry 조사를 되풀이 한다는 것은 피조사자의 저항감을 자극하기 쉽다는 데에 문제점이 있다.

### 2) Sociometry의 종류

Sociometry는 크게 다섯 가지의 테스트로 나눌 수 있다. 지기 테스트(acquaintance test), sociometric 테스트, 자발성 테스트(spontaneity test), 상황 테스트(situational test), 역할연기 테스트(role play test) 등이다.

보통 sociometry하면 sociometric 테스트를 가리킨다.

#### 1 지기(知己) 테스트

개인의 사회적 관계를 측정하는 테스트로서 어느 정도 많은 사람을 알고 있는지(知人)를 측정하는 것이다. 이 경우 사람을 안다는 것은 '이름을 알고 있다', '얼굴을 알고 있다'라는 정도의 간접적인 낯익은 관계까지도 포함하는 경우도 있다.

질문방법의 예

이 클럽에서 지금까지 기억하고 있는 친구의 이름을 적어 보세요. 기억하는 데까지 될 수 있는 대로 많이 써 주세요. 성만 알거나 이름만 기억할 때에도 그런대로 써 주세요.

이 테스트는 말하자면 집단평가의 제1단계에서 행하는 것으로 다음에 나오는 테스트의 예비적 성격도 강하지만, 사회적 접촉의 범위가 어느 정도 넓은가를 조사하는 것도 경우에 따라서는 문제해결의 주요한 자료가 될 수 있다.

### 2 Sociometric 테스트

Sociometric의 핵심적인 위치를 차지하는 테스트로서 주로 집단 내의 attraction과 repulsion의 관계를 측정한다.

### 3 자발성 테스트

이 테스트에서는 소집단 속에서 두 사람씩의 짝을 만들어(즉 $nC_2$만큼의 짝) 생각나는 대로의 감정 표현을 하게 한다. 조사자는 피조사자가 말한 언어는 물론 호흡이나 표정·몸짓 등도 자세히 관찰하고 사회적·정서적인 관계를 다이내믹하게 파악한다. 2의 sociometric 테스트에서는 충분히 파악할 수 없었던 심리적·생리적인 상호작용도 관찰이 가능해진다.

### 4 상황 테스트

두 사람의 인물에게 동정이나 질투 등의 감정이 얼키고설키는 상황을 지정해 주고 그 상황에 부합된 역할을 연기하게 해서 그때의 동작·표정·언어 등을 관찰해서 분석한다. 여기서는 가령 A의 물건을 B가 깨뜨린 장면 등이 상황으로써 지정되면, 이와 같이 상정된 상황하에서는 3의 자발성 테스트에서는 도저히 나타내지 못한 감정의 움직임 등도 의외로 나타나게 하는 경우도 있는 것이다.

### 5 역할 연기 테스트

어떤 집단의 role matrix를 밝히기 위해서 상황을 제시하고 집단구성원에게 연기를 행하게 하는 테스트이다. 주어진 문제가 해결되도록 자기의 연기를 창의적으로 이끌어 나가지 않으면 안 된다. 실험자는 이와 같은 일련의 과정 중에서 조사대상자의 성격, 집단의 분위기, 집단구성원의 상호작용을 파악한다. Role playing이 개인의 문제를 나타내게 되면 psychodrama, 즉 심리극이 되고 집단의 문제를 중심으로 행해지면 sociodrama, 즉 사회극이 된다.

이상과 같이 sociometry에 포함되는 각종의 테스트를 대충 설명했지만, 상황 테스트와 역할 연기 테스트는 상당한 경험과 전문적 기술을 필요로 하는 것이기에 일반적으로 널리 쓰이는 sociometric 테스트에 한해서 더 설명하기로 한다.

## 2 사회성 측정법의 절차와 방법

### 1) Sociometric 테스트의 구성법

#### 1 Sociometric 테스트의 형식

Sociometric 테스트는 융통성이 큰 절차이기 때문에 틀에 박힌 테스트 용지를 반드시 필요로 하지는 않는다. 쪽지를 나누어 주고 검사자가 구두지시로 적게 할 수도 있고, 검사 대상 집단의 각 성원 명단이 적혀 있는 종이를 주고 기준에 따라 V표만 시키는 것으로 충분할 때도 있을 것이다. 어느 경우에나 지시(취지)와 선택의 기준이 조심성 있게 작성되고 분명하게 제시되어야 한다. 그러나 이러한 약식의 방법은 흔히 부주의하거나 선택 기준의 설명이 불분명하게 될 위험이 크다. 이런 것을 미리 막기 위해서는 정식으로 문장화해서 프린트하여 테스트 용지를 배부하거나 구두 실시의 지침으로 쓰는 것이 바람직하다.

Sociometric 테스트 용지에는 자세한 지시문, 분명한 선택기준의 진술과 피조사자가 그들의 의견을 제시 기록할 난을 마련해 놓아야 한다. 이와 같은 절차는 조사상태의 동일성(uniformity)을 확보함으로써 수집된 자료의 신뢰도를 높일 수 있다는 필요에 입각한 절차인 것이다.

즉, 여러 집단에 걸쳐서 실시한 것이나 일정 기간을 두고 재실시하는 경우와 같이 횡적·종적 비교를 하려면 실시조건을 균등하게 통일 통제하여야만 하기 때문이다.

Sociometric 테스트의 형식을 제시하면 다음 예와 같다.

(예)

이름 ____________________

다음의 질문은 여러 분의 의견을 참작하여 기숙사 수용계획에 반영하고자 하오니 솔직하게 응답해 주기를 바랍니다. 이 결과는 다른 교수나 일반 학생에는 누구에게나 알리지 않으며 또한 기숙사 수용계획 외에는 쓰이지 않으므로 안심하고 답해 주기 바랍니다.

※ 학생이 기숙사에 입사를 희망할 때 우리 반에서 누구와 같이 한 방에 있고 싶으세요? 제일 같이 있고 싶은 사람부터 순서대로 이름을 적어 보세요. 몇 사람을 적어도 무방합니다.

____________ ____________ ____________ ____________

※ 다음에는 아무래도 한 방에 같이 있고 싶지 않은 사람을 적으세요. 위에서와 같이 제일 같이 있고 싶지 않은 사람부터 이름을 순서대로 적어 보세요. 몇 사람을 적어도 무방합니다.

____________ ____________ ____________ ____________

## 2 Sociometric 테스트 구성상의 유의점

구성상의 유의점으로서는 다음 사항이 특히 고려되어야 한다.

① 선택하는 집단의 범위가 명확해야 한다. 예를 들면, '우리 반에서' 등과 같이 지정해 두어야 한다.

② 피조사자에게 의미 있는 특정의 선택기준을 마련해야 한다. 예를 들면, '한 방에 있고 싶은' 식의 기준을 구체적으로 진술·제시해 주어야 한다.

③ 사용한 질문의 어법(wording)은 집단구성원의 수준에 맞추어서 작성되어야 한다.
④ 무제한의 선택 또는 거부를 허용해야 한다.
⑤ 지시문은 친절하고 구체적이어야 한다.

조사의 목적을 분명하게 하는 이유는 학생들의 반응에 있어서 자발성·성실성을 높이기 위해서이고, 기입방법을 명시하는 이유는 모든 학생이 응답의 기초에 대하여 동일한 이해를 갖도록 하기 위해서이다.

## 3 Sociometric 테스트의 선택기준의 유형과 형태

선택기준(sociometric criteria), 즉 선택장면을 어떻게 설정하느냐에 하는 문제를 네 가지 형태로 나누어서 설명하면 다음과 같다.

### (1) 일반적 기준과 특수한 기준

일반적 기준이란 인간관계를 어느 특정의 조건에 한하지 않고 활동의 분야만 지시하는 것이다. 즉, '누구와 같이 자리를 앉고 싶은가', '누구와 같이 청소를 하고 싶은가'의 선택과 같은 것이다. 이러한 선택의 장면은 어느 학년에나 관계된 것이고, 대부분 학교내 활동을 내포한 것이며 일반성을 충분히 띠고 있는 것이다. 이와 같은 일반적 기준으로서의 친구 선택은 생활의 주요 측면에서 각자가 사회적 관계를 하고 싶은 대상에 대한 열망을 표시하는 것으로 볼 수 있다. 특수한 기준이란 것은 매우 한정된 사회적 상호작용의 기초를 가리키는 것이다. 가령 '기숙사에 누구와 같이 같은 방을 사용하고 싶은가', '미술공부를 누구와 같이 하고 싶은가'와 같은 것들이다. 따라서 특수적 기준의 예는 한정된 것이 아니고 다양한 것이라 할 수 있다. 그러나 이러한 구체적 기준이 갖는 한정성 때문에 sociometry 결과의 선택에 있어서도 크게 제약을 받게 됨을 인식하고 있어야 한다.

### (2) 강한 기준과 약한 기준

기준에는 강약의 정도에 차이가 있을 수 있다. 강한 기준이라는 것은 집단 내에 존재하는 근본적·향존적·사회적 관계를 들어내는 것임에 반하여 약한 기준이라고 하는 것은 집단 내의 피상적·일시적 측면을 나타내는 것을 말한다.

약한 기준이라는 것은 일시적 사태이거나 집단구성원에게 뚜렷한 관심을 불러일으키지 못하는 활동에서의 친구 선택을 하는 것을 말한다. 약한 기준에 입각한 sociometric 테스트의 결과는 보통 가치가 적고 잘못 확대 해석하면 실제로 해로운 것이 될 수도 있다.

### (3) 현실적 기준과 가정적 기준

현실적 기준과 가정적 기준의 차이점은 '실제적'인가 '가정적'인가에 있다. 어느 집단에 대해서나 대부분의 경우 실제적인 선택의 장면을 사용할 수가 있다. 누구와 같이 기숙사 방을 쓰고 싶으냐고 물었을 경우 실제로 방 배치를 실시하고 그때의 학생들의 대인관계의 희망 사항을 반영시키는 것은 어렵지 않은 일이기 때문이다.

실제적 기준의 사용은 sociometry의 이론에 비추어 매우 바람직하고 또 기대할 만한 것인데, 진단적 또는 연구의 목적으로 가정적(hypothetical) 기준을 쓰는 것이 필요할 때도 있다. 이 경우에는 특히 기준 자체가 그럴듯한 실제성을 나타낸 선택의 장면을 반영한 것이어야 한다. 실제로는 기숙사 방 배치를 하지 않는다고 하더라도 조사 대상자에게는 방 배치의 가능성이 엿보일 수 있도록, 즉 현실적인 기준인 것처럼 보여야 하는 것이다. 그렇지 않으면 조사에 임하는 동기가 약화되어 조사 결과의 신빙성이 떨어지기 쉽다.

### (4) 긍정적 기준과 부정적 기준

긍정적 기준이란 인간간의 친밀의 정도(attraction), 상호선택 여부를 알아보기 위한 것이며, 부정적 기준이란 인간끼리의 반말·배척의 관계(repulsion)를 알아보기 위한 기준이다. 되도록이면 부정적 기준은 사용하지 않는 것이 좋다. 그 이유는 만약 부정적 기준을 사용하게 되면 집단구성원들에게 평소에 의식되지 않았거나 억압해 오던 특정인에 대한 혐오·배척의 감정이 드러나게 되어서 적대감·불쾌감을 인위적으로 순간적으로 강조하게 되는 셈이 되기 때문이다. 이와 같은 일은 집단구성원의 정서 및 사회적 관계를 파괴시키기 쉬운 부정적 효과를 초래시킬 위험률이 높다. 그러나 평가목적에 따라서는 불가피하게 사용하여야 할 때가 있다. 가령 집단 분위기가 적대적이며 파벌이 심할 때 이것을 완화시키고자 할 때에는 개인 간에 도사리고 있는 갈등 압력을 분명하게 파악해 두어야 할 것이다. 그리고 집단 속에서 소외되어 있는 소수집단을 전체집단 속에 흡수 융화시켜서 친숙하며 능률적인 집단사회를 구성하고자 할 때 또는 출신학교 간의 갈등처리가 요청될 때에는 부정적 기준의 사용은 불가피하게 사용될 수밖에 없다. 즉, 실제로는 강하게 작용하면서도 표면적으로는 아무런 관계가 없는 것처럼 가려져 있는 배척 적대관계를 파헤치지 않고서는 집단의 분위기를 개선할 수가 없기 때문이다.

### 4 사용할 기준의 수와 선택 허용 수의 문제

Sociometry는 집단 내에서의 각 개인의 사회적 수용도(social acceptability)를 알아봄으로써 이루어진 인간의 심리적 지도라고도 불리고 있다. 따라서 이러한 지도를 자세히 그려보기 위해서는 1회의 sociometric 테스트의 실시에 있어서 몇 개의 기준(질문항목)을 둘 것인지의 문제와 몇 사람을 선택하게 하느냐 하는 것이 문제이다. 물론 실시 목적과 기준의 성질에 따라 다르게 될 것이지만 평가목적으로 실시되는 경우에는 하나의 기준만으로도 충분할 수도 있다. 그러나 인간관계를 다각도로 분석하고 집단 내의 각 개인의 사회적 수용도를 파악하기 위해서는 몇 개의 기준이 필요한 것이 일반적이다. 집단구성원의 개인적·사회적 관계의 모든 측면을 반영시킬 수 있을 만한 기준들을 포함시켜야 하기 때문이다. 그리고 각 기준마다 선택허용수를 어떻게 할 것이냐 하는 문제에 있어서는 일반적으로 무제한의 방법을 쓰고 있다. 왜냐하면 각 집단구성원의 정서적·사회적 확장성

(emotional & social expansiveness)과 집단 전체의 발전성(group espansivenss)을 파악하기 위해서는 무제한으로 선택한 상태하에서의 집단이나 인간관계 진단이 필요하기 때문이다. 무제한으로 선택하게 하는 경우에 있어서는 각 개인이 얼마나 남으로부터 선택을 받았느냐 하는 문제보다 그가 얼마나 남을 선택했느냐 하는 문제가 더 중요시된다. 그것은 집단전체로는 평균선택수가 다른 집단 또는 그 전 조사 때보다도 높아졌느냐가 조사의 초점이 되기 때문이다.

그러나 통계 처리상으로 볼 때에는 선택허용수를 고정 제한하는 것이 실제적으로 매우 유리하다. 그렇지만 선택허용수를 제한한다는 것은 집단 내의 사회적 상호작용의 정도를 무시하기 쉬운 조치이기 때문에 선택 제한의 이유를 분명히 밝혀 두어야 한다.

## 2) Sociometric 테스트의 실시법

### 1 검사자의 조건

검사자는 일반적으로 그 집단과 관계가 깊은 사람이 직접 실시하는 것이 좋다. 즉, 학반 담임교사나 또는 학년 지도교수 등이 적임자라고 할 수 있다. 이들과 집단구성원 간에는 이미 친밀성이 유지되어 있고 집단의 시간 사정을 잘 알고 있으므로 알맞은 시간에 적절히 실시할 수가 있기 때문이다.

그러나 연구 목적상 외부인이나 그 집단에서 잘 알려지지 않은 사람이 실시하는 경우도 없지 않다. 이 경우에는 집단구성원의 협조를 얻어내기가 매우 힘들기 때문에 역시 그 집단과 친밀한 인사를 통해 간접적으로 실시하는 것이 좋다. 본인이 직접 피검사자를 만나는 것이 아니므로 sociometric 테스트의 지시문 속에 검사의 목적과 결과의 활용방도를 상세히 설명해 두고 결과를 절대 비밀에 붙인다는 것을 강조함으로써 피검사자들의 자발적이고 진실된 반응을 권장해야 한다. 특히 피검사자들의 질문을 예상하여 그 답변도 미리 준비해 두었다가 대리 조사자로 하여금 대신 설명하게 하면 좋다.

## 2 실시의 시기와 대상

실시 시기는 결과의 목적에 따라서 다를 수 있겠으나 일반적으로는 집단생활을 하기 시작한지 4~8주의 기간이 지난 후가 좋다. 그것은 집단구조와 각 개인의 사회적 수용도를 측정하기 위해서는 집단구성원끼리 서로 사귈 수 있고, 상호 인격적 접촉의 기회가 잦아 상대방의 인성·특성을 이해하게 되어 사회적 상호작용이 활발히 일어나게 되고, 집단구조가 어느 정도 안정성을 유지하려면 적어도 한 두 달 이상은 사귀어야 하기 때문이다.

그리고 주기적으로 다시 실시하는 기간은 여러 가지 조건을 고려해서 결정할 문제이나 대체로 두 달 이상의 시간 간격을 두고 재 실시하는 것이 좋다. 시간 간격이 두 달 미만의 짧은 기간 동안에 집단의 구조나 인간관계가 크게 변할 리 없기 때문이다.

이러한 시간적 제약 외에도 공간적 제약도 중요시된다. 즉, 학급을 단위로 해서 실시할 수 있으나 전공학과 전체 학년을 단위로 하거나 학교를 단위로 한 sociometric 테스트는 일반적으로 성립되지 않는다. 그 이유는 집단구성원의 직접적인 대인관계의 접촉범위의 한계를 넘어서면 sociometric 테스트의 기본전제 조건이 무시되고 조사결과의 의미도 무의미해지기 때문이다.

그리고 피검사자, 즉 실시 대상은 그 집단의 구성원 전부가 되어야 한다. 즉, 개개인을 표집단위(sampling unit)로 한 표본조사는 성립되지 않기 때문이다. 일반적으로 sociometric 테스트는 어느 특정 집단에서 개개인의 인간관계를 문제로 삼기 때문에 결석자가 많을 때도 실시해서는 안 된다. 결석자를 포함시켜서 선택을 시키는 이유도 여기에 있다.

## 3 피검사자 이름 기입의 문제

일반적인 원칙은 피검사자 자신의 이름을 기입하게 한다. 왜냐하면 sociometry란 인간의 심리적 지도이기 때문에 누가 누구를 선택하고 그 선택은 서로 상호 선택인가 또는 일방적인 선택인가 아니면 누가 누구를 싫어하느냐 등 대인관계의 집단구조와 개개인의 상대적 위치를 파악하기 위해서는 이름을 써 넣게 해야만 한다.

그러나 한편으로는 익명성(anonymity)이 요구될 때도 있다. 늘 얼굴을 맞대고 생활하는 집단이란 서로 간에 이해관계가 두텁고 친화관계가 강하지만, 어떤 의미에서는 서로 간에 본심을 털어놓지 않은 상태에서 사회적 관계를 영위해 나가는 수가 많다. 그렇기 때문에 인간관계에 있어서 친밀과 반발에 대한 각자의 태도를 노골적으로 표시하지 않으려는 면도 없지 않다. 특히 반발 배척관계가 그 상대편에게 알려지게 되면 손해가 된다는 현실적 타산에서 또는 누구를 싫어해서는 안 된다는 윤리적 동기에서 회답을 기피하거나 거부하게 되기 쉽다.

그러므로 반발적 관계를 묻는 경우 또는 부정적 기준을 사용하는 경우에 있어서는 익명으로 조사할 수도 있다. 그러나 이 경우에는 구체적인 선택관계나 배척관계는 분석할 수 없고 오직 집단 전체의 확장성·응집성 또는 집단 내의 개개인의 사회적 위치 정도만을 알 수 있다.

## 3) Sociometric 테스트 결과의 분석법

### 1 소시오그램(sociogram)에 의한 분석법

소시오그램은 sociometric 테스트에서 얻어진 집단 내에서의 인간관계를 그림으로 표시한 것으로 가장 많이 사용되는 결과의 표시 방법이다.

Moreno는 구성원을 기호로 표시하고 선택의 방향은 화살표로 표시하였는데 대체로 [그림 18-1]과 같다.

#### (1) 소시오그래의 작성 절차

① 집단구성원의 일련번호를 정한다.

② 선택관계는 푸른색으로, 반발관계는 빨간색으로 표시한다.

③ 피신수가 직은 사람은 바깥에, 피선수가 많은 사람은 중앙에 자리 잡게 하

고 동그라미 속에 해당번호를 써 넣는다.

④ 선택관계인지 배척관계인지를 선으로 표시한다(Moreno의 표시법: → 선택, ─┼─ 상호선택, ⋯→ 배척, ⋯|⋯ 상호배척).

⑤ 선의 표시가 너무 복잡하거나 중첩되면 재배치해야 하므로 참을성 있게 시행착오식으로 선을 그어나간다.

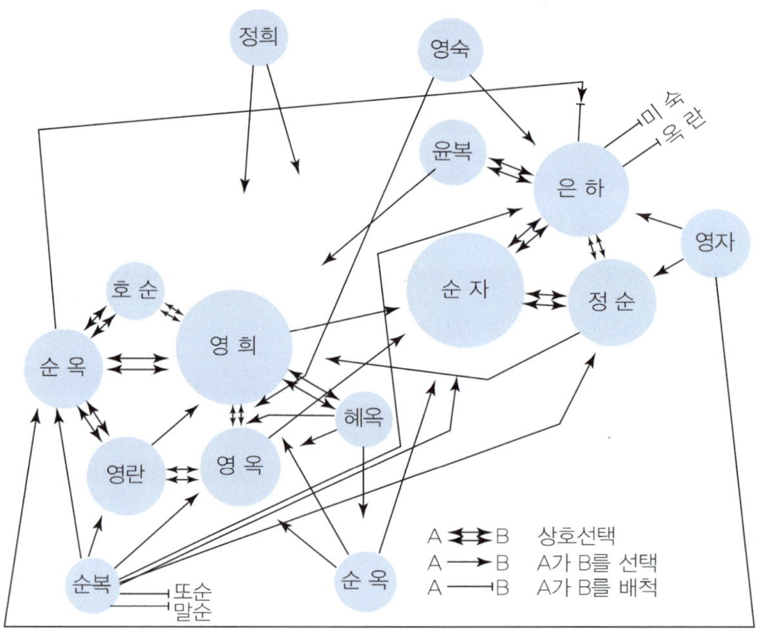


[그림 18-1] 초등학교 4학년 여학생반의 소시오그램

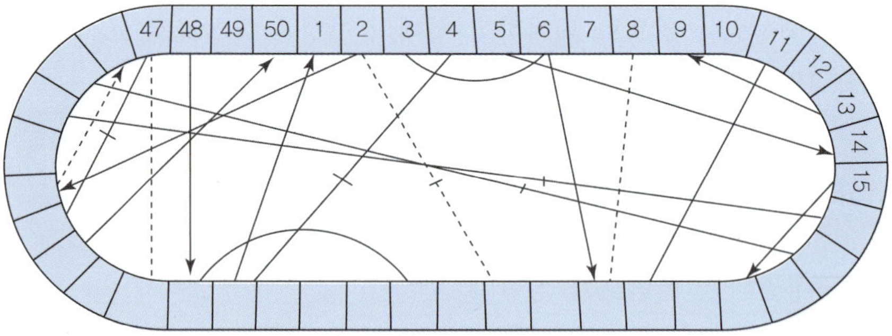


[그림 18-2] 타원형 소시오그램

### (2) 소시오그램의 장단점

• 장점

① 원리적으로 아주 간단해서 누구나 표시할 수 있다.

② 직관적으로 집단구조나 인간관계를 쉽게 이해할 수 있다.

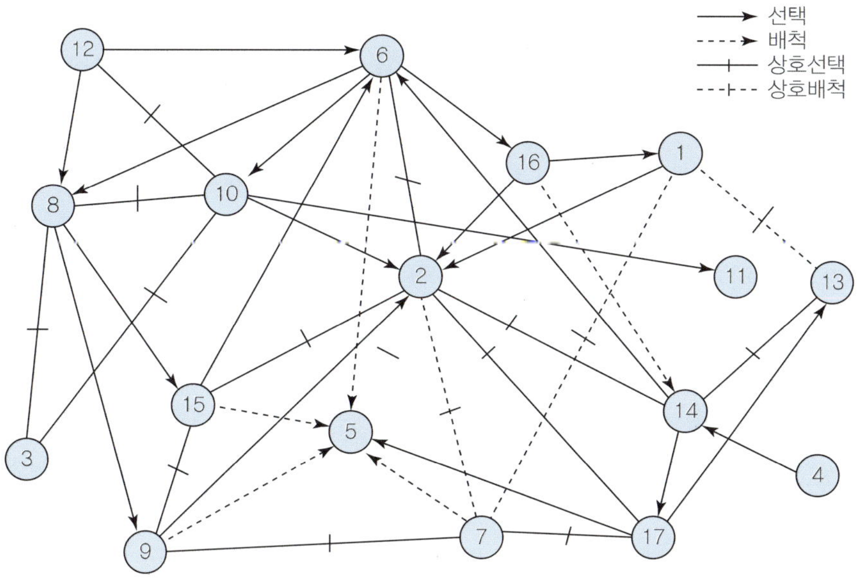


[그림 18-3] Moreno식 소시오그램의 예

③ 특정 개인의 지위 같은 것도 전체적 관계 속에서 파악할 수 있다.

• 단점

① 구성원이 20명이 넘으면 표시하기가 어렵다.

② 해석적 신뢰도(interpretive reliability)가 비교적 낮다.

### (3) 소시오그램의 해석

소시오그램에서 판독해야 할 항목과 그 해석의 기준을 [그림 18-3]을 중심으로 살펴보면 다음과 같다.

#### ① 인기자(人氣者, star)

피선수의 수가 월등하게 많은 자를 가리킨다. 어느 수준 이상을 인기자로 보느냐의 기준은 공통된 것은 없으나 보통 그 집단구성원수의 40% 이상의 선택을 받은 자를 인기자로 보고 있다. [그림 18-3]에서 ❷번은 17명 중에서 9명으로부터 선택당하고 있는 인기자인데, 이 ❷번을 중심으로 별모양 결합을 하고 있는 것이 특징이다. 그리고 인기자인 ❷번이 ⓫번을 선택하고 있는데 ⓫번은 ❷번보다도 피선수가 부족하지만 많은 선택을 받고 있는 자, 즉 인기자에게서 특별히 선택되는 강력형(powerful type)의 학생으로 볼 수 있다.

인기자는 집단의 다수로부터 선택의 대상이 된다는 점에서 그 사람의 행동 특성이나 인간형이 주목되고, 강력형에 속하는 자는 인기자를 뒤에 숨어서 조정할 수 있다는 지하의 실력자, 즉 막후 인물임을 주목해야 하는 것이다.

#### ② 고립자(Isolatee)

자기 자신은 남을 선택하는 수는 간혹 있으나 남에게서 선택받지 못하고 고립 상태에 있는 자를 말한다. [그림 18-3]에서 ❹번과 같은 사람이다. 집단의 명목상의 성원일 뿐 심리적으로 남에게서 격리되어 있는 인간심리지도상의 섬인 것이다. 소외자(outsider)·사회적 고도(social island) 또는 왕따 당하는 고립된 자로 불린다.

#### ③ 경시된 자(neglectee)

남에게서 선택받는 것이 매우 적은 자를 가리킨다. 집단구성원의 대다수에게서 왕따 당하거나 등한시되거나 무시되어서 심리적으로 변두리에 위치해 있기 때문에 주변인(fringers)이라고도 불리는데 그림 [그림 18-3]에서는 ❸번이나 ⓭번과 같은 피선수가 극히 적은 사람들이다.

④ 배척된 자(rejectee)

[그림 18-3]에서 ❺번은 두 사람으로부터 선택을 받고 있는 반면, 네 사람(❻, ❼, ❾, ⓯번)으로부터 배척을 당하고 있다. 배척당하는 까닭과 구체화할 수 있는 방안은 무엇일까? 매우 궁금한 과제이다. 대체로 sociometric 테스트에서 부정적 기준을 사용했을 경우에 피선수가 제일 많은 자를 가리킨다. 흔히 고립자와 혼동되는 수가 있으나 고립자는 우호적·배척적 기준의 어느 경우에 있어서나 피선수가 없는 자를 가리키므로 다르다.

⑤ 파당조직(clique)

세 사람 이상이 상호선택을 순환시키면서 밀접한 관계에 있으면서도 외부와의 선택관계가 적은 경우 그것을 sociometric clique라고 부른다. 즉, 자기들끼리만 결합되고 그 외의 성원을 선택하는 것이 매운 드문 경우를 가리킨다. [그림 18-3]에서 ❸, ❽, ❿번의 관계가 대체로 이에 속한다.

## 2 Sociomatrix에 의한 분석법

이 방법은 각 질문마다 피조사자가 선택한 것과 피선된 것을 일일이 표시해 두는 방법이다.

### (1) Sociomatrix의 작성 절차

① 큼직한 그래프용지에 <표 18-1>과 같은 난을 마련해 놓고 피조사자의 이름을 가나다순으로 적어 나간다.

② 왼쪽 위에서부터 대각선을 긋고 이 대각선이 지나가는 칸(cell)은 사용하지 않게 되는데, 자기 자신을 선택할리도 없지만 기입상의 착오를 미리 막기 위해서 대각선을 그어두는 것이다.

③ 다음에는 피조사자의 선택-배척 반응을 각 피조사자별로 왼편으로 기입하여 나간다.

④ 모든 피조사자의 선택-배척 관계를 표에 기입한 후에는 가로 난, 세로 난 별로 합계를 낸다.

〈표 18-1〉 Sociomatrix의 기본형식

| 선택자 \ 피선택자 | 강감찬 | 김유신 | 이순신 | ………… | 선택수 | 배척수 |
|---|---|---|---|---|---|---|
| 강감찬 | | × | × | | 0 | 2 |
| 김유신 | ○ | | × | | 1 | 1 |
| 이순신 | ○ | ○ | | | 2 | 0 |
| ………… | | | | | | |
| 피선택수 | 2 | 1 | 0 | | 3 | 3 |
| 피배척수 | 0 | 1 | 2 | | 3 | |

## (2) Sociomatrix의 장단점

- 장점

① 이 방법은 선택수(배척수)와 피선택수(피배척수)가 표시되므로 개개인의 집단 내의 지위를 분명히 파악할 수 있다.

② 누구에게서 선택(배척)당하고 있는지의 관계, 즉 개개인의 사회적 수용도를 세밀히 제시해 준다.

③ 해석적 신뢰도가 높다.

- 단점

① 집단 전체로서는 어떠한 결합과 대립이 이루어지고 있는지 등의 집단구조의 파악은 어렵다.

② 상호선택 및 상호배척 관계는 파악하기 힘들다.

| 선택·배척자 / 피선택·피배척자 | | 남 1 | 남 2 | 남 3 | 남 4 | 남 5 | 남아계 | | 여 6 | 여 7 | 여 8 | 여 9 | 여 10 | 여아계 | | C 피선택 | R 피배척 | CRS 총합 | mc 상호선택 | mr 상호배척 | Isss 지위지수 |
|---|---|---|---|---|---|---|---|---|---|---|---|---|---|---|---|---|---|---|---|---|---|
| 남 | 1 | \ | -1 | -3 | 2 | 1 | 2 | -2 | -1 | | | -1 | -3 | 0 | -1 | 2 | 3 | -1 | 0 | 1 | -.22 |
| | 2 | | \ | | | | 0 | 0 | | | | | | 0 | 0 | 0 | 0 | 0 | 0 | 0 | -.06 |
| | 3 | -1 | | \ | -1 | -1 | 0 | -3 | | | -1 | | -1 | 0 | -4 | 0 | 7 | -7 | 0 | 3 | -.89 |
| | 4 | | | -1 | \ | | 0 | -1 | | | | | -2 | 0 | -1 | 0 | 2 | -2 | 0 | 1 | -.28 |
| | 5 | | | -2 | 1 | \ | 1 | -1 | | | -2 | | | 0 | -1 | 1 | 2 | -1 | 0 | 1 | -.22 |
| 남아계 | | 0<br>-1 | 0<br>-1 | 0<br>-3 | 2<br>-1 | 1<br>-1 | 3 | -7 | 0<br>-1 | 0<br>0 | 0<br>-2 | 0<br>-1 | 0<br>-3 | 0 | -7 | 3 | 14 | -11 | 0 | 6 | |
| 여 | 6 | 2 | | | 3 | 2 | 3 | 0 | \ | | 2 | ③ | ③ | 3 | 0 | 6 | 0 | 6 | 2 | 0 | .67 |
| | 7 | 3 | | | | | 1 | 0 | | \ | | | | 0 | 0 | 1 | 0 | 1 | 0 | 0 | .06 |
| | 8 | | | | | | 0 | 0 | | | \ | ① | ② | 2 | 0 | 2 | 0 | 2 | 2 | 0 | .44 |
| | 9 | | 1 | | | | 1 | 0 | ② | -1 | ① | \ | ① | 3 | -1 | 4 | 1 | 3 | 3 | 0 | .67 |
| | 10 | 1 | 2 | | | 3 | 3 | 0 | ① | | ③ | ② | \ | 3 | 0 | 6 | 0 | 6 | 3 | 0 | .83 |
| 여아계 | | 3<br>0 | 2<br>0 | 0<br>0 | 1<br>0 | 2<br>0 | 8<br>0 | 0 | 2<br>0 | 0<br>-1 | 3<br>0 | 3<br>0 | 3<br>0 | 11 | -1 | 19 | 1 | 18 | 10 | 0 | |
| 선택수 | | 3 | 2 | 0 | 3 | 3 | 11 | | 2 | 0 | 3 | 3 | 3 | 11 | | 22 (Tc) | - | 7 | 10 (5) | - | .10 |
| 배척수 | | 1 | 1 | 3 | 1 | 1 | | 7 | 1 | 1 | 2 | 1 | 3 | | 8 | - | 15 | - | - | 6 | - |

— 배척관계, ○ 상호선택

[그림 18-4] Sociomatrix의 분석 예

이 두 가지 단점은 sociometric test의 본래의 의미에 비추어 보아서도 다소의 문제가 있기 때문에 다시 개선한 방법을 쓸 때도 있다. 즉, <표 18-1>을 기본 매트릭스(raw matrix)로 둔 채 피검사자의 순서를 바꾸어 대입시키는 방법이다. 가장 친밀한 사람끼리 매트릭스 위에 근접시키고, 강하게 배척하는 사람들의 이름은 될 수 있는 대로 멀리 떨어지게 적어 놓는다. 이렇게 조작해서 얻어진 소시오매트릭스는 두 사람 이상의 검사자가 조작을 해도 같은 결과가 나타나는 장점이 있으며, 각기 하위집단의 결합의 강도를 똑똑히 파악할 수 있고 선택이나 배척을 어떤 종류의 집단에서 받고 있느냐와 같은 문제도 판명되는 이점이 있다. 따라서 이왕 소시오매트릭스를 작성하려면 기본 매트릭스에 만족하지 말고 재조작의 작업까지 시도하는 것이 바람직하다.

### (3) Sociomatrix의 해석

합계 난에 나타난 선택수는 각 피조사자의 사회적 관계의 지표가 된다. 즉, 선택수가 많을수록 우인관계를 맺으려는 경향이 크다는 것을 엿볼 수 있게 하고 선택수가 적을수록 그렇지 않음을 예상케 한다. 따라서 대인관계에 있어서 자기 개방적인가 자기 폐쇄적인가를 판단하는 기초가 된다고 볼 수 있다.

그리고 피선수의 합계 난은 해당 질문항목에 있어서의 각 피조사자의 집단 내 지위 또는 사회적 수용도(social acceptance)를 나타낸다. 즉, 우호적인 관계에서 선택되는 수가 많으면 그만큼 그는 인기도(popularity)가 높은 사람이고, 반발적 관계에서 선택되는 수가 많으면 그만큼 배척·증오의 대상이 되어 있는 것으로 볼 수 있다.

또 어느 쪽으로 피선수가 없으면 고립 또는 사회적으로 격리되어 있음을 의미하게 될 것이고, 우호적인 선택에서 피선수가 낮으면 그 집단에서 등한시 또는 무시되고 있는 존재임을 짐작하게 된다.

그러므로 선택수와 피선수를 관련시켜서 살펴보면 집단사회에서 그가 차지하고 있는 사회적 지위(social status)에 대하여 자세한 정보를 얻을 수 있게 된다.

### 3 지수(index)에 의한 분석법

소시오그램의 주관적인 표시라는 단점을 극복하고 객관성을 확보하는 하나의 시도로써 지수 표시가 사용된다. 즉, 개인이나 집단이 취득한 선택-배척의 정도를 지수로 표시하자는 것이다.

#### (1) 피조사자의 지위에 관한 지수

① 선택관계에 있어서의 개인의 지위지수(index of choice status)

$$CS_i = \frac{C_1}{N-1}$$ (단, $C_i$는 개인 $i$가 선택된 수, $N$은 집단 인원수)

② 배척관계에 있어서의 개인의 지위지수(index of rejection status)

$$RS_i = \frac{R_1}{N-1}$$ (단, $R_i$는 개인 $i$가 배척·거부당한 수)

③ 사회성 측정적 지위지수(Isss)

$$\text{Isss}=\frac{1}{2}\left(\frac{CRS}{N-1}+\frac{mc-mr}{d}\right)$$

$N$= 학급학생수, $C$(선택), $R$(배척), $CRS$(선택과 배척의 차의 총합득점), $mc$(상호선택), $mr$(상호배척), $d$(선택배척 제한수, 20명 이상은 5, 19명 이하는 3) [그림 18-4] 참조.

### (2) 집단특성에 관한 지수

① 집단의 발전성 지수(index of group expansiveness)

$$E=\frac{C}{N(N-1)} \quad (C\text{는 각 구성원의 피선택 총수})$$

② 집단의 응집성 지수(index of group cohesion)

$$Co=\frac{2MC}{N(N-1)} \quad (MC\text{는 상호선택수})$$

③ 집단의 긴밀성 지수(index of group coherence)

$$ICC=\frac{Rq}{Up}\left(\begin{array}{c} R=\text{상호선택수} \\ U=\text{일방적인 선택수} \\ p=\text{다른 한 사람에게서 선택된 확률} \\ q=\text{다른 한 사람에게서 선택되지 않은 확률} \end{array}\right)$$

④ 집단 내 선택의 지수(index of ingroup preference)

$$IP=\frac{Ca-a}{Ca-b}\cdot\frac{N-a}{a-1}$$

⑤ 집단 내 분열의 지수(index of ingroup cleavage)

$$IC=\frac{Ca-a}{Ca}\cdot\frac{1}{\frac{C-a}{Ct}}=\frac{Ca-a}{Ca}\cdot\frac{Ct}{C-a}\left(\begin{array}{c} a=A\text{집단의 성원수} \\ b=B\text{집단의 성원수} \\ N=a+b \end{array}\right)$$

지수해석법(index analysis method)은 개인 간의 비교, 집단 간의 비교에 크게 도움이 되는 방법이지만 아직도 지수의 신뢰도·타당도 문제에는 많은 제한이 따르고 있는 편이다.

### 4 통계적 방법에 의한 분석법

지수표시보다도 한층 이론적 근거를 갖는 해석 방법으로서 통계적 방법이 있다. K. Jennings는 피선택수의 빈도분포를 작성하여 거기에 평균(M)과 표준편차(SD)를 산출하고 있다. 그리하여

① M+2SD보다 많은 피선택수를 얻은 사람: 인기자(선택을 아주 많이 받은 사람)
② M-2SD보다 적은 피선택수를 얻은 사람: 고립자(피선택수가 아주 적은 사람)
로 정의하고 있다.

한편 Moreno는 이항분포(binominal distribution)를 기초로 해서 인기자나 고립자를 정의했다. 즉, 각기 성원을 선택수를 일정한 수인 P로 한다면 A가 B에서 선택 당할 확률의 $\frac{P}{N-1}$이고, A가 B에게서 선택되지 못할 확률은 $\frac{N-1-P}{N-1}$이다. 따라서 이항분포 $\left(\frac{P}{N-1}+\frac{N-P-1}{N-1}\right)^{N-1}$의 전개식의 각 항목을 그대로 이용하여

① 집단 내의 누구에게서도 선택받지 못할 확률

$$_{\text{N-1}}C_0\left(\frac{N-1-P}{N-1}\right)^{N-1}\left(\frac{P}{N-1}\right)^0$$

② 집단 내의 어느 한 사람에게서 선택받을 확률

$$_{\text{N-1}}C_1\left(\frac{N-1-P}{N-1}\right)^{N-2}\left(\frac{P}{N-1}\right)^1$$

③ 집단 내의 어느 두 사람에게서 선택받을 확률

$$_{\text{N-1}}C_2\left(\frac{N-1-P}{N-1}\right)^{N-3}\left(\frac{P}{N-1}\right)^2$$

④ 집단 내의 어느 세 사람에게서 선택받을 확률

$$_{N-1}C_3\left(\frac{N-1-P}{N-1}\right)^{N-4}\left(\frac{P}{N-1}\right)^3$$

결국 이항분포의 전개식은 각 항의 값을 계산해서, 처음 항에서 시작해서 차츰 올라간다. 예를 들면, 유의수준(significance level)을 5%로 정해 놓았을 경우에는 그 수치가 J항 차례에서 0.05를 넘고 K항 차례에서 0.95를 넘었다고 한다면 피선택수가 (J-1) 이하의 사람들은 고립자로 부르게 되고 0.95 이상이 되는 각 항, 즉 피선수가 K 이상인 사람들을 스타로 부르게 된다.

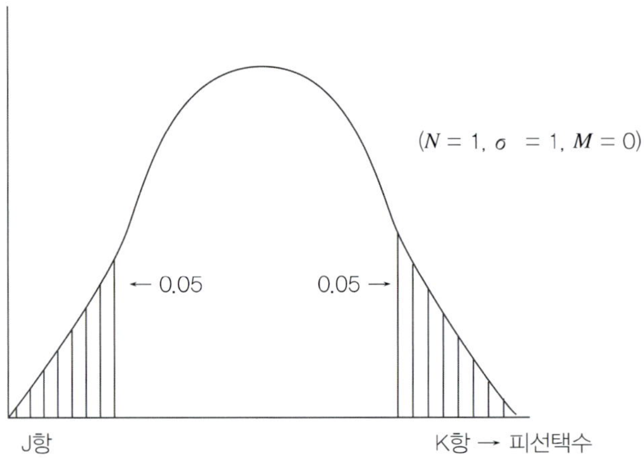


[그림 18-5] 이항분포를 기초로 한 인기자와 고립자의 추출

이와 같은 통계적 해석의 특색은 지수분포와 같이 개인 간의 비교를 용이하게 주는 데 있다.

# 참고문헌


강봉규 (1984), 『심리측정평가』, 서울: 종각출판사.

강봉규 (1994), 『심리학요론』, 서울: 정훈출판사.

강봉규 (1996), 『통계학』, 서울: 형설출판사.

강봉규 (1998), 『Rorschach 검사』, 서울: 법무연수원.

강봉규 (1998), 『주제통각검사』, 서울: 법무연수원.

강봉규 (1999), 『심리학의 이해』, 서울: 동문사.

강봉규 (2003), 『상담이론과 실제』, 서울: 교육출판사.

강봉규 (2015), 『인간발달』, 서울: 태영출판사.

Abt, L. E., & Bellak, L. (2013), *Projective psychology (5th ed.)*. New York: Grove Press, INC.

Allen, M. J., & Yen, W. M. (2008), *Introduction to measurement theory*. Monterey: Brooks/Cole.

Anastasi, A. (2014), *Psychological testing (8th ed.)*. New York: Macmillan.

Anderson, H. H., & Anderson, G. L. (1991), *Introduction to Projective Techniques*. New York: Prentice-Hall.

Beck, S. J. (1992), *Rorschach's test 1: Basic prosesses*. New York: Grune and Stratton.

Beck, S. J. (1994), *Rorschach's stest 2: A variety of personality pictures*. New York: Grune and Stratton.

Beck, S. J. (1995), *Rorschachs's test 3: Advances in interpretation*. New York: Grune and Stratton.

Bellak, L. (2009), *The TAT and CAT: Clinical Use*. New York: Grune & Stratton.

Cattell, R. B., & Kline, P. (1997). *The scientific analysis of personality and motivation*. London: Academic Press.

Cattell, R. B., Eber, H. W., & Tatsuoka, M. M. (1990), *Handbook for the Sixteen Personality Questionaire(16PF)*. Campaign, Illinois: Institute for personality and Ability Testing.

Clawson, A. (1992), *The Bender Visual Motor Gestalt for children*. A manual. Beverly Hills: Western Psychological Services.

Cronbach, L. J. (2010), *Essentials of psychological testing (5th ed.)*. New York: Harper & Row.

Dahlstrom, W. G., Welsh G. S., & Dahlstrom L. E. (1998), *An MMPI handbook. vol 2*. Minneapolis: University of Minnesota Press.

Dahlstrom, W. G., Welsh G. S., & Dahlstrom L. E. (2007), *An MMPI handbook. vol 1*. Minneapolis: University of Minnesota Press.

Enxer, J. E. (1994), *The Rorschach: A Comprehensive System Vol Ⅰ*. New York: John Willey & Sons.

Enxer, J. E. (1998), *The Rorschach: A Comprehensive System Vol Ⅱ*. Recent research and advanced interpretation. New York: John Willey & Sons.

Eysenck, H. J., & Eysenck, S. B. (2008), *Manual of the Eysenck Personality Questionnaire*. London: Hodder & Stroughton.

Freeman, F. S. (1992), *Theory and practice of psychological testing*. New York: Holt.

Friedman, A. F., Webb, J. T., & Lewak, R. (1999), *Psychological assessment with The MMPI*. Hillsdale: Lawrence Erlbaum Associates.

Goldstein, G., & Hersen, M. (1998), *Handbook of Psychological assessment (2nd ed.)*. New York: Pergamon Press.

Gough, H. G. (1997), *Manual for the California Psychological Inventory*. California: Consulting Psychologists Press.

Graham, J. R. (1987), *The MMPI-1: Assessing personality*. New York: Oxford University Press

Graham, J. R. (1990) *The MMPI-2: Assessing personality and psycopathology*. New York: Oxford University Press.

Guilford, J. (1997). *The nature of human intelligence*. New York: McGraw-Hill.

Kaufman, A. S. (1990), *Assessing adolescent and adult intelligence*. Boston: Allyn and Bacon, Inc.

Klopfer, B. (1996), *Developments in the Rorschach Technique. Vol. Ⅱ*. Harcourt: Brace & World.

Klopfer, B., & Davidson, H. H. (1992), *The Rorschach Technique: an Introductory Manual*. New York: Harcourt, Brace & World Inc.

Klopfer, B., Ainsworth, M. D., Klopffer, W. G., & Holt, R. R. (1994), *Developments in the Rorschach Technique. Vol. Ⅰ*. New York: Harcourt, Brace & World.

Koch, C. (1998), *The Tree Test (Der Baumtest): The Tree-Drawing Test as an aid in Psychodiagnosis*. Bern: Verlag Hans Huber.

Koppitz, E. M. (1994), *The Bender Gestalt Test for Young Children(7th Ed.)*. New York: Grune and Stratton.

Lachar, D. (1994), *The MMPI*. LosAngeles: Western Psychological Services.

Maddi, S. (1996), *Personality theories: A comparative analysis*. Homewood, Illinois: Dorsey Press.

Moreno, J. L. (1991), *Sociometry, Experimental Methods and the Science of Society*, New York: Beacon House.

Murray, H. A. (2009), *Thematic Apperception Test manual*. Boston: Harvard University Press.

Newmark, C. S. (1995), *Major Psychological assessment instruments*. Boston: Allyn and Bacon.

Nunnally, J. C. (1990), *Introduction to psychological measurement*. New York: McGraw-Hill Book Company.

Osgood, C., Suci, G., & P. Tannenbaum (1997), *The Measurement of Meaning*, Urbana, Illinois: Univ. of Illinois Press.

Pascal, G. R., & Suttell, B. J. (2009), *The Bender Gestalt Test: Quantificatin and Validity for Adults*. New York: Gurne & Stratton.

Stein, M. I. (1995), *The Thematic Apperception Test*. Cambridge: Addison-Wesley Publishing Com.

Sternberg, R. J.(Ed.) (1996), *Handbook of human intelligence*. London: Cambridge Univ. Press.

Tomkins, S. S. (1997), *The Thematic Apperception Test*. New York: Grune & Stratton.

Vernon, P. E. (1996), *Personality Assessment*. London: Methuen.

# 찾아보기

용어색인

## 인명색인

## 저자소개


연세대 문과대학 및 동대학원 졸(문학석사, 문학박사)

전, 연세대 교수

건국대 대학원, 고려대 대학원, 국민대 대학원, 단국대 대학원, 세종대 대학원, 연세대 대학원, 이화여대 대학원, 한양대 대학원 강사

경희대 교육대학원, 건국대 교육대학원, 국민대 교육대학원, 단국대 교육대학원, 덕성여대 교육대학원, 연세대 교육대학원, 이화여대 교육대학원, 한양대 교육대학원 강사

현, 가톨릭대학교 의과대학 명예교수


# 개정판 심리검사의 이론과 기법


**초 판 1쇄 발행** / 1999년 7월 25일
**3 판 1쇄 발행** / 2001년 8월 20일
**3 판 2쇄 발행** / 2003년 8월 10일
**증보판 1쇄 발행** / 2004년 2월 10일
**증보판 6쇄 발행** / 2013년 3월 25일
**개정판 1쇄 발행** / 2017년 3월 20일

•

**저 자** / 강 봉 규
**발행인** / 이 중 수
**발행처** / **동 문 사**

•

서울특별시 서대문구 홍제원 1길 12
(홍제동 137-8)
Tel : 02)736-3718(대), 736-3710, 3720
Fax : 02)736-3719
**등록번호** : 제9-17호
**가격** : 25,000원

•

ISBN : 978-89-8251-872-0(93180)
E-mail : dong736@naver.com
www.dongmunsa.com